स्वच्छता के समाजशास्त्र का स्वरूप

"SOCIOLOGY OF SANITATION TEXT BOOK SERIES"

under the aegis of

Sulabh International Centre for Action Sociology

in close collaboration with

Sulabh International Social Service Organisation

स्वच्छता के समाजशास्त्र का स्वरूप

अनिल एस. वाघेला

KALPAZ

स्वच्छता के समाजशास्त्र का स्वरूप

ISBN: 978-93-5128-114-6

मूल्य : ₹ 940

भारत में सन् 2015 में प्रकाशित

कल्पाज पब्लिकेशन्स,

सी–30, सत्यवती नगर,

दिल्ली–110052

Phone: 9212142040

ई–मेल : kalpaz@hotmail.com

टंकण: राजेन्द्र वशिष्ठ, दिल्ली

मुद्रित: जी. प्रिंट प्रोसेस, दिल्ली

Dedicated to

Mahatma Gandhi
Father of the Nation

Shri. Narendra Damodardas Modi
Hon'ble Prime Minister of India

Dr. Bindeshwar Pathak
Sociologist and Social Reformer

विषय-सूची

प्रस्तावना

स्वच्छता की गरिमा अक्षुण्ण है। आदि–अनादि काल से यह अवधारणा रही ह, जहाँ स्वच्छता है, वहां सदैव देवता की उपस्थिति होती है। नाना रूपों, स्वरूपों व भिन्न–भिन्न स्थानों व परिवेशों के अनुसार स्वच्छता का महत्त्व को स्वीकार होता रहा है। इस विचार का विरोध असंभव ही नहीं नामुमकिन है। स्वच्छता व समाज की अन्योन्याश्रितता की स्थिति सदियों पुरानी है, दोनों के बीच का सम्बन्ध अभिन्न रहा है। फलतः प्रथमतः डॉ. बिन्देश्वर पाठक के मन में स्वच्छता संबंधित विचार का प्रस्फुटन हुआ। स्वच्छता संबंधित समाजशास्त्र की संकल्पना डॉ. पाठक के दिमाग की ही देन है। समाजशास्त्र व समाज के विभिन्न पहलुओं को इस शास्त्र की परिधि में समाविष्ट किया गया है। समाजशास्त्र की ही एक शाखा होने की बदौलत विज्ञान की विशेषताओं से यह शास्त्र सभर है। परिणामस्वरूप इस शास्त्र का माहात्म्य अधिकतम बढ़ गया है। स्वच्छता का अन्य कई शास्त्रों के द्वारा अपने अभिन्न व विशेष अंग के रूप में भी अंगीकार किया गया है। सामाजिक विज्ञान का भी इनके साथ संबंध रहा है। स्वच्छता के समाजशास्त्र को एक नए उदभवित होने वाले विज्ञान की पहचान प्राप्त है। उसकी संशोधनात्मक प्रयुक्तियाँ – प्रवृतियाँ व अभ्यास प्रयुक्तियों के परिणामस्वरूप इसे विज्ञान भी माना जाता है। अपनी नाविन्ययुक्ता प्रयुक्तियां व प्रविधियों के द्वारा यह शास्त्र क्रियाशील है। स्वच्छता समाज संलग्न गतिविधि है। फलतः सार्वजनिक स्थान, घर–समुदायों के कचरे का निष्कासन, स्वास्थ्य सबंधित प्रवृतियाँ, सफाई कर्मियों की भूमिका, परिवेश–पर्यावरण संबंधित चर्चा व विचारणा इनका कार्यक्षेत्र है। इन पहलुओं से महत्त्व की समीक्षा इस शास्त्र का अहम कार्य है। पुरातन समय, मध्यकाल व वर्तमान समय में प्रवर्तित स्वच्छता व सफाईकर्मियों के स्थान–स्थिति व बदलाव संबंधित कानूनन स्थिति व गतिविधियों को भी प्रस्तुत करने का यहाँ प्रयास किया गया है।

प्रस्तुत अभ्यास में समूचे विश्व व भारत में शौचालयों की अनिवार्यता, आवश्यकता संबंधित जागृति पैदा करने वाले सुलभ इंटरनेशनल सोशल सर्विसिज संस्थान, संस्थान के संस्थापक डॉ. बिन्देश्वर पाठक, उनके सहयोगी, शौचालय संबंधित इतिहास, लाभ, पर्यावरणीय व स्वास्थ्य संबंधित प्रश्न, इत्यादि पहलुओं पर विचारविमर्श किया गया है। पर्यावरणीय, स्वच्छता की चर्चा के साथ–साथ पेयजल के प्रयोग व नियंत्रण का विचार भी किया गया है। इस संदर्भ में भी विचार व्यक्त हुआ है कि इस संदर्भ में राज्य तथा केंद्र सरकार क्या–क्या कदम उठाती है। तत्संबधित विविध परियोजनाएँ व गतिविधियों की सीमाएँ तथा उनके परिपालन हेतु विचार विमर्श प्रस्तुत किया गया है।

भारतवर्ष में स्वच्छता संबंधित विभिन्न आंदोलन, आन्दोलनों के सूत्रधार महानुभाव, स्वच्छता हेतु कार्यरत विविध संस्थानों की भूमिका, राज्य व केन्द्र सरकार के योगदान व विविध कार्यक्रमों की झलक प्रस्तुत करने का उपक्रम रखते हुए सुलभ आंदोलन व उनके विविध कार्यक्रमों की चर्चा करने का प्रयास इसलिए किया गया है कि इस संस्थान की भूमिका उनका अवदान अद्वितीय रहा है। शौचालय व उनके संदर्भ में जनजागृति का उनका महाअभियान ध्यानाकर्षक रहा है। तत्संबंधित विविध पहेलू व प्रवृत्तियों का यहाँ विवरण दिया गया है।

यह सर्व विदित है कि स्वच्छता अभियान में केवल भारत ही नहीं अपितु विश्व के कई देशो ने अपनी ओर से विविध नीतियाँ, गतिविधियाँ व परियोजनाओं को परिचालित किया है। भारतवर्ष के कई राज्यों में इस संबंध में उल्लेखनीय कार्य हुए है। राज्यों की अद्वितीय भूमिकाएँ रही है। यू.ए. ओ. जैसे अंतरराष्ट्रिय संस्थान ने भी विविध नीतियों व विधियों का गठन कर भिन्न–भिन्न देशों को वित्तिय सहायता प्रदान की है। आज पर्यंत विविध गतिविधियों के द्वारा पर्यावरणीय स्वच्छता स्थापित करने का प्रयास किया जा रहा है।

आज इक्कीसवीं सदी के प्रारंभ में भारत की वर्तमान सरकार तथा प्रधानमंत्री देश के समस्त लोगों के बीच स्वच्छता के अभियान की स्वस्थ संकल्पना को कायम करने में सफल रहे हैं। स्वच्छता के संदर्भ में जनजागृति ही स्वच्छता का महत्त्व स्थापित करती है।

वर्तमान समय जब स्वच्छता व सफाई संबंधित बदलते परिप्रेक्ष्य व बदलती हुई विचारधारा की पहचान प्रस्तुत करता है, तब स्वच्छता का समाजशास्त्र

विषयक सर्वग्राही, मननशील, तर्कशील व गहराईयुक्त सघन चर्चा प्रस्तुत करनेवाला यह ग्रंथ पाठकों को इस दिशा की ओर आकर्षित करेगा ही, किन्तु साथ ही साथ पर्यावरण, जलवायु के शुद्धिकरण के प्रति भी मंथन करने के लिए प्रेरित करेगा। यह निर्विवाद है कि यह ग्रंथ पाठकों को विचारों की ऊँचाई तक पहुँचाने में अहम भूमिका निभाएगा।

प्राचीन सभ्यता (संस्कृति) के साथ गुंफित हमारी स्वच्छतापरक समझ को यदि एक नई दिशा प्राप्त होगी तो अवश्य ही लेखक आनंद की अनुभूति करेगा। स्वच्छता के समाजशास्त्र की संकल्पना प्रस्तुत करते हुए उसे आम जन तक पहुँचाने का सन्निष्ट प्रयास करने वाले सुलभ इंटरनेशनल नामक गैर–सरकारी संस्थान के स्थापक डॉ. बिन्देश्वर पाठक को भी इतनी ही प्रसन्नता का अनुभव होगा।

अब जब हमारे देश के प्रधानमंत्री महोदय के द्वारा महात्मा गांधी जयंती के पवित्र दिन से 'सफाई अभियान' प्रारंभ किया गया है तब समस्त जन–आंदोलन को प्रेरित करने हेतु प्रस्तुत पुस्तक की उपादेयता में वृद्धि हो सकी है। लेखक का अथक परिश्रम योग्य दिशा का उद्‌घाटन करने में सफल रहा है।

मेरे गुरुवर्य डॉ. विद्युत जोशी का स्नेह मुझे इस कार्य की सम्पन्नता की ओर सदैव प्रेरित करता रहा है।

प्रस्तुत लेखन के प्रेरणास्रोत सुलभ इंटरनेशनल सोशल सर्विसिज के संस्थापक डॉ. बिन्देश्वर पाठक का मैं आभारी हूँ जिनके संपूर्ण मार्गदर्शन व सहयोग के बिना इस कार्य की परिपूर्णता असंभव थी।

मैं तहेदिल से उन परिजनों व स्नेहीजनों का आभारी हूँ जिनका मुझे अपार सहयोग प्राप्त हुआ है। प्रस्तुत अभ्यास में सहयोगी बनने वाले संदर्भ ग्रंथों के लेखक, मेरे सहयोगी मित्र श्री राधिका जोशी, प्रकाश खेराला, जतीन शेठ, विपुल रामाणी, रजनीकांत नाथाणी, भार्गवभाई जानी, डॉ. जनक जोशी तथा अपने परिवारजनों का मै आभारी हूँ।

डॉ. अनिल एस वाघेला

1

स्वच्छता के समाजशास्त्र का परिचय

प्रस्तावना

मनुष्य जीवन के लिए स्वच्छता एक बुनियादी आवश्यकता है। आंतरिक और बाह्य दो रूपों में स्वच्छता का परिचय प्राप्त हो सकता है। दृश्य, मन व दिमाग के शुद्ध एवं सात्विक विचार, धर्म व आध्यात्मिकता सभर विचारधारा, वाणी–वर्तन की पावकता, आंतरिक स्वच्छता के आयाम हैं। बाह्य स्वच्छता के तहत सामूहिक स्वास्थ्य, शिक्षा–पर्यावरण, अच्छी सामाजिक व आर्थिक स्थिति इत्यादि बातों का समावेश होता है। बाह्रय स्वच्छता का मूलाधार आंतरिक स्वच्छता है। आंतरिक स्वच्छता बाहय स्वच्छता की कारक है। समाज का विकास व उनके सुखी–संपन्न होने की एक दिशा स्वच्छता के अपनाने में रही है। कहा गया है कि–"स्वच्छता से समृद्धि पैदा होती है, स्वच्छता से सुख पैदा होता है"।

कमजोर स्वास्थ्य व स्वच्छता का देश के लोगों के आरोग्य पर विपरीत प्रभाव होता है। देश के आर्थिक व सामाजिक परिवेश को भी प्रभावित करता है। वैश्विक स्तर पर भारत देश स्वच्छता संदर्भ में अब भी पिछड़ा हुआ है। देश के अधिकांश नगरों में अति भीड़, अनुचित जल–संग्रह, मल–मूत्र का अयोग्य निष्कासन, ड्रेनेज परियोजना, दूषित जल, कूड़ा–कर्कट के निष्कासन की अव्यवस्था, शौचालयों का अभाव, झुग्गियाँ, गंदे आवास, प्रदूषण युक्त वायु, नदी–तालाबों की गंदगी आदि द्रष्टव्य हैं।

व्यक्तिगत व सार्वजनिक स्वच्छता की जिम्मेदारी भी वैयक्तिक, सामुदायिक व राज्य की संलग्न जिम्मेदारी है। स्वच्छता सार्वजनिक स्वास्थ्य का प्रथम

लक्ष्य है किन्तु भारत में इसका प्रबंधन कमजोर है। विकास की कमज़ोरी, विधि–विधान की कमी, कानून व नीति के अमलीकरण की त्रुटियाँ, टेक्नोलॉजी का अभाव, उद्धेश्यों की अपूर्णता, क्षतियुक्त चिकित्सा–सेवा, गरीबी, नादुरुस्ती, जैसे आयाम स्वच्छता को हानि पहुँचाते हैं। स्वच्छता की क्षतियों को समझने हेतु स्वच्छता का समाजशास्त्र अत्यंत महत्त्वपूर्ण है।

सन् 1940 में अमरीका में स्वच्छता के समाजशास्त्र का उद्भव हुआ। उसे चिकित्साशास्त्र की एक प्रशाखा के रूप में माना जाता था। सामाजिक स्थितियों को स्वास्थ्य व बीमारी के कारणरूप देखा जाता था। इस कारण पश्चिमी समाज में स्वच्छता व स्वास्थ्य सुधारने हेतु इस शास्त्र ने प्रेरित किया। सिद्ध हुआ कि स्वच्छता और स्वास्थ्य में घनिष्ठ संबंध है। अच्छे कार्य हेतु अच्छे स्वास्थ्य का होना अनिवार्य है। अतः स्वस्थ समाज ही विकसित हो सकता है। समाज से इसी कारण तंदुरुस्ती व स्वच्छता संबद्ध हैं।

स्वच्छ पर्यावरण, रोगों को बाह्य करना, स्वास्थ्य का रक्षण करना, उसे प्रोत्साहित करना, स्वच्छता नीति के विशेष उद्देश्य हैं। स्थायी स्वच्छता हेतु समाज के लोग स्वच्छता के खयाल को आत्मसात् कर अपनी जीवनशैली का एक अभिन्न हिस्सा बनाएँ, यह जरूरी है।

स्वच्छता का समाजशास्त्र : अर्थ एवं परिभाषा

अर्थ

इनसान एक सामाजिक प्राणी है। सदैव ही उनके मन में समाज को जानने, समझने की लालायित वृत्ति रहती है। अपने ढंग से उसे समझने की कोशिश करता है। सत्य तो यह था कि मनुष्य के पास समाज का सुव्यवस्थित व वैज्ञानिक ढंग से अभ्यास करने का दृष्टिकोण नहीं था। सोलहवीं सदी में कुदरती परिवेश की, जो मनुष्य के इर्द–गिर्द रहता है, उसका अभ्यास व ज्ञान प्राप्त करने की शुरुआत हुई। इस संदर्भ में होने वाले अभ्यासों ने समाज को सुनियोजित अभ्यास करने की प्रेरणा दी। इस शताब्दी के दौरान मानवीय समाज व मानवीय संबंधों के अभ्यास का महत्त्व स्पष्ट उभरकर आया। जिसे हम आधुनिक समाजशास्त्र कहते हैं, उसका उद्गम उन्नीसवीं शताब्दी के पूर्वार्द्ध में फ्रांस में हुआ था। समाजशास्त्र एक विशिष्ट विज्ञान है, जिस संदर्भ में फ्रांस के विद्वान ऑगस्ट कॉन्त ने सर्व प्रथम समाज के सामने एक नया व वैज्ञानिक दृष्टिकोण प्रस्तुत किया। इसी कारण उसे, 'समाजशास्त्र के पिता' शब्द से अलंकृत किया गया है। सन्

1832 में अपनी किताब 'Positive Philosophy' में समाजशास्त्र शब्द को सर्व प्रथम प्रयुक्त किया। उनका मत है–समाजशास्त्र एक ऐसा विज्ञान है जो संपूर्ण मानव जीवन व क्रियाओ का अभ्यास करता है। विशेषतः वे कहते हैं कि मनुष्य को समाज–व्यवस्था की सुनियोजित व स्पष्ट समझ प्राप्त होना चाहिए। प्रत्यक्ष निरीक्षण, प्रयोग एवं तुलनात्मक पद्धति के द्वारा अभ्यास करना चाहिए।

स्पष्ट है कि समाजशास्त्र एक विज्ञान है। पेड़ में अनेक डालियाँ होती है, जो प्रत्यक्षतः पेड़ से संलग्न होती हैं। इन तमाम डालियों के लक्षण व विशेषताएँ एक समान होती हैं। फलतः इसे भी एक पेड़ के समान ही माना जा सकता है। ठीक ऐसे ही समाजशास्त्र की भी कई शाखाएँ हैं, जैसे कि उद्योगलक्षी समाजशास्त्र, समाजलक्षी मनोविज्ञान, पर्यावरणलक्षीय समाजशास्त्र, विकास का समाजशास्त्र, अपराध का समाजशास्त्र, चिकित्सा का समाजशास्त्र, फर्स्ट की प्रवृत्तियों का समाजशास्त्र, लैंगिकता का समाजशास्त्र, मदिरापान का समाजशास्त्र, स्त्रियों का समाजशास्त्र, ग्राम्य व नगरीय समाजशास्त्र आदि। इन शाखाओं में एक नवपल्लवित समाजशास्त्रीय शाखा का उद्‌भव हुआ है–'समाजशास्त्र के पिता' स्वच्छता का समाजशास्त्र'। इस समाजशास्त्र का सर्वप्रथम विचार डॉ बिंदेश्वर पाठक ने 28 जनवरी, 2013 को दिल्ली में आयोजित राष्ट्रीय संगोष्ठी में प्रस्तुत किया। फलतः उन्हें स्वच्छता के समाजशास्त्र के प्रणेता (Pioneer) माना जा सकता है। स्वच्छता समाज के साथ संलग्न पहलू होने के कारण इसका समाजशास्त्र के साथ गठबंधन संभावित है, जिसका समाज पर असर होता है। स्वच्छता का भी समाज पर असर होता है। समाज भी स्वच्छता को प्रभावित करता है। समाज की संस्कृति के अनुरूप स्वच्छता की स्थिति संभव है। स्वच्छता की जागरूकता समाज में अनिवार्य है। स्वच्छता एक विशिष्ट बरताव व क्रिया प्रणाली है, जिससे व्यक्ति व समाज की अनूठी पहचान प्राप्त होती है। समाज और स्वच्छता एक सिक्के के दो पहलू हैं, दोनों एक–दूसरे के पूरक हैं।

स्वच्छता के शाब्दिक अर्थ से स्पष्ट है कि यह एक विस्तृत संकल्पना हैं, जिसमें अनेक पहलुओं का समावेश किया जाता है। केवल ग्राम्य व नगरीय सभ्यता या केवल आदिवासी संस्कृति को ही प्रभावित नहीं करता, बल्कि यह समग्र समाज को प्रभावित करता है। स्वच्छता में पर्यावरण, आरोग्य–स्वास्थ्य, शिक्षा, शुद्ध पानी, शौचालय, ड्रेनेज व्यवस्था, प्रदूषण, गंदगी, पेशाबखाना, अस्पृश्यता, पौष्टिक आहार, स्वच्छता के उपकरण जैसी बातों का समावेश किया जा सकता है।

समाजशास्त्र को जब समाज का विज्ञान कहा गया है, तब उनका मूल उद्देश्य समाज का वैज्ञानिक तौर पर अभ्यास करना है। सन् 1832 में कोन्ते ने समाजशास्त्र का सर्वप्रथम उपयोग किया। 'सोशियोलॉजी' शब्द दो रूप में विभक्त है। 'सोशियेस' अथवा 'सोशिएट्स' और 'लोगोस', सोशियेस का अर्थ 'साथी' या सहयोगी होता है, दूसरे शब्द का अर्थ 'शास्त्र' होता है। प्रथम शब्द लैटिन भाषा का और द्वितीय शब्द ग्रीस भाषा का है। दोनों से मिलकर 'समाजशास्त्र' शब्द का निर्माण हुआ है। स्वच्छता और समाजशास्त्र दोनों शब्दों का योग स्वच्छता का समाजशास्त्र शब्द का निर्माण करता है। अतः स्पष्ट है कि व्यक्ति के समाज–जीवन में स्वच्छता, स्वच्छता संबंधित सामूहिक अंतर–क्रियाएँ, उनके अंतर संबंध, पारस्परिक प्रभावों का अभ्यास से करनेवाला शास्त्र स्वच्छता का समाजशास्त्र है।

परिभाषाएँ

सर्वप्रथम स्वच्छता के समाजशास्त्र के संदर्भ में 28 जनवरी, 2013 को सुलभ इंटरनेशनल के तत्त्वधान में आयोजित राष्ट्रीय कार्यशाला में देश–परदेश के समाजशास्त्रियों की उपस्थिति में विविध विषयों के तहत गोष्ठी की गई। जिसमें स्वच्छता, सामाजिक अभाव, जल, जन स्वास्थ्य, स्वास्थ्य विज्ञान, गरीबी, बाल कल्याण, लिंग समानता, स्त्री सशक्ति करण आदि समस्याओं पर अपने विचार प्रस्तुत किए। इसके परिणामस्वरूप 'स्वच्छता से समाजशास्त्र' की अनिवार्यता पहचानी गई। स्वच्छता शब्द लैटिन भाषा के 'Sanitas' से अवतरित शब्द है जिससे स्वास्थ्य का तात्पर्य प्रकट होता है। इसके आधार पर 'Sanitation' अर्थात् स्वच्छता की सँभाल का अर्थ प्राप्त होता है। जिसमें पेय–जल संग्रह, कूड़ा–कर्कट आदि का निवारण आदि प्रवृत्तियों का समावेश होता है। जिनसे रोगों को बंध्या किया जा सकता है। स्वच्छता स्वास्थ्य नीति का केंद्रबिंदु है। अतः आरोग्य से अधिक स्वच्छता का महत्त्व स्वीकारा गया है। इस शास्त्र को परिभाषित करने के प्रयास किए गए। जिसमें बुनियादी रूप में समाजशास्त्री डॉ बिंदेश्वर पाठक ने मत प्रकट किया कि स्वच्छता का समाजशास्त्र एक वैज्ञानिक शिक्षा है, जिससे समाज की समस्याओं का समाधान संभव है। अविरत विकास हेतु स्वच्छता, सामाजिक भेदभाव, जल, सामुदायिक स्वास्थ्य, पर्यावरण, गरीबी, लिंग–समानता, बाल कल्याण व लोगों को सशक्त करने हेतु तात्त्विक व आध्यात्मिक संबंधित ज्ञान प्राप्ति से जीवन में खुशहाली व परिवर्तन संभव है।

डॉ अनिल वाघेला के मत से स्वच्छता का समाजशास्त्र अर्थात् व्यक्ति व स्वच्छता के पारस्परिक संबंधों का सामाजिक विज्ञान, स्वच्छता का समाजशास्त्र, स्वच्छता व समाज के बीच के आंतरिक संबंधों का अभ्यास करनेवाला शास्त्र है। जिसमे मनुष्य और समाज के पारस्परिक प्रभावों का अध्ययन किया जाता है।

स्वच्छता समाज और संस्कृति से संबंधित आयाम है। जहाँ स्वच्छता होगी, वहाँ उनका समाज और संस्कृति इसका परिपालन करनेवाले होंगे। लोगों के जीवन में स्वच्छता के भावों का संतुलन रहेगा। सांस्कृतिक तत्वों में स्वच्छता की प्रभावोत्पादकता रहेगी। उस समाज के बच्चों को सामाजीकरण में स्वच्छता की शिक्षा दी जाएगी और ऐसे मूल्यों को लोगों ने आत्मसात् कर लिया गया होगा। अतः स्वच्छता की सँभाल इन लोगों के लिए सहज है।

गांधीजी के स्वच्छता संबंधी मत से 'शायद मै पुनर्जन्म प्राप्त नहीं करूँगा, यदि प्राप्त किया भी, मेरा अगला जन्म सफाईकर्मी के परिवार में हो, यह पसंद करूँगा। जिससे अमानुषी, स्वास्थ्य अहितकर, गंदगी उठाने की प्रथा और घृणास्पद व्यवहारों से बाहर ला सकूँ।

श्रीमती इंदिरा गाँधी का मत है,। "Sanitation in India is not only about cleanliness, it is also to end the humiliation and miseries of scavengers who carry human excreta on their head" अर्थात् ''भारत में सेनिटेशन केवल स्वच्छता नहीं है, किन्तु वह इनसान के मल–मूत्रों को अपने मस्तक पर वहन करने की प्रथा का अंत है।

भारत सरकार का शहरी विकास मंत्रालय शहरी स्वच्छता व्यवस्थापन पर विचार इस प्रकार व्यक्त करता है। प्रत्येक भारतीय नगर पूर्णतः स्वच्छ, स्वस्थ और आवास योग्य बने और अपने नागरिकों के लिए अच्छे लोक–स्वास्थ्य व पर्यावरणीय परिणामों को स्थिर तथा सुनिश्चित करे। गरीबो एवं महिलाओं के लिए स्वास्थ्यप्रद व समुचित स्वच्छता सुविधाओं की आपूर्ति करे।

जिस दिन हम में से सभी के लिए शौचालयों की उपलबधता होगी उस, दिन देश प्रगति के शिखरो पर होगा। सन् 2008 नवंबर को 16 से 29 तारीखों के दौरान दिल्ली में तृतीय दक्षिण एशिया वार्त्ता का स्वच्छता विषय पर आयोजन हुआ। बांग्लादेश, भूटान, अफगानिस्तान, भारत, मालदीव, नेपाल, श्रीलंका, पाकिस्तान आदि देशों के शिष्टमंडल ने एक घोषणापत्र जारी किया, जो निम्नलिखित है–

1. स्वच्छता व पेयजल की सुविधा उपलब्ध कराना। इसे एक अधिकार के रूप में तथ्य राष्ट्रीय प्राथमिक जरूरत के रूप में देखा जाए।
2. स्वच्छता हेतु निश्चित राष्ट्रीय लक्ष्यों को सभी सहभागी देशों के साथ निश्चित अवधि में परिपूर्ण करने की घोषणा।
3. साथ ही इस बात को निश्चित करता है कि अपने–अपने देशों में ग्रामीण व नगरीय क्षेत्रों में निवास करनेवाले समुदायों में 2003 में होने वाले सकोसेन–1 और इस्लामाबाद में 2006 में होने वाले सकोसेन–2 में अपने द्वारा निश्चित किया गया यह एक प्रमुख लक्ष्य है।
4. हमें स्वच्छता संबंधित सिद्धांतों व विषय के पहलुओं पर ध्यान केंन्द्रित करना है। संकल्पों को याद कर उनको परिवार, स्थानीय उपराष्ट्रीय व राष्ट्रीय स्तर पर क्रियान्वित कर स्वच्छता प्राप्ति के लक्ष्यों को साकार करना है।

स्वच्छता का समाजशास्त्र एक सामाजिक विज्ञान के रूप में सामान्यतः विश्व में प्रवर्तित विविध विज्ञानों को उनके कार्यक्षेत्र के अनुसार दो विभागों में विभक्त किया गया है–

(1) **प्राकृतिक विज्ञान** : जिसमे विशेषतः सृष्टि में निर्जीव व भौतिक पहलुओं का अभ्यास किया जाता है। पदार्थशास्त्र, खगोलशास्त्र, रसायनशास्त्र आदि का समावेश होता है।

(2) **सामाजिक विज्ञान** : जिसमे समाज में घटित विविध घटनाओं का अभ्यास किया जाता है। समाज से संबंधित, प्रभावित ऐसे विज्ञानों में मानवशास्त्र, नागरिकशास्त्र, इतिहास, राज्यशास्त्र, मानसशास्त्र व समाजशास्त्र आदि का समावेश किया जाता है। इसमें स्वच्छता का समाजशास्त्र भी समाविष्ट है। यह शास्त्र एक सामाजिक विज्ञान है, क्योंकि इसमें समाज व स्वच्छता से पारस्परिक संबंधों का अभ्यास किया जाता है। उनसे पारस्परिक प्रभावों का अभ्यास किया जाता है। इन उपजीव्य का वैज्ञानिक ढंग से उपयोग कर विविध प्रयुक्तियों का उपयोग कर अभ्यास किया जाता है। संशोधनात्मक प्रक्रिया से उसके तारतम्य पर पहुँचा जाता है। उनकी विश्वसनीयता, उनसे अर्थघटन की चर्चा की जाती है, परिणामस्वरूप स्वच्छता से समाजशास्त्र को अन्य विज्ञान की भाँति सामाजिक विज्ञान कहा जा सकता है।

आलोच्य चर्चा के संदर्भ में स्पष्ट है कि 'स्वच्छता का समाजशास्त्र' समाजशास्त्र की एक नई पल्लवित हो रही प्रशाखा है, जिसके प्रेरणास्त्रोत डॉ बिंदेश्वर पाठक रहें है। 21वीं सदी में समाजशास्त्र के अमलीकृत होने से इस प्रशाखा को महत्तम क्षेत्रों को प्रभावित करनेवाला शास्त्र माना जा सकता है। जिसका मूल उद्देश्य मनुष्य को सुख पहुँचाना, समाज को स्वच्छता संबंधित स्थितियों से अवगत कराना है। स्वच्छता संबंधित अनेक परिस्थितियों का वैज्ञानिक तौर से अभ्यास कर उनके प्राप्त सिद्धांतों को लोक कल्याण हेतु विनियोग करना है। ऐसी सामाजिक विज्ञानं शाखा को स्वच्छता का समाजशास्त्र कह सकते हैं। इसका विकास समग्र मनुष्य जाति को बिन स्वास्थ्य परिस्थितियों से बाहर निकालकर विकास के अवसर प्रदान करने का है।

स्वच्छता के समाजशास्त्र का कार्यक्षेत्र

करीबन 16वीं शताब्दी में प्रस्थापित और अपनी तर्कबद्ध दलीलों से लोगों के मानसपट पर प्रभावी होनेवाला शास्त्र दर्शनशास्त्र है। जो प्रभुत्व मनुष्य की वैचारिकता के विकास के आगे विलुप्त हो गया और दुनिया के सामाजिक व भौतिकें पहलुओं को वैज्ञानिक रीति से जाँचने हेतु विविध विज्ञानशास्त्रं, का आविर्भाव हुआ, उनकी विविध कार्यक्षेत्रीय स्थिति व अभ्यासक्षेत्र रहे है।

सन् 1838 में समाजशास्त्र का एक सामाजिक विज्ञान के रूप में आविर्भाव हुआ, जिसमें अनेक सिद्धांतों को स्थान प्राप्त हुआ। सिद्धांतों की वृद्धि में साथ–साथ समाजशास्त्र की विविध प्रशाखाएँ उद्भवित होने लगीं, उसकी आवश्यकता पैदा हुई, आज समाजशास्त्र में कई उपशाखाएँ है, जिनके अपने–अपने कार्यक्षेत्र हैं।

स्वच्छता और समाज एक–दूसरे के पूरक हैं। स्वच्छता समाज से प्राप्त होती है। समाज के विकास का मानदंड है, जिसकी जैसी संस्कृति होती है वैसा उनका समाज होता है। विविध समाज व संस्कृति का असर उनके लोगों पर द्रष्टव्य होता है। ठीक ऐसे ही स्वच्छता समाज से संलग्न होती है। समाज स्वच्छ व स्वस्थ होगा तब ही उसका सर्वाधिक विकास होगा। समाज जितना जागरूक होगा, उतना ही विकासशील होगा। स्वच्छता के समाजशास्त्र का अपना कार्यक्षेत्र है।

- स्वच्छता और सामाजिक छुआछूत
- स्वच्छता और पर्यावरण

- स्वच्छता और स्वास्थ्य
- स्वच्छता और शिक्षा
- स्वच्छता और विविध मानदंड
- स्वच्छता और सरकार
- स्वच्छता और गंदे निवास
- स्वच्छता और पंचायती राज
- स्वच्छता और पेय–जल
- स्वच्छता और बाल कल्याण
- स्वच्छता और ग्राम्य–नगरीय समुदाय
- स्वच्छता और मजदूर

स्वच्छता के समाजशास्त्र के विषयवस्तु के विविध आयामों की सविस्तृत चर्चा इस प्रकार है–

1. स्वच्छता और सामाजिक छुआछूत

वेदकालीन समाजव्यवस्था चार वर्णों में विभाजित थी। इन चार वर्णों में सामाजिक भूमिकाओं का प्रचलन था। उसी के अनुसार श्रमविभाजन था, जिसमें चौथा वर्ण शूर्द्र था। हमारे समाज ने एक नए वर्ण की संकल्पना की है, वह है 'पंचमवर्ण' इन दोनों वर्णों की भूमिका सफाई कार्य थी। वास्तव में स्वच्छता का कार्य महत्त्वपूर्ण है किंतु यह कार्य निम्न और मेहनतकश तथा गंदा माना जाने लगा। अस्पृश्यता व छुआछूत के भाव पैदा होने लगे। एक विशेष वर्ग की मान्यता पैदा होने लगी। आज भी 21वीं सदी में ग्रामीण समुदायों में यह खयाल प्रवर्तित है।

स्वच्छता का समाजशास्त्र, ऐसे लोगों के साथ अस्पृश्यता क्यों? उनका क्या असर? जैसे मुद्दें को विषय–वस्तु बनाकर अभ्यास करता है।

2. स्वच्छता और पर्यावरण

स्वच्छता और पर्यावरण का प्रत्यक्ष संबंध है। स्वच्छता की स्थिति में पर्यावरणीय स्थिति भी स्वच्छ व स्वस्थ रहेगी। आम पर्यावरण की समस्या एक वैश्विक समस्या है, अस्वच्छता के कारण पर्यावरण पर जोखिम पैदा हुआ है। नगरीय एवं ग्राम्य समाज में स्वच्छता के प्रति कम जागरूकता से पर्यावरणीय विविध पहलू प्रभावित हुए हैं। जलावरण, वातावरण, मृदावरण,

जिवावरण आदि पर विपरीत असर हुआ है। अनुप्रयोगों की बदौलत, विविध रासायनिक उद्योगों, यातायात, जंगलों की कटाई, प्लास्टिक का अतिरेकपूर्ण उपयोग, प्रदूषित जल, प्रदूषण जन्य उद्योगों आदि के कारण पर्यावरणीय असंतुलन पैदा हुआ है, जिसका सीधा प्रभाव जनजीवन पर लक्षित है।

स्वच्छता व पर्यावरण सामाजिक आयाम है, जो समाज को प्रभावित करता है, जिसका अभ्यासक्रम इस समाजशास्त्र की विषयवस्तु है।

3. स्वच्छता व स्वास्थ्य

स्वास्थ्य के साथ स्वच्छता प्रत्यक्षतः संबंधित है। परिवार और पाठशाला के माध्यम से स्वच्छता की शिक्षा दी जाती है। परिवार के सदस्यों के द्वारा बच्चों को स्वच्छता संबंधी शिक्षा देते है। बच्चे के मन में स्वास्थ्य हैं का महत्त्व स्पष्ट किया जाता है। बच्चों को शारीरिक श्रम, स्वच्छता, स्नान, शौचालय के उपयोग, दूषित जल का निष्कासन, आदि का ज्ञान परिवार के द्वारा प्राप्त करवाया जाता है। स्वच्छताविहीन जीवन के हानिप्रद मुद्दों को समझाया जाती है।

स्कूल के माध्यम से छात्रों में स्वच्छता का महत्त्व, उपयोगिता, शाला सफाई, ग्राम सफाई, विविध रोगों के कारण आदि की शिक्षा औपचारिक व अनौपचारिक रूप से दी जाती है।

इस प्रकार स्वच्छता व आरोग्य स्वच्छता के समाजशास्त्र की विषयवस्तु बन सकते हैं।

4. स्वच्छता और शिक्षा

शिक्षा व स्वच्छता अन्योन्याश्रित हैं। कई बार परिवार के द्वारा जब बच्चों को स्वच्छता के संबंध में शिक्षा नहीं दी जा सकती, तब इसकी आपूर्ति पाठशाला द्वारा की जा सकती है। शिक्षा के विविध माध्यमों के द्वारा बच्चों में स्वच्छता संबंधी जागृति फैलाई जाती है। विशेषतः प्राथमिक शिक्षा के स्तर से ही इस पहलू को सविशेष समझाया जाता है। यहीं से बच्चे के मन में स्वच्छता की अनिवार्यता पैदा होती है।

उच्च शिक्षा के चरण में विविध शिविर, संगोष्ठियां, विविध अभियान आदि के द्वारा छात्रों में इसका महत्त्व स्पष्ट किया जाता है। स्वच्छता के मूल्यों को संप्रेषित कर परिवर्तन की दिशा निश्चित की जाती है। विविध प्रोत्साहन, पुरस्कार, उनके कार्यों का विशेषोल्लेख छात्रों में उत्साह की वृद्धि करता है।

स्पष्ट है कि शिक्षा एक सबल माध्यम है, जो छात्रों में एक विशेष जागरूकता फैलाती है।

5. स्वच्छता और विविध मात्राएँ

समाज में द्रष्टव्य स्त्री–पुरुष की मात्राएँ, आबादी की मात्रा, वयसमूह की मात्रा आदि का संबंध स्वच्छता के साथ रहा है। दूसरे शब्दों में कहा जाए तो स्त्रियों की आवश्यकताएँ पुरुषों की अपेक्षा अधिक होती हैं। फलतः पुरुषों की तुलना में स्त्रियों की अधिक संख्या होने पर उनकी जरूरतों की आपूर्ति की विशेष व्यवस्था अनिवार्य है। भारत में स्त्री संतान का जन्म, उनके आहार, परवरिश आदि पर कम ध्यान दिया जाता है। फलतः औरत के साथ स्वच्छता परोक्ष या प्रत्यक्षतः संलग्न है, जिसका सीधा प्रभाव उनकी संख्या पर होता है। दूसरी ओर पुरुषसंगत का विशेष संख्या रखा जाता है। उनकी स्वच्छता के प्रति समानता रखी जाती है। अतः पुरुष संतान की मृत्यु की संख्या भी कम रहती है।

इसी तरह आबादी की मात्रा भी स्वच्छता पर प्रभाव पैदा करती है। जहाँ आबादी अधिक है, वहाँ स्वच्छता का व्यवस्थापन कठिन है। वयसमूह भी इससे संबद्ध है। निश्चित उम्र का समूह का स्वच्छता की ओर कम ध्यान है। जिस समाज में बच्चों की संख्या अधिक या कम है, वहाँ उसका स्वच्छता पर प्रत्यक्ष असर होता है।

इस प्रकार स्वच्छता व समाज में प्राप्त विविध तादाद व मात्राओं के बीच निकटतम संबंध है, जो स्वच्छता के समाजशास्त्र के द्वारा परखा–पहचाना जाता है।

6. स्वच्छता और सरकार

केन्द्र और राज्य सरकारों का दायित्व है कि प्रत्येक नागरिक के स्वच्छ व स्वस्थ जीवन जीने के अधिकार को पूर्ण करे। दोनों सरकारों की ओर से इन संदर्भ में विविध कार्यक्रमों का आयोजन किया जाता है। स्वैच्छिक अनुदानों व सरकारी अनुदानों के प्रयासों से पर्यावरणीय स्वच्छता के प्रयास किए जाते हैं। जिन योजनाओ में 'निर्मल ग्राम योजना', 'स्वर्णिम ग्राम योजना', 'समर्पण स्वच्छता अभियान योजना', 'सार्वजनिक स्वच्छता', 'पाठशाला स्वच्छता', 'आँगनवाड़ी', 'शौचालय', 'जल–संग्रह' निगम व ड्रेनेज योजना जैसी योजनाएँ व कार्यक्रमों के द्वारा सरकार लोगों में स्वच्छता जाग्रति का कार्य करती है।

गुजरात राज्य में स्वर्णिम गुजरात के कार्यक्रम के द्वारा संपूर्ण स्वच्छता अभियान के अंतर्गत प्रत्येक तहसील के 453 गाँवों को स्वर्णिम ग्राम बनाने

का कार्यक्रम आयोजित हुआ, जिसमें पर्यावरण, आरोग्य की सँभाल, शिक्षा और सामाजिक, आर्थिक विकास की परिकल्पनाओं को मददे नजर रखकर मासिक कार्यक्रमों का आयोजन किया गया। जिसके द्वारा भारत सरकार का 'निर्मल ग्राम्य पुरस्कार' और राज्य सरकार द्वारा विजेता पंचायतों को प्रोत्साहन दिए गए है। सरकार की जागृति लोगों की जागृति का कारण बन सकती है। स्वच्छता और आनुसंगिक बातों की ओर ध्यान दिया जाता है, जिससे देश व राज्य के सामूहिक स्वास्थ्य, शारीरिक–मानसिक स्वास्थ्य बेहतरीन बनाया जा सकता है। इस तरह सरकार और स्वच्छता एक–दूसरे से संलग्न हैं। स्वच्छता के समाजशास्त्र की यह विषयवस्तु है।

7. स्वच्छता और गंदे निवासस्थान

गंदे निवासस्थानों से स्वच्छता का प्रत्यक्ष संबंध है। स्वच्छता के अभाव में अपने आप ही गन्दी बस्तियाँ पैदा होने लगेंगी। गंदे निवास महानगरों की प्रमुख समस्या हैं। विशेषतः बम्बई, दिल्ली, कलकत्ता, चेन्नई जैसे महानगरों में भौतिक विकास के साथ ही साथ गंदे निवासों की समस्या भी तेजी से बढ़ने लगी है। नगरों में उद्योगों का दूषित जल और जहरीली वायु के द्वारा पर्यावरण को नुकसान हुआ है। झुग्गियाँ, गंदे मलबे, प्लास्टिक कूड़े और नदी–तालाबो का दूषित जल, यातायात का धुआँ, प्राथमिक सुविधाओं का अभाव स्वच्छता के प्रश्न पैदा करते हैं। गाँवों में खुले में शौचक्रिया, खुले ड्रेनेज, अशुद्ध पेयजल, खुले में मलबे, पाठशाला व घरों में शौचालय की असुविधाएँ सब पर्यावरण को हानि पहुँचाते हैं।

इस प्रकार ग्राम व नगर समुदायों में गंदे आवास व निम्न जीवनशैली स्वच्छता पर विपरीत असर पैदा किया है। इन बातों का अभ्यासक्षेत्र स्वच्छता के समाजशास्त्र का एक हिस्सा है।

8. स्वच्छता और पंचायती राज

भारत में पंचायती राज एक प्रशासनिक व्यवस्था है। केंद्र व राज्य सरकारों के द्वारा जिला, तहसील तथा ग्राम इस प्रकार विविध स्तरों के प्रशासन के साथ पंचायतों के द्वारा प्रशासन किया जाता है। सामुदायिक कार्यक्रमों के द्वारा विविध सेवाकार्य किए जाते है। भारत के संविधान के अधिनियम 1992 के 73 के परिशोधन के अनुसार स्वच्छता का 11वीं अनुसूची में समावेश किया गया है, जिसके अनुसंधान में विविध पंचायतों की संपूर्ण स्वच्छता अभियान में विशेष भूमिका रही है। इस अभियान का पंचायती राज

के संस्थानों के द्वारा विविध स्तरों पर स्वीकार किया गया है। शौचालय, मकान निर्माण, सामाजिक संगठन, व्यर्थ कूड़े–कर्कट का उचित निकास, पर्यावरण की सँभाल, स्वच्छता संबंधित लोकशिक्षण कार्यक्रम, कीटनाशक दवाई का प्रयोग, दूषित जल का निर्वहण, नदी–तालाब की स्वच्छता, पशुओं के पानी पीने के स्थान, शुद्ध पेय–जल के स्त्रोतों का आयोजन, सार्वजनिक शौचालय, सार्वजनिक स्वास्थ्य सेवाएँ आदि कार्यक्रमों का प्रारंभ इन प्रशासनिक संस्थानों के द्वारा किया जाता है। सरकार की ओर से श्रेष्ठ कार्य को पुरस्कृत किया जाता है। ऐसे कार्यक्रमों की ओर लोगों की कम जागरूकता, अज्ञानता केवल सरकारी कार्यक्रम के रूप में पहचान का दृष्टिकोण होने से लोगों का कम सहयोग प्राप्त होता है।

इस प्रकार पंचायती राज और स्वच्छता की घनिष्ठता है। दोनों के पारस्परिक संबंध, असर, उनका भविष्य आदि की चर्चा स्वच्छता के समाजशास्त्र की एक विषयवस्तु है।

9. स्वच्छता और पेयजल

जल मानवजीवन के अस्तित्व का बुनियादी आधार है। बिना जल मानवजीवन असंभव है। सजीव सृष्टि का मूलाधार जल ही है। पेयजल के लिए स्वच्छ जल ही महत्त्वपूर्ण है, क्योंकि प्रदूषित जल स्वास्थ्य के लिए हानिकारक बन जाता है। साथ ही अनेक रोगों का कारक बनता है।

पानी की स्वच्छता हेतु कई बातें महत्त्वपूर्ण हैं। जैसे कि समयांतर में जल की जाँच करना, आवश्यक दवाइयों का विनियोग करना आदि। यदि ऐसी सावधानी नहीं रखी जाती तो जल पीने लायक नहीं रहता। राष्ट्रीय व राज्य स्तर पर पीने के पानी के लिए बंध का निर्माण करना, उचित वितरण प्रबंधन होना, स्वच्छता की सावधानी रखना व उचित व्यवस्था हेतु प्रशासन का आयोजन करना अनिवार्य है।

स्वच्छता व पेयजल एक–दूसरे से संबंधित हैं। उचित व्यवस्थापन से उचित जल प्राप्त हो सकता है। स्वच्छता का समाजशास्त्र इन पहलुओं का अभ्यास करता है।

10. स्वच्छता और बाल कल्याण

प्रत्येक देश का बालक उस देश के भविष्य का नागरिक है, जिसका उचित विकास अनिवार्य है। विश्व के कई देशो ने कल्याणकारी राज्य की

संकल्पना को स्वीकार किया है। बाल–कल्याण को भी महत्त्वपूर्ण स्थान प्राप्त हुआ है। भारत भी इसी दिशा में अग्रसर है। 'बाल–कल्याण' के साथ स्वच्छता को स्वीकार किया जाता है। स्वस्थ व स्वच्छ आबोहवा बच्चे की कार्यक्षमता को बढ़ाती है, शारीरिक रूप से मजबूत बनाती है। बच्चे की स्वस्थता देश के विकास का कारण बन सकती है।

बालकल्याण के लिए स्वच्छता अनिवार्य शर्त है। बच्चे के आरंभिक वर्षों में रोग प्रतिकारक शक्ति कमजोर होती है। अतः आसपास के वातावरण से बच्चा शीघ्र प्रभावित हो जाता है और रोगी बन जाता है। इस कारण स्वच्छता की अनिवार्यता समझी जा सकती है।

स्वच्छता के समाजशास्त्र का बाल–कल्याण से प्रत्यक्ष रिश्ता है। इसमें उनसे प्रभाव–कुप्रभाव का अभ्यास किया जाता है।

स्वच्छता और ग्राम्य–नगरीय समुदाय

स्वच्छता के समाजशास्त्र के अभ्यास क्षेत्र के मुद्दे में ग्राम–नगर समुदाय की स्वच्छता का समावेश होता है। ग्राम्य संबंधित हमारी मान्यता दूषित पानी, कूड़ा–कर्कट और नगर समुदाय अर्थात् स्वच्छता, ड्रेनेज व जल प्रबंध, लोगों की जागरूकता से संबद्ध है। किंतु दोनों मान्यताएँ अर्धसत्य हैं क्योंकि कई गाँव अच्छे माहौल का तो कई शहर बुरे माहौल का अनुभव देते हैं।

दोनों परिस्थितियाँ स्वयमेव पैदा नहीं होतीं, अपितु इनके निर्माण में कई आयाम जिम्मेदार हैं। स्वच्छता व आदर्श स्थिति का निर्माण, सफल नेतृत्व, लोगों की सहभागिता, लोगों की जागरूकता, स्वच्छता के मूल्यों का दृढीकरण व आत्मसूझ पर आधारित है। लोग स्वच्छता को अपनी नैतिकता मानतें हैं। दूसरी दिशा में दुर्बल नेतृत्व, दुर्बल प्रशासन, लोगों का कम सहयोग, लोक–जागृति का अभाव स्वच्छता के लिए जिम्मेदार महत्त्वपूर्ण पहलू हैं।

इस प्रकार स्वच्छता का समाजशास्त्र ग्राम्य एवं नगरीय समुदाय में व्याप्त स्वच्छता संबंधित प्रभाव–कुप्रभाव का अभ्यास करता है।

12. स्वच्छता और मजदूर

उद्योग व मजदूरों के साथ स्वच्छता का प्रत्यक्ष संबंध है। 1948 में औद्योगिक कानून के तहत स्वच्छता संबंधित कुछ नियम लागू किए गए। औद्योगिक समवायों में पेयजल, कैंटीन की स्वच्छता, शौचालय, जल निष्कासन प्रबंध, वायु प्रदूषण संबंधित प्रक्रिया आदि के नियमों को लागू किया गया।

मजदूर औद्योगिक समवाय का अभिन्न हिस्सा है। फलतः उनके आरोग्य हेतु, उनकी सुविधा हेतु स्वच्छता पर बल दिया गया। अतः स्वच्छता व उद्योग व मजदूर एक साथ जुड़े हुए हैं। इनके विविध पहलुओं का अभ्यास स्वच्छता के समाजशास्त्र की विषयवस्तु है।

स्वच्छता के समाजशास्त्र का स्वरूप

स्वच्छता का समाजशास्त्र एक विज्ञान है, क्योंकि इसमें समाज में घटित स्वच्छता संबंधित घटनाएँ, सामाजिक संबंध, सामाजिक प्रक्रियाएँ, सामाजिक आयोजन कार्यक्रम आदि के अच्छे व बुरे प्रभावों का अभ्यास किया जाता है। इन अभ्यासों में स्वच्छता संबंधित घटित घटनाएँ, उनके आंतरिक संबंध, कार्य–करणी आदि की चर्चा का वैज्ञानिक दृष्टिकोण से अभ्यास किया जाता है–

स्वच्छता के समाजशास्त्र के अभ्यास की पद्धति वैज्ञानिक होने पर इसे विज्ञान कहना अनुचित न होगा। सामाजिक सर्वेक्षण, सामाजिक प्रश्नावली, साक्षात्कार, निरीक्षण, मूल्यांकन आदि प्रयुक्तियों का विनियोग होता है। सामाजिक, ऐतिहासिक, तुलनात्मक व क्रियात्मक पद्धितियों का भी प्रयोग किया जाता है।

यद्यपि विज्ञान जैसा ही यह शास्त्र नहीं है अपितु सामाजिक विज्ञान की कई लाक्षणिकताएँ इसमें निहित हैं। इसका स्वरूप विज्ञानमय है, जो निम्नरूप से स्पष्ट किया जाता है–

1. स्वच्छता का समाजशास्त्र एक सामाजिक विज्ञान है।
2. स्वच्छता का समाजशास्त्र वास्तववादी व आदर्शलक्षी विज्ञान है।
3. स्वच्छता का समाजशास्त्र सिद्धांतलक्षी व व्यवहारलक्षी विज्ञान है।
4. स्वच्छता का समाजशास्त्र मूर्त और अमूर्त विज्ञान है।
5. स्वच्छता का समाजशास्त्र सामान्य विज्ञान है।
6. स्वच्छता का समाजशास्त्र संचयात्मक विज्ञान है।
7. स्वच्छता का समाजशास्त्र यथार्थवादी विज्ञान है।
8. स्वच्छता का समाजशास्त्र अनुभवात्मक विज्ञान है।

1. स्वच्छता का समाजशास्त्र एक सामाजिक विज्ञान है

इसके कार्यक्षेत्र में समग्र व्यवस्था व स्वच्छता की स्थिति निहित है।

इसकी प्राकृतिक विज्ञान से भिन्नता रही है, क्योंकि रसायन, पदार्थ, खगोल, प्राणिजन्य जानकारी प्राकृतिक विज्ञान है, जिसका इस विज्ञान में अभ्यास होता है, जबकि स्वच्छता के समाजशास्त्र को सामाजिक विज्ञान कहना उचित है। इसमें मनुष्यों की क्रियाएँ–अंतःक्रियाएँ, समाजरचना, अंतरसंबंध, इत्यादि का स्वच्छता के परिप्रेक्ष्य में अभ्यास किया जाता है। वैज्ञानिक पद्धतियों से पृथक्करण व विश्लेषण की क्रिया होती है। प्राकृतिक विज्ञान की तरह इसमें वस्तुलक्षिता व तटस्थता जैसे मानदंड नहीं पाए जाते। तथापि दोनों विज्ञानों के बीच साम्यता भी प्राप्त होती है कि दोनों वैज्ञानिक पद्धति का आधार लेकर अभ्यास करते हैं।

स्वच्छता के समाजशास्त्र की विशेषता यह है कि समाज की स्वच्छता संबंधी बातों का इनमें अभ्यास होता है, फलतः यह एक सामाजिक विज्ञान है।

2. स्वच्छता का समाजशास्त्र वास्तववादी व आदर्शलक्षी विज्ञान है

यह विज्ञान समाज की स्वच्छता का अभ्यास करता है। सफाई के आदर्श स्वरूप की चर्चा करता है। इस संदर्भ में विचार करता है। समाज और स्वच्छता का अर्थ, उनकी वास्तवलक्षी बातों का विचार करता है।

स्वच्छता कैसी होनी चाहिए? क्या–क्या होना चाहिए जैसी आदर्शलक्षी बातों की ओर ध्यान आकृष्ट करता है। स्वच्छता संबंधित समाज में घटित घटना है, उनके स्वरूप से संबंधित विचार–विमर्श किया जाता है। इस संदर्भ में इसे नीतिशास्त्र संलग्न भी माना जा सकता है। धर्मशास्त्र–दर्शनशास्त्र का इस पर प्रभाव है। क्योंकि स्वच्छता के समाजशास्त्र में स्वच्छता की मान्यता, आदर्श, संकल्पना, विधि–विधान और आनुषंगिक संस्थानों के स्वरूप आदि की चर्चा सविशेष रहती है।

इस संदर्भ में स्वच्छता के समाजशास्त्र की लाक्षणिकता स्पष्ट होती है। प्रत्येक परिवार शौचालययुक्त हो, यह एक आदर्श स्थिति है, जिनकी वास्तविक स्थिति क्या है? इसका अभ्यास इस शास्त्र में होता है। वास्तवलक्षी व आदर्शवादी चिंतन होने पर इसे ऐसा विज्ञान माना जाता है।

3. स्वच्छता का समाजशास्त्र सिद्धांतलक्षी व व्यवहारलक्षी विज्ञान है

उद्‌देश्य की दृष्टि से स्वच्छता के समाजशास्त्र को व्यवहारलक्षी विज्ञान माना जा सकता है। वह एक सिद्धांतलक्षी विज्ञान भी है। ज्ञान का एकत्रीकरण कर स्वच्छता संबंधित वैज्ञानिक अभ्यास कर सिद्धांतों की स्थापना

करता है। विविध स्वच्छता की चर्चा के साथ विविध पद्धतियों के विनियोग के पश्चात् समाज और स्वच्छता की अंतःक्रियाएँ, अंतर्संबंध निर्माण व कार्यों की चर्चा–अभ्यास के बाद सिद्धांतों को प्रस्थापित करता है, जिन सिद्धांतों से भविष्य प्रशस्त होता है।

यह शास्त्र केवल सैद्धांतिक नहीं अपितु सिद्धांतों का उपयोजन भी करता है, जिस कारण इसे व्यवहारलक्षी विज्ञान कहते हैं। ज्ञान की उपयोगिता से समाज व लोगों में निश्चित विचारधारा का पल्लवन किया जाता है। स्वच्छता का समाजशास्त्र समाज की विविध समस्याएँ उनके विपरीत प्रभाव व परिणामों का अभ्यास करते हुए व्यवहारलक्षिता पर बल देता है। अतः यह सैद्धांतिक व व्यवहारलक्षी विज्ञान है।

4. स्वच्छता का समाजशास्त्र मूर्त और अमूर्त विज्ञान है

स्वच्छता के समाजशास्त्र के मूर्त और अमूर्त दो स्वरूप है। मूर्त रूप अर्थात् समाज में स्वच्छता संबंधित घटित घटनाएँ, जैसे कि खुले में होनेवाली शौचक्रिया, खुला ड्रेनेज, पर्यावरण पर विपरीत असर आदि बातों का अभ्यास इस शास्त्र में किया जाता है।

इसे अमूर्त विज्ञान के रूप में भी देखा गया है। जैसे कि स्वच्छता संबंधित विविध प्रसंग, समाज–निर्माण में होने वाले परिवर्तन, सामाजिक संबंधों पर होने वाले प्रभाव, लोगों की अंतःक्रियाएँ आदि अमूर्त बातों का अभ्यास इसका कार्य–स्वरूप है। इन बातों को देखा नहीं जाता, केवल महसूस किया जाता है। जैसे कि, परमाणु बम की हानि–लाभ को मानव मस्तिस्क में फैले विचारों के जरिए पहचाना जाता है। ये विचार अमूर्त हैं।

इस तरह अन्य सामाजिक विज्ञानों से स्वच्छता की समाजशास्त्र का स्वरूप भिन्न है। जो मूर्त व अमूर्त रूप में प्रवर्तित है।

5. स्वच्छता का समाजशास्त्र सामान्य विज्ञान है

इसमें स्वच्छता संबंधित मानव समाज के सामान्य नियमों का अभ्यास किया जाता है। स्वच्छता संबंधित मानव मात्र की अंतःक्रियाएँ सामाजिक क्रियाओं के विविध आयाम आदि की चर्चा की जाती है। इसमें समाज की वैयक्तिक व विशिष्ट घटना का वर्णन या अभ्यास नहीं होता। पहलू की जाँच–पड़ताल का कार्य इस शास्त्र में होता है। इस समाजशास्त्र में पर्यावरण, गंदगी, ड्रेनेज, शौचालय, गंदे निवास आदि का अभ्यास किया जाता है। सभी के साथ स्वच्छता संलग्न है।

इस तरह स्वच्छता का समाजशास्त्र किसी एक घटना के वर्णन का नहीं, किंतु इसमें साधारण या सामान्य नियम के विश्लेषण का दृष्टिकोण व्यक्त करता है।

6. स्वच्छता का समाजशास्त्र संचयात्मक विज्ञान है

स्वच्छता का समाजशास्त्र वैज्ञानिक ढंग से स्वच्छता व समाज का अभ्यास कर अपने ज्ञान का वर्धन करता है। समयांतर में बदलते परिप्रेक्ष्य के साथ अपने सिद्धांतों आदि में यह बदलाव करता है। नए सिद्धांतों की आवश्यकता अनुसार स्थापना करता है। परिवर्तन समाज के साथ पुराने क्षतियुक्त सिद्धांतों के स्थान पर नए सिद्धांतों को स्वीकार किया जाता है। जैसे कि आबादी में वृद्धि का प्रत्यक्ष प्रभाव गरीबों पर अधिक लक्षित हुआ है किंतु यह उनके फायदे की भी बात बनी है, क्योंकि आबादी बढ़ने पर परिवार में आमदनी प्राप्त करनेवालों की भी संख्या में बढोतरी हुई है। ऐसे नए विचारों को आत्मसात् करनेवाला यह विज्ञान संचयात्मक विज्ञान माना जा सकता है।

7. स्वच्छता का समाजशास्त्र यथार्थवादी विज्ञान है

वैज्ञानिक दृष्टिकोण व पद्धति से अभ्यास करनेवाला यह शास्त्र यथार्थवादी विज्ञान है। अभ्यास के फलस्वरूप वैज्ञानिक रवैया, वस्तुलक्षिता व संशोधक का तटस्थ मूल्यों का योगदान महत्त्वपूर्ण है। अनुभवों के द्वारा ऐसी पद्धति–प्रयुक्तियों का विकास हुआ होता है। कार्य–कारिणी के आधार पर भविष्यवर्ती विचार व्यक्त किया जा सकता है। खनिज–संपत्ति के उपयोग के साथ उनके विकल्प संबंधित घोषणा भी की जा सकती है। इस प्रकार यह शास्त्र एक यथार्थवादी विज्ञान है।

8. स्वच्छता का समाजशास्त्र अनुभवात्मक विज्ञान है

वैज्ञानिक रीति से इस शास्त्र में अभ्यास किया जाता है। अभ्यासकों के आत्म–निरीक्षण, अनुभव आदि से स्वच्छता संबंधी विचार व्यक्त किए जाते हैं। वे मानतें है कि गंदे आवासों से लोगों का स्वास्थ्य बिगड़ता है। कार्य–कारणी के साथ इस संदर्भ में पड़ताल होती है। इसके अभ्यास के निषेधात्मक व विधेयात्मक सभी विचार अनुभवजन्य होते हैं। सामाजिक प्रभावों को भी परखा जाता है। स्वच्छता का समग्र पहलू अनुभव आधारित है। अतः इसे अनुभवलक्षी विज्ञान कहा जा सकता है।

उपर्युक्त विचार से स्पष्ट है कि स्वच्छता के समाजशास्त्र में विज्ञान की तमाम विशेषताएँ निहित हैं। फलतः इसे विज्ञान का दर्जा दिया जा सकता है।

स्वच्छता के समाजशास्त्र का महत्त्व

जब किसी भी शास्त्र का सैद्धांतिक पहलू या व्यावहारिक पहलू सक्षम होगा, तब ही वह समूचा शास्त्र, चाहे सैद्धांतिक हो या व्यावहारिक, सफल व सक्षम होते हुए महत्त्वपूर्ण माना जाएगा। व्यावहारिक शास्त्र को तभी सफलता प्राप्त होती है, जब समाज के महत्तम क्षेत्रों को लाभान्वित किया जा सके। समाजशास्त्र की उपशाखा में पल्लवित हो रहा स्वच्छता का समाजशास्त्र, जो व्यक्ति के लिए, परिवार के लिए व समाज तथा देश और समग्र विश्व के लिए उपयोगी है, उसका महत्त्व अक्षुण्ण है। इसकी विशद चर्चा निम्न रूप से की जा सकती है–

1. वैयक्तिक तौर पर महत्त्व।
2. स्वच्छता संबंधित नीति निर्माण व अमलीकरण में उपयोगी।
3. भविष्यकथन हेतु महत्त्वपूर्ण।
4. समाज व्यवस्था बनायें रखने में महत्त्वपूर्ण।
5. भावी अनुसंधिस्तुकों के लिए महत्त्वपूर्ण।
6. स्वच्छता संबंधित समझ पैदा करने में महत्त्वपूर्ण।
7. राष्ट्रीय स्वास्थ्य मूल्यों की जानकारी संबंधित महत्त्व।
8. सरकारी आयोजन, नीति व कार्यक्रमों के लिए महत्त्वपूर्ण।
9. WHO जैसी अंतरराष्ट्रीय संस्थाओं के लिए महत्त्वपूर्ण।

1. वैयक्तिक तौर से महत्त्व

स्वच्छता के समाजशास्त्र के अभ्यास से व्यक्ति विशेष को ज्ञान प्राप्त होता है। समाज में व्याप्त प्रदूषण से परिचित होता है। अपने बरताव के प्रति समान हो सकता है। अपने व्यवहार में परिवर्तन करने के साथ दूसरों के बरताव को भी प्रेरित कर सकता है। अपने और अन्य के समुदाय के साथ स्वच्छता संबंधी तुलनात्मक दृष्टिकोण से विचार'–विमर्श कर सकता है। इस शास्त्र से ज्ञान की बदौलत व्यक्ति का ज्ञानवर्धन होता है तथा समाजीकरण भी संभव हो सकता है। अपनी क्षतियाँ, मर्यादाओं से भी व्यक्ति

ज्ञात होता है, जिनके समाधान को खोजने का प्रयास कर सकता है। अपने भविष्य को सुदृढ़ बना सकता है।

2. स्वच्छता संबंधित नीति–निर्माण व अमलीकरण में उपयोगी

प्रत्येक समाज के अपने विकास हेतु कुछ निश्चित ध्येय होते हैं। स्वच्छता का ध्येय प्रत्येक समाज में स्वीकृत है। जिसे सिद्ध करने हेतु सभी देश व समाज प्रयत्नशील रहते हैं। इस शास्त्र में स्वच्छता की नीति व उनके ध्येयों को सिद्ध करने की विशद चर्चा की जाती है। इस परिचर्चा से स्वच्छता संबंधित विचार–विमर्श स्पष्ट होता है।

उदाहरणतः देखने पर किस समुदाय में स्वच्छता अति आवश्यक है, किस क्षेत्र में इसकी अनिवार्यता है, इस संदर्भ में कार्यक्रमों का निर्माण किया जाता है, वित्तीय व्यवस्था की जाती है, इस शास्त्र के द्वारा सरकार का भी दिशा–निर्देशन किया जा सकता है। कार्यक्रमों की खूबियाँ व क्षतियों का परिचय प्राप्त होता है।

3. भविष्यकथन हेतु महत्त्वपूर्ण

भविष्य संबंधी अभ्यास हेतु मार्गदर्शन देने का कार्य स्वच्छता के समाजशास्त्र के माध्यम से होता है। संबंधित घटनाओं का अभ्यास करते हुए सिद्धांतों की स्थापना की जाती है, साथ–साथ भविष्य में संभावित परिस्थिति का अंदाज व उनसे भावी परिणामों तथा प्रभावों की पूर्वघोषणा भी की जाती है। जैसे कि बड़े उद्योगों के विकास के साथ समाज व नागरिक पर कैसा असर पैदा होगा, इस संदर्भ में यह शास्त्र भविष्य का अनुमान करता है। उद्योगों की वृद्धि से नगरीयता में वृद्धि हुई है, स्थानांतरण में बढोतरी हुई है, गंदे निवास बढ़ेंगे, अर्थात् प्रत्यक्ष व परोक्ष रूप में कई समस्याएँ पैदा होंगी।

संचयात्मक, सिद्धांतलक्षी व व्यवहारलक्षी होने के कारण स्वच्छता के समाजशास्त्र का ज्ञान असीम है। इस ज्ञान व सिद्धांतों के आधार पर अतीत के अनुभवों से भावी अनुमान की जाँच संभव बनती है।

4. समाज व्यवस्था बनाए रखने में महत्त्वपूर्ण

स्वच्छता व समाज के पारस्परिक असर की पड़ताल इस शास्त्र के द्वारा की जाती है, तथापि व्यक्तिगत तौर पर फैलनेवाले प्रभाव को भी देखा जाता है। सामाजीकरण के द्वारा आम समाज तक पहुँचाया गया स्वच्छतालक्षी शिक्षण समाज की स्वस्थता का द्योतक बनेगा। स्वच्छता संबंधित भूमिका का

ज्ञान एक नागरिक के रूप में व्यक्ति के मन में विकसित होंगा। जिसका प्रचार–प्रसार भी नागरिको के द्वारा संभव होंगा। इन बातों से समाज व्यवस्थापन ठीक ढंग से बना रहेगा। अतः लोगों के स्वास्थ्य हेतु इस शास्त्र का ज्ञान अनिवार्य है।

उदाहरणतः यदि प्रत्येक परिवार बच्चों को स्वच्छता की शिक्षा देगा तो यकीनन नई पीढ़ी उससे प्रभावित होगी और यह सिलसिला पीढ़ी–दर–पीढ़ी तक हस्तांतरित होता हुआ विकसित होगा। फलतः समग्र समाज व्यवस्थापन स्वच्छता की गरिमा का अनुभव करेगा।

5. भावी अनुसंधिस्तुओं के लिए महत्त्वपूर्ण

नए अभ्यास व अनुसंधिस्तुओं के लिए स्वच्छता के समाजशास्त्र का ज्ञान उपयोगी रहेगा। उनके सिद्धांत, उनकी जानकारियों से अनुसंधानात्मक दृष्टिकोण का विकास होगा। इस शास्त्र के द्वारा छात्रों को भी पर्याप्त जानकारियाँ उपलब्ध होगी व उनके महत्त्व की सूझ पैदा होंगीं। पर्यावरण, गंदगी, शौचालय, ड्रेनेज व्यवस्थापन, जल व्यवस्थापन, स्वास्थ्य जैसे पहलुओं की ओर अभ्यासक व अनुसंधिस्तुओं का ध्यान आकृष्ट होगा। अतः स्वच्छता के समाजशास्त्र से नए ज्ञान, जानकारियाँ व अनुसंशोधनात्मकता का परिवेश पैदा होगा और इससे अच्छे अभ्यासों की संभावना पैदा होगी।

6. स्वच्छता संबंधित समाज पैदा करने में महत्त्वपूर्ण

अपनी बाल्यावस्था में होने के कारण अभी स्वच्छता के समाजशास्त्र के संदर्भ में समाजशास्त्रियों, शिक्षित व निरक्षर लोगों की भिन्न–भिन्न मान्यताएँ रही हैं। तथापि एक सुदृढ़ मान्यता ऐसी रहेंगी कि इसमें स्वच्छता की ही चर्चा प्रमुख रहेगी। भौतिक स्वच्छता से इस शास्त्र को जोड़ा जाता है। केवल पाठशालाओ में ही इसकी समझ पर्याप्त है, यह शास्त्र निम्न है, विज्ञान के रूप में प्राप्त दरजे के प्रति प्रश्नार्थ, उनकी उपयोगिता,सिद्धांतों की स्वीकृति का संदेह आदि गलतफहमियों से समाज गंभीर नहीं है। स्वच्छता का समाजशास्त्र इन गलतफहमियों को हटाकर ज्ञान का आलोक फैलना है। शास्त्र की वैज्ञानिकता की समझ पैदा करना है। यह वैज्ञानिक रीति से विषयवस्तु का स्पष्टीकरण करता है। यह शास्त्र समझ पैदा करता है कि विविध समाजों में द्रष्टव्य अस्वच्छता की परिस्थिति के कारण भिन्न–भिन्न होते हैं, भिन्न भिन्न परिवेश जिम्मेदार होते हैं। यह भी स्पष्ट करता है कि स्वच्छता सभर परिस्थिति के निर्माण की प्रयुक्तियाँ भी भिन्न–भिन्न प्रकार की होती है।

स्पष्ट है कि यह समाजशास्त्र भले ही नया माना जाये, किंतु इनके विषय की व्यापकता व उपयोगिता की वास्तविकता का खयाल समाज को जब प्राप्त होता है, तब इनकी उपयोगिता की गरिमा की समझ पैदा होती है।

7. राष्ट्रीय स्वास्थ्य मूल्यों की जानकारी संबंधित महत्त्व

स्वच्छता के समाजशास्त्र में स्वच्छता संबंधित पहलुओं का अभ्यास किया जाता है। विविधता में एकता भारत की विशेषता है। अनेक धर्म, जाति, संस्कृति का समन्वय भारत में है, किन्तु स्वच्छता संबंध में सभी के लिए एक समान ज्ञान आवश्यक है। राष्ट्रीय स्तर पर इस शास्त्र के द्वारा विविधता के बीच स्वच्छता की परिकल्पना साकार हुई है।

समग्र राष्ट्र में स्वच्छता जागृति का आंदोलन प्रबल होगा तो समग्र राष्ट्र में स्वच्छता के मूल्यों को प्रस्तावित किया जा सकेगा। स्वच्छता के मूल्यों को लोग स्वीकार करेंगे और लोगों की यह मान्यता आनेवाली पीढ़ी में भी प्रस्फुटित होगी तथा समाज स्वस्थ बनेगा।

8. सरकारी आयोजन, नीति तथा कार्यक्रमों के लिए महत्त्वपूर्ण

स्वच्छता के समाजशास्त्र का वैज्ञानिक ढंग से अभ्यास होने पर वह एक सामाजिक विज्ञान है। उनके संशोधनों में विश्वसनीयता व यथार्थता रहती है। सरकारी कार्यक्रम व परियोजना को साकार करने में इनका आधार महत्त्वपूर्ण बन जाता है। सरकार की नीति कल्याणकारी राज्य की रही है। फलतः निर्मल ग्राम योजना, स्वर्णिम ग्राम योजना, संपूर्ण स्वच्छता अभियान, सार्वजनिक स्वच्छता, पाठशाला स्वच्छता, आँगनबाडी, शौचालय, जल स्रोत्र व ड्रेनेज योजना जैसे आयोजनों में कौन से पहलू महत्त्वपूर्ण है, इसकी समझ समाज स्वच्छता के समाजशास्त्र से प्राप्त होती है। सरकार की ओर से कुछ प्रकल्प किए जाते हैं जिसमे इसकी विशेष उपयोगिता बनी रहती है।

स्पष्ट है कि स्वच्छता का समाजशास्त्र एक सामाजिक विज्ञान है, जिसके द्वारा व्यक्ति, समाज, राष्ट्र को सही समझ प्राप्त होती है। अन्य शास्त्रों की तुलना में इसे नया माना जाता है, भारत में उसी हल्के प्रारंभिक चरण का अनुभव है।

1. WHO जैसे अंतरराष्ट्रीय संस्थानों के लिए महत्त्वपूर्ण

विश्व स्वास्थ्य संघ जैसे अंतरराष्ट्रीय संस्थान के द्वारा स्वच्छता व स्वास्थ्य संबंधित चिंतन किया जाता है। विविध देशों में इस संबंध में

संगोष्ठियाँ, कार्यशालाएँ, व विविध कार्यक्रमों का आयोजन किया जाता है। तकनीकों पर का विचार–विमर्श होते हैं, उनका मार्गदर्शन लिया जाता है। इस शास्त्र के द्वारा इस अंतरराष्ट्रीय संस्थान के संशोधन, सर्वेक्षण व परिवेक्षणों को लोगों तक पहुँचाया जाता है।

विश्व भर में स्वच्छता से प्रवर्तित विविध ख्यालों के बीच एकरूपता स्थापित करने का कार्य इस शास्त्र के द्वारा संभव है।

निष्कर्ष

आलोच्य विचार–विमर्श इस बात की प्रतीति देता है कि भले ही अन्य विज्ञानों की तुलना में स्वच्छता के समाजशास्त्र का अस्तित्व नयापन लिये हुए हो, किंतु सत्य है इसकी उपादेयता के संदर्भ में कोई बेमत नहीं है। इस शास्त्र की विविध दलीलें, उनकी कार्य–प्रणालियाँ, कार्य–प्रविधियाँ, सामाजिक सुधार का निस्संदेह कार्य करती हैं। व्यक्ति विशेष से लेकर संपूर्ण समाज तक यह व्याप्त है। यह एक परिपूर्ण शास्त्र है।

स्वच्छता का समाजशास्त्र और अन्य सामाजिक विज्ञानों के साथ का संबंध व भिन्नता

प्रस्तावना

ऐसा नहीं है कि स्वच्छता का समाजशास्त्र केवल स्वच्छता का अभ्यास करता है अपितु अन्य सामाजिक विज्ञानों के साथ संलग्न समाज के किसी न किसी पहलू का अभ्यास करता है। ऐसे सामाजिक विज्ञान अपने अनूठे दृष्टिकोण से अभ्यास करते हैं, इस कारण ऐसे सामाजिक विज्ञानं स्वच्छता के समाजशास्त्र से कुछ भिन्न प्रतीत होते हैं, तथापि स्वच्छता के समाजशास्त्र का अन्य शास्त्रों व विज्ञानों से कोई संबंध अवश्य रहा है। अभ्यास पद्धति से संदर्भ में, विषयवस्तु के संदर्भ में एक–दूसरे के पूरक बने रहते हैं। दोनों विज्ञानों के सिद्धांतों के आपसी लेन–देन के द्वारा अभ्यास कार्य हेतु प्रेरणा प्राप्त होती है। माहिती का आदान–प्रदान भी संभव होता है। स्वच्छता का समाजशास्त्र अन्य सामाजिक विज्ञानों के साथ संबंध व भिन्नता प्राप्त किए हुए है, जिसकी विशिष्ट चर्चा द्रष्टव्य है।

2. स्वच्छता का समाजशास्त्र और समाजशास्त्र का संबंध

व्यक्ति व समाज की स्वच्छता संबंधित विचारधारा, वर्तनप्रणाली, विविध विभावानाएँ, अनूठे दृष्टिकोण, उनका प्रभाव आदि का अभ्यास स्वच्छता के

समाजशास्त्रों में किया जाता है। स्वच्छता संबंधी समानता, परिवार, व्यक्ति उनके महत्त्व को स्वीकार करता है। लोगों के संबंध परिवार, समुदाय और समाजवाद पर स्वच्छता का प्रभाव लक्षित होता है।

समाजशास्त्र भी व्यक्ति के संबंध, परिवार, समुदाय व समाज का अभ्यास करता है। मानव स्वभाव व स्वच्छता का प्रभाव पारस्परिक माना गया है। स्वच्छता के समाजशास्त्र व समाजशास्त्र में इस व्यवस्था का अभ्यास किए जाने पर दोनों का परोक्ष व प्रत्यक्ष संबंध स्पष्ट होता है। जहाँ स्वच्छता का अभाव है, वहाँ गंदे आवास, पर्यावरण, स्वास्थ्य आदि की समस्याएँ पैदा होती हैं। दूसरी ओर समाजशास्त्र गंदे आवास, पर्यावरण, सामाजिक संबंध आदि का अभ्यास करता है। जब स्वच्छता का समाजशास्त्र किसी पहलू का अभ्यास करता है, तब वह समाजशास्त्र से जानकारी के स्रोत्र प्राप्त करता है। समाजशास्त्र के द्वारा संपन्न अभ्यास व सिद्धांतों की सहायता प्राप्त करता है। स्पष्ट है कि समाजशास्त्र का इस रूप में उपयोग करता है।

दूसरी ओर अपने अभ्यास में समाजशास्त्र स्वच्छता के समाजशास्त्र के सिद्धांतों का उपजीव्य सामग्री अभ्यास पद्धति, स्वच्छता का समाज पर पैदा होनेवाला असर आदि पहलुओं का अभ्यास हेतु उपयोग करता है।

स्वच्छता का समाजशास्त्र व समाजशास्त्र कई पहलुओं में एकरूप से संबंध है। दोनों एक–दूसरे के पूरक बने रहते हैं। वैसे भी स्वच्छता का समाजशास्त्र समाजशास्त्र की ही एक प्रशाखा है। दोनों के बीच घनिष्ठता है। दोनों के लक्षण–विशेषताओं में काफी समानता है, अतः दोनों के बीच अटूट संबंध है।

स्वच्छता का समाजशास्त्र व समाजशास्त्र के बीच भिन्नता

दोनों शास्त्रों के बीच घनिष्ठता होने पर भी कुछ बुनियादी बातों को लेकर दोनों के बीच भिन्नता प्रवर्तित है।

1. विषयवस्तु के संदर्भ में भिन्नता : समाज की गंदी आबादी, पर्यावरण, स्वास्थ्य, जल व्यवस्थापन, ड्रेनेज योजना, सरकारी आयोजन, लोक जागृति आदि का अभ्यास स्वच्छता के समाजशास्त्र का कार्यक्षेत्र है। अर्थात् इसमें केवल स्वच्छता ही केंन्द्र में रहती है। अभ्यास बिंदु केवल स्वच्छता ही है।

समाजशास्त्र का विषयवस्तु सामाजिक संबंधों, सामाजिक क्रिया, अंतः**क्रिया,** सामाजिक संस्थान, सामाजिक मापदंड, सामाजिक नियंत्रण,

सामाजिकीकरण, सामाजिक परिवर्तन, सामाजिक समस्याएँ आदि से संबंध है, जिसमें व्यक्ति व समाज के संबंध केंद्ररूप होते हैं।

दोनों का अभ्यास स्वरूप वैज्ञानिक ढंग का है, फिर भी दोनों के क्षेत्र अलग हैं। अतः दोनों के बीच भिन्नता स्पष्ट प्रवर्तित है।

2. दृष्टिकोण के संदर्भ में भिन्नता : दोनों शास्त्र व्यक्ति व समाज को केंद्र में रखकर अभ्यासरत होने के बावजूद दोनों के दृष्टिकोण भिन्न–भिन्न है। जैसे कि भले ही दोनों समाजशास्त्र आबादी और गंदे निवासों का अभ्यास करते हों किन्तु दोनों के दृष्टिकोण भिन्न हैं। समाजशास्त्र आबादी में वृद्धि व गंदे आवासों की समस्याओं का अभ्यास करता है।

स्वच्छता का समाजशास्त्र आबादी की वृद्धि के कारण, स्वच्छता संबंधित जागृति, समानता की कमी व गंदे आवासों की वृद्धि व झुग्गियों की वृद्धि जैसे प्रश्नों की चर्चा को अभ्यास करता है।

अतः किसी एक विषय से संबंधित दोनों के नजरिये भिन्न भिन्न द्रष्टव्य हैं।

3. विषयवस्तु के व्याप में भिन्नता : स्वच्छता के समाजशास्त्र में अभ्यास क्षेत्र, स्वच्छता संबंधित सुविधाएँ, स्वच्छता संबंधित प्रवृत्तियाँ इत्यादि हैं।

समाजशास्त्र मानव समाज के सभी संगठनों, व्यक्ति की अंतः क्रियाएँ, मानवीय संबंध आदि का अभ्यास करता है। फलतः स्वच्छता के समाजशास्त्र की तुलना में समाजशास्त्र का विषय व्यापक एवं विस्तृत है।

स्वच्छता के समाजशास्त्र के विषयवस्तु का व्याप मर्यादित रहता है, अतः दोनों शास्त्रों के बीच विषयवस्तु की व्यापकताओं को लेकर भी भिन्नता प्रवर्तित है।

3. स्वच्छता का समाजशास्त्र और मनोविज्ञान का संबंध

मनोविज्ञान व्यक्ति के बरताव का अभ्यास करता हैं। मनोविज्ञान की विविध शाखाएँ हैं, जिसमे सामान्य मनोविज्ञान, बाल मनोविज्ञान व समाजलक्षी मनोविज्ञान का निर्देश हैं, जिनका स्वच्छता के समाजशास्त्र के साथ कोई न कोई संबंध है। दोनों विज्ञानों के बीच अटूट रिश्ता है, फिर भी कुछ भिन्नता भी है।

मनोविज्ञान की एक शाखा सामान्य मनोविज्ञान है, जिसमे व्यक्ति की मनः प्रक्रिया, जैसे कि प्रत्यक्षीकरण, स्मृति, संवेदना, प्रेरणा, विचार क्रिया सीखने की क्रिया आदि का अभ्यास किया जाता है। इसमें व्यक्ति के सर्व सामान्य मानसिक व्यापार का, स्वास्थ्य का, स्वच्छता का अभाव होता है। बच्चों की आदतें, बुरी आदतें, शिक्षा, सामाजिकीकरण, व्यक्तित्व निर्माण आदि का अभ्यास बाल मनोविज्ञान में किया जाता है। स्वच्छता के समाजशास्त्र में बाल्यावस्था के दौरान स्वच्छता संबंधी ज्ञान, शिक्षा, समाजीकरण की क्रिया आदि का अभ्यास किया जाता है। अतः दोनों शास्त्रों में एक समान अभ्यास होता है। दोनों एक–दूसरे पर आधारित हैं।

स्वच्छता के समाजशास्त्र में स्वच्छता संबंधित अभ्यास के सभी पहलुओं का समावेश किया जाता है। स्वच्छता के समाज और व्यक्ति पर लक्षित प्रभाव का, उनसे संलग्न समस्याओं का अभ्यास किया जाता है। दोनों शास्त्रों का समन्वय महसूस होता है। जब स्वच्छता का समाजशास्त्र स्वच्छता संबंधित घटनाएँ व प्रसंगों का अभ्यास करता है, तब मनोविज्ञान दृष्टिकोण से उसे समझने का प्रयास करता है। मनुष्य के जटिल बरताव के परिणामस्वरूप स्वच्छता संबंधित अभ्यास हेतु मनोविज्ञान का दृष्टिकोण आवश्यक बन जाता है।

मनोविज्ञान बरताव का अभ्यास करता है, तब उसमें मनुष्य और समाज का बरताव विषयवस्तु का एक हिस्सा बनते है। मनुष्य की स्वच्छता संबंधित जानकारी उनके जीवन के दुरगामी असर को पैदा करता है, जिसका अभ्यास मनोविज्ञान करता है। दोनों शास्त्रों के बीच पारस्परिकता का संबंध द्रष्टव्य है।

स्वच्छता का समाजशास्त्र और मनोविज्ञान के बीच भिन्नता

दोनों शास्त्रों के बीच संबंध एवं साम्यता है तो दोनों के बीच कुछ बुनियादी भिन्नता भी द्रष्टव्य है–

1. विषयवस्तु के संदर्भ में भिन्नता

मानव का बरताव–व्यवहार मनोविज्ञान का विषय है। वर्तनलक्षी व वार्तनिक मनोविज्ञान के रूप में भी इसे पहचाना गया है। अकेलेपन एवं समूह के बीच मानव व्यवहार में बदलाव द्रष्टव्य होता है। वर्तन के बदलाव के आयाम, परिणाम आदि का इसमें अभ्यास होता है। मानव व मानवोत्तर प्राणियों का अभ्यास इस शास्त्र की विषयवस्तु है।

स्वच्छता के समाजशास्त्र का विषयवस्तु व्यक्ति–समाज व स्वच्छता का संबंध स्थापित करता है। स्वच्छतालक्षी व स्वच्छता का समाजशास्त्र समाजलक्षी माना जाता है। स्पष्ट है, मनोविज्ञान मानव–व्यवहार, क्रिया–कलापों का अभ्यास करता है। स्वच्छता का समाजशास्त्र सामूहिक स्तर पर स्वच्छता का समाजलक्षी अभ्यास करता है। दोनों शास्त्र में विषयवस्तु की भिन्नता है।

2. दृष्टिकोण में भिन्नता

दोनों के विषयवस्तु में भले ही कुछ समानता द्रष्टव्य हो, तथापि दोनों एक ही विषय को भिन्न–भिन्न दृष्टिकोण से देखते हैं, जैसे कि आंतर–क्रिया के संदर्भ में मनोविज्ञान आंतरक्रिया के विविध स्वरूप, सूचना व अनुकरण आदि का अभ्यास करता है।

जबकि स्वच्छता के समाजशास्त्र में इसी संदर्भ में सहकारिता के द्वारा स्वच्छता की स्वीकृति, स्वच्छता को अपनाने के संदर्भ में स्पर्धा, समायोजन आदि का समावेश होता है। अतः दोनों शास्त्रों में दृष्टिकोण की भिन्नता देखी गई है।

3. अभ्यास पद्धति में भिन्नता

दोनों शास्त्रों में वैज्ञानिक पद्धति से अभ्यास किया जाता है। दोनों की पद्धति समान है तथापि मनोविज्ञान अधिक प्रयोगशील है। मनोविज्ञान मनुष्य व प्राणी के सामान्य व्यवहार–बरताव से लेकर जटिल वर्तन–व्यवहार का अभ्यास करता है। मनोविश्लेषणात्मक पद्धति, तुलनात्मक पद्धति, व्यक्ति अभ्यास पद्धति का उपयोग किया जाता है।

स्वच्छता के समाजशास्त्र में सामाजिक पर्यावरण, निरीक्षण, मुलाकात, अनुसूची व प्रश्नावली जैसी प्रवृत्तियों का महत्त्व है।

दोनों शास्त्रों के प्राप्त परिणामों में मनोविज्ञान के परिणाम अधिक स्पष्ट व जाँचपरक माने गए हैं। स्वच्छता के समाजशास्त्र के अभ्यास के परिणामों में कुछ मर्यादाओ की त्रुटियों की संभावनाएँ रहती हैं। स्वच्छता के समाजशास्त्र में व्यक्ति व उनके विचारों का परिशीलन होता है, जो परिवर्तनशील होता है।

अतः दोनों कुछ भिन्नता होने पर भी दोनों सामाजिक विज्ञान का दर्जा प्राप्त किए हुए है। मनुष्य जीवन के अभिन्न अंग हैं। दोनों पारस्परिक एक दूसरे की जानकारियों का आदान–प्रदान करते हैं। दोनों एक–दूसरे के सिद्धांतों को समझने का प्रयास करते हैं। दोनों पूरक हैं।

4. स्वच्छता का समाजशास्त्र और इतिहास

स्वच्छता का समाजशास्त्र समाज में स्वच्छता के तमाम पहलुओं से अभ्यास करता है। स्वच्छता संबंधित तमाम घटनाओ का अभ्यास कर उनका विश्लेषण करता है। ऐसे अभ्यास हेतु कुछ घटनाओं को समझने के लिए उसे इतिहास की सहायता से अतीत की गर्त में जाना आवश्यक हो जाता है। दोनों शास्त्र मानव प्रवृत्ति व मानव घटनाओ का अभ्यास करते हैं। मानव समाज में घटित घटनाओं के कारण व परिणामों का अभ्यास करता है। अतः दोनों को सामाजिक विज्ञान का दर्जा प्राप्त हुआ है। दोनों की विषयवस्तु में मानव संबंध व मानवीय क्रियाएँ सविशेष हैं। दोनों एक–दूसरे के सहायरूप बनते हैं, जैसे कि स्वच्छता के समाजशास्त्र को स्वच्छता संबंधित सामाजिक परिवर्तन के अभ्यास हेतु अतीत को (इतिहास) ध्यान में लेना पड़ता है। जबकि इतिहास किसी घटनाओं का अभ्यास करता है तो मानवीय संबंधों को मद्देनजर रखता है। इस तरह दोनों एक–दूसरे के लिए उपयोगी सिद्ध होते हैं।

स्वच्छता का समाजशास्त्र और इतिहास का संबंध

मानव समाज का अभ्यास करने वाले दोनों शास्त्र सामाजिक विज्ञान हैं। दोनों एक–दूसरे पर आधारित हैं, जैसे कि स्वच्छता के समाजशास्त्र को वर्तमान समाज की स्वच्छता का अभ्यास करने हेतु अतीत के समाज की स्वच्छता को भी समझना अनिवार्य बन जाता है। अतीत के समय का समाज केंद्र में रखा जाता है। दूसरी ओर इतिहास का कार्य सामाजिक घटनाओं का अभ्यास करना भी है। स्वच्छता के समाजशास्त्र विविध मान्यताएँ, विचारों को मद्देनजर रखते हैं। इतिहास सिंधु, हड़प्पा व मोहनजोदड़ो जैसी संस्कृतियों का अभ्यास करता है। स्वच्छता का समाजशास्त्र तत्कालीन समय की जल व्यवस्था, ड्रेनेज प्रबंध, स्नानागार योजना आदि स्वच्छता, शौचालय, पर्यावरण आदि का प्रबंधन गली, नुक्कड व मुख्य मार्गों का तथा इमारतों के निर्माण आदि की स्वच्छता को केंद्र में रखकर अभ्यास करता है।

सामान्यतः सभी सामाजिक विज्ञान अपनें अभ्यास के पृथक्करण हेतु ऐतिहासिक माहिती का उपयोग करते हैं। निश्चित समय व स्थान की घटनाओं का परीक्षण करते हैं, क्योंकि किसी भी घटना व वर्तनादि पर तत्कालीन परिस्थिति व स्थान विशेष का प्रभाव रहता है। अतः स्पष्ट है कि स्वच्छता के समाजशास्त्र व इतिहास के बीच अभिन्न संबंध है।

स्वच्छता के समाजशास्त्र व इतिहास के बीच भिन्नता

दोनों शास्त्रों के बीच पारस्परिकता के बावजूद कुछ पहलुओं को लेकर भिन्नता प्रवर्तित है।

1. विषयवस्तु में भिन्नता

स्वच्छता का समाजशास्त्र मानवसमाज से संबंधित स्वच्छतापरक विविध खयालों का अभ्यास करता है, जबकि इतिहास मानव समाज की विगत घटनाओं, मानवीय संबंधों का अभ्यास करता है। इतिहास की विषयवस्तु में प्राचीन समय से लेकर वर्तमान समय तक के विशिष्ट ऐतिहासिक प्रसंग, उनके कारण व परिणाम आदि का अभ्यास है। विविध समयावधि में मानवजीवन तथा कालांतर में प्रवर्तित मानवजीवन का अभ्यास किया जाता है। इतिहास मानवानुभव व मानवप्रकृति के मूर्त स्वरुप को समझने की कोशिश करता है।

स्वच्छता के समाजशास्त्र का विषयवस्तु मानव समाज से संलग्न स्वच्छता संबंधित विविध आयाम, जैसे कि पर्यावरण, स्वास्थ्य, शिक्षा, जल, ड्रेनेज, शौचालय, प्रदूषण, गंदगी, गंदे आवास, अस्पृश्यता, आहार, स्वच्छता के उपकरण आदि का अभ्यास करता है। यह शास्त्र समाज की वर्तमान स्थितियों का अभ्यास करता है। स्वच्छता संबंधित खयालों का अभ्यास करता है। स्वच्छता संबंधित मूर्त तथा अमूर्त दोनों प्रकार की घटनाओं का अभ्यास कर सिद्धांतों की स्थापना करता है। इस प्रकार दोनों शास्त्रों में विषयवस्तु की भिन्नता है।

2. दृष्टिकोण की भिन्नता

दोनों शास्त्र मानवसमाज का अभ्यास करते हैं कि दोनों के दृष्टिकोण भिन्न–भिन्न हैं। मानवसमाज की विगत स्थिति, उनका महत्त्व आदि को इतिहास स्पष्ट करता है। विगत से लेकर वर्तमान तक मानवसमाज की स्वच्छता संबंधित परिवर्तन की स्थिति, कारण व परिणामों की चर्चा स्वच्छता का समाजशास्त्र करता है। इतिहास प्राचीन संस्कृति को ऐतिहासिक दृष्टिकोण से स्पष्ट करता है जबकि स्वच्छता का समाजशास्त्र प्राचीन संस्कृति में स्वच्छता संबंधित व्यवस्थापन के अमलीकरण की चर्चा करता है। तत्संबंधी जागरूकता, भवन–निर्माण, प्रशासकीय प्रबंधन, स्वास्थ्य आदि बातों का विशेष दृष्टिकोण से अभ्यास करता है। अतः दोनों शास्त्र प्राचीन संस्कृति का अभ्यास करते हुए भी दृष्टिकोण से भिन्न हैं।

3. अभ्यास पद्धति में भिन्नता

दोनों शास्त्र सामाजिक विज्ञान हैं। दोनों वैज्ञानिक पद्धति से अभ्यास करते है किंतु दोनों की वैज्ञानिक पद्धतियों में भिन्नता प्रतीत होती है। दोनों के माहिती स्रोत्र भिन्न हैं। माहिती संश्लेषणवादी पद्धति भिन्न है। इकट्ठी की गयी माहितियों का वर्गीकरण व अर्थघटन भी भिन्न–भिन्न ढंग से होता है। इतिहास ऐतिहासिक घटना के अभ्यास हेतु तुलनात्मक पद्धति, ऐतिहासिक पद्धति, क्षेत्रीय साक्षात्कार आदि के द्वारा संदार्भ स्थान के माध्यम से जानकारी प्राप्त करता है। गौण माहिती हेतु प्राचीन ग्रंथ, महाकाव्य, धर्मशास्त्र, ऐतिहासिक टिप्पणी, शिलालेख, ताम्रपत्र आदि माध्यमों का उपयोग करता है।

स्वच्छता का समाजशास्त्र स्वच्छता संबंधित स्थितियों का समाजशास्त्रीय अभ्यास करता है, जिसमे प्रश्नावली, निरीक्षण, मुलाकात, अनुसूची, व्यक्ति अभ्यास पद्धति व प्रयुक्तियों का आधार लेकर स्वच्छता संबंधित प्रसंगों का स्पष्टीकरण किया जाता है। इन स्त्रोतों से प्राप्त माहितियों का पृथक्करण कर तारतम्य स्पष्ट किया जाता है। यद्यपि ऐसे तारतम्यों की प्राकृतिक विज्ञानों जैसी स्पष्टता नहीं होती, फिर भी स्वच्छता का समाजशास्त्र इनका उपयोग करता है।

अतः दोनों सामाजिक विज्ञान होने के बावजूद दोनों की अभ्यास पद्धतियाँ भिन्न–भिन्न हैं।

सारांशतः स्पष्ट है कि दोनों शास्त्र कुछ बातों में समान हैं, पारस्परिक संबंधित हैं, उपयोगी भी है। विषयवस्तु अभ्यास पद्धति, दृष्टिकोण आदि संदर्भ में दोनों के बीच भिन्नता प्रवर्तित है।

स्वच्छता का समाजशास्त्र और मानवशास्त्र

समाज मानवशास्त्र और समाजशास्त्र दोनों संलग्न शास्त्र थे। समाज मानवशास्त्र से समाजशास्त्र एक सामाजिक विज्ञान के रूप में भिन्न प्रतीत हुआ है। उसी समाजशास्त्र की उपशाखा है स्वच्छता का समाजशास्त्र, अतः समाजशास्त्र व मानवशास्त्र को भगिनी कहना अतिशयोक्ति नहीं है।

मानवशास्त्र का उपजीव्य मानवजीवन है। आनुवंशिकता, शारीरिक रचना, सांस्कारिकता, जीवनशैली, पारंपरिकता, धर्म, रीत–रिवाज आदि बातों का इसमें समावेश होता है। मानवशास्त्र व्यक्ति व समाज के बीच पीढ़ियों से चल रहे अंतरसंबंधों का अभ्यास करता है।

मनुष्य जीवन के स्वच्छता के महत्त्व की चर्चा स्वच्छता का समाजशास्त्र करता है। स्वच्छता की विधेयात्मक व निषेधात्मक प्रभावोत्पादकता का अभ्यास करता है। अतीत व वर्तमान परिस्थितियों की जानकारी दे जाता है।

दोनों शास्त्रों के बीच पारस्परिकता की स्थिति है। यद्यपि कुछ पहलुओं में दोनों में भिन्नता है, जिसका निम्नलिखित रूप से विवरण दिया गया है–

स्वच्छता का समाजशास्त्र और मानवशास्त्र के बीच संबंध

मानवशास्त्र का अभ्यासक्षेत्र विस्तृत व व्यापक है, जिसे तीन चरणों में विभाजित किया जा सकता है, जैसे कि 1. शारीरिक मानवशास्त्र, 2. सांस्कृतिक मानवशास्त्र और 3, प्रागैतिहासिक पुरातत्त्वशास्त्र या मानवशास्त्र।

इन तीनों विभागों का स्वच्छता के समाजशास्त्र से संबंध है। मानवशास्त्र मनुष्य के वर्तन–व्यवहार, रूढियाँ, संस्कृति, जीवनशैली व रीत–रस्मों का अभ्यास करता है।

स्वच्छता के समाजशास्त्र में मनुष्य के विगत समय से स्वच्छता की स्वीकृति, जीवनशैली में स्वच्छता का माहात्म्य, पारंपरिक संस्कृति में स्वच्छता का स्वीकार आदि का अभ्यास किया जाता है। एक प्रकार से ये बातें मानवशास्त्र का भी हिस्सा बनती हैं, जिसे सांस्कृतिक मानवशास्त्र के अंतर्गत पाया जाता है। फलतः दोनों शास्त्रों के बीच अभिन्नता है। आधुनिक समय में सामाजिक जीवन की जटिल समस्याएँ, व्यवहार, वर्तन आदि पहलुओं का दोनों शास्त्र अभ्यास करते हैं।

स्वच्छता के समाजशास्त्र और मानवशास्त्र के बीच भिन्नता

दोनों शास्त्रों के विषयवस्तु व अभ्यास पद्धतियों में साम्यता के साथ भिन्नता भी प्रवर्तित है।

(1) मानवशास्त्र व्यक्ति के शारीरिक लक्षण व आनुवंशिकता का अभ्यास करता है, जबकि स्वच्छता के समाजशास्त्र में व्यक्ति की आनुवंशिकता में स्वच्छता संबंधी विधेयात्मक व निषेधात्मक प्रभाव का अभ्यास किया जाता है। यह समाजशास्त्र व्यक्ति व समाज के अभ्यास में स्वच्छता को महत्त्वपूर्ण मानता है। मानवशास्त्र में मानवसंस्कृति को विशेष प्राधान्य है। अतः दोनों शास्त्रों के अभ्यासक्षेत्र में भिन्नता है।

(2) मानवशास्त्र सैद्धांतिक ज्ञान व भूतकालीन दृष्टिकोण के विविध अभ्यास करता है, जिसमें भविष्य की स्थितियों का कोई महत्त्व नहीं है। विगत समाज, प्रागैतिहासिक पुरातत्त्व, प्राचीन संस्कृति का अभ्यास महत्त्वपूर्ण माना गया है।

एक अनूठे व विशिष्ट दृष्टिकोण के आधार पर स्वच्छता के समाजशास्त्र की अभ्यास प्रक्रिया निर्भर है। जिसमे सामाजिक संबंध, सामाजिक प्रक्रिया है घटनाएँ आदि प्रमुख हैं। इस रूप में दोनों शास्त्र भिन्न प्रतीत होते हैं।

(3) वैज्ञानिक पद्धति के संदर्भ में भी दोनों शास्त्रों में भिन्नता प्रवर्तित है, मानवशास्त्र ऐतिहासिक पद्धति, तुलनात्मक पद्धति व गौण सामग्रियाँ (जानकारी) को उपश्राव्य बनाता है, जबकि स्वच्छता के समाजशास्त्र में वर्तमान स्थिति को महत्त्वपूर्ण मानते हुए भिन्न–भिन्न प्रयुक्तियों का उपयोग किया जाता है। मुलाकात, निरीक्षण, प्रश्नावली, अनुसूची, व्यक्ति की जाँच (परख) जैसी पद्धतियों का उपयोग किया जाता है। इस रूप में भी दोनों शास्त्र एक–दूसरे में भिन्न प्रतीत होते हैं।

(4) मानवशास्त्र समाज के विविध आयामों का समग्रता से अभ्यास करता है। स्वच्छता का समाजशास्त्र केवल स्वच्छता संबंधी अभ्यास करता है। मानवशास्त्र आदिम जातियाँ, उनकी सांस्कृतिकता, उनकी सामाजिकता व शारीरिक सौष्ठव आनुवंशिकता का अभ्यास करता है।

स्वच्छता का समाजशास्त्र आदिम जाति से वर्तमान पीढ़ी तक के दौरान की स्वच्छता संबंधी विचारधारा, मूल्य, वर्तन–व्यवहार, जीवनशैली आदि की असरकारिकता का अभ्यास करता है।

अतः दोनों शास्त्रों के बीच संबंध व भिन्नता प्राप्त होती है, जिसके आधार पर स्पष्ट होता है कि मानव समाजशास्त्र समाज व संस्कृति का अभ्यास करता है और स्वच्छता का समाजशास्त्र समाज व सामाजिक संबंधों में स्वच्छता के महत्त्व का अध्ययन करता है।

स्वच्छता का समाजशास्त्र और शिक्षणशास्त्र

शिक्षणशास्त्र व स्वच्छता के समाजशास्त्र के बीच प्रथमतः विरोधाभासी अनुभव होता है। दोनों का विषयवस्तु, पद्धतियाँ, दृष्टिबिंदु भिन्न प्रतीत होते हैं। शिक्षा एक सीखने की प्रक्रिया है। व्यक्ति के अंतर्मन में निहित वृत्तिओं व कौशलों को बाहर लाने की प्रक्रियां शिक्षा प्रक्रिया है। शिक्षा प्रक्रिया विरासत का नई पीढ़ी में संक्रमण कर सामाजिक मानदंड व मूल्यों की समझ देती है। शिक्षा प्रक्रिया समाजीकरण के द्वारा नई पीढ़ी को सँवारती है। समाज व संस्कृति का पूर्ण प्रभाव व्यक्ति विशेष पर लक्षित होता है। उसका

प्रभाव पर भी पाया जाता है। शिक्षा का भी समाज व संस्कृति पर असर पैदा होता है। फलतः शिक्षा व समाज पारस्परिक है।

स्वच्छता का समाजशास्त्र व्यक्ति व समाज का अभ्यास करता है। उसके द्वारा भी स्वच्छता की शिक्षा दी जाती है। स्वच्छता संबंधी मान्यताएँ, विचार, व्यवहार, मूल्य आदि को समाज तक पहुँचाने का कार्य इसके द्वारा होता है। स्वच्छता के माहात्म्य को समझाते हुए उसके विस्तरण का कार्य इससे किया जाता है। शिक्षा प्रक्रिया में भी स्वच्छता की शिक्षा का समावेश होता है, स्वच्छता के शास्त्र में शिक्षा द्वारा स्वच्छता के प्रचार का हेतु रहता है। अतः शिक्षा एवं स्वच्छता का समाजशास्त्र अन्योन्याश्रित माना गया है।

स्वच्छता के समाजशास्त्र व शिक्षा शास्त्र का संबंध

शिक्षा व्यक्तित्व निर्माण व चरित्र गठन का कार्य करती है। औपचारिक व अनौपचारिक माध्यमों से समाज को उचित राह दिखाती है। स्वच्छता का समाजशास्त्र आवश्यक अभ्यासों के पश्चात् समाज व मनुष्य के जीवन में स्वच्छता का महत्त्व स्थापित करता है। इस दृष्टि से इसका भी चारित्र्य गठन में विशेष महत्त्व है। यह भी औपचारिक–अनौपचारिक माध्यमों का सहारा लेते हुए जनजागृति का कार्य करता है।

शिक्षा के द्वारा सामाजिक व सांस्कृतिक विरासत का हस्तांतरण होता है, शिक्षा के माध्यम से वर्तमान पीढ़ी अपनी नई पीढ़ी को सामाजिक जीवन व संस्कृति का परिचय देती है।

औपचारिक माध्यमों के द्वारा स्वच्छता का समाजशास्त्र भी विविध क्षेत्रों में स्वच्छता की अनिवार्यता व महत्त्व की समझ देता है। विविध अनुशोधन के द्वारा नयी पीढ़ी को जाग्रत किया जाता है।

शिक्षा के द्वारा समाज नियंत्रण व मानदंडों की स्थापना संभव है। फलस्वरूप समाज एक रूप बन सकता है। समझ की अपराधात्मक प्रवृत्तियों को रोक लगती है।

स्वच्छता के समाजशास्त्र के द्वारा भी स्वच्छता के महत्त्व की अनजान लोगों को समझ दी जाती है। विविध माध्यमों के द्वारा जागृति अभियान कार्यान्वित किया जाता है, जिसमे पर्यावरणीय समस्याओं के समाधान की भी विशेष चर्चा की जाती है।

शिक्षा समाज के नए परिवर्तन और प्रगति की कारक बनती है। समाज में व्याप्त अंधश्रद्धा, अस्पृश्यता, रूढ़िवादिता आदि को शिक्षा के माध्यम से नष्ट

किया जा सकता है।

स्वच्छता का समाजशास्त्र वैज्ञानिक पद्धतियों के अनुप्रयोगों के द्वारा ग्रामीण व नगरीय समुदायों में गंदगीपूर्ण आबादी, स्वास्थ्य, सामाजिक भेदभाव, पर्यावरण, अस्पृश्यता आदि समस्याओं का निषेध कर समाज में प्रगति का फैलाव करता है।

शिक्षा ज्ञान व सृजनात्मकता का समाज में व्यापन करती है। परिवर्तनशीलता समाज की विशेषता है, फलतः नए संशोधन आविष्कारों के द्वारा ज्ञान–वर्धन होता है, जिसे शिक्षा के माध्यम से लोगों तक पहुँचाया जाता है। समाज में सृजनात्मकता चिरस्थायी बन जाती है।

विशेषतः पिछड़े हुए इलाके व जन समुदाय तक स्वच्छता की संकल्पना, उपयोगिता का महत्त्व स्वच्छता के समाजशास्त्र के द्वारा पहुँचाया जाता है। लोगों के मानसपट पर स्वच्छता के माहात्म्य को अंकित किया गया है। नई पीढ़ी में भी इसके विधेयात्मक असर को देखा–परखा जाता है।

शिक्षा समाज की गतिशीलता का कारक बनती है। समाज के लिए गतिशीलता अनिवार्य है, जिसकी आपूर्ति शिक्षा के द्वारा संभव है। स्वच्छता का समाजशास्त्र भी अपने क्षेत्रों के अभ्यासों का प्रत्यक्ष प्रदान समाज तक पहुँचाता है। खुले में शौचक्रिया का निषेध, गंदगी का विपरीत असर, पर्यावरण–जन्य हानि आदि का प्रचार–प्रसार स्वच्छता के आग्रही करते हैं, जिस से समाज में परिवर्तन अपेक्षित बनता है।

स्वच्छता के समाजशास्त्र एवं शिक्षाशास्त्र के बीच भिन्नता

दोनों शास्त्रों के बीच विशेष संबंध है तथापि कुछ बुनियादी स्थितियों में दोनों में कुछ भिन्नता प्रवर्तित है।

(1) विषयवस्तु में भिन्नता

औपचारिक व अनौपचारिक इन दो माध्यमों के द्वारा शिक्षा प्रक्रिया संपन्न होती है। यह प्रक्रिया मनुष्य की मृत्यु तक गत्वर रहती है। शिक्षा की दिशा केवल विकासत्व ही नहीं अपितु अपराधात्मक शिक्षा भी शिक्षा का एक आयाम है। समाज में मनुष्य शिक्षा की बदौलत ही लायकीयत प्राप्त करता है। यही शिक्षा की विषयवस्तु है।

स्वच्छता के समाजशास्त्र में स्वच्छता केंद्ररूप है, वही उनका विषयवस्तु है। लोगों के मानस–पटल पर स्वच्छता के खयालों को प्रतिपादित करना

इसका लक्ष्य है। लोगों का स्वास्थ्यवर्धन इसका लक्ष्य है। स्वच्छता के अनुग्रही बनाने की कोशिश इसके द्वारा की जाती है।

अतः शिक्षा जीवनपर्यंत चलनेवाली जटिल प्रक्रिया है, स्वच्छता केवल समाजोपयोगी विचारधारा तक सीमित है।

(2) दृष्टिकोण में भिन्नता

प्रत्येक शास्त्रों के अपने अनूठे व विशिष्ट दृष्टिकोण होते हैं। मनुष्य के अंतर्मन में रहनेवाली विशेषताओं को उद्‌घाटित करना शिक्षा का मूल दृष्टिकोण है। जिससे मनुष्य विशिष्ट व को श्रेष्ठता का पर्याय बन सकता है। व्यक्ति विशेष का शिक्षित होना समाज के शिक्षित होने के समान है। यही शिक्षा का दृष्टिकोण है।

स्वच्छता के समाजशास्त्र का दृष्टिकोण स्वच्छता संबंधी जागरूकता फैलाता है। समाज में इस बात की समानता पैदा करना, व्यक्ति विशेष में स्वच्छता का माहात्म्य स्पष्ट करना इस का विशेष दृष्टिकोण है। स्वच्छता संबंधित समस्याएँ समाधान की प्रवृत्ति इसका दृष्टिकोण है।

(3) पद्धतिशास्त्र की दृष्टि से भिन्नता

दोनों शास्त्रों की अपनी–अपनी संशोधनात्मक पद्धतियाँ हैं। संशोधनों के माध्यम से समाज के सिद्धांत प्रस्तुत करने की कोशिश की जाती है। शिक्षाशास्त्र प्रमुखतः व्यक्ति अभ्यास पद्धति, ऐतिहासिक पद्धति, तुलनात्मक पद्धति, प्रयोग पद्धति का उपयोग करता है। इन पद्धतियों का प्रयोग बच्चों से बुजुर्गों तक किया जाना संभव है।

स्वच्छता का समाजशास्त्र एक व्यवहारलक्षी शास्त्र है। स्वच्छता का समाज में व्यापन करना इसका मूल उद्‌देश्य है। अतः साक्षर, निरक्षर, ग्रामीण व नगरीय सभी लोगों को स्वच्छता की समझ देने हेतु निरीक्षण, मुलाकात, अनुसूची जैसी पद्धतियों का उपयोग किया जाता है।

दोनों की अभ्यास पद्धतियों में इस प्रकार भिन्नता प्रवर्तित होती है।

इस प्रकार स्पष्ट होता है कि दोनों शास्त्र एक–दूसरे से काफी करीब हैं। कुछ बातों में साम्यता व समानता द्रष्टव्य है। स्वच्छता के समाजशास्त्र में शिक्षा प्रक्रिया का समावेश हो जाता है। दोनों–एक दूसरे के संलग्न विज्ञान कहने में कोई आपत्ति नहीं है। भिन्नता की दृष्टि से विषयवस्तु, दृष्टिकोण

व पद्धतिशास्त्र की स्थिति में कुछ भिन्नता अवश्य प्रवर्तित है, तथापि भिन्नता की तुलना में समानता अधिक द्रष्टव्य हुई है।

7. निष्कर्ष (समापन)

अवश्य ही विविध सामाजिक विज्ञानों की अपनी एक अनूठी पहचान रही है। स्वच्छता का समाजशास्त्र भी अपनी विशेष पहचान बना पाया है। अन्य सामाजिक विज्ञानों से उनका संबंध रहा है। उनसे पारस्परिक ज्ञान व सिद्धांतों का विनिमय करता रहता है। यद्यपि स्वच्छता के समाजशास्त्र का उद्‌भव नए विज्ञान के रूप में हो रहा है तथापि अन्य सामाजिक विज्ञानों की पंक्ति में उनका एक निश्चित स्थान कायम कर सका है।

अन्य सामाजिक विज्ञानों से कई बुनियादी पहलुओं में स्वच्छता का समाजशास्त्र अग्रिम रहा है, भिन्न रहा है, विशेष रहा है। इसकी भिन्नता इसलिए प्रवर्तित है कि यह एक व्यवहारलक्षी विज्ञान है। मूर्त और अमूर्त दोनों पहलुओं को वह ध्यान में लेता है। वास्तविकता के साथ आदर्शवादी है, अतः इन विशेषताओं से स्वच्छता का समाजशास्त्र सभी विज्ञानों से सविशेष है।

स्वच्छता को समाजशास्त्र का अन्य सामाजिक पहलुओं के साथ संबंध

स्वच्छता और ग्राम्य समूह

भारत गाँवों का देश है। पाँच लाख से अधिक समुदाय भारत की पहचान हैं। 25 फीसदी से अधिक लोग गाँवों में निवास करते हैं। पश्चिम के देशों से भारतीय गाँवों की अलग विशेषताएँ द्रष्टव्य हैं। श्रीनिवास का मत है कि भारतीय गाँवों में झुग्गियों का समूह है, गाँव के मध्य भाग में मकान हैं, चारों और खेत–खलिहान होते हैं। गलियों से युक्त, नुक्कड़ से युक्त गाँवों का स्वरूप है। घरों पर छत नहीं छप्पर हैं। एक से अनेक जातियाँ गाँव में बसती है, जो अपनी ही जाति से निकट के गाँवों से संलग्न होती है। गाँव में अपनी जाति का स्थिर व स्थायी संगठन व अन्य गाँव में परोक्ष संगठन होता है। गाँव पारस्परिक इकाई है, जिनकी स्वायत्त स्थिति होती है। जिसका परिचालन ग्राम पंचायत से किया जाता है। सभी जातियों का अपना विशिष्ट जीवन है। आर्थिक स्तर की दृष्टि से गाँव की आबादी को विभाजित किया जाता है।

भारतीय ग्रामीण प्रांत प्रकृति की विविधता के विविध जातियों से आकार लिये हुए है। आपसी सत्ता–संघर्ष भी इनमें मौजूद है। कृषि व्यवसाय से संलग्न इन लोगों में आपसी सामंजस्य होता है। कम सामाजिक गतिशीलता ने उनकी विविध व विशिष्ट जीवनशैली को जन्म दिया है। ग्रामीण समूह को प्राथमिक समूह कहना अनुचित नहीं है।

ग्राम्य समूह की इन विशेषताओ में स्वच्छता का महत्त्व निम्नवत द्रष्टव्य है। गांधीजी का विचार भी असली भारत देखना है, तो गाँवों को देखना होगा। गाँवों को स्वच्छता से सम्बद्ध किए जाने पर नई पहचान पैदा हो सकती है। यद्यपि केंद्र व राज्य सरकारों के द्वारा इस संदर्भ में कई कार्यक्रम चलाये जाते हैं। निर्मल ग्राम, केंद्र व ग्रामीण स्वच्छता कार्यक्रम, संपूर्ण स्वच्छता अभियान जैसी कई योजनाएँ ग्रामीण स्तर पर स्वच्छता संबंधी आंदोलन चला रही है। स्वच्छता के खयाल को आज स्वीकारा गया है, किन्तु उनकी अमलवारी अब भी विलंबित है।

आदर्श व स्वच्छ गाँव की कल्पना अब साकार होने लगी है। अपने गाँव व घरों के संदर्भ में लोगों की जागरूकता पैदा हो गई है। किसी लालच व प्रलोभन से न होकर उपयोगिता व फायदे की स्थिति का विचार कर लोग स्वच्छताकेंद्री बनने लगे हैं। गाँवों में स्वच्छता की क्या स्थिति होनी चाहिए, इस संदर्भ में एक विचार द्रष्टव्य है।

आदर्श गाँव की कल्पना और स्वच्छता

प्रत्येक भारतवासी को अपने गाँव के लिए संकल्प करना चाहिए कि घर में शौचालय हो, प्राथमिक शाला में बच्चियों के लिए अलग शौचालय हो, आवश्यकता होने पर लोगों को स्वच्छता की आदत डालने हेतु अभियान छेड़ा जाए। ग्राम पंचायत, गलियाँ, मोहल्लों आदि की स्वच्छता बनी रहे। आदर्श गाँव की संकल्पना साकार होती नजर आए।

जन शिक्षण और स्वच्छता

सामाजिक परिवर्तन का एक सशक्त माध्यम शिक्षण है। पाठशालाओं में औपचारिक शिक्षा से छात्र शिक्षित बनते हैं। इन पाठशालाओं में स्वच्छता का सबक सिखाया जाना अनिवार्य है। लोग संपर्क व जन शिक्षा के माध्यम से स्वच्छता का मूल्य, आवश्यकता, उनके लाभा लाभ आदि का खयाल दिया जा सकता है। स्वच्छता संबंधित चार्ट्स, फिल्में, नाटक, प्रदर्शनी आदि का जनशिक्षा हेतु उपयोग हो सकता है। गाँवों में रात्रि के समय प्रौढ़ों–वृद्धों

व युवाओं के हेतु जन शिक्षा अभियान चलाया जा सकता है। विविध प्रोत्साहक योजनाओं को लागू कर प्रोत्साहन बढ़ाया जा सकता है। प्रौढ़ शिक्षा के साथ भी इसका अनुसंधान जोड़ा जा सकता है फलतः घर घर में स्वच्छता संबद्ध कार्यारंभ होने लगेगा। दीवारों पर विविध सूत्रों के द्वारा भी जन–जागृति फैलाई जा सकती है।

स्वच्छता व कीटनाशक दवाई का छिड़काव

ग्रामीण समुदायों में शौचालयों की सुविधा न होने पर खुले में शौचक्रिया, मूत्रक्रिया, कचरे आदि की अव्यवस्था, गंदगी आदि का फैलाव बढ़ता जाता है। मच्छरों का उपद्रव फैलता जाता है। विभिन्न प्रकार के कीटों का बढ़ावा होने लगता है। परिणामस्वरूप ग्राम्य जनों के स्वास्थ्य का खतरा पैदा होने लगता है। ग्राम पंचायतों के जरिए कीटनाशक दवाइयों के छिड़काव का प्रबंध होना चाहिए। घर में शौचालय, दूषित जल, ड्रेनेज आदि पर छिड़काव की आवश्यकता बढ़ जाती है। यदि ऐसा हुआ तो ग्राम्य स्वास्थ्य सुधार में भी एक पहल होगी।

स्वच्छता और ग्रामीण रास्ते व यातायात

गाँवों के सँकरे रास्ते, रास्तों की फैली गंदगी, रास्तों पर पशुओं का डेरा ये सारे प्रश्न ग्रामीण स्वच्छता के लिए एक चुनौती है। ग्राम्य निवासी भी अपने घर के कचरों को रास्तों पर उड़ेल देते हैं। मल–मूत्र से बढ़ती गंदगी, बदबूदार रास्ते की दशा एक समस्या पैदा करती है। रास्ते का यातायात वायु को प्रदूषित करता है। ऐसी स्थिति में ग्रामजनों को स्वच्छता हेतु 'ग्राम आयोजन' का प्रबंध कर गंदगी और कूड़े–कर्कट को नियंत्रित करने का प्रयास करना चाहिए। पंचायत की मदद से स्वच्छता संबंधी कदम उठाते हुए एक आदर्श गाँव की तस्वीर तैयार करनी आवश्यक है।

स्वच्छता और ग्राम सफाई कार्यक्रम

ग्रामीण लोगों में शिक्षित लोग, ऐक्य भाव से संलग्न लोग गाँव की समस्या का समाधान खोज पाएंगे। स्वच्छता हेतु गाँव की ऐँक्य भावना प्रभावोत्पादक बन सकती है। महीने, साप्ताहिक या पाक्षिक रूप मे से ग्रामजन इकट्ठे होकर अपने घरों से लाए गए सफाई उपकरणों का उपयोग कर ग्राम सफाई का कार्य कर सकते हैं। गली–मुहल्ले की सफाई, अपशिष्ट जल का निकाल, कीटनाशक दवाई का छिड़काव, मेडिकल कैम्प, पशुओ की सफाई, स्वास्थ्य संबंधी वार्त्तलाप, साक्षात्कार, शुद्ध पेयजल की सुविधा आदि

की स्वच्छता के विविध कार्यक्रमों का आयोजन संभव है। समग्र ग्राम की सहभागिता निर्मल गाँव का निर्माण कर सकती है।

स्वच्छता और सार्वजनिक शौचालय

गाँवों की यह बद हालत है कि सभी घरों में शौचालय नहीं होते। कुछ जगहों पर सार्वजनिक शौचालयों का निर्माण किया जाता है। ऐसे शौचालयों की सफाई एक प्रश्नार्थ है। शौचालय के उपयोगकर्ताओं को इनकी सफाई की जिम्मेदारी भी निभानी चाहिए। बदबू न फैले, ऐसी सावधानी आवश्यक है। आवश्यक दवाई का छिड़काव, मल–मूत्र के निकास का प्रबंध, शेष गड़ढे का निर्माण आवश्यक है। कुछ निर्मल ग्रामों में ऐसे शौचालयों को गैसप्लान्ट के साथ संलग्न कर दिया जाता है, जिससे स्वच्छता बनी रहती है और गोबर भी प्राप्त होता है। रसोई हेतु गैस भी उपलब्ध होती है। सरकार की ओर से इस कार्य हेतु वित्तीय प्रबंध भी किया जाता है।

स्वच्छता और स्वास्थ्य सुविधाएँ

भारत की 25 फीसदी से अधिक आबादी ग्रामीण है। ग्रामीणजनों की निरक्षरता के कारण स्वच्छता संबंधी जागरूकता नहींवत है। अस्वच्छता बीमारी का कारक है। बच्चे को लस्सी पिलाना, पर्याप्त आहार प्राप्त करना, गर्भस्थ शिशु की सँभाल रखना, वृद्धों को संभालना, गर्भवती महिलाओं का खयाल रखना जैसे अनेक प्रश्न मौजूद हैं। गाँवों में स्वास्थ्य केंद्र का अभाव, स्वास्थ्य संबंधी कदम उठाने में ग्रामीण लोगों की लापरवाही बड़ा खतरा पैदा करती है। यदि ग्रामीण लोगों में स्वास्थ्य संबंधित जागरूकता पैदा होगी तो अवश्य ही सारे गाँव स्वास्थ्यप्रद व निर्मल बनते हुए दूसरों को प्रेरणा बन जाएँगे।

स्वच्छता व पेशाबखाना

खुले में पेशाब क्रिया करना ग्रामीण लोगों की सहजता है। स्त्रियाँ इस संदर्भ में क्षोभ शर्म का अनुभव करती है। ऐसी क्रिया करने पर गंदगी फैलने के आसार पैदा होते हैं। खुले में पेशाब करने की क्रिया का लोग निम्न न मानते हुए क्रिया पूर्ति का संतोष मानते हैं। ऐसे कारणों से पर्यावरणीय खतरा पैदा होता है। इस समस्या का हल सुव्यवस्थित रूप से पुरुष और महिलाओं के भिन्न–भिन्न पेशाब खाने के निर्माण से लाया जा सकता है। इन पेशाबखानो की नित्य सफाई निर्मल गाँव का निर्माण करती है।

स्वच्छता और खाद, श्मशान और मृतक पशुओं का निकास

ग्रामीण समूह का कृषि व पशुपालन व्यवसाय होने की बदौलत अस्वच्छता व गंदगी का होना सहज है। कचरे के निकास हेतु उनका खाद के रूप में उपयोग किया जाता है। इस प्रक्रिया के लिए बड़े गड्ढे में सारा कचरा उड़ेल दिया जाता है। श्मशान में मृतदेहों के अंतिम संस्कार के लिए जलाऊ लकड़ियों का इस्तेमाल वृक्षों के विनाश का कारण बनता है, उनसे उठता धुआँ प्रदूषण फैलाता है। मृतक पशुओं के चर्म हेतु उन्हें किसी भी जगह काटा जाता है, जो अनुचित है। लोगों के स्वास्थ्य के लिए हानिकारक आयामों को समाप्त कर देना अनिवार्य है।

स्वच्छता और पेयजल का प्रबंध

ग्रामीण क्षेत्रो में नदी, तालाब, जलाशयों से पेयजल प्राप्त किया जाता था। उस जल को पशु भी पीते रहते थे, फलतः जल अशुद्ध होता था। जल भरना, स्नान करना, कपड़े धोना, मल–मूत्र का त्याग करना आदि क्रियाओं से पैदा होनेवाला अशुद्ध जल बीमारी फैलाने का कारक बनता है। आज भी कई गाँवों में ऐसी स्थिति प्रवर्तित है। प्रशासन के द्वारा कोई प्रभावी कदम नहीं उठाता जाया, यह दुर्भाग्य की बात है। तथापि केंद्र सरकार और राज्य सरकार के द्वारा पेयजल हेतु टंकिया बनाना, प्रत्येक घर में नल का प्रबंधन करना जैसे कुछ कदम उठाए गए है। जन जागृति व जन साझेदारी से ऐसी योजनाएँ कार्यान्वित हो सकती हैं। पशुओं के लिए भी पीने के पानी का अलग प्रबंध हो सकता है। स्वच्छता केंद्री अभियान चलाने पर रोग व बीमारी को कम किया जा सकता है।

स्वच्छता और पौष्टिक आहार

गाँवों में स्वच्छता की शिक्षा के साथ ही साथ बच्चे, युवा, औरतें व बूढों के लिए पोषणयुक्त पौष्टिक आहार उपलब्ध होना आवश्यक है। आँगनवाड़ी के द्वारा गाँवों में ऐसी शिक्षा दी जा सकती है। पोषणयुक्त आहार की समझ, अन्न–धान्य में रहनेवाले विटामिन, प्रोटीन आदि का मार्गदर्शन आवश्यक है। किसे कितनी खुराक की आवश्यकता होती है, इस बारे में भी संगोष्ठी का आयोजन करना चाहिए। अज्ञानता के कारण लोग बीमारी के शिकार बनते हैं। सहकारी भंडार, दूध, सहकारी मंडल, ग्राहक सहकारी भंडार आदि के द्वारा लोगों को पौष्टिक आहार उपलब्ध करवाया जाता है। ऐसी व्यवस्था

स्वच्छ व स्वस्थ गाँव की पहचान बना सकती है तथा स्वच्छ व निर्मल गाँव की स्थिति का निर्माण कर सकती है। यह ठान न लिया जाए कि गाँव के मुखिया, पंचायत, राज्य सरकार या केंद्र सरकार की ही यह जिम्मेदारी है। यह एक सामूहिक प्रयास है। जन–जागृति पर निर्भर रहनेवाला प्रयास है। मानवजीवन का दायित्व निभाने का, ईश्वर के ऋण से उऋण होने का यह अवसर है। इसी संदर्भ में सभी का निष्ठा से योगदान प्राप्त होने पर गाँव को अनमोल बनने से कोई नहीं रोक सकेगा।

स्वच्छता और परिवार

किसी भी समूह में पारिवारिक मूल्य अक्षुण्ण होता है। पारिवारिक कार्यों व महत्त्व का कोई विकल्प ही नहीं होता। केवल चारदीवारी के बीच की निवासीय स्थिति परिवार नहीं अपितु भावनात्मक संबंध व पारस्परिक संवेदना परिवार की पहचान है। परिवार के सदस्य विवाह या लहू के संबंधों से संलग्न होते हैं। प्रत्येक सदस्य का कोई न कोई दर्जा व भूमिका प्रस्थापित होती है। सदस्य पारस्परिक अधिकार एवं फर्ज से बँधे हुए होते हैं। अपने नियमन व नियंत्रण हेतु सदस्यों को कुछ मूल्य एवं मानदंडों का पालन करना आवश्यक होता है। वे बंधन स्वयमेव स्वीकृत होते हैं। उन सदस्यों का समाजीकरण पारंपरिक रूप से होता है। परिवार निश्चित ध्येय की प्राप्ति कर सकता है।

परिवार के सदस्यों के समाजीकरण, व्यक्तित्व गठन, शिक्षण, प्रशिक्षण के कार्य में कुछ मानदंड समाये हुए होते है। विविध मानदंडों में अनौपचारिक रूप से स्वच्छता का मानदंड भी सिखाया जाता है। अनौपचारिक होने पर भी औपचारिक मूल्यों के समकक्ष इसकी महत्ता बनी रहती है। पश्चिम के देशों में परिवार के किसी भी सदस्य से स्वच्छता संबंधी गलती के लिए शिक्षा व जुर्माने का प्रावधान है। उन देशों में स्वच्छता कार्य को महत्त्वपूर्ण मानते हुए उसकी औपचारिक शिक्षा दी जाती है। उनका पूरा समाज प्रेरणादायी बनता है।

स्वच्छता का संबंध परिवार से है। कुछ आयाम ऐसे हैं, जिनसे स्वच्छता कार्य में अवरोध भी पैदा होता है।

स्वच्छता व पारिवारिक आय

विशेषतः भारतीय समाज में एक व्यक्ति की आमदनी पर पूरा परिवार निर्भर रहता है। भारत में कृषि आधारित 40 से 45 प्रतिशत लोग ग्रामीण

समाज में निवास करते हैं। कृषि व पशुपालन उनकी आय के मुख्य स्रोत्र हैं, फलतः उनकी आय वस्तुतः कम रहती है। इस आय में स्वच्छता का विशेष खयाल रखना मुश्किल है। निवास में ही पशुओं का निवास होने पर गंदगी विरोध बनी रहती है। स्वच्छता के लिए खर्च करने पर भी स्वच्छता बनाये रखना कुछ आपे से बाहर की बात हो जाती है। यह आदर्श स्थिति है कि मकान की सफाई, पेयजल की शुद्धता, कपड़े की धुलाई, ड्रेनेज व्यवस्था, शौचालय स्वच्छता के हेतु खर्च किए जाए किंतु परिवार के अर्थाभाव के कारण यह संभव नहीं हो सकता।

भारत के नगरीय समूहों में आबादी की गिचता, भौगोलिक स्थिति स्वच्छता को उजागर करते हैं। ग्रामीण व नगरीय समूहों में स्वच्छता के मानदंड भिन्न–भिन्न प्रतीत होते हैं। नगरीय लोग अपना मकान, फ्लेट स्वच्छ रखेंगे किंतु सार्वजनिक स्थानों के लिए वे लापरवाह रहते हैं। वास्तव में थूकना, कचरा फेंकना, मृतप्रायः पशु, पानी के गड्ढे, खुला ड्रेनेज, सार्वजनिक शौचालय की लापरवाही आदि पहलुओं पर स्वच्छता नामशेष हो जाती है। नगरीय शिक्षित लोगों को स्वच्छता का जीवनमंत्र पढ़ लेना चाहिए। अपनी आय से कुछ हिस्सा सार्वजनिक सफाई हेतु रखने पर वे ग्रामीण समुदायों के लिए आदर्श पैदा कर सकते हैं।

2. स्वच्छता व पारिवारिक सदस्य

परिवार के सदस्यों पर स्वच्छता कार्य निर्भर होता है। परिवार के सदस्यों की जाति, वय, शिक्षा, आपसी जिम्मेदारियों की स्थिति स्वच्छता के प्रति समझ आदि महत्त्वपूर्ण है। परिवार में बूढ़े व बच्चे की अधिक संख्या पर स्वच्छता कम प्राप्त होगी। बच्चे व बूढ़े चाहने पर भी स्वच्छता का कार्य करने में असमर्थ है। स्त्री–पुरुष की संख्या भी महत्त्वपूर्ण है। स्त्रियाँ अधिक होने पर स्वच्छता बनी रहेगी। स्त्रीयों के जीवन में बचपन से ही स्वच्छता उनके जीवन का एक हिस्सा बन चुकी होती है। परिवार में शिक्षित लोगों के रहने पर स्वच्छता बनी रहेगी। स्वच्छता का इन लोगों में विशेष महत्त्व होता है। वे गंदगी के दुष्परिणामों से भी अवगत होते हैं। पारिवारिक माहौल में सदस्यों के बीच कार्य विभाजन होता है। जिसमें स्वच्छता को स्थान देना उत्तम है। सदस्यों के द्वारा जिम्मेदारियाँ निभाना न निभाने की क्रिया का असर स्वच्छता संबंधी कार्यों पर होता है। स्वच्छता के मूल्यों को आत्मसात् करना अनिवार्य है।

3. स्वच्छता व परिवार की भौगोलिक स्थिति

परिवार की भौगोलिक स्थिति पर स्वच्छता कार्य निर्भर है। ग्राम्य, नगर, पर्वतीय स्थान, समुद्रतट, गरम प्रदेश, ठंडे प्रदेश आदि भिन्नताओ में स्वच्छता का मूल्य भी भिन्न–भिन्न प्रतीत होता है। ग्रामीण समुदाय में स्वच्छता की कमी नगरीय परिवारों में अधिक स्वच्छता के उदाहरण प्राप्त होते हैं। ठंडे प्रांतों में धूल–धूसरित स्थिति न होने पर अपनी स्वच्छता देखी जाती है। गरम प्रदेशों में पर्यावरणीय दूषणों के कारण कम स्वच्छता द्रष्टव्य है। वन–जंगलों व पर्वतीय स्थानों पर कम स्वच्छता देखी जाती है। भौगोलिक स्थिति पर स्वच्छता कार्य महत् अंश में निर्भर रहता है।

4. स्वच्छता और पारिवारिक परिवेश

उत्तम परिवेश से स्वस्थ परिवार टिक सकता है। पारिवारिक रूप में सारी भौतिक सुविधाएँ प्राप्त हैं, किन्तु असुरक्षित व कमी युक्त निवासस्थान खतरा पैदा कर सकता है। शुद्ध पेयजल परिवार का स्वास्थ्य बनाए रखता है किंतु शुद्ध पेयजल हेतु पूर्णतः प्रबंधन आवश्यक है। रसोई घर से जल के निष्कासन की व्यवस्था, भांप के निष्कासन का प्रबंध, पर्याप्त रोशनदान आदि आवश्यक हैं। मकान में बाथरूम, शौचालय की सफाई, बाग–बगीचे की सफाई, कूड़े–कर्कट हेतु प्रबंध, पालित पशुओं की सफाई, कीटों से संरक्षण आदि की सावधानी स्वच्छता पैदा कर सकती है। पारिवारिक सदस्यों की जागरूकता पर यह बात निर्भर है।

5. स्वच्छता और पारिवारिक आर्थिक प्रवृत्ति

पारिवारिक सदस्यों के व्यवसाय, नौकरी आदि पर परिवार की आमदनी आधारित होती है। आर्थिक स्थिति व स्वच्छता का अटूट संबंध है। ग्रामीण समूहों में पशुपालन व कृषि व्यवसाय स्वच्छता को प्रभावित करता है। गृह उद्योग आधारित आर्थिक प्रवृत्ति से भी स्वच्छता पर असर पैदा होता है। परिवार के सभी सदस्यों की आर्थिक प्रवृत्ति से संलग्नता स्वच्छता का प्रश्न पैदा करती है। पर्यावरण व पारिवारिक सदस्य को हानिकर्ता आर्थिक प्रवृत्ति से भी स्वच्छता का प्रश्न पैदा होता है। घर में ही दुर्गंधयुक्त जल, पदार्थो से संलग्न व्यवसाय स्वच्छता पैदा नहीं कर सकते। ऐसे व्यवसाय से पारिवारिक स्वास्थ्य को भी खतरा पैदा होता है। आर्थिक प्रवृत्ति से स्वच्छता को जोड़ने पर सुपरिणाम प्राप्त हो सकते हैं।

6. स्वच्छता और पारिवारिक मूल्य

परिवार समाज का अभिन्न अंग है और पारिवारिक मूल्य परिवार का अभिन्न अंग हैं। प्रत्येक परिवारों में वंश–परंपरागत मूल्यानुसार जीवनशैली का गठन हुआ होता है। इन मूल्यों में स्वच्छता का मूल्य मेरुदंड है। पारिवारिक प्रक्रियाओं में सदस्यों के द्वारा स्वच्छता मूल्य का परिपालन होना श्रेयस्कर है। परिवार के सदस्यों के जीवन में स्वच्छता मूल्य का प्रभाव इस हद तक होना अनिवार्य है कि कोई सदस्य इसका विद्रोह करने की जुर्रत न कर सके। आमतौर पर इस मूल्य को मूल्यवान नहीं माना जाता, यह दुर्भाग्य की बात है। इस संदर्भ में ठोस कदम उठाने पर विधेयात्मक परिणाम प्राप्त होंगे। स्वच्छता के मूल्यों को आदर्शवादी बनाने के साथ–साथ व्यावहारिक रूप में भी अपनाना चाहिए। पारिवारिक स्वास्थ्य, प्रगति, प्रतिष्ठा, अर्थोपार्जन, पर्यावरणीय शुद्धता हेतु स्वच्छता के मूल्य को स्वीकारना अनिवार्य बन जाता है।

7. स्वच्छता और पारिवारिक स्वास्थ्य

स्वच्छता और स्वास्थ्य का अभिन्न रिश्ता है। जहाँ तक स्वच्छता का प्रश्न है, वहाँ नादुरुस्ती को आह्वान है। स्वास्थ्य की स्थिति तब ही उत्तम रहेगी जब स्वच्छता का खयाल रखा जाएगा। स्वच्छता की अनुपस्थिति में खतरा पैदा हो सकता है। बीमारी का पुनरावर्तन मानसिक स्थिति को भी विचलित कर देता है। ऐसे माहौल का स्वच्छता ही एक इलाज है। प्रत्येक कदम पर उठाए गए स्वच्छतालक्षी कदम स्वस्थ परिवार की पहचान देता है।

परिवार के स्वास्थ्य हेतु कई बार स्वयं परिवार ही खुद जिम्मेदार होता है। निरक्षर, लापरवाह परिवार अपनी जीवनशैली की वजह से स्वास्थ्य को हानि पहुँचाता है। कभी मृत्यु तक की नौबत आ जाती है। स्वच्छता को गौण स्थान न देते हुए मूल्यवान मानने में ही हमारा हित है।

8. स्वच्छता और पारिवारिक रीति–रस्में

पारंपरिक रूप से परिवारों में तीज–त्योहारों को स्थान होता है। धार्मिक–सामाजिक, सांस्कृतिक रति रस्मों से परिवार भरे पड़े हैं। अच्छे–बुरे प्रसंगों में विविध रीति–रस्मों को निभाया जाता है। ऐसे माहौल में स्वच्छता संबंधी लापरवाही बरती जाती है। कहीं ऐसी विधियों में भी स्वच्छता का आग्रह रखा जाता है। जैसे धार्मिक विधि में स्नानादि के बाद स्वच्छ कपड़े

धारण करना होता है। विवाह के संबंध में भी पुरोहितों के द्वारा वैदिक गान, होम–हवन, कन्यादान, कन्या विदाई जैसे प्रसंगों पर स्वच्छता का आग्रह रखा जाता है। व्यापारी, वकील, डॉक्टर, नौकरीपेशा, छात्र, उद्योगपति आदि अपने कार्यारंभ में पूर्व मन के साथ भौतिक स्वच्छता को प्राधान्य देते हैं। प्रार्थनारूप झाड़ू से मन की स्वच्छता पर ध्यान देते हैं। इस प्रकार स्वच्छता को रीति–रस्मों का अपरिहार्य हिस्सा बना दिया गया है। धर्म के साथ इसे जोड़ने पर भारत में सविशेष प्रभाव पैदा होगा।

किसी भी समूह के परिवार में बाथरूम की सफाई, जलयुक्त शौचालय, स्वच्छ प्रांगण, कचरे के लिए प्रबंध, प्रांगण में वृक्षों का स्थान, ड्रेनेज व्यवस्था, अन्न आदि का उचित संग्रह, स्वच्छता के पर्याप्त उपकरण व उनका उपयोग महत्त्वपूर्ण भूमिका निभाता है। स्वच्छतायुक्त परिवार अन्य परिवारों की प्रेरणा बन सकता है। समाज में प्रतिष्ठा का कारक बन सकता है।

स्वच्छता और धर्म

प्रत्येक धर्म में स्वच्छता को प्राधान्य प्राप्त हुआ है। धर्म के साथ येन प्रकारेण स्वच्छता संलग्न है। अपने तमाम अनुयायियों को स्वच्छता पालन का आदेश धर्म की ओर से मिलता है। स्वच्छता को ईश्वर का पर्याय माना गया है। स्वच्छता बनाए रखना एक दायित्व है, अपना पवित्र कर्तव्य है। स्वच्छता के प्रति मानसिकता कुछ अलग है। इस कार्य को निष्ठा, मेहनतपूर्ण, अरुचिपूर्ण, तुच्छ माना गया है, परिणामस्वरूप सवर्ण जातियाँ ऐसे कार्य से परे रहने की कोशिश करती हैं। फलतः समाज की निम्न जातियों की यह जिम्मेदारी मानी गई है परिणामस्वरुप धार्मिक दृष्टि से ही स्वच्छता और निम्न जाति, और धर्म के बीच प्रत्यक्ष रूप से संबंध प्रस्थापित हुए हैं।

स्वच्छता और धर्म के बीच संबंध

'जहाँ स्वच्छता वहाँ ईश्वर का निवास' ऐसी मान्यता प्रवर्तित है। प्रत्येक धर्मस्थानों पर स्वच्छता की मुहिम चलाई गयी है। स्नानादि, शुद्ध वस्त्र, जूते–चप्पल की स्थिति, आचार–विचार आदि को देव–स्थानों से जोड़ा गया है। यद्यपि देवी–देवताओ का यह आदेश नहीं तथापि लोगों की मानसिकता इससे संबद्ध है। दोनों के बीच अटूट रिश्ता है।

कालांतर में ऋग्वेद से लेकर आज तक धर्मादि पहलुओं में परिवर्तन होते रहे हैं। विचारधाराएँ, कार्य प्रणालियाँ आदि परिवर्तित होते रहे हैं। स्वच्छता

संबंधी मान्यताओं में भी परिवर्तन होता रहा है। धार्मिक विधि–विधान धार्मिक शिक्षा ही स्वच्छता के आग्रही रहे हैं।

निम्न जाति व धर्म

भले ही ऋग्वेद के समय वर्णव्यवस्था का अस्तित्व नहीं था तथापि वर्ण उत्पत्ति की चर्चा ऋग्वेद में प्राप्त होती है। ऋग्वेद का 'पुरुषयुक्त अर्थात् समाज पुरुष' ! ब्राह्मण को समाज का मस्तिष्क, क्षत्रिय को समाज का बाहू, वैश्य को समाज की जाँघ और शूद्रों को समाज के पैर माना गया है। शरीर के सभी अंगों का सामान महत्त्व है। समयांतर में वर्णव्यवस्था कार्यभूमि के बदले जन्माधिकार में तबदील हुई। 'शूद्रों' को ब्राह्मण ग्रंथ, संहिताएँ व मनुस्मृति में निम्न घोषित किया गया और पंचम वर्ण के रूप में निम्न कोटि का दर्जा प्राप्त हुआ। उत्तर–वैदिक समय में मंत्र–तंत्र व विधि विधान से शुद्धता का विशेष महत्त्व माना गया था। परिणामस्वरूप अस्पृश्यता की भावना पनपी और निम्न जातियों को गाँव से बाहर निकाला गया।

महाभारत में भी ब्राह्मण उच्च जाति का और अस्पृश्य निम्न जाति का माना गया। मजूमदार का मंतव्य है कि उत्तरवैदिक युग में चांडालों में स्पर्श से शुद्ध होने के के लिए स्नान करने का रिवाज था। उनका भी गाँव के बाहर बसेरा था। उनसे सामाजिकता प्रतिबंधित थी।

मध्ययुगीन समाज में जाति प्रथा जोरों पर थी। चमार, जुलाहे, चांडालादि को निम्न माना गया था। उन लोगों को सामाजिक–आर्थिक–धार्मिक जीवन में बड़ी विडंबनाओं को झेलना पढ़ता था। यज्ञ, होम–हवन आदि क्रियाओं में उन्हें अस्पृश्य मानकर दूर रखा जाता था। छुआ–छूत, खानपान आदि पहलुओं में सवर्ण जाति में वे लोग भिन्न प्रतीत होते थे। 'अस्पृश्यता' समाज की विशेष खासियत बन गयी थी।

ब्रिटिश के समय में सभी जातियों को समान दर्जा दिया गया। छुआछात, भेदभाव आदि समाप्त होते चले गये। कानूनन अस्पृश्यता की समस्या समाप्त करने के प्रयास किए गए। निम्न जातियों में परिवर्तन का प्रारंभ हुआ।

डॉ बाबासाहेब अंबेडकर के नेतृत्व में स्वतंत्र भारत के संविधान में निम्न जातियों के उत्कर्ष के प्रयास किये गये, फलतः इन लोगों के जीवन परिवर्तित हुए। धर्म–जाति की चर्चा के साथ स्वच्छता की चर्चा करते ही स्पष्ट होता है कि इन्हें और स्वच्छता का गहरा रिश्ता है। स्वच्छता से संलग्न निम्न जाति के लोग धर्म व सामाजिक दृष्टि में आज भी स्वीकार्य नहीं है।

निम्न जातियाँ और धार्मिक असमर्थताएँ

स्वच्छता का कार्य करने वाले निम्नवर्गीय लोग महत्त्वपूर्ण हैं। उनके ही काम से सामाजिक स्वच्छता, स्वास्थ्य संभव है। साफ–सफाई कार्य, शौचालय स्वच्छता जैसे उनके महत्त्वपूर्ण कार्य है। सवर्णों की ऐसे कार्यों से जुड़नेवालों से भेदभाव की नीति है। शोषण, छुआछूत, अमानवीयता व्यक्त की जाती है। अतः वे कई अक्षमताओं के शिकार बनते हैं। निम्नांकित असमर्थता उन्हें झेलनी पड़ती है–

(1) धार्मिक शिक्षा का प्रतिबंध

निम्न जाति के लोग अपने परिवार से ही जातिगत शिक्षा प्राप्त करते थे। औपचारिक शिक्षा के लिए सारे रास्ते उनके लिए बंद थे। शैक्षिक प्रक्रिया हेतु उन्हें अछूते रखा जाने पर धार्मिक शिक्षा से भी वे वंचित रह जाते थे। शिक्षा प्राप्ति की कोशिश उनके लिए सजा का कारण बन जाती थी। स्वच्छता संबंधी कार्यों में संलग्न होने के कारण उन पर ये प्रतिबंध लगे हुए थे।

(2) धार्मिक विधि–विधानों पर प्रतिबंध

यज्ञ–हवन, पूजा–उपासना, आरती जैसी धार्मिक क्रियाओं से निम्न जाति के लोगों को परे रखा जाता था। अति आवश्यकता होने पर भी वे केवल प्राथमिक स्तर के विधि–विधान करने में समर्थ थे। समग्र रूप से वे प्रतिबंधित थे।

(3) देवस्थानों में प्रवेश निषेध

निम्न, शूद्र, अस्पृश्य मानी जानेवाली जातियाँ छुआ छूत का शिकार बनी हुई थीं। उन्हें अपवित्र मानते हुए मंदिरों में प्रवेश नहीं दिया जाता था। कुछ ग्रामीण प्रांतों में इन लोगों को देवस्थानों के सामने से गुजरना भी वर्ज्य था। सार्वजनिक तौर पर मंदिर प्रवेश निषेध की सूचनाएँ प्रसारित की जाती थीं। इन्हें तुच्छ व निम्न कोटि का मानते हुए उनसे अमानवीय व्यवहार किया जाता था।

(4) धार्मिक त्योहार–उत्सवों में निषेध

समयांतर में हिन्दू धर्म कई त्योहारें व उत्सवों को मनाता रहता है। निम्न जाति के अतिरिक्त सभी जातियाँ हर्षोल्लास के साथ इसमें साझेदारी निभाती हैं। अनशन, व्रत–पूजा मानता–मनौतियाँ, आदि उनके जीवन की अभिन्नता है। सवर्णों के द्वारा कई बार धर्मस्थानों का पर्यटन भी किया जाता हैं। निम्न

जाति के लोगों के लिए यह वर्ज्य था, वे इसके लिए असमर्थ थे।

(5) धर्मशास्त्रों के पठन–प्रवचन पर प्रतिबंध

निम्न जाति के लोग अछूत माने जाते थे। फलतः वे धार्मिक शिक्षा प्राप्त नहीं कर पाते थे और न ही धर्मशास्त्रों का पठन–पाठन कर सकते थे। धार्मिक वाद–विवाद में भी हिस्सेदारी नहीं निभा सकते थे। इसे केवल ब्राह्मणों का अधिकार माना जाता था। निम्न जाति के लोग इस कार्य के लिए सक्षम होने पर भी अछूत होने पर इससे परे रखे जाते थे। इतना ही नहीं अपितु वे धार्मिक प्रवचन भी श्रवण नहीं कर सकते थे। उनके देवी–देवता भी सवर्णों से भिन्न स्वीकारे गए थे। इन लोगों को छूआछूत का बुरा प्रभाव करना पड़ रहा था।

(6) जन्म–मरण पर ब्राह्मण सेवा पर प्रतिबंध

निम्न जातियों के लोग स्वच्छता संबंधी कार्यों से संलग्न होने पर उनके परिवार में जन्म–मृत्यु या किसी भी अन्य धार्मिक विधियों के संदर्भ में सवर्णों की भाँति व्यवहार नहीं कर सकते थे। उन्हें ऐसे विधि–विधान की मुक्ति नहीं थीं। ऐसे विधि–विधान में उन्हें ब्राह्मणों की सेवाएँ भी प्राप्त नहीं होती थी। वे अपनी जाति में उच्च माने वाले सदस्यों से ऐसी विधियाँ करवाते थे।

स्वच्छता व धर्म पारस्परिक संबंध रहे हैं। प्रत्यक्ष की अपेक्षा वे परोक्ष रूप में अधिक संबंधित है। स्वच्छता से संलग्न कर्मी निम्न जाति के होने के कारण धर्म से अछूते रखे गए हैं।

स्वच्छता एवं बिरादरी

विशिष्ट पहचान रखनेवाला पंजीकृत, संगठित, अंतर्विवादी स्वरूप का विभिन्न पारिवारिक समूहों से निर्मित समुदाय बिरादरी है। उनके सदस्यों की पारस्परिक प्रवृत्तियाँ यथा खानपान, विवाह, व्यवसाय, धर्म, सामाजिक संपर्क आदि के निश्चित मानदंड होते हैं। आनुवंशिकता के रूप में बिरादरी का दर्जा प्राप्त होता रहता है।

बिरादरी में क्रमिकता

भारत में तीन सौ से अधिक बिरादरियाँ हैं। वे सभी न समान हैं और न ही एक की कोटि हैं। प्रान्त के अनुसार उनकी कक्षा भिन्न भिन्न है। ऐसी

क्रमिकता व कक्षानुसारिता पैदा होने का कारण उनका उच्च व निम्न स्थिति का होना है। प्रभावी व उच्च कोटि की बिरादरी तथा निम्न व बिरादरियों के बीच शुद्धता–अशुद्धता व भेदभाव नीति प्रवर्तित है। गरमिन समुदायों में ऐसे ऊँच–निम्न की भेदभावयुक्त स्थिति द्रष्टव्य है। स्वच्छता, शौचालय–सफाई, गंदगी–सफाई आदि का कार्य करनेवाले निम्न माने जाते हैं, जिन्हें सभी से पिछड़ा हुआ माना जाता है।

बिरादारियों में सामाजिक व्यवहार और प्रतिबंध–सभी बिरादरियों में पारस्परिक रूप से सामाजिक व्यवहार, खान–पान आदि में मानदंड तय किए हैं। अपने समकक्ष व निम्न बिरादरी से खानपान–व्यवहार आदि हेतु विशिष्ट नियम मार्गदर्शिका तैयार की गई है, जिसके अनुसार बिरादरियों का व्यवहार–बरताव होता है। ब्राह्मण बिरादरी ऐसे नियमों का विशेष पालन करती है। वे लोग निश्चित लोगों से ही दान–दक्षिणा प्राप्त करते हैं। निम्न जाति के लोगों से संबंध नहीं होते हैं। कुछ बिरादरियों में ब्राह्मण के द्वारा बनाए गए खाने का आग्रह रहता है।

गुजरात व दक्षिण–भारत के ब्राह्मण अपनी बिरादरी के उपरांत की बिरादरी में भोजन–पानी कुछ ग्राह्य नहीं करते। अस्पृश्यो के साथ, निम्न बिरादरियों के साथ अमानुषी बरताव होते थे किंतु आज इसमें थोड़ा परिवर्तन आया है।

बिरादरियों में सामाजिक व्यवहार के विशेष प्रतिबंध–दक्षिण भारत की अपेक्षा अस्पृश्यता का विचार उत्तर भारत में कुछ कम रहा है। धुर्वे का मत है कि उत्तर भारत के लोगों में अस्पृश्यों के साये से भी भ्रष्ट हो सकते, ऐसा ठोस विचार प्रवर्तित नहीं है। दक्षिण भारत में विशेषकर मलंबार में यह विचार जड़ तक फैला हुआ है। रास्ते में चलते समय भी अस्पृश्यों का ब्राह्मण व सवर्णों से विशेष अंतर रखकर चलने की मान्यता प्रवर्तित थी। अछूतों को नाई या धोबी जैसे लोगों की सेवा प्राप्त नहीं हो सकती थी।

- निम्न जाति के लिए मंदिर में प्रवेश निषेध था।
- निम्न बिरादरी सार्वजनिक कुएँ से जल नहीं प्राप्त कर सकती थी।
- पाठशाला में उनके बच्चे सवर्णों के साथ नहीं, बाहर बैठकर अभ्यास करते थे।
- ब्राह्मणों को भोजन परोसना वर्ज्य था।

- कपड़े धुलाई का कार्य, नाई का कार्य, सुनार नार कार्य, दरजी का कार्य जैसी सेवाएँ वे प्राप्त नहीं कर सकते थे।
- सवर्णों की नौकाओं में, वाहनों में बैठना उनके लिए प्रतिबंधित था।
- उनके लिए केवल स्वच्छता का कार्य ही अंतिम था।

उच्च एवं निम्न बिरादरियों के बीच इस प्रकार सामाजिक रूप से कुछ भेदभाव की स्थिति प्रवर्तित थी।

नागरिक अधिकारों की असमानता : स्वच्छता के कार्य से संबंध माने जानेवाले ये निम्न लोग गणतंत्र भारत के नागरिक होते हुए भी आज कई राज्यों व प्रांतो में अधिकारों से वंचित रह गए है–

1. **निवास**–ग्रामीण समुदायों में ऐसी बिरादरी के लोगों का निवास–स्थान गाँव के बाहर के इलाके में रहता था, जिसे जुलाहवास, हरिजनवास के रूप में पहचाना जाता था। उनकी बिरादरी के आधार पर उनकी बस्ती–मोहल्ले का नामकरण किया जाता था। डॉ. धुर्वे का मत है कि दक्षिण भारत के कुछ–ग्रामीण प्रांतों में निम्न लोगों को गाँव के कुछ विस्तारों में जाने के हेतु चुनौतियों का सामना करना पड़ा था।

2. **ग्रामीण कुएँ के उपयोग पर प्रतिबंध**–गाँव के कुएँ पर जल भरने की स्थिति भी भेदभाव युक्त थी। निम्न बिरादरी के लिए अलग कुएँ की संकल्पना रखी गयी थी। सवर्णों के कुएँ से दलितों को पानी प्राप्त करना लोहे के चने चबाने जैसा था। उन्हें अछूत की दृष्टि से देखा जाता था।

3. **सार्वजनिक रास्ते के उपयोग का निषेध**–ग्रामीण समुदायों में अछूतों को सार्वजनिक रास्तो पर थुकना भी निषेध था। निम्न व दलित लोगों को थूकने हेतु मिट्टी का छोटा बरतन अपने गले पर लटकाए रखना पड़ता था। उच्च वर्ग के लोगों के लिए अस्पृश्यता का यह प्रश्न बन जाता था।

4. **पाठशाला में प्रवेश निषेध**–निम्न व दलित लोगों के बच्चों के लिए शाला प्रवेश निषेध था। सरकारी पाठशाला के प्रवेश का अधिकार होने पर भी उन्हें बाहर रखा जाता था। इनके बच्चे सवर्ण के बच्चों के दुर्व्यवहार के कारण पढाई छोड़ भी देते थे।

5. **नागरिकी असमानताएँ**–डॉ. धुर्वे के मतानुसार–

   – मलबार व पूर्वतटीय इलाकों में निम्न–दलित लोगों को छाते का उपयोग, जूते पहनना, सोने के आभूषण धारण करना, गौ दुहना, उच्च लोगों की भाषा बोलना आदि क्रियाओं पर प्रतिबंध था।

- रियासतों के समय केवल ऊँच वर्णीय लोगों को ओहदे प्राप्त होते, निम्नवर्गीय लोगों का कोई मूल्य न था। जमीन की लगान दरें भी भिन्न रहती थीं। दलितों को सवर्णों की तुलना में अधिक ऊँचा लगान भरना पड़ता था।
- दक्षिण भारत में निम्नवर्गीय लोग शादी ब्याह के अवसर पर बैंन्ड–बाजे व बारात आदि नहीं निकाल सकते थे।

प्रभावी बिरादरी व स्वच्छता के व्यवसाय की स्थिति से संलग्न निम्न बिरादरी के बीच असमानता की स्थिति प्रवर्तित थी। निम्न बिरादरी को उच्च जातियों पर आश्रित रहना पड़ता था और उच्च जातियाँ स्वच्छता आदि के कार्य हेतु निम्न लोगों पर आश्रित थे।

स्वच्छता और रिश्तेदारी

सामाजिक आतंरिक संबंधों के लिए परिवार के सदस्यों के पारस्परिक संबंधों का एक गुंफन होता है। अपने जन्म से मनुष्य अनेक लोगों से रिश्तेदारी में सलंग्न होते हैं। रिश्तेदारी का रक्तसंबंध के रूप में भी पहचाना जाता है। वैवाहिक संबंध भी नए संबंधों की एक मान्य व्यवस्था है। पति–पत्नी के गठबंधन से दो परिवारों के बीच रिश्तेदारी का एक नया आयाम उद्‌घाटित होता है। रिश्तेदारी की अहमियत पीढ़ी–दर–पीढ़ी तक कायम रहती है।

चार्ल्स विनिक का मत है कि आनुवांशिक संबंध, जो समान रूप से मिश्रित संबंध होते है। वे संबंध सामाजिक दृष्टि से मान्य होते हैं। आनुवंशिकता से संबंध–संबंध को खून के संबंधों की रिश्तेदारी माना जा सकता है।

लेमवेर के मत से लहू के संबंध एक सामाजिक आंतरक्रिया की फलश्रुति है। ऐसे संबंधों से संलग्न मनुष्य पारस्परिक घनिष्ठता का समाजमान्य अनुभव करता है। यह व्यवस्था विवाहजन्य है।

हमारी रिश्तेदारी वंशीय संबंधों का एक सामाजिक समूह है। इनके सदस्य वैवाहिक बंधन या लहू के रिश्तों से संलग्न होते हैं। ऐसे सदस्यों की आपसी घनिष्ठता सघन होती है।

ऐसी रिश्तेदारी में स्वच्छता का क्या स्थान है, यह विचार भी विचारणीय है।

रिश्तेदारी पारिवारिक या परिवार के स्वरूप में एक प्राथमिक समूह का परिचय देती है। मातृपक्ष व पितृपक्ष के निकट के स्नेहीजनों का इनमें समावेश

होता है। दूर के रिश्तेदारों में घनिष्ठता कायम नहीं होती। ऐसी स्थिति में स्वच्छता संबंधी दो रूपों का विचार किया जा सकता है।

1. स्वच्छता आनुवंशिक प्रणाली है। 2. स्वच्छता की शिक्षा नई पीढ़ी को दी जाती है। दोनों स्थितियों में रिश्तेदार प्रत्यक्ष व परोक्ष रूप में संलग्न है। नई पीढ़ी के सामाजिकीकरण की स्थिति पैदा होती है।

स्वच्छता व रिश्तेदारी के बीच संबंध

1. रिश्तेदारी सार्वत्रिक होती है–रिश्तेदारी प्रत्येक परिवारों की पहचान है, ठीक ऐसे–रिश्तेदारो में स्वच्छता के मूल्य की पहचान बनाई जा सकती है। स्वच्छता केंद्रीय विचार व शिक्षा पारस्परिक रिश्तेदारों से प्रज्वलित होती है। वैवाहिक संबंध में दो परिवार एक साथ जुड़ते है, तब स्वच्छता की महत्ता देखी जा सकती है। यद्यपि भारतीय समाज स्वच्छता के खयाल को सामाजिकता के धरातल पर देखने का कम प्रयास करता है तथापि दो परिवारों के विविध मूल्यों के इकट्ठे हो जाने पर स्वच्छता के खयाल का विकास संभव बन सकता है। स्वच्छता का विचार सार्वत्रिक तौर पर पनपने लगता है।

2. रिश्तेदारी वैविध्यपूर्ण होती है–रिश्तेदारी सार्वत्रिक होने के उपरांत वैविध्यपूर्ण होती है। जैसे कि आदिवासी समाज में मातृवंशीय रिश्तेदारी विशेष होती है, इसका प्राधान्य होता है फलतः स्वच्छता का सबक मातृपक्ष व पुरुषप्रधान समाज में प्राप्त होता है। इससे विपरीत पितृपक्ष व पुरुषप्रधान समाज में यह भूमिका पितृपक्ष में स्नेहीजन–परिजनों के द्वारा निभाई जाती है। भारत पुरुषप्रधान देश है। पितृसत्ताक समाज व्यवस्था अधिक है। विवाह के पश्चात् बेटी को श्वसुरगृह जाना पड़ता है। बचपन से ही ऐसी परवरिश दी जाती है कि स्वच्छता का मूल्य तालमेल समझा जाता है। जिसे व्यवहार में स्वैच्छिक ही लाया जाता है। स्वच्छता संबंधित मिलनेवाले प्रशिक्षण के आधार पर व्यवहृत स्थिति कायम होती है। किस रिश्तेदारी से शिक्षा प्राप्त होती है, यह महत्त्पूर्ण है।

3. रिश्तेदारी समाज स्वीकृत संबंध है–मातृ या पित्रपक्षीय रिश्तेदारी को समाज की मान्यता प्राप्त है। समाज के नियम, रीत–रस्म, मानदंडो की स्वीकृति होती है। समाज के द्वारा स्वीकार की गई व्यवस्था में शिक्षा व प्रशिक्षण का भी विशेष स्थान है, तब स्वच्छता संबंधी शिक्षा का असर जीवन पर्यंत रह सकता है।

4. रिश्तेदारी लहू के संबंधों पर आधारित है—सदस्यों को परिवार के द्वारा आनुवंशिकता प्राप्त होती है। विचारों की विरासत प्राप्त होती है। स्वच्छता के संबंध में भी स्वच्छता लक्षी कार्य की प्रेरणा सदस्य प्राप्त करते है। अतः स्वच्छता की प्रेरणा भी आनुवंशिक मानी जा सकती है।

5. रिश्तेदारी सामाजिक व्यवस्था है—समाज के सामाजिक संबंधों की बुनियाद परिवार है। परिवार की बुनियाद आपसी रिश्तों की फैली हुई व्यवस्था है। इस व्यवस्था में प्रत्यक्ष या परोक्ष रूप में स्वच्छता के मूल्य को स्वीकारा जाता है। पारिवारिक सदस्यों की मानसिकता स्वच्छता के माहौल में पैदा होती रहती है।

रिश्तेदारों में पारस्परिक भावात्मक एकता स्थायी रूप में होती है। सभी एक–दूसरे को प्रभावित करते रहते है। फलतः ऐसे संबंधों में स्वच्छता का मूल्य बढ़ जाता है, और स्वयमेव स्वच्छता प्रकट होने लगती है।

6. रिश्तेदारों के बीच पारस्परिक अधिकार व दायित्व होते हैं—मातृपक्षीय संबंधों में स्त्री संतानों को माता की ओर से विरासत प्राप्त होती है। पितृपक्षीय संबंधों में पुरुष संतानों को पिता की ओर से सारे अधिकार व विरासत प्राप्त होते हैं। अपने माता–पिता की ओर अपना दायित्व भी निभाती है। ऐसी स्थिति में स्वच्छता कों एक जिम्मेदारी मानते हुए हम उसको सँभालने का फर्ज़ अदा करें तो पर्यावरण अच्छा परिणाम दे सकता है। ऐसे परिवेश में रहने का हमें अधिकार पाना है तो स्वच्छता रूपी अपने फर्ज को भी निभाना पड़ेगा।

रिश्तेदारी की तरह स्वच्छता भी महत्त्वपूर्ण है। संबंधों के परिप्रेक्ष्य में स्वच्छता को स्वीकार कर, उसे आत्मसात् करने की स्थिति पूरे समाज के लिए श्रेयस्कर रहेगी। अपना फर्ज़ अदा करने पर बिना प्रयत्न स्वच्छता और हमारा संबंध स्थायित्व प्राप्त कर सकेगा।

स्वच्छता और स्थायी विकास—समयांतर में कुदरत के द्वारा सृष्टि सृजन के विविध रूपों व स्वरूपों का विकास हुआ। अमीबा से मानवसृष्टि तक का सृजन एक रहस्यमयी घटना है। समग्र चराचर को विशेष पर्यावरण से आच्छादित किया गया, तब स्वच्छता का विचार पर्यावरणीय प्राकृतिक सिस्टम से अवश्य संलग्न रहा है। कुदरत की स्वयमेव निर्माण प्रक्रिया में मानवजाति ने अपने स्वार्थ हेतु रोड़े डालने की कोशिश की है। जिनसे अनेक नित–नए प्रश्नों व समस्याओं का उद्‌भव हुआ है। स्थायी विकास की आवश्यकता पर बल देने की आवश्यकता पैदा हुई है। स्वच्छता

संबंधी ज्ञान का विस्तरण प्रत्येक पीढ़ी के प्रति होना अनिवार्य है। प्रशासन को यह दायित्व उठाना है। स्थायी विकास का माप का विचार अभिन्न रहा है कि लोगों के मन में स्वच्छता संबंधित खयाल स्वीकृत होते हैं या नहीं? स्वच्छता का अभ्यास परिहार्य होना चाहिए, तब ही स्थायी विकास की संभावना बढ़ती है।

स्थायी विकास की संकल्पना—स्थायी विकास से तात्पर्य है कि भावी पीढ़ी अपनी आवश्यकताओं की पूर्ति हेतु उनकी मानसिकता के साथ आवश्यकता संबंधित अपने आप समाधान दृष्टि अपनाते हुए वर्तमान आवश्यकताओं की आपूर्ति कर लेती है। गांधीजी का मंतव्य यही है कि धरती सभी आवश्यकताओं की आपूर्ति कर सकती है किंतु उनके लाभ की नहीं।

स्थायी विकास एक विशेष व्यूहरचना है, जिससे मानव जीवन की गुणात्मकता में यथार्थ व सर्वांगीण सुधार होता है। मनुष्य की जरूरतों की नित्य रूप में संतुष्टि का खयाल समाया हुआ है। हमें कुदरत की रक्षा के साथ अपना भी विकास करना है। यद्यपि यह स्थिति विरोधात्मक है, फिर भी दोनों पहलुओं को न्यायोचित स्थिति प्रदान करनी होगी।

स्थायी विकास की विशेषताएँ—

1. दीर्घकालीन समाजोपयोगी व आवश्यकता पूर्ति का दृष्टिकोण स्थायी विकास का लक्षण है।
2. स्थायी विकास जीवन की विविध आवश्यकताओं की पुष्टि करते हुए प्राकृतिक स्रोत्रों के स्थायित्व के साथ भविष्य की पीढ़ियों को भी लाभान्वित करने का उद्देश्य रखता है।
3. स्थायी विकास में मानवीय तथा प्राकृतिक प्रबंधन को एक—दूसरे के पूरक मानते हुए पारस्परिक प्रभावोंत्पादक माने गए है।
4. स्थायी विकास सभी के लिए लाभकर्ता है, सभी के लिए समान है, जो प्रत्येक पीढ़ियों तक क्रियाशील रहता है।
5. स्थायी विकास जनसहयोग की अपेक्षा रखता है।

इन लाक्षणिकताओं को वैश्विक स्तर पर पाया जाता है। सभी क्षेत्रों में विकास हेतु पूर्व आयोजन व दीर्घदृष्टि को अपनाना अनिवार्य है।

स्थायी विकास प्रत्येक क्षेत्र की आवश्यकता है। स्वच्छता को भी इसके साथ संलग्न करते हुए एक नए अध्ययन का प्रारंभ किया जा सकता है।

स्वच्छता के प्रति लोगों की अभिरुचि पैदा हुई है। लोगों की मानसिकता स्वच्छता की गरिमा को समझ रही है। सभी–क्षेत्रों में तत्संबंधी दीर्घकालीन आयोजन लागू किये जा रहे हैं। ऐसे आयोजनों को अमानिकृत करना जरूरी है। समाज के सर्वांगीण विकास हेतु स्वच्छता का विचार अनिवार्य है।

स्वच्छता संबंधित लोगों की आवश्यकताओ को स्थायी विकास द्वारा पूर्ण किया जा सकता है। मानव सृजित विविध स्रोतों से, विविध प्रयासों से स्वच्छता की प्रेरणा लेते हुए स्थायी स्वच्छता का विचार किया जा सकता है।

प्राकृतिक स्थितियों का स्थायी व टिकाऊ स्वच्छता के लिए उपयोग किया जाना चाहिए। स्वच्छता की अवहेलना प्राकृतिक आपदाओं का कारण बन सकती है, फलतः इसे स्वीकारना हमारा दायित्व है।

सभी के समान प्रयत्नों से स्थायी व दीर्घकालीन स्वच्छता प्राप्ति होगी। पीढ़ी–दर–पीढ़ी इसके लिए संकल्प करना होगा। स्वच्छता के लाभों से आनेवाला कल भी लाभान्वित हो ऐसी प्रवृत्ति अनिवार्य है।

स्थायी स्वच्छता से संलग्न क्षेत्र –

विविध आयामों में स्वच्छता की अनिवार्यता है। इन आयामों में अल्पजीवी स्वच्छता की अपेक्षा दीर्घकालीन स्वच्छता उपयोगी है। विविध आयाम निम्नांकित है।

– पर्यावरण और स्थायी स्वच्छता

– जल और स्थायी स्वच्छता

– सार्वजनिक स्वास्थ्य आर स्थायी स्वच्छता

– सार्वजनिक शौचालय और स्थायी स्वच्छता

पर्यावरण और स्थायी स्वच्छता–प्राकृतिक प्रबंध के परिप्रेक्ष्य में विकास होना आवश्यक है। प्राकृतिक व्यवस्थापन सुचारू व बड़ा कोमल होता है जिसमे विक्षेप की स्थिति से दुष्परिणाम पैदा हो सकते है। स्थायी स्वच्छता संबंधित विकास–क्रिया में सावधानी आवश्यक है, जिससे कि पर्यावरणीय स्थायीत्व बना रहे। पर्यावरणीय कार्यक्षमता व स्थिति में स्थायी स्वच्छता से कोई हानि पैदा नहीं होनी चाहिए। प्राकृतिक उपादान जैसे कि उद्यान, वन–पर्वत आदि की सँभाल रखते हुए स्थायी स्वच्छता का आयोजन आवश्यक है।

जल एवं स्थायी स्वच्छता–वर्षा का जल, नदी, तालाब, कुएँ, जलाशय अदि विभिन्न स्रोत्र से पेयजल प्राप्त हो सकता है। स्थायी स्वच्छता का प्रत्यक्ष अनुसंधान इस में पाया जाता है। समुद्र का 97.3 प्रतिशत जल खारा है, जमीं पर 2.7 प्रतिशत जल मीठा है। जल को हमेशा के लिए स्वच्छ–शुद्ध करने के प्रयास जारी हैं। नये–नये तरीकों से ऐसे पेयजल के हेतु शुद्धता के प्रयास आवश्यक है।

दूषित जल, ड्रेनेज जल, औद्योगिक जल, प्रदूषण पैदा करता है। फलतः पेयजल हेतु शुद्धता की अनिवार्यता पैदा हो जाती है। औद्योगिक समुदायों को शुद्ध जल प्लांट की अनिवार्यता पर बल देना चाहिए।

सार्वजनिक स्वास्थ्य और स्थायी स्वच्छता–सार्वजनिक स्वास्थ्य समाज का दर्पण है, जनमानस में स्वच्छता व स्वास्थ्य की श्रेष्ठतम स्थिति समाज का श्रेष्ठ रूप प्रदर्शित करती है। स्वास्थ्य संबंधित स्थिति में स्वच्छता की अहम भूमिका रही है। स्थायी स्वच्छता की स्थिति से ही सार्वजनिक आरोग्य के विविध पहलू सुपरिणाम का अनुभव देते हैं। जैसे कि फिल्मस्टेशन प्लांट की स्थायी व्यवस्था लोगों के स्वास्थ्य को समृद्ध बनाती है। स्वच्छता के मूल्यों को आत्मसात् करने वाले लोगों का स्वास्थ्य सदैव उन्नत रहता है। सार्वजनिक स्थान, उद्यान, होटल, चिकित्सालय, जंगलादि, जलाशय, कस्बे, नगर, रास्ते आदि स्थानों पर स्थायी स्वच्छता का स्वीकार सार्वजनिक आरोग्य पर विधेयात्मक प्रभाव पैदा करता है। जन–आंदोलन के द्वारा भी स्वच्छता को जिंदगी का एक अभिन्न हिस्सा बनाया जा सकता है।

सार्वजनिक शौचालय और स्थायी स्वच्छता–सरकार की ओर से सार्वजनिक शौचालयों का निर्माण किया जाता है। किंतु स्थानीय प्रशासन के द्वारा उसकी स्वच्छता ठीक ढंग से नहीं होती। स्थायी रूप से जल, बिजली, ड्रेनेज आदि की सँभाल नहीं रखी जाती। स्वच्छता संबंधित लापरवाही एक नित्य क्रम बन गया है। महानगर व नगरपालिकाओं में ऐसा प्रबंध नहीं है कि स्वच्छता संबंधी कोई कार्यवाही की जाए। सरकारी प्रशासन के स्थान पर ऐसे एन.जी.ओ कार्यरत हैं, यह आश्चर्य की बात है।

ड्रेनेज योजना और स्थायी स्वच्छता–छोटे–बड़े शहरों व नगरों में अपशिष्ट जल के निष्कासन हेतु स्वायत्त संस्थानों की जिम्मेदारी तय की गई है। वैज्ञानिक तरीके से नई तकनीकों के उपयोग से, मानवीय श्रम के द्वारा

स्थायी रूप से स्वच्छता को प्राधान्य देते हुए दूषित जल को निकालने का प्रबंध होना चाहिए। सफाईकर्मी अपने हाथों से मल मूत्र की सफाई का जोखिम वाला कार्य करते हैं। इस कार्य में जहरीली गैस के कारण कभी–कभार उनकी मृत्यु भी हो जाती है। इन परिस्थितियों से छुटकारा पाने हेतु स्थायी स्वच्छता का विकल्प खोजा जाय, जिससे सार्वजनिक स्वास्थ्य को फायदा पहुँचे।

पारिवारिक जीवन और स्थायी स्वच्छता–प्रत्येक परिवार अपनी नई पीढ़ी को सामाजिकीकरण के साथ स्वच्छता के मूल्य का सबक देते हुए स्वच्छता के अमलीकरण का अनुरोध करता है। फिर भी इन कार्यों में पारिवारिक गांभीर्य न होने के भी आसार प्राप्त हुए हैं। ग्रामीण समुदाय खुराक, पेयजल, कपड़े धोने की क्रिया, मकान–सफाई, पशुपालन आदि पहलुओं में सक्षम नहीं है। यदि स्वच्छता का खयाल रखते हुए भी उसके प्रति पूर्ण रूप से सक्रीय नहीं है। प्रत्येक परिवार स्थायी स्वच्छता को अपना लेगा तो अवश्य ही स्वास्थ्य की मानसिकता में सुधार देखा जाएगा।

सार्वजनिक स्थान एवं स्थायी स्वच्छता–सार्वजनिक स्थानों पर विविध सुविधाएँ पैदा की गई हैं, इस संदर्भ में वित्तीय प्रबंध भी किया गया है, किंतु लोगों में ऐसे स्थानों का उचित उपयोग करने का सहान नहीं देखा गया। सार्वजनिक मकान, पाठशाला–कॉलेज, चिकित्सालय, रास्ते, पुरातत्त्वीय रक्षित इमारतें, पर्यटन स्थान, उद्यान, सरकारी कार्यालय आदि स्थानों पर हुए हैं। अपनी नैतिकता को मद्‌देनज़र रखकर स्थायी स्वच्छता के लिए प्रयत्नशील होना अनिवार्य है।

स्वच्छता को एक आदर्श के रूप में माना जाता है, किन्तु उनका अमलीकरण अधिक महत्त्वपूर्ण है। भारत के लोग स्वच्छता को नैतिक फर्ज नहीं मानते। स्वच्छता को कानून बनाने पर स्थायी स्वच्छता पैदा होगी। लोग स्वच्छता को जीवनांश मानेंगे, नैतिक मूल्य समझेंगे और आत्मसात् करते हुए नया प्रभावी माहौल पैदा करेंगे।

स्वच्छता और पर्यावरण

संसार के जैविक–अजैविक के साथ होनेवाली प्राकृतिक प्रक्रिया, जिस पर मनुष्य समेत सभी जीव निर्भर हैं, ऐसे माहौल को पर्यावरण कहते हैं।

जल, वायु, जमीन, अग्नि, आकाश, जिससे मनुष्य व किसी भी सजीव का अस्तित्व अभिन्न रूप से आधारित है, उसे पर्यावरण कहा जा सकता है। सजीवों के विकास का कारक है पर्यावरण। पर्यावरणीय स्वच्छता सविशेष भूमिका निभाती है।

पर्यावरणीय तमाम पहलू स्वच्छ व निर्मल होंगे तो मनुष्य जीवन का उच्चतम विकास होने की संभावना है। स्वच्छता और पर्यावरण, जलावरण और मृदावरण एक–दूसरे से संलग्न हैं। आज पर्यावरणीय स्वच्छता ही श्रेष्ठ जीवन का संबल है। रोगमुक्त जीवन स्वच्छता पर पूर्ण रूप से निर्भर है। फलतः अच्छे जीवन हेतु स्वच्छता और स्वच्छता हेतु पर्यावरणीय शुद्धता की अनिवार्यता है। स्वच्छता और पर्यावरण एक सिक्के के दो बाजुएँ हैं। श्रेष्ठ पर्यावरण श्रेष्ठ व स्वच्छ समाज का कारक है।

(ए) प्राकृतिक पर्यावरण–पर्यावरण के इन भेदोपभेद के साथ स्वच्छता का विशेष संबंध है। यद्यपि पर्यावरण से स्वच्छता का प्राकृतिक समन्वय नहीं है किंतु मानव सृजित समन्वय है। पर्यावरणीय समानता से मनुष्य को कुछ सावधानियाँ रखनी हैं।

पर्यावरण को संकल्पना के स्पष्टीकरण हेतु उनके विविध भेद विचारणीय हैं। नदी, पर्वत, समुद्र, जमीन आदि प्राकृतिक आयाम हैं। जिससे सजीव सृष्टि प्रभावित होती है। तदुपरांत सामाजिक रीत रस्म, औद्योगिक समन्वय आदि का भी स्वच्छता संबंधी प्रभाव रहा है।

(1) भौतिक पर्यावरण : भौगोलिक आयामों से भौतिक पर्यावरण पहचाना गया है। धरती की सतह, विविध भू–स्वरूप, आबोहवा, जलाशय, मृदावरण, जलावरण व वातावरण को भौतिक पर्यावरण माना जाता है।

1. मृदावरण–जिस भू स्थान पर मानव आबादी का स्थायी रूप में निखर है, वह मृदावरण है। पर्वत, मैदान, जंगल, घाटियाँ, जलयुक्त इलाके आदि रूपों में जमीन/पृथ्वी की विविधता द्रष्टव्य है। प्रत्येक स्तर पर मानवजीवन विकसित हुआ है। कई संयोगों से मृदावरण को विपरीत प्रभाव का सामना करना पड़ रहा हैं। लोग हर क्षेत्र में स्वच्छता संबंधित समान नहीं है। प्लास्टिक का कचरा, ठोस कूड़ा–कर्कट, इस कदर जमीन पर उधेड़े जाते हैं कि उनसे स्वच्छता का जोखिम पैदा हुआ है। पर्वतीय इलाकों में भी इस प्रश्न का सामना करना पड़ रहा है। जंगलों की कटाई, जंगल को सुलगा

देना, पर्वतों की सुंदरता पर दाग लगा देना जैसी हरकतें स्वच्छता को नष्ट कर रही है। उत्तराखंड की तबाही का कारण यही हैं। वन क्षेत्रों में भी आज मानव सृजित हानि फैलती रही है। मानव सृजित प्रदूषण का आज अत्यधिक फैलाव हो रहा है। तराइयों घाटी आदि इलाकों में कूड़े–कचरे का निष्कासन भी काफी ख़तरे का कारण बना हुआ है।

मानवजाति को प्रकृति की ओर से मिलनेवाली बख्शीश अनमोल है। इसे स्वच्छता और सँभाल कर नहीं रखा गया तो मानव जाति के लिए बड़ी चुनौतियाँ पैदा हो सकती हैं।

(2) जलावरण–पृथ्वी के अधिकांश हिस्से में जल है, जिसे जलावरण के रूप में पहचाना जाता है। पानी के मूल स्रोतों में बारिश का पानी व भू–भाग के नीचे रहनेवाला पानी है। इन स्रोतों को स्वच्छ रखना आवश्यक है।

बारिश का जल–माना जाता है कि यह जल शुद्ध है किंतु धरती के आने तक उनमे गैस, धुल, रजकण व कीटाणु मिल जाते हैं और जल–अशद्ध बन जाता है। पेयजल शुद्ध होना चाहिए। मानव सृजित कारणों से पानी अशुद्ध होते हुए हानिकारक बन जाता है। स्वच्छता की आवश्यकता है।

भू–भाग का जल–नदी, तालाब, कुएँ, झरने, समुद्र, बोरवेल, प्राकृतिक व मानव सृजित हो सकते हैं। इनका प्रत्यक्ष व परोक्ष रूप में मनुष्य उपयोग करता है। नदी, तालाबों में नहाने की क्रिया, शौचक्रिया, गंदगी का मिश्रण अशुद्धि फैलाते हैं। पानी में घुल–मिल जाते हैं जो अशुद्धि फैलाते हैं। शहरों का ड्रेनेज, मृतक पशु आदि को भी जल में बहा दिया जाता है, जो पानी को दूषित करते है। कानपुर के चर्मउद्योग का दूषित पानी नदियों में मिला दिया जाता है, फलतः गंगा, जमुना जैसी पवित्र नदियाँ भी दूषित हो उठती हैं।

वातावरण–हवा, सूर्यप्रकाश, आबोहवा, वाष्प, बारिश आदि का इसमें समावेश होता है। वह दिन दूर नहीं है मिनरल वाटर की तरह शुद्ध ऑक्सीजन का भी व्यापारीकरण हो जाएगा। यातायात के बढ़ते प्रभाव से कार्बन डायोक्साइड की मात्रा बढ़ गई है। वृक्षों के कटने से भी वायु प्रदूषण में वृद्धि हुई है। शुद्ध हवा स्वस्थ स्वास्थ्य की कारक है, किंतु आज मनुष्य ने अपने ही पैर पर कुल्हाड़ी मारी है। प्रदूषित हवा कई रोगों को पैदा करती

है। कार्बन डायोक्साइड के कारण ओजोन का स्तर भी पतला होने लगा है। परिणामस्वरूप सूर्य प्रकाश की उष्णता में बढ़ोतरी होती जा रही है। इसे रोकने के कृत्रिम प्रयोग आजमाय जा रहे हैं, तब कई अन्य प्रश्न पैदा होने की संभावना बनती है। अनियमित बारिश व बाढ़ का स्थिति पैदा होती है।

प्राकृतिक पर्यावरण में मानव सृजित विकास कई प्रश्नों को जन्म देता है। पर्यावरणीय स्वच्छता के लिए खतरा पैदा हुआ है।

(3) जैविक पर्यावरण–विश्व भर में वनस्पति सृष्टि, प्राणीसृष्टि, सूक्ष्म जीव व समग्र सजीव सृष्टि को जैविक पर्यावरण कहते हैं। मनुष्य भी इसका एक अभिन्न हिस्सा है। मनुष्य के विकास व प्रगति में इनका विशेष योगदान है। मनुष्य के द्वारा इस पर्यावरण की सँभाल ठीक से नहीं रखी गई है। अभयाज्यों का निर्माण भी इसी कारण करना पड़ता है। उपयोगी औषधियाँ नष्ट होती जा रही हैं। समुद्री जीवों का खात्मा होता जा रहा है। विकास की महेच्छा से प्रकृति के प्रति अन्याय हो रहा है।

(4) मानव सृजित पर्यावरण–एक सामाजिक प्राणी के रूप में मनुष्य ने एक नई दुनिया, नया पर्यावरण पैदा किया है। अपनी बुद्धिमत्ता से सामाजिक व सांस्कृतिक पर्यावरण का विकास किया है। कृषि, पशुपालन, खदान, खनिज–प्रवृत्ति, औद्योगिक उत्पादन, प्रवृत्ति, संदेश–व्यवहार, व्यापार–वाणिज्य, धार्मिक मान्यताएँ, रीतरिवाज, भाषा–कला साहित्य आदि को विकसित किया है। भौतिक वातावरण जैसे कि मकान निर्माण, नगर, रेलवे, रास्ते, बांध आदि का निर्माण किया है। अपने विकास हेतु मनुष्य ने पर्यावरण का पूरा उपयोग किया है। किंतु दुःख इस बात का है कि स्वच्छता के प्रति मनुष्य लापरवाह रहा है। कुदरत की देन यह है कि पर्यावरण अपने आप कायम रह सकता है किंतु मानव सृजित पर्यावरण में स्वच्छता का ख्याल रखना है। मानव सृजित सभी क्षेत्रों में स्वच्छता के रखरखाव की चिंता होनी चाहिए।

पर्यावरणीय स्वच्छता के उद्देश्य

- मानवीय प्रयासों से ही पर्यावरणीय स्वच्छता संभावित है। सामुदायिक स्तर पर इसकी आवश्यकता प्रतीत होती है। कम से कम रूप में भी पर्यावरणीय शुद्धता अनिवार्य है।

- स्वच्छ पर्यावरण से कई विषाणु, वायरस, जटिल रोग, बीमारी, महामारी आदि को रोका जा सकता है। पूरे समुदाय में स्वास्थ्य में सुधार संभव है।
- स्वच्छ वातावरण में ईश्वर का निवास होता है। लोग अपना जीवन तंदुरुस्त होकर उत्साहपूर्ण व्यतीत कर सकेंगे।
- पर्यावरणीय स्वच्छता का जीवन में विशेष स्थान है, इन बातों की प्रतीति शिक्षा द्वारा भी लोगों को प्राप्त हों, उनके अच्छे परिणाम प्राप्त हों, ऐसा प्रयास ज़रूरी है।
- अतः पर्यावरणीय स्वच्छता जल, वायु, आबोहवा, ध्वनि आदि प्रदूषणों से मुक्ति का अहसास देने में सक्षम है।

पर्यावरणीय स्वच्छता प्राप्ति के प्रयास

- पर्यावरणीय सुरक्षा व स्वच्छता हेतु उपचारात्मक व सुरक्षात्मक प्रयत्न आवश्यक हैं।
- केंद्रीय पर्यावरण व स्वच्छता संबंधित निगम की रचना कर उसे कार्यान्वित किया जाए।
- औद्योगिक प्रदूषणों पर दबाव व नियंत्रण पैदा करने हेतु योजनाएँ लागू कर स्वच्छता प्राप्त की जा सकती है।
- स्वच्छ वायु के लिए तकनीकी का विकास व प्राकृतिक स्रोतों की सँभाल आवश्यक है।
- किताबें, चार्टस, नक्शे आदि के द्वारा स्वच्छता का प्रचार–प्रसार किया जा सकता है।
- लघु एवं बड़े समवायों में स्वच्छता संबंधित तकनीकों का विकास आवश्यक है।
- कानूनी तौर पर पुरातत्त्वीय स्मारक, प्राकृतिक स्थानों, हिल स्टेशन, महानगर, ग्राम समुदाय, सार्वजनिक स्थानों पर स्वच्छता संबंधी अधिनियम लागू करना आवश्यक है।
- नदी, तालाब, कुएँ, जलाशय आदि को राष्ट्रीय संरक्षण प्रदान करते हुए सुरक्षित बनाया जाए।

- पेट्रोल, डीजल, मिट्टी का तेल, आदि उत्पादों की कक्षा को सुधारने पर स्वच्छता बनी रहेगी।
- सार्वजनिक बाग–बगीचे, वन्य क्षेत्र व वृक्षारोपण को महत्त्वपूर्ण मानते हुए पर्यावरणीय सुरक्षा–स्वच्छता बन सकती है।
- जल के शुद्धिकरण से कई रोगों से मुक्ति प्राप्त की जा सकती है।
- जन–आंदोलनों के द्वारा स्वच्छता की मुहिम चलानी चाहिए।
- सरकार के द्वारा प्राकृतिक स्रोतों व संसाधनों की सँभाल का जिम्मा उठाना चाहिए। जन–जागृति के प्रयास करने चाहिए।
- पर्यावरणीय स्वच्छता हेतु मॉनिटरिंग प्रणाली कार्यरत होनी चाहिए।
- विधेयात्मक प्रभावों की विशद चर्चा से जनजागृति पैदा हो सकती है।
- लोक संपर्क व लोगों की साझेदारी से जैविक पर्यावरण की हानि रोकी जा सकती है।
- स्वच्छता की जागरूकता हेतु सामाजिक जागृति अनिवार्य है, जिसके लिए आवश्यक निधि प्राप्त करने के राष्ट्रीय–अंतराष्ट्रीय प्रयास करने चाहिए।
- शिक्षा का अभिन्न हिस्सा बनाकर स्वच्छता व पर्यावरण के प्रशिक्षण हेतु सुनियोजित प्रशासनिक प्रबंधन करना चाहिए।

इन प्रयासों में कुछ निश्चित व्यक्ति, समुदाय व सरकार ही प्रयत्नशील न हो, बल्कि सामाजिक संस्थानों के साथ सभी के समान प्रयास निश्चित तौर पर स्वच्छता व पर्यावरण को कायम कर सकते हैं।

स्वच्छता और स्त्रियाँ

हमारे समाज व संस्कृति में स्त्री को 'लक्ष्मी' और 'शक्ति' का दर्जा प्राप्त है। औरतें आमतौर पर स्वच्छता की आग्रही होती हैं। अपने घर के साथ स्वयमेव स्वच्छ रहना चाहती हैं। मर्दों की तुलना में औरतें स्वच्छता के प्रति अधिक जागरूक होती हैं। स्वच्छता के लिए जागरूक रहने वाली औरतों के परिवार का स्वास्थ्य भी स्वस्थ रहता है।

ग्रामीण समुदायों में कुछ भिन्न स्थिति प्रवर्तित है। ग्रामीण परिवेश, निरक्षरता, पशुपालन कार्य, गंदगी, सुविधाओं का अभाव, कृषिकार्य आदि के

कारण औरतों के जीवन पर अस्वच्छता का प्रभाव लक्षित होता है। कुछ परिस्थितियाँ व संजोगाधीन स्त्रियाँ स्वच्छता संबंधित अधिक जागरूक नहीं हो पाती हैं।

1. स्त्री–जन्म व परवरिश में भेदभाव नीतिः भारत में स्त्रियों को कम महत्त्वपूर्ण माना जाता है। यदि भ्रूण में बच्ची का पता चलता है तो भ्रूण हत्या कर दी जाती है। बच्ची के जन्म के अवसर पर पारिवारिक खुशी का माहौल नहीं पाया जाता है। उनकी परवरिश में लापरवाही बरती जाती है। उनकी स्वच्छता व स्वास्थ्य के लिए परिवार में गांभीर्य की स्थिति नहीं होती। 'लड़कियाँ ऐसे ही बड़ी हो जाती है, ऐसी सहज मान्यता है। बेटे–बेटी के लालन–पालन में भेद–नीति प्रवर्तित है। खुराक, पोषक, शिक्षा आदि आयामों में बचपन से ही यह भेदनीति दृष्टव्य है। फलतः लड़कियों के स्वास्थ्य व स्वच्छता की कोई कीमत नहीं है।

2. कुपोषण और स्वच्छता : बच्ची के जन्म से ही वह कुपोषण का शिकार बनती है। पोषणयुक्त आहार, दूध आदि की सुविधा नहीं दी जाती। बच्ची बड़ी होकर जब मातृत्व धारण करेगी तब नई पीढ़ी भी स्वस्थ पैदा होगी, इस बात की ओर कोई ध्यान नहीं है। स्वच्छता का मूल्य, उसकी उपयोगिता, लाभ आदि की शिक्षा उसे कतई नहीं दी जाती। आनेवाले काल के लिए उसे तैयार नहीं किया जाता। भविष्य में उनकी बेटी, पत्नी, माता, सास की भूमिका के मद्देनजर भी पौष्टिक आहार आदि का प्रबंध आवश्यक है।

3. गृहकार्य और स्वच्छताः अधिकांशतः औरतों को सामाजिकीकरण के प्रशिक्षण में गृहकार्य की ही तालीम दी जाती है। यह धारणा रखी जाती है कि उसे भविष्य में गृहकार्य ही करना है। घर की स्वच्छता, खाना पकाना, कपड़े धोने, बरतन साफ करना, गृह सजावट, गुंफनकला, गृह संचालन आदि सिखाया जाता है। इस शिक्षा के साथ स्वच्छता के मूल्य की समझ दी जाने पर स्त्रियों में इसके प्रति समानता की वृद्धि हो सकती है। ऐसी समझ प्राप्त होने पर स्त्रियाँ अपना व परिवार का भला कर सकती हैं। पारिवारिक स्वास्थ्य की अधिष्ठात्री औरत ही है। अतः औरतों को स्वच्छता के प्रति रुचि पैदा करनी है।

4. औरत का स्वास्थ्य और स्वच्छता : शारीरिक श्रम की दृष्टि से पुरूषों की अपेक्षा औरतें कुछ कमजोर है। ईश्वरदत्त कोमलता स्त्री के शरीर की विशेषता है। उन्हें स्त्री के रूप में बचपन से ही उनके शरीर व स्वास्थ्य की जानकारी से अवगत कराया जाता है। रजोधर्म के पहले परिवार की ओर से उन्हें परिचित किया जाता है। किंतु स्वच्छता की शिक्षा शायद न के बराबर है। वयस्क होने पर यौन संबंधित जानकारी, गुप्तांगों की स्वच्छता और उसके महत्त्व की चर्चा आवश्यक बन जाती है। स्वच्छता के प्रति समानता की कमी स्वास्थ्य के लिए हानिकारक बन जाती है। उन्हें विविध रोगों से भी अवगत कराना चाहिए। सहज ही लड़की ऐसी बातों से शर्म व संकोच का अनुभव करती है, तब परिवार की महिलाओं को यह जिम्मेदारी उठानी पड़ती है।

5. गर्भावस्था–प्रसूता व स्वच्छता : माता बनना स्त्री का गौरव है। सहज ही स्त्री में मातृभाव पल्लवित होता है। गर्भाधान से मातृत्व प्राप्ति तक के विविध चरणों में अपना व आनेवाले बच्चे का स्वच्छता संदर्भित खयाल रखना होता है। भारत में इस जागृति के अभाव के परिणामस्वरूप प्रति हजार तीन माताओं की मृत्यु हो जाती है। प्रति हजार 60 स्त्रियाँ गर्भावस्था, अपरिपक्व रूप से होनेवाली प्रसूति से अस्वस्थ रहती हैं। फलतः भारत में प्रसूता व बच्चों की मृत्यु का दर अधिक है।

गर्भावस्था के दौरान कुछ सावधानियाँ आवश्यक हैं। रक्तस्राव, लहू का कम हो जाना, रक्तपात, जटिल रोग, पारिवारिक रीति–रिवाज, गर्भपात, हृदय के स्पंदनों की अनियमित स्थिति, दवाई व परामर्श, आनेवाले बच्चे का स्वास्थ्य, उनकी जाँच, पौष्टिक आहार, गृहकार्य, गृह संचालन आदि के प्रति जागरूक रहना अनिवार्य हो जाता है।

प्रसव के पूर्व, प्रसव के दौरान, प्रसव के पश्चात् औरतों को स्वच्छता व स्वास्थ्य के प्रति जागरूक रहना महत्त्वपूर्ण है। इस जिम्मेदारी के उपरांत पारिवारिक जिम्मेदारियाँ भी आवश्यक बन जाती हैं। अतः प्रसूता स्त्री नयी जन्म लेती है, ऐसी मान्यता है। तत्सम्बंधी शिक्षा स्त्री के लिए उपयोगी सिद्ध होगी।

6. वृद्धावस्था व औरतें : वयवृद्धि के साथ सभी की शारीरिक शक्ति

क्षीण होती चलती है। भारत में स्त्रियों का स्वास्थ्य कमजोर माना जाता है। इसका यही कारण है कि उसे उचित पोषण से वंचित रखा जाता है। समग्र जीवन गृहकार्य, बच्चे पैदा करना, परवरिश करना, इन्हीं क्रियाओं में समाप्त हो जाता हैं। इन जिम्मेदारियों के चलते वह अपने स्वास्थ्य के प्रति सचेत नहीं रहती हैं। वृद्धावस्था में कम दिखना, पथ्य समस्या, यौनात्मक बीमारी, हड्डी के रोग, दाँत गिरने, मंदश्रवण शक्ति, आदि की शिकार बनती है। उचित स्वच्छता व सुश्रूषा का अभाव उसके लिए मुश्किलें पैदा करती है। भारत की निरक्षर औरतें स्वच्छता व स्वास्थ्य के प्रति उदासीन रही हैं।

विचार विमर्श से स्पष्ट होता है कि स्वच्छता व औरतों का अभिन्न संबंध है। औरतें जितना इस महत्त्व को स्वीकार करेंगी उतना अपना व उनका परिवार स्वस्थ बना सकेंगी। विशेषतः आज भारत के दूर–दराज, ग्रामीण इलाकों में स्त्रियों के लिए स्वच्छता की शिक्षा अनिवार्य बन जाती है। इसकी समानता, जानकारी आवश्यक है। कृषिकार्य, पशुपालन, स्नानादि, प्राथमिक सुविधाएँ चिकित्सात्मक सुविधाएँ आदि क्षेत्रों में स्वच्छता को कम मात्रा में देखा गया है। शिक्षा की बदौलत नगरीय स्त्रियाँ ग्रामीण स्त्रियों की तुलना में इन बातों में कुछ समान लगती हैं। अतः ग्रामीण क्षेत्रो में 'स्वच्छता आंदोलन' की आवश्यकता है।

स्वच्छता और सार्वजनिक स्वास्थ्य

स्वच्छता और लोगों का स्वास्थ्य महत्त्वपूर्ण पहलू है। स्वच्छता के साथ लोगों के स्वास्थ्य का आधार है। स्वच्छता केंद्रीय समुदाय अच्छे स्वास्थ्य का आधार है। लोगों के अच्छे या कमजोर स्वास्थ्य का अनुसंधान लोगों की स्वच्छता–जागृति पर निर्भर है। सार्वजनिक आरोग्य संबंधित समाज व समुदाय के लोगों के आरोग्य–स्वास्थ्य का मानदंड है। सामान्यतः समुदाय के लोग कई बार अपने स्वास्थ्य संबंधी समस्याओं का अनुभव करते हैं बीमारी का भोग बनते रहते हैं, ऐसी स्थिति में सार्वजनिक स्वास्थ्य के बारे में विचार विचारणीय है। कमजोररहनेवाला सार्वजनिक स्वास्थ्य लोगों से संबंध एवं स्वच्छता पर आधरित है।

स्वच्छता और सार्वजनिक स्वास्थ्य सलंग्न पहलू

पेयजल और खुराक–शुद्ध पेयजल हेतु लोगों की जागृति कम रही है। सारे जल स्रोत शुद्ध नहीं हो सकते। पोषणयुक्त आहार से भी भारतीय लोग वंचित रह जाते हैं। 60 प्रतिशत से अधिक लोग गरीबी रेखा के माने गए हैं। जिन्हें असुविधाओं के बीच जीवन जीना पड़ रहा है, जिस कारण वे बीमारी के भोग बनते हैं। पेयजल की समस्या के कारण कई रोगों का उद्भव होता है। इनसे उत्पन्न रोग अन्य करणों से उत्पन्न होने वाले रोगों से भी अधिक संख्या में होते हैं। अधिकतम बच्चे व बूढ़े इनका शिकार बनते है। अधिकांश समुदायों में ऐसा प्रतीत हुआ है।

• **सार्वजनिक स्वच्छता**–लोगों की मानसिकता अपने घरों की शुद्धता से संबंधित है किंतु सार्वजनिक बाग–बगीचे, रास्ते, धर्मस्थान, रेलवे स्टेशन, बस अड्डे, चिकित्सालय, पाठशालाएँ, कॉलेज, सरकारी कार्यालय, सार्वजनिक शौचालय, सिनेमाघरों आदि की स्वच्छता के लिए लापरवाह हैं। वही लापरवाही स्वास्थ्य के लिए खतरा बन जाती है। वही गंदगी व कूड़े–कर्कट के ढेर बीमारी फैलाते हैं। इन स्थानों पर स्वच्छता आवश्यक है।

• **पर्यावरणीय प्रदूषण**–सार्वजनिक स्वास्थ्य को कमजोर बनानेवाले पहलुओं में पर्यावरणीय प्रदूषण को भी जिम्मेदार माना गया है। वायु, जमीन, जल आदि से पर्यावरणीय प्रदूषण पैदा होने की संभावना बढ़ जाती है। नगरों में ड्रेनेज के कमज़ोर कार्य से स्वच्छता प्रशासन तंत्र की लापरवाही गैर जिम्मेदार नहीं है। ऐसी स्थिति में विविध रोगों के शिकार बननेवाले लोगों में स्वच्छता संबंधित जागरूकता आवश्यक है।

• **खान–पान और होटल–रेस्टोरेंट**–अपने ही घर में भोजन लेने पर स्वास्थ्य का प्रश्न पैदा नहीं होता, किंतु नगरों में विविध स्थानों पर खान–पान की सुविधाएँ होती हैं। ऐसे रेस्टोरेंट, होटल आदि में पौष्टिक आहार महँगा पड़ने पर वे लोग निम्न स्तर का भोजन परोसते हैं। संभावित स्वच्छता का अभाव भी होता है। गंदे भोजन, अपव्य भोजनादि के कारण सेहत बिगड़ने की पूरी संभावना रहती है। दस्त और कै जैसी बीमारियाँ भी होती हैं, फलतः स्वच्छ रहने व पौष्टिक खुराक की आदत बनानी आवश्यक है।

• **स्वच्छता संबंधित प्रशासन**–प्रत्येक समाज में स्वच्छता प्रशासन कार्यरत होता है। छोटे स्तर पर ग्राम्य समुदायों में भी यह प्रशासन कार्यरत

होता है। शहरी समुदाय में नगरपालिका, महानगरपालिका के द्धार विविध विस्तारों में स्वच्छता संबंधित कार्य किए जाते हैं। सार्वजनिक रास्ते, मोहल्ले, नुक्कड़, गलियों में रास्ते की सफाई, अपशिष्ट जल के निष्कासन की सुविधा बनाई जाती है। कूड़ेदान की व्यवस्था, शुद्ध पेयजल का प्रबंध, बाग बगीचों की स्वच्छता आदि प्रवृत्तियों के संदर्भ में जब प्रशासन कमजोर रहता है, तब स्वास्थ्य की समस्या पैदा होती है। अतः प्रशासन की कमजोर नीति के कारण ऐसी समस्याएँ पैदा होती हैं।

• **चिकित्सालय एवं स्वास्थ्य सेवाएँ**–सार्वजनिक सेवाएँ लोगों के स्वास्थ्य के लिए उत्तम प्रशासन मानी गई हैं। कई बार इसमें भी हानि होती है। छोटे चिकित्सालय, सार्वजनिक चिकित्सालय, लेबोरेटरी, ब्लड बैंक आदि स्थानों का इसमें समावेश होता है। ये सभी स्थान स्वच्छ होने आवश्यक हैं। इनमें कार्य करनेवाले कर्मी, डॉक्टर भी कई बार स्वच्छता के प्रति लापरवाह होते हैं, जिससे असाध्य रोग, वाइरस फैलता जाता है।

• **केन्द्र–राज्य सरकार**–वैयक्तिक रूप से महत्त्वपूर्ण होते हुए भी सार्वजनिक स्वच्छता का विशेष महत्त्व है। केंद्र व राज्य सरकारों को इस संदर्भ में सावधानी बरतनी आवश्यक है। आवश्यक सूचनाएँ, वित्तीय व्यवस्था, आदि की देखभाल व अनुप्रयोग का प्रबंधन आवश्यक है। इन प्रबंधनों का आवश्यक व उचित उपयोग होना चाहिए। अपूर्ण व्यवस्था व लापरवाही अधिक है, ठीक समय पर उपाय नहीं खोजे जाते, तब स्वास्थ्य संबंधित कई प्रश्न पैदा हो जाते हैं। दोनों सरकारों को अपनी भूमिका उचित रूप से निभानी आवश्यक है।

• **स्वच्छता–सार्वजनिक स्वास्थ्य से संबद्ध रोग**–स्वच्छता के अभाव में स्वास्थ्य का जोखिम बना रहता है, जिससे अनेक रोगों का जन्म होता है। कुछ इन दिशाओं से रोगों के फैलने की संभावना बनती है।

1. **जलजन्य रोग**–अशुद्ध जल का उपयोग अनेक रोगों को फैलाने में सक्षम है।

(a) **कीटाणु से जुड़े रोग**–(Bacteria) अशुद्ध जल में अनेक सूक्ष्म कीटाणु होते हैं। कै, दस्त, टाइफाइड, बुखार, कोलेरा आदि रोग पैदा होते हैं।

(b) Parastic रोग

(c) वाइरल संबंध रोग–(Viral disease) जल में अनेक प्रकार के वाइरल होते हैं, तब इनसे पोलियो, पीलिया, बुखार और लीवर संबंधी रोग पैदा होते हैं। जल की शुद्धता व स्वच्छता हेतु जागरूकता स्वास्थ्य में वृद्धि करती हैं।

2. **खुराक–दूध–संबंधित रोग**–पका हुआ खाना अधिक समय तक रखा जाता है तब उनमे बैक्टीरिया पैदा होते है। निम्न स्तर के खुराक में मिलावट तथा रासायनिक व कृत्रिम खुराकों में से रोग जन्म लेते हैं।

(a) बैक्टीरिया से पैदा होते रोग– दूध व खुराक में बैक्टीरिया पैदा होने पर टाइफाइड, बुखार, कोलेरा, कै–उल्टी–दस्त रोग होते हैं।

(b) वायरस संबंधित रोग–दूध व खुराक के वायरसों से पोलियो व पीलिया जैसे रोग पैदा होते हैं।

(c) पानी जन्य रोग–दूध और खाद्यय सामग्री में गंदे पानी के मिल जाने से विशेषतः बच्चों में कोलेरा, डिप्थेरिया, कै और पेट के रोग पैदा होते हैं।

(d) फूड पोइज़निंग–दूध व खाद्य सामग्री में कुछ कमी रहने पर लोगों में कै–दस्त की आशंका बढ़ जाती है।

अतः दूध व भोजन की अशुद्धि से स्वास्थ्य का खतरा बढ़ जाता है। बीमारी से मानवीय श्रम कमज़ोर हो जाता है।

लोगों में जागृति और साझेदारी

स्वच्छता व सार्वजनिक स्वास्थ्य की सँभाल केवल स्वैच्छिक संस्थानों व सरकार पर ही निर्भर नहीं होनी चाहिए। लोगों की जागरूकता बनानी पड़ेगी। जीवन के प्रत्येक चरण में स्वच्छता को प्राधान्य देना चाहिए। भारत में गरीबी के साथ निरक्षरता की समस्या व्याप्त है। स्वच्छता व स्वास्थ्य के बारें में लोगों की जागृति न के बराबर है। इसी कारण उन्हें कई खतरों का पता तक नहीं है। ऐसी स्थिति में वैयक्तिक जीवन व सार्वजनिक स्वास्थ्य

में विपरीत असर पैदा होते हैं। लोगों में शायद स्वच्छता संबंधित जागरूकता संभव है, किंतु अपने मकान, सार्वजनिक स्वच्छता आदि के प्रति सचेत नहीं हैं।

सरकारी प्रशासन, म्युनिसिपैलिटी आदि के द्वारा किए गए प्रयास अपूर्ण हैं। परिणामतः लोगों की जागरूकता ही स्वच्छता व सार्वजनिक स्वास्थ्य को बनाने में भूमिका निभा सकती है। जन सहयोग से काफी कुछ संभव है, क्योंकि प्रशासन हर जगह पर पहुँचने में समर्थ नहीं है।

प्राकृतिक आपदाएँ

स्वास्थ्य व स्वच्छता के विविध प्रश्नों के बीच प्राकृतिक आपदाओं के हादसे सार्वजनिक स्वास्थ्य को खतरा पहुँचा सकते हैं। भारी बारिश से नदी–तालाबों का जल दूषित हो जाता है, बाढ़ की संभावना बढ़ जाती है जो अनेक प्राणी–पशु व इंसानों की मौत का कारण बनती है। जगह–जगह पर कीचड़–गंदगी जम जाती है, जिनका उचित निवारण न होने पर विविध जटिल व असाध्य रोगों का फैलाव होता है। कई बार अकाल की स्थिति भी हानिकर सिद्ध होती है। अपर्याप्त जल–अन्न आदि के कारण लोगों के स्वास्थ्य को खतरा पहुँचता है। जल, अन्न की कमी एवं कुपोषण से लोगों की मृत्यु हो जाती है।

स्वच्छता व्यक्ति व समाज के उसी क्षेत्रो में अनिवार्य है, जिस के प्रति पैदा होनेवाली थोड़ी सी लापरवाही, वैयक्तिक व समष्टिगत हानि का कारण बनती है।

3. **कीट–पतंगों से पैदा होने वाले रोग**–लोगों की लापरवाही से कई कीट–पतंगे पैदा होते हैं। पालित पशु, पक्षियों की अस्वच्छता, दवाइयों का अभाव लोगों को बीमार करता है।

(a) **मक्खियाँ से उत्पन्न रोग**–टाइफाइड, दस्त, कै, गैस की मुश्किलें, पोलियो, आँख के रोग।

(b) **मच्छरजन्य रोग**–डेंगू, बुखार, मलेरिया आदि।

(c) **जुओं से उत्पन्न रोग**–बालों में रहनेवाले कीटाणु से महामारी, बुखार और चर्मरोग पैदा होते हैं।

(d) **खटमल जन्य रोग**–मकानों की दरारों में, बिस्तरों में रहने वाले ये खटमल लोगों के लहू को चूसकर कई रोग फैलाते हैं।

(e) **चूहों से पैदा होने वाले रोग**–चूहों के काटने से प्लेग, बुखार जैसे रोग पैदा होते हैं।

(f) **कुत्तों से उत्पन्न रोग**–अवारा कुत्ते जब काटतें हैं तब रेबीज़ रोग पैदा होता हैं। इसमें मृत्यु हो जाने का भी अंदेशा रहता है।

सभी लोगों में इन बातों की समानता नहीं है। ये बातें लोगों के स्वास्थ्य से संलग्न हैं। इसके प्रति लापरवाही का होना सार्वजनिक स्वास्थ्य को खतरा पैदा करता है। जल–खुराक, पर्यावरण, प्रदूषण, स्वच्छता बीमारी आदि के संदर्भ में लोगों में जागरूकता अनिवार्य है। ये पहलू लोगों के जीवन के अभिन्न अंग हैं। इनके प्रति सावधानी रखने पर सार्वजनिक स्वास्थ्य का स्वस्थ व उचित रूप उभरकर सामने आएगा।

2

स्वच्छता के समाजशास्त्र की संशोधन पद्धतियाँ

प्रस्तावना

नए ज्ञान की प्राप्ति का प्रयास अर्थात् शोध व संशोधन। इसमें (1) नया ज्ञान और (2) पद्धति महत्त्वपूर्ण आयाम हैं। यह शास्त्र एक विज्ञान है। स्वच्छता संबंधित विशेष ज्ञान का यह अभ्यास करता है।

नए ज्ञान से तात्पर्य है, जो पूर्वरचित न हो। जो बिल्कुल नया व वर्तमान हो, जिसमें केवल जानकारी नहीं, अपितु तर्कबद्धता, कार्यकरण संबंध व तटस्थता अनिवार्यत : हो। पद्धति अभ्यास करने की एक निश्चित रीति है, जिसमें वैज्ञानिक, निष्पक्ष व अनूठे दृष्टिकोण समेत नए रवैये का समावेश होता है। अनुभवी व विद्वानों के द्वारा विविध अभ्यासोपरांत प्रविधियाँ व पद्धतियों को कार्यान्वित किया जाता है। इस ढंग से अभ्यास एक वैज्ञानिक अभ्यास बन सकता है।

शोधकार्य में प्रयुक्त पद्धति वस्तुलक्षी रूप में तैयार होती है, जिसकी जाँच व परीक्षण संभव है। आलोच्य समस्या के संबंध में पद्धतियों के द्वारा नई वास्तविकता को खोजा जाता है। कभी कभी एक से अधिक माहिती के बीच तार्किक संबंधों को भी तराशा जाता है। इनमें प्राप्त परिवर्तन व परिणामों की जाँच की जाती है, जिससे ज्ञानवर्धन होता हैं। संशोधन से वर्तमान ज्ञान में वृद्धि होती है, जिसे संशोधन का मौलिक प्रदाय माना जा सकता है।

सामाजिक संशोधन में नया ज्ञान व वैज्ञानिक पद्धति प्राप्त होते हैं, इसी कारण इसे सामाजिक विज्ञान का संशोधन कहते हैं।

2. संशोधन पद्धति का अर्थ एवं परिभाषा

संशोधन पद्धति संशोधन प्रक्रिया का एक हिस्सा है। समस्या की सावधानीपूर्वक पसंदगी के पश्चात् अभ्यासक अभ्यासगत उद्देश्यानुसार जानकारी व माहिती इकट्ठी करने हेतु जो विशिष्ट कार्य करता है, वह संशोधन पद्धति है।

संशोधन पद्धति की प्रयुक्ति के दौरान अभ्यास निम्न रूप के कार्यों में संलग्न होता है–

1. माहिती के स्रोतों की जाँच करता है।
2. अभ्यास क्षेत्र के विविध पहलुओं का निरीक्षण करता है।
3. माहिती स्रोत का अभ्यास कर उससे संलग्न सामग्री को उद्देश्यों के साथ तार्किक रूप से परखना।
4. अभ्यास हार्द से हेतु आधारित जानकारी प्राप्त करना।
5. संग्रहित माहिती के विविध चल (Variable) के बीच संबंधों की जाँच कर उनका पृथक्करण करना।
6. माहिती के पृथक्करण के दौरान आँकड़ा शास्त्र का विनियोग करता है।

इस तरह संशोधन पद्धति संबंधित कार्य करने होते हैं।

परिभाषाएँ

सामाजिक संशोधन की विविध परिभाषाओं से इस प्रकार अवगत हो सकतें है–

प्रो. गोपाल अपनी किताब 'An Introduction of Research Procedure in Social Science' में संशोधन का अर्थ व्यक्त करते हैं–"वस्तुनिष्ठ व निरीक्षकीय पद्धति के द्वारा विभिन्न हकीकतों को प्राप्त करने, हकीकतों के बीच संबंध खोजने व उनके आधार पर सिद्धांत व नियम का तात्पर्य स्पष्ट करने की सुनियोजित जाँच को संशोधन कहते हैं।"

पोलिंग यंग अपनी पुस्तक–'Scientific Social Survey and Research' में संशोधन का अर्थ लिखते हुए कहते हैं कि "सामाजिक संशोधन एक वैज्ञानिक साहस है। जो तार्किक व सुनियोजित प्रयुक्तियों की सहायता से नई माहिती को खोजना या पुरानी माहिती की जाँच करना, इन माहितियों की क्रमबद्धता उनके पारस्परिक संबंध व कार्यकरण स्पष्टता व्यक्त करना और

मानवीय वर्तनों की विश्वसनीय व यथार्थ अभ्यास करने की सरल स्थिति बनाना एंव वैज्ञानिक मान्यताएँ व सिद्धांतों को विस्तारित करने का धैर्य व्यक्त करता है।''

रेड मेन व मोरी के मत से, ''नया ज्ञान प्राप्त करने हेतु निश्चित सुनियोजित प्रयास अर्थात् संशोधन।''

अतः संशोधन का उद्देश्य वैज्ञानिक पद्धति के उपयोग से प्रश्नों के उत्तरों को खोजता है।

संशोधन संबंधित उपर्युक्त परिभाषाओं के आधार पर उनकी विशेषताएँ स्पष्ट हो सकती हैं।

1. संशोधन समस्या का चयन व उसका विवरण।
2. उपकल्पना का आयोजन।
3. माहिती का संलेश्षण।
4. तार्किक रूप से माहिती का वर्गीकरण।
5. माहिती का अर्थघटन व समाजीकरण।

संशोधन की ये विशेषताएँ पारस्परिक संबद्ध हैं, जिसके द्वारा संशोधन एक प्रक्रिया का रूप धारण करता है।

संशोधन पद्धति की प्रक्रिया के सोपान

सामाजिक संशोधन पद्धति में संशोधन प्रक्रिया का समावेश होता है। इसमें सात सोपानों का समावेश होता है। जो सोपान एक–दूसरे से संबद्ध रखते हैं। यदि कोई एक पहलू कमजोर रहता है तो संशोधन प्रक्रिया शिथिल पड़ जाती है। अतः सभी पहलू व सोपानों की एकसूत्रता इस प्रक्रिया को कारगर रूप देती है। ये पहलू व सोपान इस प्रकार निर्दिष्ट हैं–

1. संशोधन समस्या, 2. संशोधन की माहिती, 3. माहिती आधारित प्रक्रिया इन तीन प्रमुख पहलुओ के आधार पर उनके उपभेदों व सोपानों का इस प्रकार विचार किया जा सकता है–

सामाजिक संशोधन की प्रक्रिया

(1) संशोधन की समस्या, (2) संशोधन की माहिती, (3) संशोधन की माहिती आधारित प्रक्रिया

उपर्युक्त प्रक्रिया को इस रूप में भी स्पष्ट किया जा सकता है–

1. विषय चयन

2. अवधारणाओं का निर्माण
3. संशोधन योजना
4. माहिती स्रोत
5. माहिती प्राप्ति की प्रयुक्तियाँ व माहिती संश्लेषण
6. माहिती का वर्गीकरण
7. संशोधन का तारतम्य व परिणाम

1. विषय–चयन

विषय–चयन संशोधन का प्रथम चरण है। अभ्यासक अपनी समस्या क्षेत्र के संबंधित विषय चयन करता है। पोलिन यंत्र इसे ही प्राथमिक आवश्यकता मानते हैं। बिना विषय चयन संशोधन कार्य विकसित नहीं होता। विषय चयन हेतु कुछ सावधानियाँ आवश्यक हैं।

- **विषय क्षेत्र की समझ** : अस्वच्छता आरोग्य के लिए हानिकर है। इस विषय के अनुसंधान में अस्वच्छता व स्वास्थ्य दोनों के संबंध, पारस्परिक प्रभाव आदि के बारे में अभ्यासक को परिचित होना चाहिए। अभ्यासक के पास ग्राम्य–नगरीय क्षेत्रों के संदर्भ में भी जानकारी होनी अनिवार्य है।
- **संशोधन की मर्यादा** : जब अभ्यासक शोध विषय का चयन करता है, तब उसे उपजीव्य सामग्री, उपकरण व सहाय स्रोतों की उपलब्धि व कमी के संबंध में जानकारी प्राप्त होनी चाहिए। अनुपलब्धियाँ व त्रुटियों को मद्देनजर रखते हुए विषय–चयन आवश्यक है।
- **माहिती संश्लेषण की प्रयुक्तियाँ** : विषय–चयन के पश्चात् संबंधित क्षेत्रों से जानकारी व माहिती प्राप्ति की प्रक्रिया महत्त्वपूर्ण है। कौन से स्रोत से कौन सी माहिती उपयोगी सिद्ध होगी, यह जानना आवश्यक है। माहिती संश्लेषण हेतु विविध प्रयुक्ति से उन्हें अवगत होना चाहिए। गलत जानकारी शोधकार्य को अवरुद्ध करती है। जैसे कि यदि शिक्षित लोग नहीं होते तो निरक्षर ग्रामीण लोगों के द्वारा स्वच्छता संबंधी जागृति के अभ्यास हेतु अनुसूची या निरीक्षण पद्धति ही उपयोगी सिद्ध होती है, अन्य प्रयुक्तियाँ अवरोधरूप मानी जा सकती हैं।
- **माहिती की संभावना** : विषय–चयन संबंधित क्षेत्रीय व गौण या दोनों

स्तर की जानकारी प्राप्ति की संभावनाओं पर विचार अनिवार्य है। अधिक उपलब्ध व संभावित माहिती से संलग्न विषय चयन उचित रहता है। निश्चित तौर पर जानकारी प्राप्ति की विश्वसनीयता ही शोधकार्य को सफल बना सकती है।

- **संशोधन क्षेत्र की मर्यादा** : विषय–चयन के समय संशोधन समस्या का व्याप कितना होगा, इस बारे में विचार करना अनिवार्य है। संशोधन की सीमा कहाँ तक विस्तारित होने की संभावना है, इस बारे में विचार आवश्यक है। स्वास्थ्य व अस्वच्छता का विषय किस सीमा तक विस्तृत किया जाए, इनकी स्पष्टता जरूरी है।

2. अवधारणाओं का आयोजन

विषय चयन के पश्चात् अवधारणाओं के निर्माण का कार्य महत्त्वपूर्ण है। संशोधन की समग्र प्रक्रिया का यह महत्त्वपूर्ण पहलू है। अपने पूर्वानुभावों को मद्देनजर रखकर अभ्यासक अवधारणाओं का निर्माण करता है। वर्तमान स्थिति की तरह पूर्वनिर्मित परिस्थिति के कारणों को, उसके विविध पहलुओं को पूर्वानुभव के आधार पर भिन्न बतलाकर दोनों के बीच संबंध व साम्यता जोड़ने का कार्य करता है। सहसंबंध का जो विधान व्यक्त किया जाता है उसे अवधारणा व उत्कल्पना कहा जाता है। उत्कल्पना व अवधारणा ऐसी स्थिति है, जिससे यथार्थता सिद्ध करना शेष है।

ऐसी अवधारणा अभ्यासक के लिए मार्गदर्शक बनती है, इस कारण संशोधन कार्य के लिए महत्त्वपूर्ण है। संशोधन को उत्कल्पना व अवधारणा के ही माध्यम से अपनी सही कार्यदिशा का खयाल रहता है। इससे विषयांतर का भय कम हो जाता है। जैसे कि औद्योगीकरण से शहरों में पर्यावरणीय हानि के अभ्यास में ग्राम्य समुदाय दर किनार रहता है, इस बात का खयाल इन अवधारणाओं व उत्कल्पनाओं से प्राप्त होता है।

3. संशोधन योजना

वैज्ञानिक तौर पर संशोधन कार्य हेतु विशेष योग्यता की आवश्यकता होनी चाहिए। संशोधन सुनियोजित, योजनाबद्ध ढंग से होना अनिवार्य है। आयोजन से उचित दिशा दर्शन प्राप्त होता है, तथापि इसे सख्ती के साथ अपनाए रखना आवश्यक नहीं है। आवश्यकता पैदा होने पर परिवर्तन की गुंजाइश रहती है। आयोजन हेतु कुछ इन पहलुओं का खयाल आवश्यक है।

(अ) माहिती स्रोत

संशोधन के विषय से संबंधित माहिती के स्रोत की स्पष्टता अनिवार्य है। दस्तावेजी व क्षेत्रीय स्रोतों की जानकारी प्राप्त करना अनिवार्य है, जैसे कि नगरीय प्रदूषण का विषय है तो कहाँ से जानकारी प्राप्त होगी, इसका प्रावधान करना आवश्यक है।

(ब) अभ्यास का स्वरूप

संशोधक को संशोधन व अभ्यास का स्वरूप निश्चित करना चाहिए। संख्यात्मक या वर्णनात्मक स्वरूप या फिर दोनों स्वरूपों में अथवा तुलनात्मक, ऐतिहासिक या व्यक्तिगत स्वरूप में से चयन करता होता है। इस संदर्भ में कार्य विधि निष्पन्न की जाती है।

(क) उद्‌देश्यों की स्पष्टता

संशोधन कार्य से संबद्ध हेतु व उद्‌देश्यों का निर्देश अभ्यासक के द्वारा होना अनिवार्य है। उसी के अनुसार माहिती प्राप्ति की प्रयुक्ति का चयन किया जाता है।

(ख) समय का अनुमान

संशोधन कार्य में प्रारंभ से समाप्ति तक का अनुमान के तौर पर समय निश्चित किया जाता है, उसी के अनुरूप योजना कार्यान्वित होती है।

• निर्दशन क्षेत्र की स्पष्टता

किन–किन क्षेत्रों से किस–किस प्रकार की जानकारी प्राप्त करनी है, इस बात का विचार अभ्यासक कर लेता है। विविध आयामों से इकाई का चयन व प्रयुक्ति का चयन आवश्यक है। इकाई के प्रतिनिधित्व का विचार आयोजन में स्पष्ट होना चाहिए। उदाहरणतः नगरों की गंदगीवाली आवासीय आबादी की समस्या के अभ्यास के अंतर्गत अभ्यास संबद्ध निश्चित क्षेत्र व निदर्शन की स्पष्टता अनिवार्य बन जाती है।

(इ) माहिती संश्लेषण की प्रयुक्तियों का स्पष्टीकरण

संशोधन आयोजन में संशोधक के द्वारा माहिती संश्लेषण की प्रयुक्तियों का निर्देश होना चाहिए। क्षेत्रीय कार्य व दस्तावेजी कार्य में कौन से स्रोत होगे? ग्रंथालयों का कैसे प्रयोग होंगा? इन बातों की स्पष्टता अनिवार्य है।

(ई) अभ्यास की परिभाषा

अभ्यास के किन मुद्‌दों की जाँच करनी है, किसके परिणाम जाँचने हैं, किस मात्रा में जाँचने हैं आदि की स्पष्टता होनी चाहिए। उदाहरणतः स्वच्छता व आरोग्य के बीच के संबंध के अभ्यास में स्वच्छता संदर्भित विविध पहलू, इस संबंध में आरोग्य (स्वास्थ्य) के कौन से आयाम व मानदंडों का समावेश किया जाएगा। इस का अभ्यास इस आयोजन में किया जाता है।

ऐसी योजना का सुनिश्चित विचार अभ्यासक के संशोधन कार्य को नियत समय में सफलतापूर्ण संपन्न कर सकता है।

4. माहिती के स्रोत

अपने अभ्यास हेतु उद्‌देश्य व अवधारणा संबंधी जानकारी के प्रारंभ के पूर्व अभ्यासक को माहिती के स्रोतों से सुपरिचित होना चाहिए। किन–किन क्षेत्रों से कितनी व कैसी जानकारियाँ प्राप्त होंगी, इस संदर्भ में अभ्यासक चौकन्ना होना चाहिए। ग्रंथालय, सामयिक अखबार, सरकारी व गैर–सरकारी दस्तावेज़ आदि उनके स्रोत हो सकते हैं। स्वच्छता व पर्यावरण पारस्परिक संबद्ध है, इस संबंध में प्राप्त जानकारी के स्रोत की खोज आवश्यक हो जाती है।

5. माहिती प्राप्ति की प्रयुक्ति व माहिती संश्लेषण

माहिती स्रोत की निश्चितता के पश्चात् माहिती प्राप्ति की विवित् प्रयुक्तियों का चयन संभव है। जैसे कि अभ्यास क्षेत्र में शिक्षित लोगों से प्रश्नावली प्रयुक्ति से माहिती प्राप्त की जा सकती है। निरक्षर लोगों से निरीक्षण व साक्षात्कार के माध्यम से यह कार्य संभव है।

ऐसे चयन के पश्चात् अवधारणाओं की जाँच व हेतुसिद्धि के लिए संभावित क्षेत्रो में जाकर जानकारी प्राप्त की जाती है।

6. माहिती का वर्गीकरण –पृथक्करण

वैज्ञानिक प्रयुक्ति व प्रक्रिया के द्वारा माहिती प्राप्त की जाती है। इसके साथ तार्किकता को जोड़ा जाता है। उनसे वर्गीकरण की प्रक्रिया के पश्चात् उनका विश्लेषण संभव बनता है। समस्या के स्वरूप पर वर्गीकरण के स्वरूप का निर्धाण रहता है। संशोधक की आत्मसूझ पर ही माहिती प्राप्ति व कार्यपूर्णता निर्भर है। संभवतः क्रम श्रृंखला में माहिती को वर्गीकृत करना बेहतर होता है, जिससे जानकारी की सुस्पष्टता बनी रहती है। इसमें सामान

व विरोध दर्शन जानकारी के आधार पर भी वर्गीकृत किया जाता है। कई बार कोई जानकारी किसी श्रृंखला के बाहर का स्थान रखती हो, तब उसे निषेधात्मक जानकारी के रूप में वर्गीकृत किया जा सकता है। स्पष्ट है कि माहिती के वर्गीकरण से ही अर्थघटन की स्पष्टता सरल व सहज बन जाती है।

7. संशोधन का तारतम्य व परिणाम

संशोधन के समापन सोपान पर वर्गीकृत माहिती, सारणीकृत माहिती को मद्देनजर रखकर अभ्यास का तारतम्य स्पष्ट किया जाता है। हेतु सिद्ध करनेवाले तारतम्य का होना अनिवार्य है। निष्पक्ष व तटस्थ रूप से तारतम्य प्रस्तुत करने पर हेतु के अनुभव व अवधारणाओं की सफल जाँच अनुरूप तारतम्य प्राप्त होते हैं। यदि तात्पर्य इनसे भिन्न प्रतीत होते है, तब भी संशोधक को चिंतित नहीं होना है।

तारतम्य के आधार पर सिद्धांत तैयार होते हैं और तारतम्य–परिणाम व सिद्धांत वैज्ञानिक ढंग से तैयार होने के कारण स्पष्ट हैं कि इसका मैथ्ड वैज्ञानिक और वैज्ञानिक परिवेश का परिचय प्राप्त होगा।

सभी संशोधनात्मक पहलुओं का भिन्न–भिन्न कार्य है, किन्तु ये सभी आयाम एक–दूसरे से संबद्ध हैं। इन सोपानों की क्रमबद्धता को बदल नहीं सकते अपितु इनके बीच भले ही एक जटिल, प्रक्रिया पैदा होती है। जिसका अनुसरण संशोधन की सफलता का द्योतक है। विशेष सफलता का आधार अभ्यासक पर निर्भर है। संशोधक इस संदर्भ में चिंतनशील रहता है।

संशोधन पद्धति और प्रयुक्तियों के प्रकार

समाजशास्त्र के सभी प्रभाग एकरूप हैं, फलतः उनकी पद्धतियाँ समान हैं। इस समान पद्धति वैज्ञानिक पद्धति में तुलनात्मक पद्धति, सर्वेक्षण पद्धति, ऐतिहासिक पद्धति, वैयक्तिक अभ्यास पद्धति का समावेश होता है। इन पद्धतियों में प्रश्नावली, निरीक्षण, मुलाकात, मुलाकात अनुसूचि आदि प्रयुक्तियों के द्वारा संशोधन कार्य किया जाता है। पद्धति या प्रयुक्ति में आत्मलक्षिता, तटस्थ, वर्गीकरण, सामान्यीकरण आदि अभिगम महत्त्वपूर्ण माने गए हैं।

संशोधन पद्धतियाँ

1. सर्वेक्षण पद्धति, 2. ऐतिहासिक पद्धति, 3. तुलनात्मक पद्धति, 4. व्यक्ति अभ्यास (जाँच) पद्धति।

1. सामाजिक सर्वेक्षण पद्धति

सामाजिक सर्वेक्षण को विविध आयामों से समझा जा सकता है। उद्देश्य की बुनियाद पर विषयवस्तु के केंद्र में इसे समझा जा सकता है।

संशोधन समस्या हेतु आबादी व आबादी के कुछ हिस्से से माहिती संश्लेषण की प्रयुक्ति के माध्यम से माहिती प्राप्त की जाती है। ऐसे अभ्यासों को सामान्यतः 'सर्वेक्षण' कहते हैं। समग्र आबादी व समष्टि के प्रतिनिधत्व युक्त प्रभाग को निर्दिष्ट सर्वेक्षण कहते है। जब किसी अभ्यास व प्रश्न संबंधित माहिती आबादी व समष्टि से प्राप्त की जाती है, तब उसे 'सर्वेक्षण' कहते है। जैसे कि शामलदास आर्ट्स कॉलेज के छात्रों में पर्यावरणीय जागृति का अभ्यास समग्र कॉलेज के सभी छात्रों का अभ्यास बनता है, जिसे सर्वेक्षण कहते हैं।

सामाजिक सर्वेक्षण की परिभाषा

विविध समाजशास्त्री सर्वेक्षण को विषयवस्तु से, पद्धति से आदि दृष्टिकोण से देखते हैं।

मोसर व काल्टन अपनी किताब 'Survey Method is Social Integration' (2nd Ed) में सर्वेक्षण की दो तरह की परिभाषा देते हैं–

(1) हेतु की दृष्टि से– "सर्वेक्षण शब्द प्रशासनिक आवश्यकताओं के लिए सामाजिक जीवन के कुछ पहलुओं से संबंधित हकीकतों के अभ्यास हेतु प्रयुक्त शब्द है।"

(2) विषय–वस्तु की दृष्टि से– "सामाजिक सर्वेक्षण आबादी के निश्चित समूह की आबादीगत लाक्षणिकताएँ, सामाजिक परिवेश, प्रवृत्तियाँ व रवैयों व अभिप्राय के अभ्यास से संलग्न हैं।"

हेरिसन, सामाजिक सर्वेक्षण को एक पद्धति बताते हुए लिखते हैं, "व्यावसायिक हेतु सभ निश्चित प्रदेश में रहनेवाले लोगों की वैज्ञानिक पद्धति के द्वारा होनेवाली जाँच सामाजिक सर्वेक्षण है।"

स्वच्छता संबंधित सामाजिक सर्वेक्षण में सामाजिक जीवन से संबद्ध उनकी समस्याएँ व विविध प्रवृत्तियाँ आदि के वर्णन की वैज्ञानिक पद्धति का समावेश होता है।

सामाजिक सर्वेक्षण की विशेषताएँ : (Characteristics of Social Survey)

सामाजिक सर्वेक्षण की विशेषताएँ निम्नलिखित हैं–

1 सामाजिक सर्वेक्षण निश्चित इलाके के साथ संबंधित होता है। सर्वेक्षण एक अभ्यास पद्धति है, एक रीति है, जिसमें किसी प्रांत का अभ्यास किया जाता है। उस क्षेत्र का भौगोलिक इलाका निश्चित होता है और निश्चित प्रदेश के लोगों से जानकारी प्राप्त करनी होती है। जैसे कि दिल्ली में अपराध के संदर्भ में किया जानेवाला सर्वेक्षण दिल्ली राज्य की भौगोलिक सीमा के अंतर्गत ही किया जाता है,।

2 सर्वेक्षण हमेशा ही प्रत्यक्ष व परोक्ष रूप में सामाजिक आयामों से संलग्न होता है। समाज की समस्याएँ, प्रवृत्ति, कार्यक्रम, आयोजन इत्यादि संबंधित सर्वेक्षण किए जाते हैं। जैसे कि आबादी की गिनती क्षय जो एक बड़ा सर्वेक्षण है, इसमें आबादी संबंधित जानकारी प्राप्त की जाती है।

3 सर्वेक्षण में व्यावहारिकता उपयोगिता का लक्ष्य होती है। इसमें किसी प्रश्न व समस्या के वर्गीकरण का आशय होता है। जो आम व्यवहार में उपयोगी सिद्ध होता है। जैसे कि प्रान्त में शौचालय के सर्वेक्षण से कितने ग्रामीण शौचालय से वंचित है? वंचितों के हेतु का क्या प्रावधान है? आदि व्यवहारलक्षी उपयोगिता इस सर्वेक्षण का हिस्सा है।

4 निश्चित समय–सीमा में सर्वेक्षण किया जाता है। क्योंकि इसमें तारतम्य व निष्कर्ष को व्यवहार में अमलीकृत करना होता है। अतः समय का अनुमान महत्त्वपूर्ण है।

5 सर्वेक्षण सहकारिता का प्रयास है। वह एक वैज्ञानिक जाँच है, अभ्यास है। निश्चित समय में उनके उद्देश्यों की आपूर्ति हेतु इसमें विशेष व्यक्ति, तजज्ञ, विद्वानों का सहयोग अनिवार्य बन जाता है। सर्वेक्षण की जटिल प्रक्रिया एक से अधिक लोगों की सहभागिता की अनिवार्यता व्यक्त करती है।

6 **प्रत्यक्ष संबंध व संपर्क** : सर्वेक्षण विशिष्ट क्षेत्र व प्रदेश आधारित होने के कारण सामाजिक जीवन से प्रत्यक्ष संपर्क रखता है। जानकारी प्राप्ति लोक संपर्क से संभव बनती है। लोक संपर्क विश्वसनीयता का कारक होता है।

सर्वेक्षण के हेतु (Purpose of Social Survey)

सर्वेक्षण के मूल तीन हेतु द्रष्टव्य हैं– (1) सैद्धांतिक हेतु, (2) व्यवहार लक्षी हेतु, (3) वर्णनात्मक हेतु।

1. सैद्धांतिक हेतु

कुछ सर्वेक्षण केवल सिद्धांत प्रस्थापित करने हेतु आयोजित किए जाते हैं। कोई पुराने सिद्धांतों को प्रवर्तित करने के लिए भी किए जाते हैं। ऐसे सर्वेक्षण सैद्धांतिक सर्वेक्षण के नाम से पहचाने जाते हैं। जैसे कि स्वच्छता व सामाजिक छुआछूत के बीच संबंध प्रस्थापित है या नहीं, इसे जाँचने के लिए इसमें सामाजिक छुआछूत और स्वच्छता के विविध आयामों को जाँचने का उद्देश्य रहता है।

2. व्यवहारलक्षी हेतु

पूर्व में सूचित किया गया है कि अधिकांशतः सर्वेक्षण व्यवहार में उपयोगी होने हेतु किए जाते हैं। किसी समस्या के समाधान के लिए कौन से उपाय सोचे जा सकते हैं, इस बात के सर्वेक्षण के साथ व्यवहारलक्षिता संलग्न रहती है। उदाहरणतः ग्रामीण प्रांत में खुले में शौचक्रिया रोकने हेतु किस प्रकार जागृति फैलाई जाए, इस सर्वेक्षण का उद्देश्य कुछ व्यक्ति, विभाग, संस्थान, समुदाय, संघ आदि को जानकारी मात्र देने का होता है अथवा जानकारी मात्र का वर्णन करना होता है। ऐसा सर्वेक्षण वर्णनात्मक हेतु सभर सर्वेक्षण माना जाएगा। इसमें व्यवहारलक्षिता व उपयोगिता के सिद्धांत भी निहित होते हैं।

सामाजिक सर्वेक्षण में निश्चित भौगोलिक प्रांत के लोगों के लिए उनकी समस्याओं के समाधान का उपयोगितावादी उद्देश्य, विषय की स्पष्टता का उद्देश्य जैसी व्यावसायिक प्रवृत्ति को सहाय रूप बनने का उद्देश्य आदि का अभ्यास किया जाता है।

(2) ऐतिहासिक पद्धति (Historical Method)

संशोधन कार्य एक जटिल प्रक्रिया है। उनकी विषय वस्तु के अनुरूप पद्धति का चयन अनिवार्य होता है। जब अतीत को केंद्र में रखकर संशोधन किया जाता है, तब ऐतिहासिक पद्धति का विनियोग आवश्यक होता है। विगत घटनाओं को वर्तमान में जाँचने की यह गुणात्मक संशोधन–पद्धति है, जिसमें विगत घटनाओं के आनुषंगिक तथ्यों को प्राप्त किया जाता है। इसमें मूलभूत संदर्भ स्थान व गौण संदर्भ स्थान जैसे दो भेद हैं। संशोधन हेतु मूलभूत संदर्भस्थान विशेष आधार होते हैं। जिसकी समीक्षा कर उसे उपयोग में लाया जाता है।

सत्य है कि इतिहास के सिवा अन्य विषयों में इस पद्धति की लोकप्रियता नहीं है। स्वच्छता का समाजशास्त्र अवश्य ही इस पद्धति से अपना संशोधन कार्य कर सकता है। इस शास्त्र के लिए यह उपयोगी है। ऐतिहासिक संशोधन में ऐसी घटनाओं से संपर्क करना पड़ता है, जो अभ्यासक के अभ्यास के पूर्व घटित हो चुकी होती हैं। यहाँ ऐतिहासिक पद्धति से अभ्यासक संशोधन की गहराई हेतु जानकारी के स्रोतों की खोज करता है।

इतिहास संशोधक विगत घटनाओं व व्यक्तियों का पुनः सर्जन नहीं कर सकता किंतु आंतरिक व बाह्य विवेचन के द्वारा अपने संदर्भ स्थानों की सूक्ष्मातिसूक्ष्म कसौटी कर सकता है। प्रत्येक संशोधनों में इस पद्धति का ज्ञान आवश्यक है अन्यथा पूर्व होने वाले कार्य, भविष्य के कार्य की स्थिति आदि की स्पष्टता प्राप्त हो सकती है।

ऐतिहासिक संशोधन पद्धति के माध्यम से अतीत में घटित घटनाओं के संदर्भ में आलोच्य संशोधन समस्या के समाधान की उत्पत्ति खोजी जाती है। इतिहास के उपरान्त स्वच्छता के समाजशास्त्र में भी अतीत के संदर्भ में ऐसा अन्वेषणात्मक कार्य इस पद्धति से सफलतापूर्ण संपन्न किया जा सकता है।

ऐतिहासिक पद्धति का अर्थ एवं परिभाषा

जोर्ग और गल के मत से, "ऐतिहासिक संशोधन विगत घटनाओं से संबंधित तथ्यों को प्रस्थापित करने, उनके तारतम्य को खोजने की ऐसी सुव्यवस्थित व अनात्मलक्षी पद्धति है, जिसमें संदर्भों की परख, संश्लेषण व आयोजन किया जाता है।"

इस पद्धति में चयन की गई समस्या के अनुरूप अतीत की घटित घटनाओं के संदर्भ में आवश्यक संदर्भों की प्राप्ति की जाती है, उन्हें प्रत्याभूत किया जाता है और प्राप्त माहिती का संयोजन करते हुए परिणाम प्राप्त किए जाते हैं।

ऐतिहासिक संशोधन के उद्देश्य

इस पद्धति के प्रमुख हेतु इस तरह हैं। 1. विगत घटनाओं की यथातथ्य रूप में समझ प्राप्त करना। 2. वर्तमान की घटनाओं की जाँच हेतु विगत घटनाओं का अभ्यास करना। 3. भविष्य की संभावित परिस्थितियों के अनुमान हेतु विगत परिस्थितियों की जाँच करना।

इन विचारों से स्पष्ट है कि इस संशोधन से केवल विगत घटनाओं की समझ ही पैदा नहीं होती अपितु वर्तमान प्रश्नों को समझने और भविष्य की संभवित परिस्थितियों को समझने में ऐतिहासिक पद्धति अनुकूल व महत्त्वपूर्ण रहती है।

ऐतिहासिक पद्धति के सोपान

विगत घटनाओं के संदर्भ में किए जानेवाले संशोधन के लिए किस प्रकार एतिहासिक पद्धति का प्रयोग किया जाता है, इस बारे में विचार द्रष्टव्य है–

1. विषय चयन, 2. अवधारणा का निर्माण, 3. संदर्भों की परख, 4. संदर्भों की समीक्षा, 5. माहिती का संश्लेषण, 6. माहिती का वर्गीकरण, 7. अहेवाल लेखन–तारतम्य।

इन सोपानों की विस्तृत समझ अनिवार्य है।

1. विषय–चयन

संशोधक विषय–चयन कर आरंभिक सोपान को पार करेगा। चयन प्रक्रिया में कई बातों को स्पष्ट करता है। उनकी प्रवृत्तियों की भी चर्चा करता है। समस्या क्षेत्र से प्राप्त ज्ञान के आधार पर अभ्यास के हेतुओं का स्पष्टीकरण करता है।

संशोधक को चाहिए कि विषय–चयन तब ही किया जाए जब वह जाँच कर ले कि संबंधित विषय संलग्न स्रोत उपलब्ध है या नहीं?

2. अवधारणा का निर्माण

विषय के अनुरूप निश्चित समय–अवधि में घटित घटनाएँ, प्रसंग व परिस्थियों को स्पष्ट करने हेतु अभ्यासक अवधारणाओं का निर्माण करेगा। इसके निर्माण से प्राप्त परिणाम की निश्चित स्थिति प्राप्त होती है। अभ्यासगत घटनाओं के अंतरसंबंधों को समझाया जा सकता है। अवधारणा के आधारित विगत परिणाम क्या थे? कैसे प्राप्त हुए थे? इन बातों का भी निरूपण किया जा सकता है।

3. संदर्भों की परख

संशोधन प्रक्रिया का यह महत्त्वपूर्ण सोपान है। अभ्यासक विषय संबंधित संदर्भों की परख कर इसे इकट्‌ठा करता है। संदर्भ निशानों को प्राथमिक संदर्भ स्थान व गौण संदर्भ स्थान इन दो रूपों में विभक्त किया जा सकता

है। अभ्यासक को अभ्यास संबंधित प्रत्यक्ष या मौलिक रूप में मूल संदर्भ प्राप्त होते हैं, तब उसे प्राथमिक संदर्भ स्थान कहते हैं। जबकि अन्य स्रोतों से, अन्यों के वर्णनादि से संदर्भ प्राप्ति का गौण संदर्भ स्थान है।

विगत घटना को प्रत्यक्ष देखा नहीं जा सकता किंतु प्रत्यक्षदर्शी से प्राप्त जानकारी को प्राथमिक संदर्भ स्थान कहते है। जबकि घटना संबंधी कोई लेख, वृत्तांत, टीका–टिप्पणी आदि से प्राप्त संदर्भ, दस्तावेज़ी माहिती को गौण संदर्भ स्थान कहते हैं।

4. संदर्भों की समीक्षा

प्राथमिक व गौण संदर्भ स्थानों से प्राप्त संदर्भों का अभ्यासक मूल्यांकन करता है। यथार्थता की जाँच बिना अभ्यासक इसका उपयोग नहीं कर सकता।

5. माहिती का संश्लेषण

इस सोपान में अभ्यासक के द्वारा संदर्भस्थानों से प्राप्त जानकारियों के हेतु अनुसार तैयार किया जाता है। विविध संदर्भ स्थानों से प्राप्त माहिती का संश्लेषण कठिन है। इसका कौशल अभ्यासक के पास होना चाहिए। संकलित सामग्री के आधार पर ही वर्गीकरण व अर्थघटन करना होता है।

6. माहिती का वर्गीकरण

संकलित जानकारियों को अभ्यासक वर्गीकृत करता है। विविध शृंखलाओं में इसे विभक्त करता है। हेतुओं और अवधारणाओं के आधार पर उसका पृथक्करण भी करता है, जिससे अर्थघटन में सुगमता प्राप्त होती है। कई बार निषेधात्मक माहिती को भिन्न करते हुए उसको किसी शृंखला में स्वीकार नहीं किया जाता।

7. माहिती का तारतम्य

ऐतिहासिक संशोधन के संशोधक का तारतम्य व अर्थघटन के स्तर पर बहुत चौकन्ना रहना चाहिए। ऐतिहासिक स्थितियाँ बड़ी जटिल होती हैं। इन ऐतिहासिक घटनाओं की एक जंजीर होती है। प्रत्येक घटना जंजीर की तरह पूर्वा पर संबंधित होती है। अतः अर्थघटन व तारतम्य देना बड़ा कठिन कार्य बन जाता है। घटनाओं की तुलना व समय–रेखा का निर्देश करते समय भी अभ्यासक की सावधानवृत्ति आवश्यक है। वह तटस्थ व पूर्वग्रह हीन होकर शोधकार्य करता है।

इन सोपानों का अनुसरण ऐतिहासिक संशोधन को पूर्णता तक पहुँचाता है। तमाम चरण एक–दूसरे से संलग्न हैं।

ऐतिहासिक पद्धति की उपयोगिता

यह पद्धति अभ्यासकों के लिए अति उपयोगी है, जैसे–

1. किसी ऐतिहासिक घटना की सांप्रत स्थिति के साथ तुलना करने हेतु यह पद्धति उपयोगी सिद्ध होती है।
2. विगत घटनाएँ, प्रसंग व सिद्धांतों की समीक्षा करने हेतु यह पद्धति उपयोगी है।
3. वर्तमान समय में समाज में घटित घटनाओं की जड़ें व घटना के घटित होने के पश्चात् भूमि का परिचय इस पद्धति के द्वारा होता है।
4. नए सिद्धांतों की प्रति स्थापना और पुराने सिद्धांतों की जाँच हेतु यह पद्धति उपयोगी है।
5. आज प्रर्वत्तित सामाजिक परिवर्तनों के बीज विगत घटनाओं में स्थित होते हैं तथा नए परिवर्तन की समझ प्राप्त करने हेतु भी यह पद्धति उपयोगी है।

एतिहासिक पद्धति की त्रुटियाँ

1. इस पद्धति से वर्तमान घटना व प्रसंग को समझने हेतु अतीत की घटनाओं का आधार लिया जाता है, जिससे वर्तमान घटना के महत्त्व का आधार विगत घटनाओं पर निर्भर रहता है, जो उसकी एक त्रुटि है।
2. इस पद्धति में अभ्यासक को विविध संदर्भ स्थान खोजने पड़ते हैं, तब इन संदर्भ स्थानों की विश्वसनीयता का प्रश्न पैदा होता है, जो इसकी मर्यादा हैं।
3. इस पद्धति के द्वारा संदर्भ स्थानों को इकट्ठा किया जाता है, उनको निश्चित समय काल तय करना मुश्किल है, जो इनकी एक त्रुटि है।
4. संशोधक के द्वारा किए जाने वाले अर्थघटन में आत्मलक्षिता रहती है। उनके पूर्वग्रहों की संभावना रहती है, जो इस पद्धति की कमजोरी है।
5. ऐतिहासिक संशोधन से जो सामग्री प्राप्त होती है वह संबंधित समाज व वर्ग के लोगों के जीवन को ही प्रतिबिंबित करती है। अतः केवल

जानकारी आधारित सामाजीकरण करना अनुचित है जो इसकी एक और त्रुटि है। स्वच्छता के समाजशास्त्र में भूतकालीन बातों के संदर्भ के आधार पर वर्तमान कालीन स्वच्छता संबंधित समानता का अभ्यास किया जाता है। आज लोग स्वच्छता संबंधित जागरूक बनने लगे है। अतः इसके लिए भूतकालीन स्थिति का कितना महत्त्व रहा है इस बात की जाँच करने हेतु स्वच्छता का समाजशास्त्र ऐतिहासिक पद्धति का उपयोग करता है।

तुलनात्मक पद्धति (Comparative Method)

एमाँइल दरखाइम तुलनात्मक पद्धति के प्रणेता माने गए हैं। अपनी पुस्तक 'Rules of Sociology Method' में इस पद्धति का महत्त्व अंकित किया है। किसी भी घटना का स्पष्टीकरण दो तथ्यों के बीच कार्यकारण संबंधों की समझ के द्वारा दिया जा सकता है। ग्राम्य व नगरीय समाज में स्वच्छता संबंधी विचार व अभिप्रायों का अभ्यास इस पद्धति में संभव हो सकता है।

तुलनात्मक पद्धति का अर्थ

किन्हीं दो सामाजिक घटनाओं या पहलूओं की साम्यता व भिन्नता का अभ्यास करनेवाली पद्धति तुलनात्मक पद्धति है। उनके बीच की विशेषताओं की भी जाँच इससे होती है।

औद्योगीकरण और नगरीकरण इन दो प्रक्रिया के बीच में संबंध व भिन्नता की तुलना करना।

- औद्योगीकरण तुलना पर्यावरण,
- औद्योगीकरण व पर्यावरण का संबंध,
- औद्योगीकरण का पर्यावरण पर असर,
- पर्यावरण की औद्योगिकता पर असर,
- दूषित पर्यावरण की जिम्मेदार औद्योगीकरण,
- औद्योगीकरण की उपज व नगरीयकरण, नगरीय पर्यावरण पर बुरा असर।

दो समाज विशेष की तुलना की जाए अर्थात् उनकी विशद विचारणा की जाए अथवा एक सामाजिक घटना विविध सामाजिक परिप्रेक्ष्य में किस

प्रकार की रही है, इनके बीच साम्यता व भिन्नता की जाँच संशोधक इस पद्धति से कर सकता है।

तुलनात्मक पद्धति दो समुदाय, संस्थान, समाज के बीच उनके स्वरूप, निर्माण–कार्य प्रणाली, विशेषता संबंधित साम्यता, भिन्नता व पारस्परिक संबंध जाँचने वाली पद्धति है। उदाहरणतः पर्यावरण व औद्योगीकरण के बीच का संबंध किस समुदाय में अधिक है, दोनों की साम्यता–भिन्नता दोनों के बीच संबंध की कम–अधिकता की स्थिति का अभ्यास इस पद्धति से मुमकिन है। इस अभ्यास में सावधानी का यह खयाल रखना है कि यह पद्धति माहिती एकत्रीकरण की पद्धति नहीं है किंतु संशोधक का कार्य अपने संशोधन हेतु समानता व भिन्नता को केंद्र में रखकर केवल तुलना हेतु प्राथमिक व दस्तावेजीय स्रोतों का उपयोग करता है।

तुलनात्मक पद्धति के हेतु

1. भिन्न–भिन्न सामाजिक घटनाओं के बीच सभ्यता–भिन्नता व संबंध की खोज का हेतु जैसे कि औद्योगीकरण से पर्यावरण पर विपरीत असर पैदा होते हैं।
2. विविध घटनाओं व प्रयोगों के बीच कार्यकारण संबंधी निर्देश का हेतु, जैसे कि औद्योगीकरण से पर्यावरण पर विपरीत असर पैदा होते हैं।
3. दो या अधिक घटनाओं के बीच तुलना कर सिद्धांत प्रस्थापित करने का हेतु, जैसे कि आबादी की वृद्धि, गंदगी वाले आवासों की समस्या पैदा करती है।
4. घटना संबंधी पूर्व व पश्चात् परिस्थिति के संबंध आधारित घटना के कारण खोजने का हेतु। पूर्व समय में भयानक रोगों की कम स्थिति थी। आज स्वच्छता संबंधित लापरवाही के कारण कैंसर, मलेरिया, कोलेरा आदि रोग बढ़े हैं। इस प्रकार दोनों स्थितियों के बीच कार्यकारण संबंध देखे जा सकते हैं।
5. इस पद्धति के अभ्यास करने पर अन्य पद्धति की तुलना में उत्तम व श्रेष्ठ जानकारी प्राप्त होती है।

इस प्रकार संशोधन कार्य में तुलनात्मक पद्धति के द्वारा उत्तमोत्तम संशोधन कार्य को दिशा प्राप्त होती रही है।

तुलनात्मक पद्धति का स्वरूप (शर्तें)

इस पद्धति को प्रयुक्त करने से पहले कुछ आवश्यक बातों का परिपालन अपरिहार्य है–

1. प्रथम शर्त : जिस समुदाय व समाज को लक्ष्य बनाकर अभ्यासक अभ्यास करना चाहता है उसके समूचे परिवेश से उसे परिचित होना चाहिए। आलोच्य क्षेत्र के भौगोलिक, ऐतिहासिक, आर्थिक व सांस्कृतिक पश्चात् भूमिकाओं से उसे अवगत होना चाहिए। उन पहलुओं के बीच की समानता–भिन्नता से अवगत होना चाहिए। अतः क्षेत्र विशेष का ज्ञान अभ्यासक के लिए अनिवार्य है। जैसे कि अभ्यासक यदि गंदे आवास या झुग्गियां का अभ्यास करता है तो, उसके पास संपूर्ण जानकारी होनी चाहिए।

2. दूसरी शर्त : संशोधन तहत की घटनाओं व प्रसंगों के बीच सहसंबंध अनिवार्य है। जैसे कि शहरीकरण का असर ग्राम्य व नगरीय समुदाय से संलग्न है, अर्थात ग्राम्य व नगर पर शहरीकरण (नगरीयता) के असर की तुलना, संबंध इस पद्धति से स्पष्ट हो सकता है।

3. तृतीय शर्त : इस पद्धति के द्वारा अभ्यास करने के पूर्व आवश्यक है कि अवधारणा का निर्माण करना चाहिए। इस पद्धति से अवधारणा को जाँचा जा सकता है। अवधारणा ही न होने पर यह पद्धति कारगर नहीं रहती। जैसे कि नगरीय समुदाय की तुलना में ग्रामीण समुदाय में स्वच्छता की समानता अधिक होती है, इस प्रकार की अवधारणा दोनों समुदायों के संदर्भ में देखी–परखी जा सकती है कि कौन से समुदाय में स्वच्छता की कमी है या अधिकता है ?

अतः इन पूर्वाशयकताओं की अनिवार्यता तुलनात्मक अभ्यास हेतु जरूरी है।

तुलनात्मक पद्धति की उपयोगिता व त्रुटियाँ

तुलनात्मक पद्धति की उपयोगिता निम्न रूप में द्रष्टव्य है–

1. अन्य अभ्यास पद्धतियों से यह सरल व उपयोगी पद्धति है। क्योंकि वास्तव में सामाजिक जीवन में प्राप्त स्वच्छता संबंधित वैविध्यपूर्ण घटनाओं के बीच स्वास्थ्य और स्वच्छता के बीच का सहसंबंध इस पद्धति से अधिक स्पष्टतः समझ सकते हैं।
2. इस पद्धति से दो घटनाओं के बीच कार्य–कारण संबंधों की जाँच सरल बन सकती है।

3. इस पद्धति से वित्तीय व्यवस्थापन, समय का उचित व्यवस्थापन व तुलना हेतु कम माहिती आदि की संभावना रहती है, जिससे अधिक अच्छा व सफल अभ्यास संभव है।
4. अवधारणाएँ, सिद्धांत व हेतुओं की जाँच में यह पद्धति कारगर हो।
5. नये सिद्धांतों की प्रस्थापना, सामाजिक सिद्धांतों की सुदृढ़ता इस पद्धति से अधिक संभव है।
6. यह पद्धति संशोधन की विश्वसनीयता, तार्किकता, प्रमाणभूतता पैदा करती है। फलतः इसका सबसे अधिक उपयोग है।

तुलनात्मक पद्धति की त्रुटियाँ

1. संशोधन हेतु अवधारणा का निर्माण इस पद्धति का अनिवार्य क्रम है। अवधारणा का विचार न करने पर इसमें संशोधन संभव नहीं है, जैसे कि ग्रामीण समुदाय की तुलना में नगरीय समुदाय में स्वच्छता की समानता अधिक होती है।
2. इस पद्धति में दो घटनाओं के बीच तुलना की जाती है, किंतु इसमें कौन सी दो इकाई पसंद की जाएँ, यह एक समस्या है। इकाई की अस्पष्टता शोधकार्य को निष्फल बनाती है। ग्रामीण व नगरीय समुदाय व स्वच्छता इन दो बातों की पर्याप्त समझ व ज्ञान अपूर्णता अभ्यास को निष्फल बनाती है।
3. इसमें दो इकाईयों के बीच तुलना करने के मानदंड यदि स्पष्ट नहीं है, मानदंड के विविध आयाम की अस्पष्टता है तो इस पद्धति का कोई लाभ नहीं है।
4. इस पद्धति में तुलनात्मक इकाइयों के बीच समान स्वरूप व ढाँचा समान न होने पर तुलना संभव नहीं है। जैसे कि ग्राम समुदाय की स्थिति में दो गाँवों की समानता न होने पर तुलना संभव नहीं है, विरोधाभासी गाँव पद्धति को सफलता तक नहीं ले जाते।
5. इस पद्धति में दो इकाई के अतीत व वर्तमानकाल यदि समान होते हैं तो तुलना संभव नहीं हो सकती। असमान स्थिति के कारण तुलना असंभव है, जो इसकी एक त्रुटि है। जैसे कि ग्रामीण समुदायों में आज और पूर्व में भी खुले में ही शौचक्रिया संपन्न होती है, फलतः इस संदर्भ में तुलना असंभव है।

6. दो इकाइयों की सामान्य स्थितियों की ही तुलना संभव है, जिससे विशिष्ट लक्षण व आयामों को नजरअंदाज किया जाता है। अतः सामान्य स्थितियों को केंद्र में रखने पर अभ्यास केवल सामान्य पहलुओं का ही माना जाएगा। विशिष्ट स्थिति का अभ्यास न होने की स्थिति विशेष त्रुटि है।

अतः तुलनात्मक पद्धति अन्य पद्धतियों से भिन्न, विशिष्ट लाक्षणिकता युक्त पद्धति है। विशेष परिस्थितियों में इसका उपयोग अनिवार्य माना गया है।

व्यक्ति अभ्यास पद्धति (Case study method)

स्वच्छता का समाजशास्त्र समाज और स्वच्छता का अभ्यास करता है। ऐसी स्थिति में समग्र समाज का अभ्यास दुष्कर कार्य बन जाता है। समाज की इकाई को केंद्र में रखकर स्वच्छता संबंधी अभ्यास संभव बनता है। इसमें इकाई पद्धति का उपयोग होता है। इस पद्धति के आधार पर स्वच्छता संदर्भ में लोगों के मनोभाव, मूल्यों की जानकारी आदि का निष्कर्ष प्राप्त किया जा सकता है।

मूलतः इस पद्धति का प्रयोग मनोरोगियों का उपचार करने में किया जाता है। मानसशास्त्र भी अपने मनोरोगियों के परामर्शन हेतु इस पद्धति का उपयोग करते हैं।

नए रूप में उद्‌भवित होने वाले स्वच्छता के समाजशास्त्र में लोग व समाज में व्याप्त स्वच्छता संबंधित मान्यताएँ जागृति, उपयोगिता, प्रभावोत्पादकता आदि की वैयक्तिक व सामूहिक समझ की जाँच की जाती है।

व्यक्ति अभ्यास पद्धति का अर्थ

सयमाजिक जीवन के किसी भी आयाम व इकाई का अहसास इकाई कह सकते हैं। किसी व्यक्ति को सामाजिक जीवन का अंग मानकर उसमें विविध पहलुओं का विशद अभ्यास व्यक्ति–जाँच अभ्यास है।

एच.डब्ल्यू. के मतानुसार– ''व्यक्ति अभ्यास एक ऐसी प्रयुक्ति है कि जिसके द्वारा किसी एक संस्थान या व्यक्ति या समूह के जीवन की किसी एक घटना का उनके समूह में किसी अन्य से संबंध के संदर्भ में पृथक्करण किया जाता है। इस प्रकार व्यक्ति या समूह के विशिष्ट अभ्यास को जीवन इतिहास या व्यक्ति अभ्यास कहते हैं।

इसमें केवल व्यक्ति का ही अभ्यास पर्याप्त नहीं किंतु व्यक्ति अभ्यास के तहत किसी इकाई का अभ्यास किया जाता है। वी.वी. यंग व्यक्ति अभ्यास को एक विशेष सामाजिक इकाई का सघन अभ्यासरूप मानते हैं। उनके मत से इकाई के रूप में व्यक्ति, एक समूह, एक सामाजिक संस्थान, एक जिला व एक बिरादरी हो सकती है।

व्यक्ति अभ्यास गुणात्मक विश्लेषण का वह स्वरूप है, जिसमें किसी एक व्यक्ति, एक स्थिति, एक घटना, एक छोटा समूह, एक विचारधारा या एक संस्थान की गहराई से विशद जाँच होती है। इस पद्धति में ऐसी इकाइयों के प्रत्येक पहलू की गहन व सूक्ष्मातिसूक्ष्म स्थितियों का अभ्यास संभव है। जैसे कि दिल्ली स्थित सुलभ संस्थान का सर्वांगी अभ्यास व्यक्ति अभ्यास पद्धति से किया जा सकता है।

व्यक्ति अभ्यास पद्धति के लक्षण

1. **इकाइयों का संपूर्ण अभ्यास** : इस पद्धति में संशोधकों द्वारा आलोच्य इकाई के समग्र पहलुओं का विश्लेषण किया जाता है। इकाई के रूप में कोई व्यक्ति विशेष, समूह या समुदाय संभव है। इसमें वैयक्तिक तौर पर भिन्न–भिन्न अभ्यास संभव हैं। जैसे कि सुलभ संस्थान के संस्थापक डॉ बिंदेश्वर पाठक का एक विशेष व्यक्ति के रूप में संपूर्ण अभ्यास किया जा सकता है।

2. **दीर्घकालीन अभ्यास** : अभ्यास के लिए चयन किए गए व्यक्ति व इकाई के अभ्यास की समय सीमा निर्धारित नहीं होती। उनसे अतीत से वर्तमान तक का अभ्यास किया जाता है, जो इस पद्धति की अन्य पद्धति से विशेष है।

3. **व्यक्ति का गुणात्मक अभ्यास** : इस पद्धति में व्यक्ति व निर्दिष्ट इकाई का गुणात्मक व वर्णनात्मक अभ्यास किया जाता है। इसमें तारतम्य का निर्देश होता है और यह पद्धति अंकशास्त्रीय स्थिति को महत्त्वपूर्ण मान्यता नहीं देती।

4. **समस्या का गहन–सघन अभ्यास** : व्यक्ति व इकाई का इस पद्धति में सूक्ष्म दृष्टि से सघनात्मक अभ्यास किया जाता है। इकाइयों के विविध पहलुओं का दीर्घकालीन अभ्यास किया जाता है। अभ्यास का स्वरूप गहन होता है।

5. **बारीकी स्वरूप में कार्य** : इस पद्धति में माइक्रोस्कोप की भांति

कार्य किया जाता है। इकाई से संबंधित सभी पहलुओं का गहराई से अभ्यास किया जाता है। अभ्यासक सभी पहलुओं का संस्पर्श करता है। व्यक्ति व इकाई की समग्र गतिविधियाँ व उनकी विशेषताओं–प्रवृत्तियों की जानकारी रखी जाती है। अतः इसकी कार्यविधि बारीकी से सम्पन्न होती है।

6. व्यक्ति व इकाई संबंधित संपूर्ण ज्ञान : इस पद्धति में किसी व्यक्ति व इकाई का सघन अभ्यास किया जाता है। उनसे सामाजिक, धार्मिक, आर्थिक, भौगोलिक, राजकीय आदि पहलुओं का विश्लेषण किया जाता है।

7. व्यक्ति व इकाई संबंधित व्यवहारों का अभ्यास : व्यक्ति में विविध वर्तन–व्यवहार का गहराई से इसमें अभ्यास किया जाता है। इनका उपयोग विशेषतः आयामों के परीक्षण में किया जाता है। इसमें अभ्यास के उद्देश्य व्यक्ति व इकाई के विशिष्ट व्यवहार व उनके कारणों का परिक्षण करता है।

अतः व्यक्ति अभ्यास पद्धति ऐसी पद्धति है, जिसमे इकाई के सर्वांगीण पहलुओं का अभ्यास किया जाता है।

व्यक्ति अभ्यास पद्धति के सोपान : व्यक्ति अभ्यास पद्धति में व्यक्ति लक्षी अभिगम के द्वारा इकाई के निदानात्मक व उपचारात्मक उद्देश्य को महत्वपूर्ण माना जाता है। फलतः इन्हें मद्देनजर रखते हुए इस पद्धति के सोपानों की चर्चा संभव है।

1. समस्या चयन (प्रयोजन–शीर्षक निर्धारण) : संशोधक के द्वारा विगत संशोधन अभ्यासों के आधार पर व्यक्ति अभ्यास पद्धति के उपयोग हेतु विषय चयन किया जाता है। उनके द्वारा समस्या चयन होता है, जिसके आधार पर उद्देश्यों का निर्धारण किया जाता है। इन उद्देश्यों के आधार पर शीर्षक का निर्माण करता है। इस चरण में अभ्यास हेतु संशोधक वर्तमान स्थिति की परख प्राप्त करता है। किन पहलुओं का समावेश करना है? इकाई की स्थिति क्या है? इन बातों का निरीक्षण के माध्यम से खयाल रखता है। सुलभ स्वैच्छिक संस्थान की स्वच्छता संबंधित कार्यवाही शीर्षक से संबंधित अभ्यास किया जा सकता है।

2. इकाई का चयन : ऐसी इकाई का चयन करना आवश्यक है, जो समष्टि में से अभ्यास युक्त घटना का प्रतिनिधित्व रखता है। पूर्वग्रहहीन उद्देश्यपूर्ण व तटस्थ इकाई का चयन संशोधक के द्वारा किया जाता है।

3. माहिती प्राप्ति : आवश्यक स्रोतों के द्वारा जानकारी प्राप्त की जाती है। इकाई या व्यक्ति का सावधानीपूर्ण इतिहास प्राप्त किया जाता है। इस हेतु व्यक्ति की आत्मकथा, पत्र, दस्तावेज, निरीक्षण आदि उपकरण का उपयोग कर माहिती प्राप्त की जाती है।

4. जिम्मेदार आयामों की परख व निदान : इकट्ठी की गई जानकारी के आधार पर अभ्यासक समस्या के लिए कौन से आयाम जिम्मेदार हैं, इसकी परख करता है। उन कारणों की परख के पश्चात् उनका निदान भी करता है। व्यक्ति अभ्यास के इकाई के प्रत्येक पात्रों की विशेषताओं व आपसी भिन्नता को ध्यान में रखते हुए निदान किया जाता है।

5. उपचारात्मक कार्य व अमलीकरण : इस चरण में दो कार्य द्रष्टव्य है। (1) तजज्ञों की सहायता से आलोच्य इकाई की समस्या के किउ जानेवाले निदान की सुधारात्मक व उपचारात्मक दिशा कायम की जाती है। आवश्यकतानुसार तैयार होनेवाली कार्यविधि का पर्यावलोकन किया जाता है। (2) निर्धारित समयावधि तक तैयार किए गए उपचारात्मक व सुधारात्मक कार्यक्रम का अमल संशोधक अपनी निष्ठा के द्वारा करता है। यह कार्य भी विद्वानों की निगरानी में किया जाता है।

6. अनुकार्य : उपचारात्मक कार्यक्रम के पश्चात् उसकी सफलता व निष्फलता का मूल्यांकन इस चरण में किया जाता है। यदि उचित सुधार न हुआ हो या कार्यक्रम का प्रभाव पैदा न हुआ हो तो पुनः निदान करते हुए आवश्यक परिवर्तनों के साथ पुनः अमलीकृत किया जाता है। तत्पश्चात् उसकी उपयोगिता को परखा जाता है।

7. अहवाल लेखन कार्य : संशोधन की अंतिम प्रक्रिया के रूप में अभ्यासक प्राप्त माहिती को विविध प्रकरणों में वर्गीकृत करते हुए उसका अर्थघटन करता है और पारस्परिक संबंधों की चर्चा करते हुए तर्कबद्ध रूप से अहवाल लेखन करता है।

व्यक्ति अभ्यास पद्धति के इस नियत क्रम को अपनाने का संशोधनात्मक प्रक्रिया को पूर्णता तक पहुँचाया जा सकता है। इसके क्रम में परिवर्तन की कोई गुंजाइश नहीं होती।

व्यक्ति अभ्यास पद्धति के फायदे

मनोविज्ञान, तबीब विज्ञान, नीतिशास्त्र, स्वच्छता के समाजशास्त्र आदि में व्यक्ति अभ्यास पद्धति फायदारूप रही है। इनके फायदों को इस रूप में दर्शाया जाता है–

1. समस्या का विस्तृत अभ्यास संभव है : इस पद्धति से संशोधक आलोच्य विषय का विस्तृत व गहन रूप में अभ्यास कर सकता है। इसमें विशिष्ट पहलू के स्थान पर सामान्य और सभी पहलुओं का अभ्यास किया जाता है। दीर्घकालीन अभ्यास होने के कारण भी बहुत उपयोगी है।

2. इकाई संबंधित पूर्वाज्ञान की प्राप्ति : इस पद्धति से प्राप्त माहिती अवश्य पूर्ण ही होती है। व्यक्ति के सभी पहलुओं का संपूर्ण अभ्यास संभव हो सकता है। इकाई संबंधित पूर्ण ज्ञान ही इकाई के व्यवहार हेतु जिम्मेदार आयामों की पहचान करवाता है।

3. इकाई के गुण–लक्षणों का परिचय : आलोच्य इकाई का इस पद्धति के द्वारा सघन व सूक्ष्म अभ्यास किया जाता है, परिणामस्वरूप संशोधक को विशेष अनुभव प्राप्त होता है, उस अनुभव से व्यक्ति विशेष की संपूर्ण जानकारी प्राप्ति की संभावना बढ़ जाती है। अभ्यास रुचिकर बन जाता है।

4. अभ्यास की समयावधि की सुगमता : अभ्यास का एक ही इकाई के भूतकाल से वर्तमान तक के दीर्घकालीन अभ्यास का अनुभव करता है, सत्य यह है कि, व्यक्ति व इकाई संबंधित कोई घटना आकस्मिक होने के बदले दीर्घ समय का असर होता है। लंबे समय का अभ्यास घटना प्रभाव को कमजोर कर सकता है, इसमें समयसीमा नहीं है।

5. संशोधन के अनुभवों में वृद्धि : अभ्यास का गहन व सूक्ष्मरूप होने से संशोधक के अनुभवों में वृद्धि होती है। अनेक अनुभवों की बदौलत अभ्यास में आनेवाले अभ्यासों के लिए अधिक सक्षम बन सकता है।

6. नई अवधारणाओं के निर्माण में उपयोगी : इस पद्धति से पूर्ण होने वाले अभ्यासों की पूर्णता पर निष्कर्ष दिये जाते हैं। निष्कर्ष के द्वारा नई अवधारणाएँ पैदा हो सकती हैं। माहिती के विविध स्रोतों से भी अधिक जानकारी प्राप्त होती है, जिससे संशोधक के अनुभवों में वृद्धि होने के साथ साथ वे अनुभव अवधारणाओं के निर्माण में विशेष सहायता प्रदान करते हैं।

7. विविध पद्धतियों का उपयोग : इस पद्धति में व्यक्ति व इकाई के सभी पहलुओं का अभ्यास किया जाता है, विशेष बातों के लिए विविध पद्धतियों का उपयोग संभव बनता है। निरीक्षण, प्रश्नावली, मुलाकात, अनुसूची आदि पद्धतियों का उपयोग होता है।

8. विशिष्ट व्यक्तित्व का अभ्यास : इस पद्धति में विशेषतः व्यक्ति के व्यक्तित्व का अभ्यास किया जाता है। व्यक्ति के व्यक्तित्व की नानाविध विशेषताओं को रूपायित करता है। व्यक्ति के व्यक्तित्व के विशिष्ट लक्षणों को, जीवनानुभवों को व्यक्त करने की प्रक्रिया इसमें होती है। व्यक्ति के कमज़ोर पहलू की जानकारी प्राप्त करते हुए उन्हें मजबूत बनने का अवसर प्रदान किया जाता है।

9. व्यक्ति की मनोवृतियों के अभ्यास मे सहायभूत : इस पद्धति में वैदकीय अभिरुचि, रस, मनोभावों, मनोवृतियाँ व क्रिया–प्रतिक्रियाओं की कौन सी परिस्थिति में कैसी स्थिति होती हैं, इसका अभ्यास किया जाता है। व्यक्ति की किस तरह की विशेषताएँ हैं, भविष्य में उनसे किस प्रकार का व्यवहार संभव है, इसका अभ्यास किया जाता है। अतः भविष्य कथन भी किया जाता है।

10. मनोवैज्ञानिक अभ्यासों में सहायरूप : मनोविज्ञान के अभ्यासों में यह पद्धति अधिक कारगर रही है। व्यक्ति के मनोभावों व मनोवृतियों के आधार पर उनके बरताव–व्यवहार को देखा–परखा जाता है, जो वास्तव में जाहिर होता है। व्यक्ति विशेष के मनोचिकित्सा, व्यावहारिक अभ्यास करने में यह सफल पद्धति है।

व्यक्ति–अभ्यास पद्धति की कमियाँ

1. मर्यादित अभ्यास : कम इकाई व पहलुओं के अभ्यास के आधार पर निष्कर्ष प्रस्तुत किए जाते हैं। कई बार चयन किया गया पहलू समग्रता का उचित प्रतिनिधित्व भी नहीं करता। अतः अन्य पद्धति की तुलना में इस पद्धति की त्रुटि व्यक्त होती है।

2. संपूर्ण इकाई के अभ्यास का अभाव : इस पद्धति में संबंधित संपूर्ण इकाई का गहराई से व बारीकी से अभ्यास संभव नहीं है। कम इकाई के संदर्भ में ही इस अभ्यास की सफलता व्यक्त होती है। अतः समग्रतया में इसकी उपयोगिता नहिंवत् है।

3. वैज्ञानिक पद्धति का अभाव : संशोधक को इस पद्धति में अपने व अपने अभ्यास संदर्भित इकाई पर किसी न किसी प्रकार के नियंत्रण का भाव व्यक्त रहता है, इसमें केवल गुणात्मक माहिती का निरूपण किया जाता है। कई बार गुणात्मक निरूपण में संशोधक की आत्मलक्षिता का भी अनुभव होता है, जिससे अभ्यास का मूल उद्‌देश्य सिद्ध नहीं होता। प्राप्त माहिती

का निश्चित अर्थघटन संभव नही बन सकता। अतः इस पद्धति में वैज्ञानिक रीति का अभाव होने पर इस की विश्वसनीयता पर संदेश है।

4. निर्देशन पद्धति का अभाव : इस पद्धति में निर्देशन चयन की प्रक्रिया का अभाव इस पद्धति की बड़ी कमजोरी है। फलतः उचित प्रतिनिधित्वयुक्त इकाई का अभ्यास संभव नहीं है। अभ्यास के द्वारा चयन की गई इकाई को ही महत्त्वपूर्ण माना जाता है। अतः अभ्यास के अंत में प्राप्त निष्कर्ष व तारतम्य सार्वत्रिक रूप में लागू नहीं किए जा सकते।

5. पक्षपाती मनोभावों की संभावना : इस पद्धति में संशोधन के द्वारा चयन किए गए व्यक्ति व इकाई का समग्रलक्षी व समग्र पहलुओं का अभ्यास किया जाता है। उनमें अतीत की स्थितियों को यथातथ्य स्वीकृत क़र अभ्यास से जोड़ना होता है। मूलतः पूर्वाग्रह व पक्षपाती रवैया पैदा होने की संदेहात्मक स्थिति पैदा होती है। इकाई संबंधित यदि संशोधन संशोधक यदि अधिक सहानुभूतिशील बन जाता है तो भी पक्षपात का संदेह रहता है।

6. तारतम्य की तुलना असंभव है : इस पद्धति में सीमित क्षेत्र में व्यक्ति व इकाई का विशिष्ट अभ्यास किया जाता है। अतः जो जानकारी प्राप्त होती हैं, उनकी तुलना अन्य से असंभव है। तुलनात्मक पद्धति की सहायता इस अभ्यास पद्धति में नहीं प्राप्त हो सकती। तारतम्यों की तुलना नहीं की जाती है, इस कारण निष्कर्ष व तारतम्यों को यथातथ्य रूप में स्वीकार किया जाता है।

7. सीमित सामान्यीकरण : संशोधन का उद्देश्य सामान्यीकरण का होता है, किंतु इस पद्धति में अल्प मात्रा में इकाई व निश्चित व्यक्ति विशेष का अभ्यास किया जाता है। प्राप्त निष्कर्ष निश्चित व्यक्ति विशेष तक सीमित रहते हैं। उन तारतम्यों का सार्वत्रिक रूप से उपयोग नहीं किया जाता, न ही सामान्यीकरण हेतु लागू किए जाते हैं, जो इस पद्धति का कमजोर पहलू है।

इस पद्धति में व्यक्ति के सर्वांगीण पहलुओं का समावेश होता है। व्यक्ति विशेष के गुणों की जाँच कर उन्हें प्रकाशित किया जा सकता है, कमजोर पहलु को सुधारने का उपक्रम किया जा सकता है।

स्वच्छता के समाजशास्त्र में प्रश्नावली प्रयुक्ति

प्रस्तावना

स्वच्छता का समाजशास्त्र एक सामाजिक विज्ञान है, उनकी अभ्यास पद्धति वैज्ञानिक रही है। वैज्ञानिक प्रक्रिया के रूप में जानकारी इकट्ठी करने का कार्य किया जाता है। क्षेत्र व आयाम से संबंधित पद्धति का विनियोग सफल रहता है। जैसे कि स्वच्छता संबंध में मूल्यों की माहिती से अवगत होने के लिए निरक्षर लोगों के सामने मुलाकात, निरीक्षण व अनुसूची प्रयुक्ति का उपयोग सफल रहता है।

साक्षर समुदाय में प्रश्नावली प्रयुक्ति का प्रयोग सफल रहता है। सामाजिक विज्ञानों में वर्तमान समय में इसका प्रयोग प्रमुख रहा है।

प्रश्नावली में प्रमुख तीन स्थितियाँ प्राप्त होती हैं– (1) संबंधित विषयलक्षी प्रश्नों की प्रश्नावली, (2) प्रश्नावली की सटीक व स्पष्ट भाषा, (3) उत्तरदायित्व माहिती। विषयानुकूल प्रश्नों को तैयार कर, प्रश्नों को हेतु सिद्ध, निश्चित व स्पष्ट भाषा के उपयोग से प्रकट किया जाता है। उत्तरदाता के उत्तरों का विशेष महत्त्व रहता है। शिक्षित लोगों का ही इसका उपयोग करना होता है, फलतः वे अपने आप इसे परिपूर्ण करते हैं।

जानकारी प्राप्ति का यह परोक्ष उपकरण है, क्योंकि इसमें प्रश्नकर्ता और उत्तरदाता का साक्षात्कार नहीं होता। वे एक–दूसरे से अनजान होते हैं। उत्तरदाता के उत्तर को स्वीकारा जाता है। अतः प्रश्नावली जानकारी प्राप्ति का एक प्रभावी उपकरण (Tool) माना जा सकता है।

नगरीय क्षेत्रों में जल प्रदूषण, पर्यावरणीय प्रदूषण, ड्रेनेज, गंदे आवास आदि विषयों से संबद्ध जागरूकता फैलाने हेतु प्रश्नावली का महज प्रयोग किया जाता है। अभ्यासक ने इस चर्चा के अंत में एक नमूने की प्रश्नावली प्रस्तुत की है।

प्रश्नावली प्रयुक्ति का अर्थ–परिभाषा

प्रश्नावली के विविध उपयोग हैं। समाजविज्ञानियों के मत से प्रश्नावली का तात्पर्य इस प्रकार है–

(1) पोलिंग यंग, "संशोधन के द्वारा साक्षर लोगों को लिखित रूप में प्रश्न पूछते हुए लिखित रूप में उत्तर प्राप्त करने की प्रक्रिया प्रश्नावली है।"

(2) गुड आर हट के मत से– "शोध के अनुरूप शोधार्थी के द्वारा तैयार

की गई प्रश्नों की सूची प्रश्नावली है, जिसे उत्तरदाताओं के द्वारा उत्तर के रूप में पूर्ण की जाती है और प्राप्त जानकारी को शोधार्थ का आधार रूप रखता है।''

(3) सेल्टिक और जेहोडा के मत से– ''शोधार्थी के पास 'शिक्षित अभ्यास क्षेत्र हो, अभ्यास क्षेत्र की व्यापकता हो, तब सरलतापूर्ण जानकारी प्राप्ति का उपकरण प्रश्नावली है। क्योंकि अन्य प्रयुक्तियों से यह प्रयुक्ति समय व तिथीय दृष्टि से अधिक सानुकूल है। जिसमें माहिती का लिखित रूप होता है।''

समाज विज्ञानियों के उपर्युक्त विचारों के आधार पर इस प्रकार स्पष्टीकरण हो सकता है–

– प्रश्नावली का प्रयोग साक्षर लोगों पर ही किया जाता है।

– प्रश्नावली में प्रश्नों का लिखित स्वरूप होता है।

– प्रश्नावली में उत्तरदाता लिखित रूप में उत्तर व्यक्त करता है।

– प्रश्नावली के प्रश्न अभ्यास के हेतु के अनुरूप होते हैं।

– प्रश्नावली में प्राप्त उत्तरदाताओं के उत्तर स्थायीरूप प्राप्त करते हैं।

– प्रश्नावली से अधिकतम उत्तरदाताओं को आजमाया जा सकता है।

– प्रश्नावली प्रयुक्ति अन्य प्रयुक्तियों से कम खर्च पर तैयार होती है।

– प्रश्नावली से कम समय में अधिक जानकारी प्राप्त हो सकती है।

अतः प्रश्नावली अभ्यास के लिए जानकारी प्राप्ति का सबल उपकरण सिद्ध हुई है। तजज्ञों के मार्गदर्शन में प्रश्नों की संरचना की जाती है।

प्रश्नावली के लक्षण

वोलिन यंग के द्वारा प्रस्तुत प्रश्नावली की परिभाषा इनके लक्षणों को इस तरह देखा जा सकता है–

(1) प्रश्न संरचना वैज्ञानिक होनी चाहिए : अपने अभ्यास हेतु अभ्यासक प्रश्नावली की संरचना करता है। प्रश्नावली के उपयोग का निर्णय लेता है। अभ्यास के हेतु एवं अवधारणाओं की परख हेतु प्रश्नों का निर्माण करता है। प्रश्न निर्माण में विशेषज्ञों का परामर्शन आवश्यक होता है। बारीकी से मनोमंथन करते हुए, पर्याप्त चर्चा–विमर्श के पश्चात् प्रश्न तैयार किए जाते है। प्रश्न क्रम, प्रश्न प्रस्तुति का ढंग, प्रश्न का कठिन मूल्य, आदि पहलुओं

को सहेजकर रखते हुए प्रश्न संचरित होता है। पूर्ण वैज्ञानिक ढंग से प्रश्न पत्र संरचना की जाती है।

(2) प्रश्न संख्या की सीमितता : अभ्यासक को खयाल रखना है कि प्रश्नों की अधिकतम संख्या न हो। न अधिक हो न कम हो, ऐसी संतुलित स्थिति आवश्यक है। उत्तरदाता को ऊब पैदा न हो, ऐसी मात्रा में प्रश्न संख्या नहीं होनी चाहिए। उचित समयाविधि निश्चित करते हुए प्रश्न संख्या निर्धारित होनी चाहिए। गुड और हट के मत से 45 मिनट में संपन्न हो इस प्रकार प्रश्नसंख्या संचरित करनी चाहिए। उत्तरदाता को मानसिक थकान न हो, उनका उत्साह बना रहे इस रूप में प्रश्नावली का आयोजन श्रेष्ठ है।

(3) प्रश्न वस्तुनिष्ठ होने चाहिए : प्रश्न संरचना के समय संशोधन को वस्तुनिष्ठ प्रश्नों को ध्यान में रखना अनिवार्य होता है। ऐसे प्रश्नों के उत्तर 'हाँ' या 'ना' 'सहमत' या 'असहमत', 'सही' या 'गलत' और या 'न' जैसी निशानी से उत्तर प्रस्तुत करने आवश्यक है, उत्तरदाता को विकल्पयुक्त उत्तर प्राप्त होते हैं। ये उत्तर पूर्वग्रह मुक्त व निष्पक्ष होने चाहिए। उत्तरदाता की समाज के अनुसार होने चाहिए। इस संबंध में अंत में उदाहरण दिए गए हैं।

ऐसे प्रश्नों के द्वारा आँकड़ों की जानकारी सरलता से प्राप्त हो सकती है। उत्तरदाता के मनोवलय, अभिप्राय का पता लग सकता है। उनसे समय, वित्त आदि का भी बचाव हो सकता है। यह उपकरण इसलिए स्वच्छता के समाजशास्त्र में उपयोगी है।

(4) प्रश्नावली के प्रश्न सरल होने चाहिए : उत्तरदाता जब स्वयं प्रश्नों के उत्तर देते हैं, तब प्रश्नों की भाषा सरल होनी आवश्यक है। पोलि यंग के मत से, प्रश्नों में प्रयुक्त शब्द कठिन न होने चाहिए। उत्तरदाता के मन में असमंजस पैदा नहीं होना चाहिए। उनके समाज के बाहर के शब्द व्यर्थ हैं। अलंकारयुक्त, प्रांजल भाषा का प्रयोग निषेध है। जैसे कि भद्रसमाज, उज्ज्वलजति, सुसंस्कृत लोग आदि शब्दों का प्रयोग न होना चाहिए।

(5) उत्तरदाता की नाराजगी व्यक्त हो ऐसे प्रश्न नहीं होने चाहिए : अभ्यासक को खयाल रखना है कि प्रश्न ऐसे न हों कि उत्तरदाता धृणा व्यक्त करे, तिरस्कार व्यक्त करते हुए नाराज हो। उत्तरदाता आवेग–आवेशयुक्त हो जाए, ऐसे प्रश्न नहीं होने चाहिए। भाषा की संयम स्थिति आवश्यक है। अस्पृश्यता, जातीय भेदभाव, जातिवाद, राजनैतिक दल,

निजी जीवन आधारित प्रश्नों का होना वर्ज्य है। इन बातों के प्रति अभ्यासक की समानता नहीं है तो उत्तरदाता के साथ कभी संघर्षात्मक स्थिति भी उत्पन्न हो सकती है।

(6) प्रश्न क्रमिक और संगत होने चाहिए : प्रश्नावली में विविध प्रभागों का आयोजन आवश्यक है। जैसे कि उत्तरदाता की वैयक्तिक जानकारी, पारिवारिक जानकारी, शैक्षिक स्थिति, पर्यावरणीय माहिती, स्वच्छता संबंधित जागृति आदि विभागों में विभक्त प्रश्नावली होनी आवश्यक है। सभी विभागों के प्रश्नों का क्रमानुसार व अनुसंधनात्मक आयोजन उत्तरदाता के लिए सरल व सहज प्रश्नावली का अनुभव दे सकता है। इस से अभ्यासक को विभागानुसार वर्गीकरण करना सरल बन सकता है और अर्थघटन उचित किया जा सकता है।

(7) अभ्यास के हेतु व अवधारणा आधारित प्रश्न : अभ्यास के संबंध में अभ्यासक हेतु व अवधारणाओं का विचार करता है। इन दोनों के संदर्भ में ही प्रश्नावली की संरचना अनिवार्य है। उदाहरणतः ग्रामीण प्रांत में अस्वच्छता की बदौलत बीमारी अधिक पाई जाती है। इसी अभ्यास के हेतु व अवधारणाओं के संबंध में प्रश्नावली का आयोजन आवश्यक है। स्वच्छता का प्रभाव, स्वीकार, बीमारी के निदान–उपचार की चर्चा होनी चाहिए।

(8) सांकेतिक रूप में भी प्रश्नों में उत्तर स्पष्ट न हो : उत्तरदाता के सामने ऐसे प्रश्न न आने चाहिए, जिसमे सांकेतिक व परोक्ष रूप में भी उत्तर प्रकट होता हो। परिवार नियोजन को स्वीकार करते हो? रात में खुले में शौच क्रिया करते हो? आप किसी से प्रेम करते हो? ऐसे सवाल नहीं पूछने चाहिए। अथवा इन सवालों को सरल भाषा में पूछा जाये, ताकि उत्तरदाता को उत्तर लिखते समय संकोच न हो।

(9) प्रश्नों के लेखन का साहित्य आकर्षक होना चाहिए : प्रश्नावली की संरचना स्पष्ट अक्षरों में निश्चित नाप के साथ, सुवाच्य व सुगठित होना, चाहिए। प्रश्नावली के कागज उच्च कोटि के, छपाई आकर्षक, दो वाक्यों के बीच उचित अंतरयुक्त, अंत में आभार प्रदर्शन के साथ प्रश्नावली तैयार होनी चाहिए। ऐसी प्रश्नावली उत्तरदाता को अपनी ओर आकर्षित कर सकती है।

प्रश्नावली अभ्यास विषय की जानकारी प्राप्त करने का श्रेष्ठ उपकरण है। श्रेष्ठ प्रश्नावली उचित जानकारी प्राप्त कर सकती है।

प्रश्नावली के प्रकार

विविध गतिविधियाँ प्रश्नपत्र संरचना के लिए जिम्मेदार मानी गयी हैं। अभ्यास क्षेत्र के अनुसंधान में ही प्रश्नावली तैयार की जाती है। उत्तरदाता की वय, जाति, शिक्षा, व्यवसाय, शारीरिक स्थिति आदि महत्त्वपूर्ण पहलू है। फलतः प्रश्नावली भी विविध रूपों में संचरित की जाती है। इसके प्रकार निम्नांकित हैं–

(1) औपचारिक रचित प्रश्नावली : औपचारिक ढंग से रचित प्रश्नावली की रचना की जाती है। पी.वी. यंग के मत से ऐसी प्रश्नावली में कोई भी परिवर्तन संभव नहीं है। विशेषज्ञों के मार्गदर्शन में साक्षरों के लिए ऐसी प्रश्नावली का निर्माण किया जाता है। प्रत्येक प्रश्न को तराशा जाता है। प्रश्न का प्रस्तुतीकरण, शैली, संबंधित हेतु से उनका संबंध अपेक्षित उत्तर, काठिन्य मूल्य, निश्चित क्रम आदि का खयाल रखते हुए नियमानुसार इसकी रचना होती है। ऐसी प्रश्नावली में प्रश्नों के उत्तर भी निश्चित किए गऐ होते हैं। विकल्पों में से उत्तर देना होता है, विकल्प भी निश्चित होते हैं। जैसे कि ''कुपोषण और बीमारी एक–दूसरे के पूरक है।'' इस विषय पर तैयार की जानेवाली प्रश्नावली में उपरोक्त बातों का खयाल रखना पड़ता है।

(2) अनौपचारिक अरचित प्रश्नावली : इस प्रकार की प्रश्नावली के निर्माण में सभी नियमों का परिपालन नहीं भी होता है। प्रश्न स्वरूप, प्रश्न क्रम निश्चित नहीं होते। उत्तरदाता के लिए नासमझ प्रश्न के स्थान पर दूसरा प्रश्न लागू किया जा सकता है। अतिरिक्त जानकारी हेतु अधिक प्रश्न भी जोड़े जा सकते हैं। इस कार्य में विशेषज्ञों के मार्गदर्शन की आवश्यकता नहीं होती। ऐसी प्रश्नावली को स्थिति स्थापकता प्रश्नावली भी कह सकते हैं। अभ्यास के वास्तविक क्षेत्र में पहुँचकर भी प्रश्नावली परिस्थिति के अनुसार संचरित की जाती है। उत्तरदाता को ठीक लगे, वह उत्तर यहाँ दे सकते हैं। अतिरिक्त उत्तर भी उत्तरदाता अलग रूप से दर्ज कर सकता है। संक्षेप में, ऐसी प्रश्नावली किसी विधि–विधान व नियमों के बंधनों से मुक्त होती है।

(3) प्रतिबंधित प्रश्नावली : अपने नाम से ही स्पष्ट है कि ऐसी प्रश्नावली में प्रकाशित प्रश्नों के उत्तर पूर्व ही तैयार किए गए होते हैं। ऐसे उत्तर एक से अधिक होते हैं, जिससे उत्तरदाता अपने को उचित लगने वाले को पसंद करता है। सही जवाब भी एक से अधिक होते हैं, जिसमें उचित

पर सूचित निशानी करनी होती है। अंकशास्त्रीय वर्गीकरण के लिए ऐसी प्रश्नावली अनुकूल होती है। जैसे कि दूषित जल पीने से बीमारी फैल सकती है? उत्तर में 'हाँ' या 'ना' पता नहीं विकल्पों में से उचित विकल्प पर ''ऐसी निशानी करनी पड़ती है।''

(4) अप्रतिबंधित प्रश्नावली : ऐसी प्रश्नावली में प्रश्न पहले से ही तय होते हैं, किंतु उनके उत्तर निश्चित नहीं होते। उत्तरदाता अपने मनोभाव, पूर्वग्रह, मान्यताएँ, विचारधारा आदि के अनुरूप उत्तर देता है। उत्तरदाता प्रश्नावली में प्रश्न के पास रहे रिक्त स्थान में उत्तर देता है या साथ–साथ अलग कागज पर भी उत्तर लिखता है। उत्तरदाता पर उत्तर लिखने का कोई बंधन नहीं होता। जैसे कि औद्योगीकरण की वृद्धि से प्रदूषण की समस्या कैसे नहीं है? इसके उत्तर में उत्तरदाता विस्तारपूर्वक उत्तर देने का भी प्रयास कर सकता है। इस पद्धति की त्रुटि यह है कि प्राप्त जानकारी को वर्गीकृत करना कठिन हो जाता है, केवल गुणात्मक जानकारी ही प्रस्तुत की जाती है। व्यक्ति परख (Case Study) के लिए यह प्रयुक्ति उपयोगी है।

(5) चित्रात्मक प्रश्नावली : निरक्षर और बच्चों के लिए ऐसी प्रश्नावली तैयार की जाती है। चित्र के माध्यम से प्रश्न पूछकर जवाब माँगे जाते है। इससे उत्तरदाता की सृजनात्मकता का परिचय प्राप्त होता है। उनके विचारों को जानते हुए उनके भावी वर्तन की संभावना व्यक्त की जा सकती है। छोटे बच्चों के बुद्धिअंक की जाँच करने हेतु यह कसौटी उचित है। जैसे कि दो चित्रों में से एक चित्र स्वच्छ व साफ–सुथरे बच्चे का है, दूसरा चित्र गंदे और अस्वच्छ बच्चे का है। उत्तरदाता बच्चा जिस चित्र का चयन करता है, उसके आधार पर उसका मूल्यांकन किया जाता है।

(6) मिश्रित प्रश्नावली : उत्तरदाता के विविध कौशल, चातुर्य, अंकशास्त्रीय ज्ञान, बुद्धिमत्ता, इत्यादि को परखने हेतु ऐसी मिश्रित प्रश्नावली में विविध प्रकार के प्रश्न अंकित किए जाते हैं। प्रश्नों की विविधता इस प्रश्नावली का वैशिष्ट्य है। नाना प्रकार के प्रश्नों के माध्यम से उत्तरदाता का मूल्यांकन किया जाता है। विशेषतः प्रतियोगितात्मक परीक्षाओं में ऐसी प्रश्नावली को उपयोग में लाया जाता है। किस प्रकार के प्रश्नों का उत्तर उत्तरदाता नहीं दे पाता, इस बात की प्रतीति ऐसी ही प्रश्नावली से संभव है, जो इसका एक लाभ है। प्रश्न के उत्तरों के द्वारा उत्तरदाता के ज्ञान का विविध क्षेत्र समेत मूल्यांकन संभव होता है। उनकी कमज़ोरियों का भी पता लग सकता

है। ऐसी प्रश्नावली में वैविध्य होने के कारण प्रश्न पढ़ने व उत्तर खोजने की प्रक्रिया में उत्तरदाता को नीरसता का अनुभव नहीं होता।

इस तरह विविध प्रकार की प्रश्नावलियों का अनुभव किया जाता है। अभ्यासक अपने अभ्यास के अनुकूल इन प्रकारों से कोई एक प्रकार पसंद कर सकता है।

प्रश्नावली का नमूना

विषय

ग्रामीण समुदाय में स्वच्छता व शौचालय संबंधी समानताः एक अध्ययन

(XYZ ग्राम समुदाय के संदर्भ में)

संशोधक : (XYZ)

नमस्कार !

यह प्रश्नावली उपर्युक्त विषय के अभ्यास के लिए ही है। इसके द्वारा प्राप्त जानकारी रखकर पृथक्करण कर ग्रामीण समुदाय के लोगों में स्वच्छता एवं शौचालय संबंधी समानता के संदर्भ में कुछ उपचारात्मक कदम उठाने हेतु, उचित सूचनादि हेतु, कार्य करने का लक्ष्य है। यह उद्‌देश्य तब ही सफल होगा, जब आपका सहयोग प्राप्त होगा। अपेक्षा है कि निम्न लिखित सूचनाओं का परिपालन करते हुए प्रश्नों के उत्तर बहुमूल्य हैं, जिससे माहिती प्राप्ति के आधार पर भविष्य की कार्यवाही की जा सकती है।

सूचना

(1) कुछ प्रश्नों के उत्तर 'हाँ' या 'ना' में देने हैं वहाँ, जो जवाब उचित लगे, उसे कोष्ठक में निर्दिष्ट ( ) निशानी कीजिए।

(2) जहाँ विकल्प अधिक योग्य लगता है, वहाँ कोष्ठक में ( ) निशानी कीजिए।

(3) प्रस्तुत प्रश्नावली उपर्युक्त विषय के शोधकार्य हेतु होने के कारण उचित, सही, मौलिक और सावधानीपूर्ण उत्तर देने का अनुरोध है।

आपका शुभचिंतक

(XYZ)

ग्रामीण समुदाय में स्वच्छता एवं शौचालय संबंधी समानताः एक अध्ययन

(XYZ ग्राम समुदाय के संदर्भ में)

(1) प्राथमिक जानकारी

1. लिंग (1) स्त्री ( ) (2) पुरुष ( )
2. जाति (1) SC ( ) (2) ST ( ) (3) OBC ( ) (4) सवर्ण ( )
3. वय (1) 17 से 19 वर्ष ( ) (2) 19 से 25 वर्ष ( ) (3) 26 से 35 वर्ष ( )
4. शिक्षा (1) 1से 7 कक्षा ( ) (2) 8 से 12वीं कक्षा ( ) (3) कॉलेज तक ( ) (4) निरक्षर ( )
5. आय (1) 20 हजार से कम ( ) (2) 21 से 29 हजार ( ) (3) 30 से 39 हजार ( ) (4) 40 हजार से अधिक ( )
6. परिवार की स्थिति (1) संयुक्त परिवार ( ) (2) विभक्त परिवार ( ) 1.7 वतन (1) गाँव ही ( ) (2) अन्य गाँव ( )
7. व्यवसाय (1) गृहकार्य ( ) (2) नौकरी ( ) (3) कृषि ( ) (4) मजदूरी ( )
8. विवाह संबंधित स्थिति (1) विवाहित ( ) (2) अविवाहित ( ) (3) विधवा ( ) (4) त्यक्ता ( ) (5) विधुर ( )

(2) स्वच्छता संबंधित माहिती

1. आप नियमित रूप से स्वच्छता के आग्रही हो? (1) हाँ() (2)ना ()
2. आपके मकान में नियमित सफाई कार्य होता है? (1) हाँ ( )(2) ना()
3. आपके मकान में दूषित जल के निकलने की व्यवस्था है ?

   (1) हाँ ( ) (2) ना ( )
4. दूषित पानी के निकास का क्या प्रबंध है?

   (1) खुला ड्रेनेज ( ) (2) शोरवगड्ढा ( ) (3) खुले में छोड़ दिया जाता है () (4) बगीचे में छोड़ा जाता है ( ) (5) अन्य

5. आपके परिवार के लिए शुद्ध पेयजल की व्यवस्था है?

(1) हाँ ( ) (2) ना ( )

6. क्या आप मानते हैं कि सब्जी, फलादि को धो कर उपयोग करना चाहिए। (1) हाँ ( ) (2) नहीं ( )

7. क्या आपका मानना है कि स्वच्छता के अभाव में बीमारी फैलती है?

(1) हाँ ( ) (2) नहीं ( )

8. क्या आप शौच क्रिया के पश्चात् साबुन से हाथ धोते हैं?

(1) हाँ ( ) (2) नहीं ( )

9- क्या आप अपनी संतानों को स्वच्छता संबंधी ज्ञान दिया करते हैं?

(1) हाँ ( ) (2) नहीं ( )

10. यदि आप के घर में पालतू जानवर है तो उनकी स्वच्छता व साफ–सुथरा रखने पर ध्यान देते हो?

(1) हाँ ( ) (2) नहीं ( )

11. आपके मुहल्ले की नियमित सफाई होती है?

(1) हाँ ( ) (2) नहीं ( )

12. स्वच्छता संबंधित सरकारी योजनाओं से आप परिचित हो ?

(1) हाँ ( ) (2) नहीं ( )

13. (आपके गाँव के संदर्भ में) स्वच्छता संबंधित अपने विचार स्पष्ट कीजिए।

1. 4.

2. 5.

3. 6.

(3) शौचालय संबंधित माहिती

1. क्या आप मानते हो कि स्वच्छता और शौचालय का उपयोग सभी के लिए हितकर है ? (1) हाँ( ) (2) नहीं( )
2. क्या आपके घर में शौचालय है? (1) हाँ ( ) (2) नहीं ( )
3. आपके घर में स्नान हेतु बाथरूम है? (1) हाँ ( ) (2) नहीं ( )

4. आपके घर में शौचालय न होने पर आप शौचक्रिया हेतु कहाँ जाते है? (1) खेत में ( ) (2) जंगल में ( ) (3) अन्य के घर पर ( ) (4) सार्वजनिक शौचालय ( )
5. आपके घर में शौचालय–स्नानागार की सफाई कितने दिन में होती है ?

   (1) नित्य ( ) (2) दो दिन पर ( ) (3) सप्ताह में दो बार ( ) (4) साप्ताहिक ( )
6. क्या आप मानते हो कि प्रत्येक परिवार में शौचालय होना चाहिए?

   (1) हाँ ( ) (2) नहीं ( )
7. क्या आपके गाँव में समूह शौचालय की आवश्यकता है?

   (1) हाँ ( ) (2) नहीं ( )
8. क्या आपकी संतान खुले में शौचक्रिया हेतु जाती है?

   (1) हाँ ( ) (2) नहीं ( )
9. आप मानते हो कि खुले में की जानेवाली शौचक्रिया शर्मनाक और संकोच युक्त है ? (1) हाँ ( ) (2) नहीं ( )
10. शौचालय निर्माण महँगा है, ऐसा आप मानते हैं?

    (1) हाँ ( ) (2) नहीं ( )
11. क्या आप जानते हो कि शौचालय निर्माण हेतु सरकार वित्तियी सहायता करती है ? (1) हाँ ( ) (2) नहीं ( )
12. क्या आप शौचालय और बायोगैस संबंधित जानकारी रखते हो ?

    (1) हाँ ( ) (2) नहीं ( )
13. क्या आपके गाँव की पाठशाला में शौचालय की सुविधा है?

    (1) हाँ ( ) (2) नहीं ( )
14. आप जानते हैं कि स्वच्छता व शौचालय के उपयोग से प्रतिष्ठा प्राप्त होती है ?

    (1) हाँ ( ) (2) नहीं ( )
15. क्या आप खुले में शौचक्रिया करने वालों का विरोध करोगे?

    (1) हाँ ( ) (2) नहीं ( )

16. शौचालय संबंधित आपके विचार लिखिए–

1. 4.

2. 5.

3. 6.

3

स्वच्छता, स्वास्थ्य और समाज

प्रस्तावना

'जहाँ स्वच्छता वहाँ ईश्वर का निवास', यह उक्ति वास्तव में सार्थक है। हमें बचपन से ही यह शिक्षा दी जाती है। मानवीय अस्तित्व की चर्चा में स्वच्छता का प्रश्न चिरस्थायी प्रश्न रहा है। सेहतमंद तन, स्वास्थ मन स्वस्थ देश का निर्माण करता है। देश व मानव विकास हेतु स्वच्छता की अनिवार्यता है। स्वच्छता विहीन मनुष्य पंगु पशु के समान है।

स्वच्छता का संबंध वय–उम्र के साथ नहीं है। बच्चों से बूढ़ों तक इसका विशेष महत्त्व रहा है। मानव शरीर को रोगमुक्त रखने के लिए, पर्यावरणीय शुद्धता के लिए स्वच्छता की अनिवार्यता है। व्यक्ति के शरीर, चीज–पदार्थ के उपभोग, तमाम सजीव–निर्जीव स्थितियों से स्वच्छता का खयाल संलग्न है। स्वच्छता केवल हाथ–मुँह–पैर धोने तक सीमित नहीं है। देश की विकास रेखा में भी स्वच्छता का विशेष योगदान रहा है। देश के विकास में कार्यरत विभूतियाँ, सेवाकर्मियो के तन–मन की स्वच्छता उन्हें कार्यबल प्रदान कर सकती है। उनकी शारीरिक–मानसिक स्वच्छता विकासकार्य को प्रोत्साहित कर सकती है। किसी भी देश के विकास का प्रत्यक्ष व परोक्ष रूप से आधार स्वच्छता पर निर्भर है। गरीबी, बेरोजगारी, निम्न स्वास्थ्य, अल्प शिक्षा, निरक्षरता आदि में कहीं न कहीं अस्वच्छता जिम्मेदार है। भारत की वास्तविकता है कि निवासस्थानों के आसपास गंदगी के ढेर बने रहते हैं। गरीबी का विषचक्र लोगों के जीवन को तहस–नहस कर देता है। डब्ल्यू. एच.ओ. का मंतव्य है कि किसी भी देश की विकास रेखा स्वच्छता के मानदंड पर आधारित है। लोगों का स्वयमेव विकास संभव है।

भारत या विश्व के किसी भी देश के संदर्भ में स्वच्छता की सावधानी हेतु देश की सरकार, व्यक्ति विशेष, संगठन, स्वैच्छिक संस्थान व कार्यालय आदि के द्वारा जिम्मेदारियाँ निभाई जाती हैं। वैश्विक स्तर पर स्वच्छता का प्रश्न चर्चा का विषय बना रहता है।

2. कचरा : सार्वजनिक स्थान व निजी स्थान

भारत देश कला, संस्कृति व स्थापत्यों का देश है। भारतीय प्रजा अपने इतिहास को लेकर विश्वभर में विख्यात है। भारतीय इतिहास के मद्देनजर सार्वजनिक स्थानों को विविध क्षेत्रों में विभाजित किया जा सकता है। सार्वजनिक स्थान वे हैं, जहाँ लोग बेझिझक घूम–फिर सकते हैं। आनंद उठा सकते है। शहरों में ग्राम्य की तुलना में अधिक कचरे का निकास मुश्किल है। गाँव में केस कचरा कुछ समय में जमीन में, घुल–मिल जाता है और जमीन का उर्बर बनाता है। कचरे की निकास व्यवस्था हमारे लिए 'प्रथम ग्रास मक्षिका' के समान है।

सार्वजनिक स्थानों पर प्रदूषण की स्थिति विकट रहती है। भारत में सरकार, संस्थानों के द्वारा सार्वजनिक स्थानों की स्वच्छता हेतु प्रचार–प्रसार करती है, फिर भी लोगों की लापरवाही उनको नजरअंदाज कर देती है। बाग–बगीचों का उपयोग लोगों के द्वारा ऐसे होने लगा है, जैसे उस स्थान पर दूसरी बार किसी को जाना न हो। बाग–बगीचों में खाद्य पदार्थ, चीज–वस्तुएँ कूड़े–कचरे के रूप में फेंके जाते हैं।

भारत में देवस्थानों को भी बख्शा नहीं गया है, ऐसे सार्वजनिक स्थानों पर भी गंदगी का रोग लागू हो गया है। गरीबों को दूध पीना नसीब नहीं और मंदिरों में व्यर्थ बहाया जाता है।

भारत में सार्वजनिक स्थानों पर स्वच्छता की आवश्यकता

वैश्विक स्तर पर स्वच्छता का विशेष महत्त्व है। वैयक्तिक स्वच्छता के साथ ही साथ सार्वजनिक स्वच्छता भी आवश्यक है। सार्वजनिक स्थानों के प्रति लोगों की लापरवाही एक प्रश्नार्थ है। सार्वजनिक स्थान लोगों के आवागमन के स्थान है, जहाँ एक ही स्थान पर कई लोग इकट्ठे होते रहते है। ऐसे स्थानों पर स्वयमेव स्वच्छता ही श्रेष्ठ रास्ता है।

परिवार में व्यक्ति स्वच्छता का खयाल रखता भी है। तब भी सार्वजनिक स्थानों पर वह इन नियमों का परिपालन नहीं करता। भारत देश में पर्व–त्योहारों के अवसर पर लोग सार्वजनिक स्थानों पर इकट्ठे होते हैं।

लोगों के द्वारा विविध चीजों का उपयोग होता है, जिनसे पैदा होनेवाला कचरा जहाँ तहाँ फेंक दिया जाता है और अस्वच्छता की स्थिति का निर्माण होता है। अस्वच्छता की स्थिति आरोग्य के लिए खतरा पैदा करने लगती है। मानवीय विकास हेतु सार्वजनिक स्थानों की स्वच्छता अनिवार्य है।

सार्वजनिक स्थानों पर अस्वच्छतालक्षी समस्याएँ

द्रव्य व सघन कचरे से अस्वच्छता पैदा होती है। सघन कचरा गंदगी का मूल कारण है। कागज, जूठन, प्लास्टिक बैग आदि सघन कचरा गंदगी फैलाते हैं।

भारत में लोगों के द्वारा सार्वजनिक स्थानों पर कचरा न फैले इस हेतु से थूकदानी, कचरादान जैसी व्यवस्था की गयी है, फिर भी अस्वच्छता पैदा होती है। इससे अनेक समस्याएँ पैदा होती हैं। पर्यावरणीय सुरक्षा हेतु भी अस्वच्छता निषेध आवश्यक है।

बढ़ती आबादी के कारण गंदे निवास को बढ़ावा, मानवीय संघर्ष, नगरीयकरण, आधुनिकीकरण की समस्याएँ बढ़ी हैं। लोग सार्वजनिक स्थानों पर भी दिन बिताने लगे है। बाग–बगीचे, सार्वजनिक स्थान, मंदिर, अस्पताल, रेलवे–स्टेशन आदि पर गंदगी का साम्राज्य फैलता जा रहा है।

दूषित वातावरण

सार्वजनिक स्थानों के अस्वच्छ रहने पर वतावरण भी दूषित होने लगा है। दूषित वातावरण मनुष्य के स्वास्थ्य के लिए खतरा पैदा हो गया है। रोगों का फैलाव होने लगा है।

मानवीय विकास का अवरोध

सार्वजनिक स्थानों पर कचरों के निकास के कारण आर्थिक, स्वास्थ्य जन्य जैसी समस्याएँ उद्भवित होने लगती हैं। देश की संपत्ति को हानि पहुँचती है। सार्वजनिक अस्वच्छता मानव विकास के लिए खतरा है।

मानवीय जीवन की सामाजिक समस्याएँ

मानवजीवन हेतु पर्यावरण एक मूलाधार है। सार्वजनिक स्थानों पर कचरे के निकास के कारण हम सामाजिक आंदोलन में निष्फल सिद्ध होते हैं। समाज के अस्वस्थ बनने पर समाज की सामाजिक आंतरक्रियाएँ सामाजिक संबंधों पर गहरा असर डालती हैं।

विभाजन

सार्वजनिक स्थानों पर जनसमूह के इकट्ठे होने पर लापरवाही से कूड़े–कचरे का फैलाव होने लगता है। फलस्वरूप धनिकों और गरीबों के बीच विभाजन भी पैदा होने की संभावना है। धनिक वर्ग निजी स्थानों की ओर जहाँ स्वच्छता है, उस दिशा में अपना चयन करेंगे। अतः प्रवासन की स्थिति में भी भेदभाव की स्थिति प्रवर्तित होने लगेगी।

सार्वजनिक स्थानों पर अस्वच्छता का असर

भारत में सार्वजनिक स्थान पर्याप्त मात्रा में है। मंदिर, अस्पताल, दरगाह, बाग–बगीचे, स्नानगृह, आश्रम, भोजनालय, पाठशालाएँ आदि सार्वजनिक स्थान हैं।

भारत के लोगों का अधिकांश समय सार्वजनिक स्थानों पर बसर होता है। बच्चे शाला में जाते हैं, स्त्रियाँ, वृद्ध आदि मंदिरों में, युवावर्ग थियेटर, क्लब, बाग–बगीचे में जाते हैं। अतः सभी को स्वच्छता हेतु कार्यशील होना पड़ेगा।

अस्वच्छता हंमेशा निषेधात्मक प्रभाव पैदा करती है। अस्वच्छता ऐसा दूषण है, जिनसे स्वास्थ्य को भी खतरा पैदा हो सकता है। सघन कचरे का उचित निकास सार्वजनिक स्थानों पर आनेवाले लोगों के हित का कदम है। अस्वच्छता के कारण लोगों में शारीरिक–मानसिक बीमारी के फैलने का डर बना रहता है।

सामाजिक भेदभाव के फलस्वरूप सार्वजनिक स्थानों पर अस्वच्छता का भी माहौल देखा गया है। देश के विकास में अस्वच्छता बाधारूप बन जाती है।

सार्वजनिक स्थानों पर स्वच्छता के प्रयास

भारत में संस्कृति, परिधान, रीत–रिवाज आदि में पर्याप्त विविधता द्रष्टव्य है। सार्वजनिक स्थानों से तात्पर्य किसी गाँव का सीमांत, नुक्कड़, पाठशाला, अस्पताल, पंचायतघर आदि सार्वजनिक स्थानों की स्वच्छता लोगों का स्वास्थ्य बनाने में अहम भूमिका निभाते हैं। इस संदर्भ में कई सुझाव प्राप्त हुए हैं।

1. स्वच्छता की शिक्षा

भारतीय समाज व्यवस्था में लोगों के लिए स्वच्छता की शिक्षा आवश्यक

है। परिवार के द्वारा, शैक्षिक संस्थानों के द्वारा स्वच्छता से लोगों को अवगत कराया जाना आवश्यक है।

2. स्वच्छता के उपकरणों का उपयोग

सार्वजनिक स्थानों पर स्वच्छता हेतु सरकार ने स्थायीत्व संस्थान, समवायों के द्वारा स्वच्छता के उपकरण रखे गये हैं। कूड़ादानी, थूकदानी, ड्रेनेज व्यवस्था, शौचालय आदि। लोगों को चाहिए कि उनका ही उचित उपयोग कर स्वच्छता निर्माण में सहभागी बनते रहें।

3. जागरूकता

अस्वच्छता की स्थिति से प्रतीत होता है कि लोगों में स्वच्छता के प्रति स्वयमेव जागरूकता का अभाव है। स्वजागृति हेतु विविध कार्यशालाएँ, प्रवचन, प्रशिक्षण आदि का अयोजन किया जाता है।

4. स्वच्छता रक्षकों की नियुक्ति

सार्वजनिक स्थानों पर चौकी रखनेवाले लोगों की नियुक्ति से स्वच्छता का खयाल रखा जा सकता है। ऐसे लोग अपने अर्थोपार्जन के लिए भी ऐसी नौकरी करने पर तैयार हो जाते हैं। समाज के प्रत्येक परिवार के एक व्यक्ति को ऐसी जिम्मेदारी सौंपी जा सकती है।

5. स्वच्छता रक्षकों की नियुक्ति

भारत सरकार के पर्यावरण मंत्रालय तथा स्वच्छता व आरोग्य विभाग के द्वारा स्वच्छता–पर्यावरण के प्रदूषण के रोकने हेतु विशेष पुरस्कार घोषित किए जाते हैं। ये पुरस्कार केवल कारखानों व उद्योगों तक सीमित न रखकर लोकजागृति हेतु नागरिकों को भी दिए जाने चाहिए।

भारत में निजी स्थानों की स्थिति

भारत में सार्वजनिक व निजी स्थानों की स्थिति प्रवर्तित है। दोनों स्थानों के बीच बहुत बड़ा अंतर देखा गया है। किसी मालिक की निगरानी में उनकी संपत्ति के रूप में निजी स्थानों का समावेश होता है।

निजी स्थानों का अधिकार वैयक्तिक व सामूहिक भी रहता है। निजी स्थान निश्चित समुदाय, धर्म, वर्ण या वर्ग के लोगों के लिए ही आरक्षित रहते हैं। संबंधित स्थानों के संदर्भ में तमाम निर्णय किसी व्यक्ति विशेष के रहते हैं। स्वच्छता संबंध में भी मालिक के द्वारा नियमों का गठन होता है।

अपनी इच्छानुसार मालिक स्वच्छता संबंध में उपकरणों का उपयोग करता है। निजी स्थानों के लिए प्रतिष्ठा विशेष महत्त्वपूर्ण मानी गई है।

भारत में निजी स्थानों में संस्थान, पाठशाला, कॉलेज, क्लब, थियेटर, आदि का समावेश होता है। सार्वजनिक स्थानों की तुलना में इसकी स्थिति अच्छी होती है। कई बार अस्वच्छता हेतु जुर्माना लगाने का भी नियम होता है। भारत में लोगों के स्वास्थ्य की परिस्थिति अच्छी है। पश्चिमी संस्कृति के प्रभाव में लोगों के स्वास्थ्य के प्रति जागरूक हुए हैं, निजी संस्थानों व स्थानों में स्वच्छता के भी आग्रही बने हैं।

निजी स्थानों पर स्वच्छता की आवश्यकता

सार्वजनिक व निजी स्थानों पर लोगों का आवागमन नित्य रहता है। ऐसे माहौल में स्वच्छता के कड़े नियमों की आवश्यकता है। स्वच्छता के उपकरणों का उपयोग गंदगी हटाता है। निजी स्थानों पर उनके मालिकों के द्वारा इसका अनुरोध किया जाता है।

1. आरोग्य प्राप्ति हेतु, 2. संस्थान की प्रतिष्ठा, 3. बाजार में एक प्रभाव हेतु, 4. उत्पादकता की वृद्धि हेतु

1. आरोग्य प्राप्ति हेतु

निजी स्थानों की स्वच्छता का एक कारण स्वास्थ्य है। निजी स्थानों पर लोगों के आरोग्य को लेकर संचालकों के द्वारा निगरानी रखी जाती है। निजी स्थानों की स्वच्छता स्वास्थ्यवर्धन का कार्य करती है।

2. संस्थान की प्रतिष्ठा

निजी संस्थानों व स्थानों में कार्यालय, थियेटर, कम्युनिटी हॉल आदि का समावेश होता है। इन तमाम संस्थानों को अपनी प्रतिष्ठा की चिंता होती है। स्वच्छता व स्वास्थ्यपरक नियमों के परिपालन से अपने संस्थान की प्रतिष्ठा को बढ़ाने का प्रयास किया जाता है।

भारत में निजी स्थानों पर स्वच्छता के प्रयास

भारत में निजी स्थानों की स्वच्छता के लिए विविध प्रयास द्रष्टव्य हैं। पाठशाला, कॉलेज, आदि शैक्षिक संस्थानों के सफाई कार्य हेतु सफाई कर्मियों की नियुक्ति की जाती है। बच्चों के स्वास्थ्य को हानि से बचाया जाता है। स्वच्छ वातावरण का निर्माण किया जाता है।

सफाई व्यवस्था खेल–कूद के मैदान में भी रखी जाती है। शौचालयों, वर्गखंडों, कक्षा, भोजनालय, कंप्यूटर कक्ष आदि में विशेष ध्यान रखा जाता है। अनेकों निजी कंपनियों में भी स्वच्छता की समानता द्रष्टव्य है। सफाई कर्मियों के साथ–साथ संस्थान के सभी कर्मचारियों को स्वच्छता की सूचना दी जाती है। स्वच्छता के उपकरणों के द्वारा सुबह, दोपहर एवं शाम के समय सफाई की जाती है। कई निजी कंपनियों व निजी स्थानों पर लोगों की स्वच्छता जागृति संबंध में विधेयात्मक कार्यक्रमों का आयोजन किया जाता है। लोगों को पुरस्कृत करने की योजना सोची जाती है। स्वच्छता भंग करने वाले पर कानूनी कार्यवाही करते हुए उस पर जुर्माना लागू किया जाता है।

वर्तमान समय में स्वच्छता संबंध में ऐसा करने का एक कारण है–प्रतिस्पर्धा।

समाज में प्रतिष्ठा हेतु मालिकगण ये प्रवृत्तियाँ करते रहते हैं–

भारत में सार्वजनिक स्थानों व निजी स्थानों की स्वच्छता

प्रत्येक क्षेत्रो में सार्वजनिकता व निजिता के बीच तुलना का माहौल है। अच्छे स्वास्थ्य की प्राप्ति के लिए प्रत्येक देश की सरकार व स्वैच्छिक संस्थानों की प्रयत्नशीलता काबिले तारीफ है। अर्थोपार्जन करनेवाले संस्थान भी इस संदर्भ में प्रयत्नशील रहते हैं।

सार्वजनिक स्थानों पर सरकार प्रयत्नशील है। स्वच्छता हेतु खर्च भी किया जाता है। नागरिकों के द्वारा वसूले गए कर से ही सरकार यह प्रावधान कर सकती है। किंतु लोग अपने ही रुपये का मूल्य न समझकर स्वच्छता भंग करने लगते हैं। दोष सरकार के सिर मढ़ा जाता है।

निजी स्थानों द्वारा यह एक बड़ी जिम्मेदारी उठाई जाती है। मालिक स्वयं इस संदर्भ में निगरानी रखता है। संस्था से संलग्न व आगंतुकों पर यह अंकुश डाला जाता है कि स्वच्छता भंग न हो पाए। अतः निजी स्थानों पर स्वच्छता की स्थिति सार्वजनिक स्थानों की तुलना में बेहतरीन होती है।

सार्वजनिक स्थानों व निजी स्थानों पर कचरा निकास पद्धति

स्वच्छता संबंधित नियमों का परिपालन अनिवार्य होता है। हमने चीज़ों के उपयोग के बाद सघन कचरे का जहाँ–तहाँ निकाल कर दिया है। इसके निकास हेतु उचित व्यवस्था भी आवश्यक है। नगरपालिका, ग्राम पंचायत आदि के द्वारा इनका प्रबंध किया जाता है।

जिला, तहसील तथा ग्राम्य स्तर पर लोगों की स्वस्थता हेतु सघन कचरे के निकास की व्यवस्था की गयी है। निधि–अनुदानों के द्वारा सार्वजनिक स्थानों पर इसका आयोजन किया जाता है। किंतु भ्रष्टाचार व सामाजिक समस्याओं की बदौलत प्रशासन के द्वारा लापरवाही देखी गई है।

आज कचरे के निकास हेतु स्थान–स्थान पर डिब्बों का प्रबंध किया गया है। किंतु सच यह है कि, जब तक लोगों को इसकी आदत न डलवाई जाये तब तक यह सब निष्फल है। निजी स्थानों पर नियमों का सख्त पालन करना पड़ता है। इस कार्य के लिए जिम्मेदार व्यक्ति को कई बार अपनी लापरवाही के कारण नौकरी से हाथ धोना पड़ता है। अतः निजी स्थानों पर पूर्ण सजगता के साथ यह कार्य किया जाता है।

स्वच्छता हेतु चीज–पदार्थों के उपयोग की पद्धति को विकसित करना, साधनों की वैयक्तिक रूप से प्राप्ति कराना, आदि कार्य अब भी शेष हैं। निजी स्थानों पर कचरा निकाल की विशेष जिम्मेदारी सौंपी गई होती है। सार्वजनिक स्थानों पर उचित जगह पर न रखने पर उसका उपयोग संभव नहीं बनता।

निजीं, स्थानों पर कचरा निकालने हेतु कचरादानी, ड्रेनेज प्रबंध, शौचालय आदि का उचित प्रबंधन है। समयांतर में उसको साफ किया जाता है। कचरा निकाल पद्धति में पानी का उपयोग, दूषित पानी का निकास, सघन कचरे की सफाई, वायु प्रदूषकों का नाश आदि का समावेश होता है। निजी संस्थान इस सभी के प्रति सजग होते हैं। मानवजीवन के लिए स्वच्छता का मूल्य अधिक मूल्यवान है।

(i) स्वास्थ्य (Hygine): (आरोग्य प्रदत्ता)

मनुष्य के शरीर में किसी भी रोगादि के निवारण हेतु हवा, पानी, खुराक व वातावरण की सँभाल रखने की प्रक्रिया को आरोग्यप्रदत्ता कहते हैं।

स्वास्थ्य वह स्थिति है जिसमे शारीरिक संतुलन सापेक्ष रहता है। हमारा शरीर विविध असंतुलन के बीच भी समायोजन बनाए रखता है। बाह्य असंतुलन के दबाव के साथ निष्क्रिय अंतर्संबंध न रहने पर समायोजन हेतु शरीर के द्वारा अभिव्याप्त होनेवाली एक सहज प्रतिक्रिया स्वास्थ्य है।

(ii) सफाईकार्य (Scavanging)

सफाई कार्य अर्थात् ठोस कचरा, गंदगी, मल–मूत्र, मृतक पशु आदि को स्वच्छ एवं साफ करने की प्रक्रिया।

किसी भी स्थान से बाष्प, धूल, गंदगी व कचरे को हटाने की प्रक्रिया अर्थात् सफाई कार्य।

मानव जीवन से संलग्न शुद्धता, स्वच्छता व सफाई हेतु चीज–पदार्थ, स्थान व मानवशरीर के आसपास के वातावरण में रहने वाले कचरा, गंदगी को हटाने का कार्य सफाई कार्य है।

(iii) शुद्धता (Purity)

स्वास्थ्य के साथ संलग्न पहलू है शुद्धता। मानव समाज में स्थान या चीज़ पदार्थ या पर्यावरणीय प्रदूषण को हटाने की स्थिति अर्थात् शुद्धता।

(iv) प्रदूषण (Pollution)

पर्यावरण में स्थित ऐसे तत्व जो सजीवों के अस्तित्व के लिए पोषक व रक्षक पहलुओं को दूषित करने की क्रिया करते हैं, उसे प्रदूषण कहते हैं।

(अ) पर्यावरण (Environment)

व्यापक अर्थ में देखने पर हवा, वायु, जल, जीवित वनस्पति, वन विस्तार, पालित प्राणी, पशु–पक्षी, समुद्रजीव व मानवजीवन के बीच का समन्वय पर्यावरण है।

प्राकृतिक संपदा व मानवीय संशोधनों का औचित्यपूर्ण संयोजित व संतुलन अर्थात् पर्यावरण।

पर्यावरण अर्थात् मानवीय सृष्टि, इसके इर्दगिर्द के सामान, सजीव–निर्जीव पहलू, वायु, जल, जमीन, तमाम दृश्य व अदृश्य चीज़ पदार्थ के द्वारा निर्मित स्थिति व संरचना।

आरोग्यप्रदत्ता व स्वास्थ्य (Hygine)

"स्वास्थ्य स्वतंत्रता से भी विशेष महत्त्वपूर्ण बात है।"

– महात्मा गांधी

मानव का विकास आरोग्य के द्वारा ही संभावित है। आरोग्य की कोई एक निश्चित परिभाषा संभव नहीं होती, इसका अर्थ व्यापक है। वायु, जल,

खुराक आदि प्राथमिक अनिवार्यता है, जो मानवीय आरोग्य के लिए अति मूल्यवान है।

मानवीय आवश्यकताएँ वायु, जल, खुराक आदि स्वच्छ रहेंगे तो अपने आप आरोग्य की स्थिति पैदा हो सकती है। शुद्ध–विषाणु रहित वायु, शुद्ध पेयजल, शुद्ध पौष्टिक आहार आरोग्य को गढ़ने में जिम्मेदार हैं। आरोग्य के लिए स्वच्छता आवश्यक है। स्वच्छता न होने पर बीमारी जैसी अनेक समस्याएँ मानवजीवन को हानि पहुँचाती हैं।

स्वास्थ्य वर्तमान समय का विशेष प्रश्न है। वैश्विक स्तर पर लोग स्वास्थ्य को लेकर चिंतित नजर आते हैं। समाज के किसी भी वर्ण–वर्ग के साथ स्वास्थ्य की बात संलग्न है। अमीर लोग अपनी अमीरी के द्वारा स्वास्थ्यप्रदत्ता का प्रदर्शन करते हैं। गरीब के लिए ऐसी बातें बहुत दूर की बातें हैं। स्वास्थ्यवर्धक स्थिति के लिए लोग कईबार हानि भी पैदा कर लेते हैं। वैश्विक स्तर पर कई ऐसे क्षेत्र हैं, जहाँ स्वास्थ्य का योग्य व उचित खयाल विकसित नहीं हुआ है। स्वास्थ्य को प्राथमिक शिक्षा के साथ जोड़ने पर सफलता प्राप्त हो सकती है।

आरोग्यप्रदत्ता का अर्थ

स्वच्छता व आरोग्य मानवजीवन शैली से संबंधित रहे हैं। स्वास्थ्य को एक आदतें के रूप में स्वीकारा गया है। स्वच्छता के माध्यम से स्वास्थ्य प्राप्ति का प्रयास आरोग्यप्रदत्ता है।

आरोग्यप्रद व हाइजीन शब्द की व्युत्पत्ति

स्वच्छता को अंग्रेजी में 'हाइजीन' कहते हैं। सन् 1670 में फ्रांस में 'हाइजीन' ग्रीक 'ह्युजीस' के आधार पर स्वीकारा गया। 'हाइजीन' का अर्थ आरोग्यकला के संदर्भ में किया गया। जिसके आधार पर आरोग्यमय, पौष्टिकता आदि स्वीकार किया गया। प्राचीन ग्रीक धर्म में 'हाइजीन' शब्द आरोग्य के जनक के रूप में स्वीकृत हुआ है।

आरोग्यमयता का खयाल

आरोग्यमयता चिकित्सा के साथ संलग्न शब्द है। वैयक्तिक व व्यावसायिक आदतें जो जीवनशैली का अभिन्न हिस्सा हैं, उसके साथ आरोग्यमयता का खयाल जुड़ा हुआ है। दैनिक आदतें, घरेलू जीवन की क्रियाएँ, रोगों के फैलाव व सुधार के साथ जुड़ी हुई है। खाद्य–पदार्थ, दवाइयाँ, सौंदर्य प्रसाधन

आदि में उनकी उत्तमता का खयाल संलग्न है। मानव जीवन के दैनिक कार्यों में स्वच्छता, सफाई एक आवश्यक क्रिया है।

आरोग्यमयता का विज्ञान की एक विस्तृत शाखा के रूप में उद्भव हो रहा है। स्वास्थ्य की सँभाल व स्वच्छता के सुझावों का इस प्रशाखा में विस्तार से निरूपण किया गया है।

भारत में स्वास्थ्य की स्थिति

वर्ष 2008 तक विश्व की 40 प्रतिशत आबादी को स्वच्छता संबंधित कोई सुविधा प्राप्त न थी। सुविधा के अभाव के कई कारण रहे हैं। भारत विकासशील देश है। अल्पविकसित व अविकसित देशों की तुलना में भारत के पास स्वास्थ्य के आगे अधिक अपेक्षा है।

किसी भी देश के विकास को जानने के लिए यह जानना आवश्यक है कि उस देश की कुल आबादी, आर्थिक विकास के साधन, आरोग्य की स्थिति आदि की ओर ध्यान दिया गया या नहीं। रोगमुक्त जीवन जीनेवाले लोग, पौष्टिक आहार प्राप्त करने वाले लोगों आदि के द्वारा उस देश की विकास दिशा का अनुमान लगाया जा सकता है। देश के नागरिकों की स्वास्थ्यपूर्ण स्थिति देश के विकास की पहचान है।

भारत के दूर–दराज के गाँवों तक कैंसर, चिकनगुनिया, मधुमेह, रक्तपात, डेंगू आदि का फैलाव हो गया है। स्वच्छता के अभाव में डेंगू, मलेरिया, स्वाइन फ्लू का विशेष फैलाव हुआ है। जटिल रोगों को नेस्तनाबूद करने के लिए भारत सरकार ने विविध योजनाओं का निर्माण किया है। बारिश के मौसम में दवाई के छिड़कने से मलेरिया को नियंत्रित करने का प्रयास किया जा रहा है। डेंगू से बुरे नतीजे प्राप्त हुए हैं, उस पर भी नियंत्रण लेने का प्रयास जारी है।

चिकनगुनिया से रोग प्रतिकारक शक्ति नष्ट होती है। हाथ, पैर, दिमाग कमजोर हो जाते हैं, कई बार मौत भी हो सकती है। मच्छरों से चिकनगुनिया संभव है, अस्वच्छता भी एक कारण है। भारत में शिशु मृत्यु विशेष रही है। सरकार के द्वारा शिशु मृत्यु को नियंत्रण में लाने के लिए भी विविध योजनाएँ कार्यरत हैं। गर्भावस्था से ही उसे अनुचित वातावरण मिलता है, जन्म के साथ अस्वच्छता प्राप्त होती है, तब ऐसा जोखिम बढ़ जाता है।

माताओं व बच्चों की मृत्यु भी एक प्रबल समस्या बनती जा रही है। गर्भाधान प्राप्त करनेवाली औरतों के कुपोषण से, स्वच्छता के अभाव से यह

संभव होने लगता है। गरीबी के कारण स्वास्थ्य जोखिम में फँस जाता है। उचित इलाज न हो पाना इसका मुख्य कारण है। भारत में वैश्विक रूप में पेयजल, गंदगी का माहौल रहता है, तब उनके गंदे आवास, अशुद्ध पेय जल, गंदगी का माहौल स्वच्छता का अभाव उनके स्वास्थ्य को कमजोर बना देता है।

पोलियो व चेचक के रोगों पर भारत ने काबू पा लिया है। उससे अब अधिक मृत्यु नहीं होती। भारत अनेक प्रकार से आरोग्यजन्य समस्याओं से पीड़ित रहा है। आरोग्यलक्षी के अभाव के कारण स्थिति दयनीय रही है।

शारीरिक शिक्षा की शुरुआत प्राथमिक शिक्षा से ही होना श्रेयष्कर है। परिवार, पाठशाला, विविध संस्थान आदि के द्वारा स्वास्थ्य संबंधित ज्ञान दिया जा सकता है। बच्चों में स्वास्थ्यवर्धन हेतु जागरूकता पैदा करनी अनिवार्य है। वयस्क लोग व्यसन के कारण आरोग्य का खतरा पैदा करते हैं।

बुरी आदतों के कारण कैंसर, तपैदिक, फेफड़ों की बीमारियाँ फैलती हैं। भारत में एसिडिटी, डायरिया, न्यूमोनिया व पेट के विविध रोग अधिक देखे जाते हैं। 21 प्रतिशत ग्राम्य आबादी को पर्याप्त स्वच्छता सुविधा प्राप्त नहीं हुई है।

मानवजीवन और आरोग्यमयता की अनिवार्यता

स्वास्थ्य के संबंध में विविध परिभाषाएँ प्राप्त होती रही हैं। विविध प्रदेशों व लोगों के लिए आरोग्यमय स्थिति के मानदंड भिन्न–भिन्न हो सकते हैं। मनुष्य के लिए स्वास्थ्य एक महत्त्वपूर्ण पहलू बन गया है। लोग अपने स्वास्थ्य संदर्भ में जागरूक हो उठे हैं। आरोग्य संदर्भ में लोगों की भिन्न–भिन्न राय रही है। कुछ लोग अपने जीवन के साथ इसका अभिन्न स्थान मानते हैं। कुछ लोगों के लिए इनका सामाजिक स्थान व दरजे के सिवा कुछ नहीं है। कुछ लोग स्वास्थ्य के संदर्भ में अनभिज्ञ ही हैं। विविध प्रांतों के अनुसार विविध मान्यताएँ प्रवर्तित रही हैं। भारत में भी घरों के रीति–रिवाज, नीति नियमों में भिन्नता रही है। तथापि समाज व्यवस्था की प्रत्येक कोटि में अपना स्थान निर्धारित करने हेतु लोग स्वास्थ्यपरक नियमों का पालन करते हैं।

आवश्यकताएँ व्यक्ति विशेष के आतंरिक व बाह्य रवैये के साथ संलग्न हैं। भले ही लोगों की बातें बड़ी हों, किंतु वास्तव में आरोग्य के संदर्भ में वे लोग पूर्णतः परिचित न होते हुए सीमित ज्ञान के साथ जी रहे हैं। एक दूसरे के सामने स्वच्छता का महत्त्व बनाए रखने की कोशिश में अब आरोग्यमय बनते जा रहे हैं।

विकास की बुनियाद ही स्वास्थ्य पूर्णता है। वैयक्तिक के साथ–साथ प्रत्येक देश के लिए इसकी अनिवार्यता है। कुछ लोग स्वच्छता के संदर्भ में बच्चों की स्वच्छता को ही प्राधान्य देते हैं। वास्तविकता यह है कि घर, पाठशाला, सार्वजानिक स्थानों आदि सभी में लोगों का आना–जाना रहता है जहाँ स्वच्छता की अनिवार्यता होती है। आरोग्यलक्षिता की आवश्यकता वैयक्तिक स्तर पर भी अवश्य बनी रहती है।

बच्चे, बूढ़े, औरतें व मर्द सभी के जीवन में शुद्ध हवा, जल, पौष्टिक खुराक व वातावरण की आवश्यकता स्वास्थ्यपरक स्थिति की पहचान देती है। अशुद्ध जल पीने से भी लोग बीमारी के खतरे का शिकार बनते हुए कई बार मृत्युशरण हो जाते हैं।

बुढ़ों की प्रतिकारक शक्ति सामान्य जन से अवश्य कम होती है। स्वच्छता व उचित आहार के अभाव में वृद्धों की जिंदगी केवल स्वप्न समान बन जाती है। बीमारी का फैलाव, अस्वच्छता, व्यसनादि से आरोग्य का खतरा पैदा होता है।

प्रत्येक व्यक्ति की स्वस्थता ही विकास की सही दिशा है। आरोग्यमय स्थिति मानवजीवन की प्रमुख आवश्यकता है। मानवजीवन के शारीरिक व मानसिक विकास के संदर्भ में इनकी अहम भूमिका है।

2.4 स्वास्थ्य के अभाव से उत्पन्न समस्याएँ

मानव जीवन स्वास्थ्य पर आधारित है। उसका अस्तित्व स्वस्थता पर निर्भर है। स्वास्थ्य के सुधार के अभाव में मनुष्य व पशु के बीच का अंतर समाप्त हो जाता है। स्वास्थ्य के संबंध में ही इंसान का सामाजिक स्तर निम्न हो जाता है। स्वास्थ्य का अभाव अनेक समस्याएँ पैदा करता है।

सामाजिक समस्याएँ

स्वास्थ्य की अपूर्णता व्यक्ति के सामाजिक जीवन को भी विचलित कर देती है। इंसान–इंसान के बीच के संबंधों में तनाव पैदा होने लगता है। मनुष्य के एक सामाजिक प्राप्ति होने के नाते ऐसी स्थिति में जीवन जीना दुर्लभ हो जाता है। स्वास्थ्य की अपूर्णता से बीमारी के फैलाव से तनाव–दबाव से जीवन बोझिल हो रहा है।

सामाजिक नियंत्रण का अभाव भी मनुष्य को स्वास्थ्य के अभाव का एहसास देता है। अनियंत्रित रहनेवाले लोग रोग को निमंत्रण देते हैं। समाज के लिए अनुचित कार्य करने लगते हैं। विविध सामाजिक संस्थान जैसे कि

विवाह संस्थान, परिवार संस्थान, बिरादरी संस्थान आदि भी स्वास्थ्यपरक स्थिति से मुक्त नहीं हैं। प्रत्येक संस्थान व्यक्ति विशेष पर निर्भर है। व्यक्ति के बीमार होने पर, मानसिक समस्या पैदा होने पर उसके निषेधात्मक प्रभाव को देखा जाता है। संवेदना कम होना, तलाक प्राप्त करना, संबंधों में तनाव पैदा होने जैसी निषेधात्मक क्रियाएँ देखी जाती हैं। स्वास्थ्य की अपूर्णता के कारण सामाजिक संरचना भी अस्तव्यस्त हो उठती है। व्यक्ति विशेष के निम्न स्तर की ओर जाने के डर से लघुता, हताशा का अनुभव होने लगता है। जिसका प्रत्यक्ष असर सामाजिक जीवन पर पड़ता जाता है। व्यक्ति के अपने सामाजिक अस्तित्व के लिए संघर्ष पैदा जाता है।

आर्थिक समस्याएँ

स्वास्थ्य की अपूर्णता के कारण व्यक्ति अपना नित्य का कार्य ठीक ढंग से नहीं कर पाता। उसके अर्थोपार्जन के कार्य पर विक्षेप पैदा होने लगता है। आमदनी प्राप्ति का वह प्रयास करता है, किंतु मानसिक विचलितता के कारण वह सफल नहीं हो पाता।

स्वास्थ्य की अपूर्णता गरीबी जैसी समस्याओं को पैदा करती है। प्रत्येक व्यक्ति स्वस्थ जीवन जीने के लिए लालायित होता है। किंतु स्वास्थ्यजन्य समस्याएँ व्यक्ति को ऋण में डुबो देती हैं और जीवन से हताश कर देती हैं।

व्यक्ति ठीक ढंग से अपना विकास साध नहीं सकता। बीमार व रोगयुक्त व्यक्ति अपने शारीरिक व मानसिक अस्वस्थता के कारण चिंता व हताशा में रत रहता है। विकास के अवसरों को प्राप्त नहीं कर पाता। चिंता के कारण सृजनात्मकता पैदा नहीं कर सकता। बीमारी के ही कारण सूद पर पैसा लेना उनकी मजबूरी बन जाती है।

अस्वस्थता के कारण वह सूद के चक्रव्यूह से बाहर नहीं निकल सकता। अर्थाभाव के कारण वह अपराध के रास्ते अपनाने लगता है। देश के विकास में मानव संसाधन का बहुमूल्य योगदान है।

भारत देश में सबसे अधिक मानव संसाधन प्राप्त होता है। इस मानवशक्ति का आर्थिक विकास हेतु सदुपयोग किया जाना आवश्यक है। लोगों का जीवन–स्तर ऊँचाई प्राप्त कर सकता है। आरोग्य की विपरीत स्थिति देश के पिछड़ेपन का कारण बनती है।

धार्मिक समस्याएँ

गलत रिवाज़, गलत मान्यताएँ आदि के लिए स्वास्थ्यपरक स्थिति ज़िम्मेदार है। धार्मिक विधियाँ व रिवाज़ों के अनुसार स्वास्थ्य समस्या को हल करने का प्रयास किया जाता है। अंधविश्वास, डोरे–धागे व जादू–टोने से आरोग्य की सुरक्षा सोची जाती है, जो कि सरासर गलत है।

स्वास्थ्यजन्य समस्याएँ

स्वास्थ्य की अपूर्णता व्यक्ति विशेष को हताशा के गर्त में खो देती है। स्वास्थ्य का अभाव कई बीमारियों को न्योता देता है। आरोग्यपूर्ण स्थिति अर्थात् रोगमुक्त रहने की प्रक्रिया। प्रक्रिया शब्द इसलिए प्रयुक्त है कि यह एक निरंतर क्रिया है। व्यक्ति हवा, जल, खुराक आदि को ध्यान में रखते हुए जीवन व्यतीत करता है। इसके प्रति लापरवाही स्वास्थ्य के लिए खतरा पैदा करती है। कई बीमरियों का शिकार बनने वाले लोग वास्तव में मानसिक रूप से भी बीमार हो जाते हैं। अतः यह स्थिति अनेक रोगों का कारक बनती है।

स्वास्थ्यपूर्ण समाज निर्माण के आवश्यक सोपान

सामूहिक प्रयासों से स्वास्थ्यपूर्ण समाज का निर्माण होता है। समाज के सभी वय वर्ग के लोगों के स्वास्थ्य हेतु घनिष्ठ प्रयास किया जा सकते हैं। प्रत्येक परिवारों को एक निश्चित जीवनशैली अपनानी अनिवार्य है। स्वास्थ्यपूर्ण समाज निर्माण हेतु हवा, पानी, खुराक, वातावरण व स्वास्थ्यपरक नियमों की आवश्यकता है।

शुद्ध हवा

हवा मनुष्य जीवन का आवश्यक स्रोत है। मनुष्य के जीवित रहने का आधार हवा है। वर्तमान समय में हवा की शुद्धता की समस्या बनी रही है। धुआँ, रजकण, कचरे से हवा प्रदूषित होती है। मनुष्य की श्वसन क्रिया सें इतने दूषित तत्त्व उसके शरीर में प्रवेश करते हैं। अतः फेफड़े, पेट, नाक आदि के संबंधित रोग पैदा होते हैं।

वायु प्रदूषण का निषेध ही स्वस्थ समाज का निर्माण कर सकता है। वाहनों का कम प्रयोग, औद्योगिक समवायों का धुआँ आदि का नियंत्रण वायु प्रदूषण को रोक सकता है। शुद्ध हवा के द्वारा अरोग्यपूर्ण समाज संभव है।

शुद्ध व स्वच्छ जल

शुद्ध जल स्वस्थ समाज निर्माण का कारक है। अशुद्ध जल से अनेकानेक बीमारियों का फैलाव होता है। दूषित जल के लिए कड़े कदम उठाने आवश्यक हैं। लोगों को चर्म, आँख, आँतें, बाल आदि के रोग दूषित जल के कारण लागू हो जाते हैं। हमें चाहिए कि हम इस बात की जाँच करें कि प्रयुक्त किया जानेवाला जल शुद्ध है या नहीं? जल के प्रदूषित होने पर स्वास्थ्य के लिए जोखिम पैदा हो उठता है।

पौष्टिक आहार

कुपोषण भारत देश की सबसे बड़ी आरोग्यजन्य समस्या है। सभी नागरिकों के लिए पौष्टिक आहार की आवश्यकता होती है। ऐसे आहार के प्रयोग से तंदुरस्ती पैदा होगी और स्वस्थ समाज का निर्माण हो सकेगा। अन्न का चयन और स्वच्छता भी स्वास्थ्यजन्य बातों का प्रभाव पहुँचा सकता हैं।

स्वास्थ्यपरक नियम

उचित स्वस्थ्य हेतु समाज में स्वास्थ्यपरक नियमों का गठन आवश्यक है। सुबह जल्दी उठना, रात को जल्दी से सो जाना, नियमित व्यायाम, योग करना। शुद्ध जल, खुराक प्राप्त करना। नियमित तौर पर स्वास्थ्य की जाँच कराना उपयोगी सिद्ध होता है।

स्वच्छ वातावरण

आरोग्यमयता के लिए शुद्ध पर्यावरण का होना अनिवार्य है। वातावरण की शुद्धता जिनसे खंडित होती है, ऐसे माध्यमों को जैसे कि हवा, पानी, गंदगी, कचरा, भाप आदि का उचित समाधान ढूँढ़ना आवश्यक है। स्वच्छ वातावरण स्वच्छ–स्वास्थय समाज का निर्माण कर सकता है।

आरोग्य व स्वच्छता की शिक्षा

समाज की स्वस्थता हेतु उचित शिक्षा आवश्यक है। बच्चों, युवा व औरतों को स्वास्थ्य संबंध में प्रशिक्षित किया जाए, स्वच्छता की गरिमा समझाई जाए, यही जरूरी है। स्वच्छता कब, कहाँ, कैसे महत्त्वपूर्ण है, इस प्रकार की शिक्षा स्वस्थ समाज का निर्माण कर सकती है।

सफाई कार्य

प्रास्ताविक

भारत गाँवों का देश है। आज भी 90 प्रतिशत जनसंख्या गाँवों की आबादी है। बीते समय में ग्रामीण प्रजा का विशेष अस्तित्व था। गाँवों में खुला प्रांगण, दिनभर की प्रांगण की विविध क्रियाएँ आज भी देखी जाती हैं। यह भी सत्य है कि घर के प्रांगण के इर्द–गिर्द कचरें के ढेर भी नजर आते हैं।

ग्रामीण प्रांत में प्रवेश करते हुए गंदगी व कचरे के प्रथमतः रूप में उपयोग में लाई गई चीज–पदार्थ के अनावश्यक हिस्सों को कार्य स्थान से हटाने की प्रक्रिया सफाई कार्य है। अनावश्यक हिस्से ठोस भी हो सकते हैं या प्रवाही भी, जिसे गंदगी या कचरा कहते हैं। कचरे को मानव वसावट से दूर ले जाने की प्रक्रिया सफाई कार्य है।

सफाई कार्य का सामान्य अर्थ यह है कि मानव आबादी के आसपास अर्थात् घर, कार्यालय, प्रांगण, पाठशाला आदि स्थानों पर अनावश्यक व स्वास्थ्य के लिए हानियुक्त चीज़–पदार्थ को हटाकर उस स्थान को स्वच्छ करने की प्रक्रिया।

भारतीय परंपरा के अनुसार दिन का प्रारंभ ही सफाई कार्य से किया जाता है। सफाई कार्य को धर्म के साथ जोड़ दिया गया है। भारतीय समाज में ब्राह्मण, क्षत्रिय, वैश्य और शूद्र चार वर्ण उनके कार्यों के आधार पर किए गए हैं। सफाई कार्य शूद्रों की जिम्मेदारी थी। सफाई कर्मियों के द्वारा यह व्यवसाय के रूप में स्वीकृत हुआ था। सफाईकर्मियो के द्वारा प्रांगण की सफाई के साथ–साथ मानव मल–मूत्र की सफाई का भी कार्य किया जाता है। सुबह में अपने सिर पर मल–मूत्र का डिब्बा उठाकर सफाई, करने हेतु उन्हें जाना पड़ता था। ऐसा घृणास्पद कार्य मानव अस्मिता के लिए कलंक रूप रहा है। ऐसे कार्य को निश्चित बिरादरी के साथ जोड़ देने के कारण उस बिरादरी को समय–समय पर अपमानित होना पड़ता था।

सफाई कार्य स्वच्छ जीवन व पर्यावरणीय शुद्धता के लिए आवश्यक है। सफाई कार्य अनावश्यक कचरे को हटाने की प्रक्रिया है।

सफाईकर्मी व समाज–व्यवस्था

प्राचीन भारत में लोगों के कार्यों के आधार पर समाज रचना का निर्माण हुआ था। ब्राह्मण, क्षत्रिय, वैश्य तथा शूद्र वर्णों की संरचना की गई। चारों

वर्ण पर समग्र समाज व्यवस्था आधारित थी। ब्राह्मणों को वैदिक कार्य, शिक्षा कार्य व धर्म कार्य करना था। क्षत्रियों को समाज की सुरक्षा, वैश्य समुदाय को व्यापार–वाणिज्य और सफाई कार्य शूद्र को सौंपा गया था।

समाज में चारों वर्णों में सफाई कर्मी को निम्न माना जाता है। उनके कार्य के ही आधार पर उनका वर्ण निर्धारित होने पर भी उन्हें अपमानित होना पड़ता था। छुआछूत की समस्या का शिकार बनना पड़ता था।

सत्य है कि जन्म के समय किसी बच्चे को वर्ण का चयन नहीं करना होता है। किंतु समाज इस बात को स्वीकार नहीं करता। सफाईकर्मियों के साथ होनेवाला भेदभाव उनको अधिकारों से वंचित रखने की मानसिकता अमानवीय रही है।

सफाईकर्मियों के प्रति समाज का नजरिया अन्यायपूर्ण है। अपने ही स्वजन की नादुस्ती पर हम उनकी साफ–सफाई करने से हिचकिचाते है। तब समाज के मल–मूत्र की साफ–सफाई करने वालों की क्या मानसिक स्थिति हो सकती है? सफाईकर्मियों का जीवन सदैव सफाई कार्य में व्यतीत हो जाएगा। प्राचीन समय से लोगों की मानसिकता में बदलाव नहीं आया है।

सफाईकर्मियों के साथ अस्पृश्यता, असभ्य बरताव, सामाजिक गैररीतियाँ आदि होते रहते हैं। सफाई–कर्मी हमेशा समाज की असमानता के भोग बनते रहे हैं। सफाईकर्मियों का उनके कार्य के बदले आभार व्यक्त करने के बदले समाज अपमान व भेदभाव की दृष्टि रखता रहा है। यह अकल्पनीय बात है कि समाज रचना के दौरान इन लोगों की स्थिति क्या होगी? वास्तव में सफाईकर्मियों की हालत को सुधारने हेतु समाज को आत्मपरीक्षण करने की जरूरत है। सामाजिक भेदभावों के ही कारण समाज विघटित हो जाता है। वर्तमान समय में भी सफाईकर्मियों को अभाव ग्रस्त समूह के रूप में ही पहचाना जाता है।

देश के संविधान में भी सफाई कर्मियों के लिए विशेष अनुकुलताएँ दर्शाई गई हैं। उनके विकास के विधि–विधान निश्चित किए गए हैं। राज्य सरकारों के द्वारा उनके अभावों को दूर करने का प्रयास किया जा रहा है। शिक्षा, आर्थिक प्रोत्साहन की योजनाएँ लागू की गयी हैं। तथापि वर्तमान समय में इन लोगों की स्थिति में सुधार नहीं लाया जा सका है। समाज की मानसिकता को बदलने में सरकार भी अक्षम रही है। प्राचीन समय में होनेवाली अपमानजनक स्थिति के कड़वे घूँट आज भी कई स्थानों पर ये

लोग पी रहे हैं। यद्यपि कानून के डर से खुले आम इनको अपमानित नहीं किया जाता तथापि अंतरक्रियाओं में इनके प्रति पक्षपात रहता है।

समाज व्यवस्था की बदौलत सफाई कर्मियों को सामाजिक, आर्थिक, धार्मिक, शैक्षिक तथा राजनैतिक कई समस्याओं का सामना करना पड़ रहा है।

सफाईकर्मियों की समस्याएँ

प्राचीन समय से समाज में व्यक्त वर्णव्यवस्था के कारण लोगों को कई समस्याओं का सामना करना पड़ रहा है। व्यक्ति–व्यक्ति के बीच फासला बढ़ गया है। भेदभाव की स्थिति का निर्माण हुआ है। निम्नस्तर के समूह को काफी कुछ भुगतने की नौबत आई है।

सामाजिक समस्याएँ

सफाई–कर्मी इस समाज में अकल्पनीय वेदनायुक्त कार्य कर रहे हैं, तथापि समाज उनकी ओर पक्षपाती बन रहा है। विविध समूहों के द्वारा उन्हें अपमानित किया जा रहा है। उनकी ओर मान–सम्मान का नजरिया नहीं रहा है। समाज में सफाईकर्मियों के अस्तित्व का विकट सवाल है। उनका स्वीकार एक इंसान के रूप में नहीं अपितु कूड़े–कर्कट, गंदगी उठाने वाले माध्यम के रूप में किया जाता है।

समाज केवल नर–नारी की असमानता को ही तरजीह नहीं देता किन्तु उच्च–निम्न वर्ग की असामनता का भी परिचय देता है। सामाजिक अधिकारों की प्राप्ति से उन्हें वंचित रखा जाता है। सामाजिक तीज–त्योहारों पर उनका समावेश नहीं किया जाता। अस्पृश्यता का प्रश्न वैश्विक प्रश्न है। जातिवाद के प्रश्न से सफाई–कर्मी त्रस्त हैं। अपनी बिरादरी–समाज को अस्तित्व के लिए वे संघर्षमय हैं। सामाजिक स्तर पर सफाईकर्मियों को अपने उच्चतम बनने का अधिकार है। स्वाभाविक है कि सफाईकर्मियों के प्रति समाज का खयाल उच्चवर्ग तथा निम्नवर्ग की समस्या को जन्म देता है। आगे चलकर यह भाव लघुताग्रंथी व गुरुताग्रंथी में तबदील हो जाता है, जिससे अनेक प्रकार की सामाजिक समस्याएँ जन्म लेती हैं।

सफाईकर्मियों के भेदभाव के कारण ही सामाजिक परिवर्तन असंभव रहता है। सफाईकर्मियों में समूह संघर्ष की भावना पैदा होती है। भारत के संविधान में इन प्रश्नों के समाधान के कई नियम संचरित हुए हैं, तथापि अस्पृश्यता का शिकार बननेवाली जातियों को ऊँचा दर्जा प्राप्त करने हेतु संघर्षमय

स्थितियों का सामना करना पड़ता है। सामाजिक एकता में कमी केवल सफाई कर्मियों की नहीं अपितु समग्र समाज के लिए चिंताजनक समस्या है।

आर्थिक समस्याएँ

आम तौर पर सफाईकर्मियों का जीवन परंपरागत व्यवसायों में व्यतीत हो जाता है। उन्हें अन्य व्यावसायिक विकल्पों की प्राप्ति नहीं होती, जो उनके लिए एक आर्थिक समस्या है।

सफाई–कर्मी अपना आर्थिक विकास नहीं कर सकते, ऐसी एक परंपरागत मान्यता भी है, किंतु वर्तमान समय में व्यवसाय चयन से लेकर अनेक उद्योगों में वे सक्रिय होने लगे हैं। भारत का मुख्य प्रश्न गरीबी है। कुछ निश्चित वर्ग के लोग आर्थिक रूप से कमजोर हैं। अपूर्ण आमदनी सफाई–कर्मी के लिए भी महत्त्वपूर्ण प्रश्न है।

प्राचीन समय में सफाईकर्मियों को निश्चित खरीदारी का हक नहीं था। फलतः उनकी स्थिति अर्थाभाव से पीड़ित रही है। यद्यपि संविधान के द्वारा पयाप्त अवसर मुहैया करवाए गए हैं, तथापि समाज परोक्ष रूप से भेदभाव करता है।

सफाईकर्मियों को निश्चित व्यवसाय से संलग्न कर देने पर उनकी व्यक्तिगत आय कम पड़ रही है, जिसका सीधा नुकसान देश के आर्थिक विकास को हो रहा है।

वर्तमान समय में बेरोजगारी का प्रश्न ज्वलंत है। सफाईकर्मियों के लिए यह सवाल और पेचीदा है। सफाईकर्मियों के बच्चों को भी कोई काम देने पर तैयार नहीं होता।

शैक्षिक समस्या

सफाईकर्मियों के बच्चों को भी शिक्षा का अधिकार है। किंतु समाज का अधिकांश वर्ग इसके पक्ष में नहीं है। उनका मानना है कि इन बच्चों को पुश्तैनी व्यवसाय अपनाना है। पाठशाला में भी अलग शिक्षा व्यवस्था जैसी असामनता की समस्या इन बच्चों को उठानी पड़ी है। उच्च शिक्षा के लिए इनके बच्चों को प्रोत्साहित नहीं किया जाता था। उच्चवर्ग इन बच्चों की उच्च शिक्षा प्राप्ति से डर रहा है।

धार्मिक समस्या

प्राचीन समय से ही सफाईकर्मियों के लिए धार्मिक संस्थाओं में प्रवेश निषेध था। भले ही वर्तमान समय में इसमें सुधार हुआ है फिर, भी समाज के उच्च वर्ग के लोग आज भी असमानता का व्यवहार करते हैं।

ब्राह्मणों के द्वारा इन लोगों के लिए धार्मिक विधि–क्रियाएँ भी नहीं करवाई जाती थीं। इन लोगों को अपनी ही बिरादरी से किसी के द्वारा ऐसी विधियाँ करवानी पड़ती थी। धार्मिक विधि–विधान, पर्व–उत्सव, व्रत, कथा आदि में उच्च वर्ण के लोगों के साथ इन लोगों को जोड़ा नहीं जाता था। अस्पृश्य मानते हुए भेदभाव रखा जाता था।

गांधीजी और सफाईकर्मी

गांधीजी स्वच्छता के आग्रही थे। उनके सभी रचनात्मक कार्यों में स्वच्छता के प्रति विचार किया गया है। वे स्वयं अपने हाथो से सफाई व स्वच्छता का कार्य करते थे।

भारत–वर्ष में गांधी की पहचान अस्पृश्यता निवारण के पिता के रूप में हुई है। केवल काले–गोरे के भेद से अस्पृश्यता प्रवर्तित न थी, किंतु समाज के सभी वर्णों, धर्मों, जातियों आदि के बीच भी अस्पृश्यता का माहौल पसरा हुआ था। गांधी ने इसके खिलाफ आंदोलन चलाया। उच्च वर्ग के लोगों का साथ छोड़कर अस्पृश्यों का साथ निभाया।

दलितों के उद्धारक के रूप में गांधीजी पहचाने जाते हैं। उनके द्वारा समाज में सफाईकर्मियों के मान–सन्मान के कई कार्यक्रम हुए है। सभा, प्रवचन आदि के द्वारा गांधी ने अस्पृश्यता निवारण के प्रयास किए। सफाई कर्मियों के प्रति होने वाले अन्याय के खिलाफ उन्होंने आवाज उठाई थी। सरकार को इस संदर्भ में ठोस कानून बनाने के लिए विवश किया था। सफाईकर्मियों के अवमूल्यन से वे व्यथित रहते थे।

सफाईकर्मियों के बीच रहकर गांधीजी ने कार्य किए थे। उन्होंने समाज के उच्चवर्ण के लोगों की आँखें खोलने का इस रूप में प्रयास किया था। गांधीजी ने दलितों की शिक्षा पर भी ध्यान दिया था। अपने अधिकारों के प्रति उन्हें जाग्रत करने का प्रयास किया था।

4. स्वच्छता, प्रदूषण और पर्यावरण

अधिकतम भारतीयों का स्वप्न क्या होगा? मोबाईल? कंप्यूटर? गाड़ी? बँगला? नहीं उनका सपना होगा स्वच्छता को बनाए रखनेवाले माध्यमों को

बसाना। 'वोटर एड्‌ड' नामक संस्थान के एक अहमाल के अनुसार भारत के 99 करोड़ लोगों के घरों में शौचालय की सुविधा नहीं है। शौचालय का प्रबंध मुश्किल से पचास प्रतिशत आबादी के पास है।

वर्तमान समय में अर्थोपार्जन का विकास का समय है। लोगों की जीवन शैली, रहन–सहन आधुनिक साधनों के बीच है। व्यक्ति विशेष के आस–पास कई चीज–सामग्री है, जिनका वे उपयोग करते हैं, अनावश्यक चीजों को लेकर भी स्वच्छता के प्रति समान रहते हैं।

भारत में बचपन से ही स्वच्छता की शिक्षा प्राप्त कराई जाती है तथापि दुनिया के अधिकतम प्रदूषित व अस्वच्छ स्थानों में भारत का नाम अग्रिम है। मुंबई, दिल्ली शहर की जहाँ आबादी अधिक है और भारत के बड़े शहर हैं, यहाँ अधिक गंदगी–अस्वच्छता द्रष्टव्य है।

सार्वजनिक रास्ते, बस अड्‌डे, अस्पताल, रेलवे–स्टेशन, कार्यालय आदि स्थानों पर अस्वच्छता ने डेरा जमाया है। भारत में स्वच्छता के लिए जब तक ठोस कदम नहीं उठाए जायेंगे, तब तक परिस्थितियों में कोई परिवर्तन संभव नहीं है।

भारत की विडंबना है कि यहाँ सफाई करनेवाले कम और गंदगी करने वाले लोग अधिक हैं। स्वच्छता व स्वस्थता के लिए हेतु भी सामूहिक प्रयास नहीं किये जाते। स्वच्छता मानवजीवन का स्वस्थता हेतु भी अभिन्न पहलू है। भारत सरकार के द्वारा स्वच्छता बनाए रखने हेतु कई प्रयास किए जा रहे हैं। समाज के नागरिकों के उपभोग से स्वच्छता को खतरा पहुँचा है।

मानवीय प्रदूषण मानव सृजित प्रदूषण है। दूसरा कुदरती प्राकृतिक प्रदूषण है। हवा, जल, जमीन संबंधित मानव सृजित हो सकते हैं। स्वच्छता का अभाव इन प्रदूषणों को बढ़ावा देता है। लोगों के विविध चीज–पदार्थो के उपयोग से, समाज व्यवस्था के उपयोग से लोगों सुविधा प्राप्त करते हैं, स्वच्छता का प्रयास भी करते हैं तथापि कई लोग लापरवाह हैं।

भारत में कई सार्वजनिक स्थानों पर लोग मल–मूत्र विसर्जन क्रिया करते हैं। यूरोप–जापान में ऐसे दृश्य द्रष्टव्य नहीं होते। कई लोगों के अनुदानों से मंदिर, अस्पताल, शाला आदि बनाए जाते हैं, किंतु स्वच्छता के नाम पर शून्यता रही है। कहीं पर भी थूकना, कचरा फेंकना, शौचक्रिया करना, 'भारतीय' के रूप में हमारी पहचान बन गई है।

हमारा देश कला–संस्कृति, विज्ञान के लिए प्रसिद्ध है। किंतु वास्तविकता यह है कि जापान, अमरीका, इटली से आनेवाले मुलाकाती इसे गंदे देश के रूप में पहचानते हैं।

गांधीजी ने भी कहा था कि जिसे हम सात लाख गाँवों के रूप में पहचानते हैं, वे वास्तव में सात लाख मलबे हैं, शर्म की बात है कि हमें समानता प्राप्त नहीं होती। गांधीजी ने भी स्वच्छता के संबंध में निंदा की है।

सामान्यतः देखा गया है कि हम शुद्ध पानी के लिए पानी की बोतल का इस्तेमाल करते हैं। किंतु उपयोग के बाद बोतल का कहीं पर भी फेंका जाना कितनी बेशर्मी की बात है। अस्पताल, सार्वजानिक स्थानों पर गंदगी के ढेर दिखाई पड़ते हैं। भारत में 66 प्रतिशत रोगों का कारण ठीक ढंग से हाथों की सफाई न होना है। 13 प्रतिशत रोग नाखून न काटने से होते है। स्वच्छता को केवल आरोग्यलक्षी न रखते हुए हम प्रदूषण की शुद्धता हेतु भी विचार करें। लोगों की समझदारी ही प्रदूषण के प्रश्न का समाधान खोज पाएगी। यातायात के साधन, मिलों के धुँआ वायु प्रदूषण फैलाते है, नदी–तालाबों के अयोग्य उपयोग जल प्रदूषण का कारण है। स्वच्छता के द्वारा प्रदूषण मुक्ति हो सकती है। जानलेवा रोगों से बचने के हेतु स्वच्छता अनिवार्य है। पर्यावरणीय असंतुलित स्थिति को सँवारना हमारे अपने हाथ में है।

स्वच्छता का महत्त्व

इन्सान की जिंदगी के लिए जितनी साँसें महत्त्वपूर्ण हैं, उतनी ही स्वच्छता भी महत्त्वपूर्ण है। कदाचित् स्वच्छता बनाये रखना एक व्यक्ति का कार्य नहीं है, किंतु उसके लिए सभी का प्रयास आवश्यक है। गंदी बस्ती में एक दिन रहने पर स्वच्छता का महत्त्व स्पष्ट हो सकता है।

स्वच्छता केवल आतंरिक नहीं, बाह्य वातावरण को भी प्रभावित करती है। मनुष्य को अपना अस्तित्व बनाए रखने के लिए स्वच्छता का होना जरूरी है। स्वच्छता का स्वास्थ्य से प्रत्यक्ष संबंध अनुभव करने के लिए अस्पताल की मुलाकात अनिवार्य हो जाती है। संक्रामक रोग के शिकार बननेवाले अब सजग होने लगे हैं।

स्वच्छता के महत्त्व को स्वीकार करते हुए ही सामाजिक विकास की दिशा तय की जा सकती है। सामाजिक संबंधों के अस्तित्व हेतु स्वास्थ्य आवश्यक है और स्वास्थ्य हेतु स्वच्छता। कमजोर स्वास्थ्य, सामाजिकता का

कुप्रभाव पैदा करता है। गांधीजी ने भी भारत की स्वच्छता से नाराज़ होकर देश को पश्चिमी समाज की स्वच्छता समझने का संदेश दिया था। सामूहिक स्वच्छता का खयाल भारत में सर्वनिहित है। लोग साथ जीना नहीं बल्कि अस्वच्छता के कारण साथ मारना जानते हैं। हम आज तकनीकों का उपयोग करते हैं, समय से ताल मिलाते हैं, किंतु स्वच्छता केंन्द्री अभी भी नहीं बने है, स्वच्छता ही मानव का गौरव है।

हमारे समाज में स्वच्छता जागृति के जितने प्रयास होते हैं, उतने स्वच्छता प्राप्ति हेतु नहीं होते। सभी उम्र, वय के लिए स्वच्छता आवश्यक है। सामाजिक आंतरक्रियाओं में सामाजिक व्यवस्थापन बनाए रखने में स्वच्छता अनिवार्य है। स्वच्छता का महत्त्व राजनैतिक क्षेत्र में, शैक्षिक क्षेत्र में व आर्थिक क्षेत्र में रहा है। स्वच्छता केवल जैविक बात न होकर पर्यावरणीय ताल्लुक भी रखती है। स्वास्थ्यपूर्णता स्वच्छता के द्वारा ही संभव है।

व्यावसायिक स्थानों, संस्थानों, पाठशालाओं, सार्वजनिक स्थानों आदि पर स्वच्छता आवश्यक है। ऐसे स्थानों पर लोगों की संख्या अधिक होती है जिससे स्वास्थ्य के प्रश्न भी पैदा होते हैं। निजी संस्थानों में कुछ मात्रा में स्वच्छता देखी गई है। इस संदर्भ में निजी संस्थान के संयोजकों ने विशेष प्रावधान किए होते हैं। अतः समाज के स्थायित्व के लिए स्वच्छता सविशेष जरूरी है।

स्वास्थ्यपूर्णता अनेक प्रश्नों का समाधान ढूँढ सकती है, वैसे ही स्वच्छता कई नई दिशाओं को उद्घाटित कर सकती है। अच्छे स्वास्थ्य के लिए शिक्षा प्राप्ति हेतु समाज के सदस्य के रूप में स्वच्छता को स्वीकार करना अब अनिवार्य है।

स्वास्थ्य और स्वच्छता

समग्र विश्व में 2.4 अरब लोग स्वास्थ्यपूर्ण स्वच्छता की सुविधाओं से वंचित है। जिस में तकरीबन 80 प्रतिशत (19 अरब) लोग दक्षिण एशिया के हैं। भारत और चीन समेत बांग्लादेश के 7.37 करोड़ पाकिस्तान के 7.27 करोड़ और नेपाल के 1.98 करोड़ लोग सेनिटेशन की सुविधाओं के बिना जिंदगी बसर कर रहे हैं।

अब यूरोप व दक्षिण एशिया के समुद्रतट पर ही कोलेरा, डायरिया जैसे रोग फैलते नहीं हैं, क्योंकि वहाँ शौचालयों की सुविधा उपलब्ध होने लगी

है। ऐसे रोग अब गरीबों को अधिक ग्रस लेते हैं। विश्व आरोग्य संस्था (WHO) के मतानुसार वही व्यक्ति संपूर्ण स्वास्थय माना गया है, जो शारीरिक, मानसिक व सामाजिक रूप से कुशल हो। अपने भीतर रहनेवाली शक्तियों का जिन्होंने प्रदर्शन किया है, जो अपने गुणों को साक्षात् करता है, वह व्यक्ति उत्तम है। ऐसा तब ही संभव है, जब व्यक्ति को सानुकूल वातावरण प्राप्त होता है।

व्यक्ति विशेष का उद्देश्य स्वस्थ व आनंदयुक्त दीर्घ जीवन जीना है। सभी अपने अपने ढंग से इस संदर्भ में प्रयत्नशील रहते हैं। स्वास्थ्य हेतु सामुदायिक प्रयास भी आवश्यक है। आदर्श स्वास्थ्य एक कल्पना है। हमारे सामने दो स्थितियाँ पैदा हुई हैं, एक रेस्टोरेंट, होटल और दूसरा है अस्पताल। दोनों में स्वच्छता अनिवार्य है।

स्वच्छता के संदर्भ में जन–जागृति देखी जाती है। फिर भी जनजागृति का पूरा माहौल द्रष्टव्य नहीं है। स्वास्थ्य व स्वच्छता एक सिक्के के दो पहलू है। दोनों बाजुओ का विशेष महत्त्व आँका गया है। मानवीय जीवन में विविध प्रदूषणों के निवारण हेतु स्वच्छता का होना अनिवार्य है।

प्रदूषण भी वायु प्रदूषण, जल प्रदूषण आदि प्रदूषण समाज में फैले हुए हैं। दीवारों पर लोगों श्लोगनों द्वारा स्वच्छता का प्रचार–प्रसार किया जा सकता है। सरकार, विविध संस्थान, पाठशालाएँ, महाविद्यालय आदि के सहभागी प्रयासों से स्वास्थ्य व स्वच्छता के लिए पूर्ण प्रयत्न कर रही है। स्वच्छता ही स्वास्थ्यवर्धन कर सकती है। सभी जड़ या चेतन पदार्थो की स्वच्छता स्वास्थ्य का आह्वान करती है। प्रदूषण से आज मनुष्य रोगिष्ट बनता जा रहा है। श्वसन प्रक्रिया को भी प्रश्न वायु प्रदूषण के द्वारा बढ़ गया है। जल स्रोत भी प्रदूषण का भोग बने हैं। जल प्रदूषित होने पर हड्डी, आँख, पेट, चर्म के रोग बढ़ते जा रहे हैं। भारत में इनके रोगी अधिक हैं।

स्वच्छता व स्वास्थ्य दोनों अभिन्न हैं। दोनों के प्रति समान रहने पर मनुष्य को किन्हीं खतरों का सामना करने की आवश्यकता न होगी।

स्वास्थ्य–सँभाल के हेतु आवश्यक सूचनाएँ : स्वच्छता के द्वारा स्वास्थ्य संबंधित मार्गदर्शन

मानवीय विकास का मानदंड उनकी स्वास्थ्यपूर्णता पर आधारित है। सामाजिक, आर्थिक, राजकीय स्थिति कैसी भी हो, किंतु विशेष प्राधान्य

आरोग्य व स्वास्थ्य संबंधित बना रहता है। 'जान है तो जहान है, व्यक्ति के ही अस्तित्व के मिट जाने पर कोई सुविधा किस काम की?

समग्र दुनिया के देशों की सरकारों का अंतिम लक्ष्य अपनी जनता के स्वास्थ्यवर्धन का होता है। स्वास्थ्य सँभाल कोई एक समय की ही प्रक्रिया न होते हुए निरंतर प्रक्रिया है। स्वच्छता स्वास्थ्य को बनाती है।

1. वैयक्तिक स्वच्छता, 2. सार्वजनिक स्थानों की स्वच्छता, (i) शुद्ध हवा (ii) शुद्ध जल, (iii) शुद्ध–स्वच्छ वातावरण, 3. पौष्टिक आहार, 4. व्यायाम, निंद्रा।

1. वैयक्तिक स्वच्छता

स्वास्थ्य के रखरखाव हेतु वैयक्तिक स्वच्छता अनिवार्य है। समय–समय पर स्नान, हाथ धोने की क्रिया, कपड़े की स्वच्छता शारीरिक अंगों की स्वच्छता आवश्यक है। शौचक्रिया, भोजन आदि क्रियाओं में साबुन से हाथ धोना, साबुन से ही ढंग से स्नानादि स्वच्छता के लक्षण है। बीमार व्यक्ति को अन्य व्यक्तियों से विशेष रूप में व्यवहार करते हुए स्वच्छ रहना अनिवार्य है। वैयक्तिक रूप से स्वच्छता का आग्रह आवश्यक है।

2. सार्वजानिक स्थानों की स्वच्छता

(i) शुद्ध हवा

श्वसन प्रक्रिया मानवजीवन की अनिवार्यता है। शुद्ध हवा श्वसन क्रिया को बाधारहित बनाती है। प्रदूषण रहित हवा शुद्ध जीवन जीने का आधार है। कार्बन मोनोक्साइड, नाइट्रोजन, सल्फर, कार्बन डायोक्साइड आदि घातक तत्त्व हैं। व्यक्ति विशेष के लिए हानिकारक हैं। शुद्ध हवा का आधार लोगों के रोजमर्रा के जीवन पर भी आधारित हैं।

वाहनों का प्रयोग, कल–कारखाने के धुआँ, धूल आदि के द्वारा वायु प्रदूषित होने में देर नहीं लगती। लोगों को शुद्ध हवा के लिए सावधान रहना आवश्यक है।

(ii) शुद्ध जल

जल दो रूप में है, एक पेयजल और दूसरा उपयोग में लाया जानेवाला जल। पेयजल की शुद्धता अनिवार्य है। जलस्रोतों के इर्दगिर्द गंदगी, कपड़े धोने की क्रिया, केमिकल्स का प्रयोग स्वास्थ्य नीति के खिलाफ है। शुद्ध जल ही पेयजल बन सकता है।

गृह उद्योग का जल भी उपयोग करने के बाद उचित रूप में निकालने का प्रबंध करना चाहिए। अतः दूषित जल पर्यावरण को हानि पहुँचा सकता है।

(iii) शुद्ध–स्वच्छ वातावरण

स्वस्थ आरोग्य हेतु स्वच्छ वातावरण आवश्यक है। मानव आबादी के आसपास का वातावरण उचित रहेगा, तब ही मानव विकास संभव रहेगा। लोगों को स्वच्छता का महत्त्व समझाते हुए वातावरण की स्वच्छता पर ध्यान देना चाहिए। स्वच्छ वातावरण के लिए विविध साधनों का प्रयोग आवश्यक है। शौचक्रिया, कचरे के डिब्बे, दवाई का घिंड़काव, 'डस्टबीन' आदि का उपयोग वातावरण को स्वच्छ कर सकता है। मक्खी, मच्छर आदि का फैलाव न होने पर भी वातावरण स्वच्छ बन सकता है। स्वच्छता संबंधित शिक्षा इसका एक उपाय है।

3. पौष्टिक आहार

पौष्टिक एवं स्वच्छ आहार से मनुष्य की शारीरिक शक्ति को बल प्राप्त होता है। पौष्टिक आहार के अभाव से शारीरिक दुर्बलता व रोगों का शिकार बनना पड़ता है। खुराक को उचित रूप में पकाना, फल–फलादि को स्वच्छ रखना, स्वास्थ्य के लिए फायदेमंद है। आहार को खुले में रखने पर मच्छर, मक्खी का विशेष भय रहता है और बीमारियाँ अधिक फैलती हैं।

4. व्यायाम, निद्रा

आहार के ही समान स्वास्थ्य के लिए व्यायाम और निद्रा का महत्त्व है। नियमित रूप से व्यायाम करना, स्वच्छ स्थानों पर व्यायाम करना, विविध यौगिक क्रियाएँ करना स्वास्थ्य के लिए फायदेमंद है। निद्रा भी सविशेष महत्त्वपूर्ण है। पर्याप्त मात्रा में निद्रा न लेने पर भी अस्वस्थता बनी रहती है। पर्याप्त निद्रा स्वास्थ्य की निशानी है।

भारतीय समाज में प्रदूषण एक सामाजिक समस्या

प्रदूषण अर्थात् विशेष दूषण। धूल–धूसरित स्थिति, भाप, दूषित जल, कचरे के ढेर आदि से प्रदूषण पैदा होता है। प्रदूषण अर्थात् ऐसे पहलू, जिनसे वातावरण दूषित होता है। इन पहलुओं को प्रदूषक कह सकते हैं। प्रदूषक से दूषित होनेवाली स्थिति प्रदूषण है।

मानवीय समाज पर प्रदूषण का विपरीत असर पड़ता है। किसी भी समाज के लोगों के आसपास पर्यावरण बना रहता है। पर्यावरण का सजीव सृष्टि पर विशेष प्रभाव रहता है। मानवीय क्रियाएँ भी पर्यावरण पर प्रभाव डालती हैं। पर्यावरणीय असंतुलन की भी स्थित पैदा हो सकती है। लोगों के जीवन में प्रदूषण का खतरा गंभीरता पैदा कर सकता है। अपने ही कारण कई बार लोग प्रदूषण फैलाते हैं।

वर्तमान समय में लोगों के आंतरिक संबंधों पर भी प्रदूषण का प्रभाव लक्षित होता है। अनेक समाजी समस्याओं का भी उद्‌भव होता है। उचित वातावरण न प्राप्त होने पर मानवीय विकास अवरुद्ध हो जाता है।

गरीबी, बेरोजगारी, निरक्षरता, मानसिक समस्याएँ, सामाजिक ऐक्य का खंडन, अंधविश्वास, आदि सामाजिक समस्याएँ प्रदूषण की बदौलत भारतीय समाज में पनप रही हैं। प्रदूषण के कारण लोग अपने कार्य में सफल नहीं हो सकते हैं। संघर्षात्मक स्थिति से गुजरते हुए लोगों को अन्य रास्ते अपनाने पड़ते हैं। भारत देश का जहाँ तक प्रश्न है, वहाँ तक देखा गया है कि गरीबी भी प्रदूषण की बदौलत है। लोग अपनी मान्यताओं के कारण प्रदूषण का फैलाव करते हैं। लोगों के पास पेट भरने की सुविधा भी नहीं हैं।

स्वच्छता के अभाव से भी प्रदूषण फैलता है। आरोग्य की स्थिति बिगड़ जाती है, लोग मानसिक रूप से खंडित हो उठते हैं। मानसिक रूप से कुंठा, लघुता का अनुभव करने वाला सामाजिक जीवन संबंधों को भी क्षति पहुँचा सकता है।

स्वास्थ्य का असर उनके सामाजिक जीवन पर, आर्थिक जीवन पर भी देखा गया है। अर्थोपार्जन की समस्या से पीड़ित व्यक्ति समाज के द्वारा भी निंदनीय बनते हुए लघुता का अनुभव करता है।

पर्यावरण का स्वास्थ्य पर प्रभाव

पर्यावरण से तात्पर्य है कि मनुष्य के आसपास का वातावरण, हवा, पानी, जमीन, नदी, पर्वत आदि से निर्मित स्थूल व सूक्ष्म तत्त्वों से संचरित आबोहवा पर्यावरण का पर्याय है। पर्यावरणीय स्थिति का लोगों के स्वास्थ्य, स्वभाव आदि पर प्रत्यक्ष असर पैदा होता है।

लोगों के स्वास्थ्य को उनके पर्यावरणीय संतुलन के साथ परखा जाता है। पर्यावरणीय शुद्धता स्वास्थ समय स्थिति का निर्माण करती है। लोगों के द्वारा ही फैलनेवाली अस्वच्छता पर्यावरण को दूषित करती है। अशुद्ध हवा,

दूषित जल, कुपोषणयुक्त आहार के कारण लोगों का स्वास्थ्य खतरे में हो सकता है। पर्यावरण का दूषण लोगों के जीवन को प्रभावित करता है। स्वच्छ पर्यावरण का निर्माण, स्वास्थ्यप्रद वातावरण को निर्मित करता है। पर्यावरण को शुद्ध करने हेतु सहभागिता का प्रयास आवश्यक है। स्वास्थ्य कार्यकर्ता, ग्राम्यजन, आदि के द्वारा पर्यावरणीय सुरक्षा की जा सकती है। पर्यावरणीय शुद्धता हेतु कुछ ठोस कदम उठाने अनिवार्य हैं।

1. पानी भरे छोटे गड्ढे को मिट्टी से भर देना।
2. आहार व खाद्य पदार्थों की स्वच्छता।
3. ऊर्जा, सूर्यप्रकाश व रासायनिक माध्यमों के द्वारा कीटकों को नष्ट करते हुए संक्रामकता को रोकना।
4. प्रतिरक्षण के साथ रोग नियंत्रण।

1. पानी भरे छोटे गड्ढों **के मिट्टी से भर देना** : जमीन पर जहाँ तहाँ छोटे–छोटे पानी भरे गट गेंड्ढे नजर आते हैं। जिनसे मच्छरादि का फैलाव संभव है। इसके कारण डेंगू, मलेरिया, चिकनगुनिया जैसे रोग संभव हैं और मानवीय स्वास्थ्य को खतरा पहुँच सकता है। तब ऐसे स्थानों को मिट्टी से भरकर स्वच्छ बनाना अनिवार्य है।

2. आहार व खाद्य पदार्थों की स्वच्छता : सूक्ष्म व अतिसूक्ष्म रूप से कई ऐसे तत्त्व है, जो पर्यावरण में शामिल होते हैं। खाद्य–पदार्थों को ढककर रखना, रसोई के नियमों का पालन करना, लंबे समय तक खुराक को न रहने देना आदि कुछ कारणों से स्वास्थ्य बना रहता है।

3. ऊर्जा, सूर्यप्रकाश व रासायनिक माध्यमों के द्वारा कीटों को नष्ट करते हुए संक्रामकता को रोकना : पर्यावरण में संलग्न सूक्ष्म जीवों का जब मानवजीवन के संबंध चीज–प्रदार्थों के साथ संयोजन हो जाता है, तब बीमारियाँ फैलने का डर रहता है। इससे बचने के लिए पर्याप्त सूर्यप्रकाश या रासायनिक दवाईयों के उपयोग से चीज–पदार्थों को सुरक्षित रखा जा सकता है।

4. प्रतिरक्षण के साथ रोग नियंत्रण : प्रतिरक्षा का प्रबंधन करते हुए कुछ रोग नियंत्रण किया जा सकता है। पर्यावरणीय स्वच्छता प्रतिरक्षा के लिए उपकारक है।

प्रदूषण अटकाव कार्य व पर्यावरण बचाव कार्य

परि और आवरण शब्द से पर्यावरण शब्द निष्पन्न हुआ है। परि अर्थात् चारों ओर आवरण अर्थात आच्छादना, मनुष्य के आस–पास की सृष्टि पर्यावरण है। पर्यावरण प्राकृतिक व मानव सृजित दो रूपों में देखा जाता है।

वायु प्रदूषण, जल प्रदूषण, भूमि प्रदूषण से पर्यावरणीय प्रदूषणों को बचाया जा सकता है। यातायात का कम प्रयोग वायु प्रदूषण का इलाज है। गंदगी, केमिकल्स का उचित प्रयोग वायु प्रदूषण को बचाता है।

स्वच्छ जल, आवश्यकतानुसार जल प्रयोग, कीटाणु से मुक्त होना जल प्रदूषण को रोकता है। ड्रेनेज प्रबंध, दूषित जल का निकास, जल प्रदूषण के उपाय हैं। कचरों का उचित निकास, प्लास्टिक बैग आदि के उचित प्रयोग से भूमि प्रदूषण बच सकता है। जमीन का क्षार, मरू विस्तार का बढ़ावा भूमि प्रदूषण है। जमीन का प्रदूषण वृक्षारोपण के द्वारा समाप्त किया जा सकता है।

4

स्वच्छता : परिप्रेक्ष्य और अभिमुखता

प्रास्ताविक

स्वच्छता प्रत्येक की अनिवार्यता व आवश्यकता है। उनके उपयोग व महत्त्व को निर्विकल्प कह सकते हैं। स्वच्छता की ओर विविध दृष्टिकोण स्थित होते हैं। स्वच्छता की विविध नजरिये से पहचान प्राप्त की गई है। स्वच्छता की जरूरतें अपरिहार्य हैं। स्वच्छता संबंधी कई विचार प्रवर्तित हैं।

2. परिप्रेक्ष्य का अर्थ

परिप्रेक्ष्य से तात्पर्य है विशेष दृष्टिकोण। अर्थात् किसी भी पहलू को सर्वांगी रूप से परखना व देखना। जैसे कि स्वच्छता की सर्वांगी रूप से परख करना। उसकी समझ प्राप्त करना, उनके विविध पहलुओं की पड़ताल करना। अतः परिप्रेक्ष्य सामाजिक विज्ञानों का एक अंग है। स्वच्छता को विविध परिप्रेक्ष्यों में देखा जा सकता है। उदाहरणतः स्वच्छता और सांस्कृतिक परिप्रेक्ष्य, स्वच्छता व सुधार का परिप्रेक्ष्य, स्वच्छता व नव विकसित परिप्रेक्ष्य। प्रत्येक शास्त्र को विशेष रूप में निश्चित नजरिए से देखा जाता है। जैसे कि स्वच्छता को समाजशास्त्र के संदर्भ में, सामाजिक मूल्यों के मद्‌देनजर उसका महत्त्व सोचा जाता है। अर्थशास्त्र स्वच्छता को आर्थिक पहलू से तराशता है। राज्यशास्त्र स्वच्छता को सत्ता, कर्ज, अधिकार आदि के क्षेत्र में देखता है। मनोविज्ञान लोगों की मानसिकता के साथ जोड़कर उसका मूल्यांकन करता है। अतः सभी के अनूठे परिप्रेक्ष्य होते हैं।

अभिमुखता का अर्थ

अभिमुखता से तात्पर्य है कि किसी पहलू, स्थिति, घटना आदि का

प्रारंभिक परिचय प्राप्त करना, उसकी समझ हेतु प्रथम परिचय प्राप्ति व ज्ञान प्राप्ति। उदाहरणतः स्वच्छता संबंध में लोगों को सामान्य खयाल बना हुआ होता है, किंतु उसकी समझ प्राप्त करने हेतु उसके प्रति संलग्न होना अभिमुखता है। प्रत्येक शास्त्र के विशेष परिप्रेक्ष्य की भाँति प्रत्येक शास्त्रों के प्रति अभिमुख होना भी अनिवार्य है। वही ज्ञान का प्रवेशद्वार है। विषय की गहराई तक पहुँचने का यह प्रथम सोपान है।

स्वच्छता संबंधित विविध परिप्रेक्ष्य व अभिमुखता से उनको सफलतापूर्ण समझा जा सकता है। निम्नलिखित रूप से उस संदर्भ में चर्चा की गई है–

स्वच्छता संबंधित सांस्कृतिक–अभिगम व परिप्रेक्ष्य

सांस्कृतिकता के संबंध में तत्संबंधी देश–काल व भौगोलिकता का विचार भी महत्त्वपूर्ण बन जाता है। विविध समुदायों के सांस्कृतिक मुल्यों के साथ स्वच्छता की स्थिति विचारणीय है। स्वच्छता संबंध में उन लोगों की जागरूकता महत्त्वपूर्ण है। साहित्य–कला, जीवन, धार्मिक उत्सव, लोक–मूल्य, भाषा–बोली, वर्तन–व्यवहार जैसे सांस्कृतिक खयालों से अभिमुख होते हुए इसे अच्छी तरह से समझा जाता है।

कला संबंध, स्वच्छता की अभिमुखता व परिप्रेक्ष्य

स्वच्छता का कला के साथ प्रत्यक्ष व परोक्ष संबंध है। प्रत्येक कला में स्वच्छता निहित होती है। चित्रकला, माटी कूला, चर्म कला, नृत्य कला, आदि के साथ स्वच्छता किसी न किसी रूप में संबंद्ध है। जैसे कि चर्मकला मृतक पशुओं के चर्म को साफ करने के साथ संलग्न है, जिसमें निम्नवर्ण के लोग संलग्न होते हैं, उनके हाथों की सफाई, चर्म की सफाई–स्वच्छता अति आवश्यक बन जाती है। चर्म संबंधित जूते आदि के निर्माण में भी स्वच्छता अनिवार्य है।

चर्म संबंधित कार्य में मृतक पशुओं के चर्म को निकालने की क्रिया में जल का व्यय, बदबू व गंदगी का प्रभाव बना रहता है, फलतः पर्यावरणीय प्रश्न पैदा होता है। उत्तर प्रदेश के कानपुर शहर में चर्म उद्योगों के कारखानों से निकलने वाला जल, जो कि लाल रंग का भी होता है, नदी में बहाया जाता है। लोगों के स्वास्थ्य को सीधा खतरा पैदा हुआ है। यद्यपि कला का अवश्य विकास हुआ है, किंतु पर्यावरण, स्वच्छता के भी कई प्रश्न उपस्थित हुए हैं। इस व्यवसाय से संबंधित लोगों को निम्नवर्ण का माना

जाता है। इस कार्य से संलग्न लोगों के प्रति भेदभाव नीति प्रवर्तित है। अतः चर्मकला के साथ स्वच्छता का पारस्परिक संबंध है।

जुलाहे का कार्य भी स्वच्छता से प्रभावित रहता है। इस कला का भी इनसे प्रत्यक्ष संबंध रहा है। इस कार्य के प्रत्येक चरण को सावधानीपूर्ण नहीं उठाया गया तो कार्य में निष्फलता प्राप्त हो सकती है। स्वच्छता के बिना उत्तम वस्त्र का निर्माण असंभव है। आज लोगों के पसंद करने के नज़रिए बदल गए हैं। जुलाहे की कला संस्कृति से संबंध है। जुलाहे निम्न जाति के लोग माने जाते है। इस कार्य में सूक्ष्मातिसूक्ष्म गतिविधियाँ करनी पड़ती हैं। रुई से तार बनाए जाते हैं, छोटे कहते तारों को बुनने का कार्य कठिन है। इस कार्य में बदबू पैदा होती हैं। तैयार वस्त्र को लेकर भी बदबू फैलती है। रंगकार्य, छपाई कार्य में बदबू फैलती है। लोग जुलाहे के पास से विविध उपयोग हेतु वस्त्र प्राप्त करते हैं। पूजा–विधि हेतु कपड़ों का इस्तेमाल होता है, जिससे लोग इन निम्न जाति के लोगों के द्वारा तैयार किए गए कपड़ों के प्रति भी छुआछूत का भाव रखते हैं। अतः उनकी कला को मान न देते हुए उसे सामाजिक परिप्रेक्ष्य से जोड़ दिया जाता है।

जुलाहे के कार्य के साथ पर्यावरण भी संलग्न है। वस्त्र तैयार करने में पानी का व्यापक उपयोग होता है। पानी में रासायनिक तत्त्वों का मिश्रण होता है, जो प्रदूषण फैलाते हैं और जमीन में उतरनेवाला दूषित जल एक प्रकार का खतरा फैलाता है। अतः इस कला से भी स्वच्छता का संबंध है।

मूर्तिकला या माटीकला व चित्रकला का परंपरागत संस्कृति से संबंध है। स्वच्छता में संलग्न इन कलाओं का विशेष महत्त्व है। पत्थर से निर्मित मूर्तियाँ ईश्वर, राजकीय नेता व महानुभावों की होती हैं जिससे लोगों का आदरभाव जुड़ा होता है, फलतः इससे स्वच्छता का होना अनिवार्य है। इन मूर्तियाँ, चित्र आदि की स्वच्छता, सुंदरता व मूर्ति प्रभाव पूर्ण होनी चाहिए। चित्रों की स्पष्टता, व मूर्ति की प्रभावपूर्ण निर्मिति एक विशेष वातावरण को पैदा करती है।

यद्यपि चित्रकार व मूर्तिकार उच्चवर्ण के नहीं भी हो सकते हैं। वे मेहनतकश लोग भी छुआछूत व भेदभाव की स्थिति का शिकार बनते हैं। उन्हें भी शोषण सहना पड़ता है। असामान्य कलाशक्ति युक्त इन लोगों के साथ स्वच्छता का प्रश्न बना रहा है।

मूर्ति कला, चित्रकला, काष्ठकला पर्यावरणीय दृष्टि से भी महत्त्वपूर्ण हैं। काष्ठकला में लकड़ियों की मूर्ति बनाने हेतु वृक्षों की कटाई होती है।

संगमरमर की मूर्ति हेतु भी जमीन के मूल्यवान संगमरमर को निकाला जाता है। चट्टानों के असंतुलन से भूकंप की स्थिति पैदा होती है। मूर्तिकला में भी उर्वर भूमि से मिट्टी प्राप्त की जाती है, अतः मिट्टी का भी व्यय होता है और जमीन का नुकसान किया जाता है। इन सभी कलाओं के साथ स्वच्छता का संबंध रहा है।

साहित्य के साथ स्वच्छता की अभिमुखता व परिप्रेक्ष्य

साहित्य संस्कृति का अभिन्न हिस्सा है। साहित्य समाज का दर्पण है। संस्कृति से हमारी सांस्कृतिक पहचान पैदा होती है। साहित्य समाज सापेक्ष होता है। भौगोलिकता, सामाजिकता, प्रादेशिकता, आदि का साहित्य में विशेष प्रभाव निहित होता है। फिल्में, टेलीविजन, विविध माध्यमों में साहित्य का दृश्य स्वरूप प्राप्त होता है। समाज की वास्तविकता का रूपायन साहित्य के द्वारा होता है। वेदकालीन साहित्य, बौद्ध व जैनकालीन साहित्य, भक्ति कालीन साहित्य, ब्रिटिशकालीन साहित्य तथा आधुनिक कालीन साहित्य में कई साहित्यकारों का योगदान प्राप्त हुआ है। उन्होंने अपने साहित्य में अपने समय के समाज की स्वच्छता को प्रतिबिंबित किया है। प्रत्यक्ष व परोक्ष रूप में स्वच्छता के चित्र अंकित किए हैं। यद्यपि स्वच्छता के परे की अभिमुखता के बावजूद स्वच्छता का काम निर्देश हुआ है।

स्वच्छता के संबंध में विविध कार्यक्रम, आयोजन आदि तैयार किए जाते हैं किंतु पाठशाला–महाविद्यालयों में इसे अभ्यासक्रम के रूप में स्थान प्राप्त नहीं हुआ है। विद्यालय स्तर पर सिखाया जाए, ऐसा स्वच्छतालक्षी साहित्य अभी तैयार नहीं किया गया है। पर्यावरण विषय का इस स्तर पर स्वतंत्र अभ्यास करवाया जाता है, किंतु स्वच्छता के साहित्य के संबंध में अब भी उदासीनता प्रवर्तित है। सुलभ इंटरनेशनल सोशल सर्विसिस के प्रणेता डॉ. बिन्देश्वर पाठक के द्वारा 'स्वच्छता का समाजशास्त्र' एक विषय के रूप में यू.जी.सी. से मान्यता प्राप्त करने का प्रयास किया जा रहा है। उनका स्वप्न है कि भारत के सभी विश्वविद्यालयों में स्वच्छता संबंध के में साहित्य प्राप्त हो, यह एक विषय के रूप में स्वीकार हो।

जनजीवन के साथ स्वच्छता की अभिमुखता व परिप्रेक्ष्य

भारतवर्ष का जनजीवन, जनसंस्कृति एक विशेष पहचान है। विविधता में एकता की स्थिति भारतवर्ष का वैशिष्ट्य है। समयांतर के साथ लोकजीवन का स्वयमेव प्रभाव प्रवर्तित हुआ है। विविध जातियाँ, धर्म आचार–विचार अपने

अनूठे मूल्यों व मानदंडों के साथ प्रवर्तित हैं। जातीयों के पारस्परिक आंतरिक व्यवहार विशेष प्रभाव पैदा करते हैं। विविध जाती व बिरादरियों के अन्य बिरादरियों के साथ के व्यवहार के अनूठे नियम व बंदिश हैं। पारस्परिक जातियों के बीच 'कार्यात्मक आवश्यकता' के संबंध थे। जिसे जजमान व यजमान प्रथा कहा जाता है। उच्चवर्ण के लोगों का अपने से निम्न जातिवाली जातियों के साथ घनिष्ठ व्यवहार नहीं था। वर्तन–व्यवहार में आति–जातियों के बीच विविध मानदंड प्रवर्तित रहे हैं।

स्वच्छता के परिप्रेक्ष्य में देखे जाने पर फलित होता है कि स्वच्छता का कार्य करनेवाले निम्न माने गए हैं, जिनसे भेदभाव की नीति अपनाई जाती थी। सामाजिक भेदभाव का स्वच्छता के साथ प्रत्यक्ष व परोक्ष संबंध है।

भारत देश का संविधान 'बिन सांप्रदायिक' देश की पहचान देता है। सभी को समानाधिकार दिए गए हैं। इस देश में हिंदु–मुस्लिम, सिख, जैन, बौद्ध, पारसी आदि धर्म के लोग निवास करते हैं। इन सभी धर्मों के अपने आचार–विचार हैं, जिनसे लोग प्रभावित होते हैं। पवित्रता, मानवता, ईश्वर भक्ति का संदेश सभी धर्मों से प्राप्त होता है। मन की स्वच्छता का संदेश भी प्राप्त होता है। अतः इन धर्मों के विचारों का जन–मानस पर असर पैदा होता है।

भारत में विशेषतः नगरीय, ग्रामीण व आदिवासी समुदाय वर्तमान है। सभी समुदायों की विशेष पहचान है। नगरीय समुदाय की अपनी संस्कृति व प्रणाली है, जो अन्य समुदायों से भिन्न है। लोगों स्वच्छता के आग्रही होने पर भी सार्वजनिक स्वच्छता के संबंध में लापरवाह हैं। ग्राम्य समुदाय के लोग अशिक्षित होने के कारण स्वच्छता के प्रति समान नहीं हैं और आदिवासी लोग प्राकृतिक पर्यावरण पर आधारित होने के कारण स्वच्छता के प्रति जाग्रत नहीं हैं। अतः भारत में स्वच्छता की स्थिति असंतुलित रही है।

भारत भौगोलिक स्थिति से भी विशिष्ट है। मैदानों की संस्कृति, पर्वतीय आबादी, वन निवासी, समुद्रतटीय लोग, शीत प्रदेश के लोग आदि विविधता प्रवर्तित हैं। जहाँ मैदानी इलाके हैं, वहाँ कृषि व औद्योगिकता संबंध में जागरूकता है। पर्यावरणीय प्रश्नों के प्रति समानता है। पर्वतीय व ढलानयुक्त इलाकों में पशुपालन अधिक है। ऐसे इलाकों में प्राकृतिक हवा और जल पर्याप्त प्राप्त होते हैं। किंतु ऐसे इलाकों में वृक्षों की कटाई भी अपनी मात्रा में होने के कारण पर्यावरणीय खतरा पैदा होता है।

भारत का जनजीवन वैविध्यपूर्ण रीत–रिवाज, जीवनशैली, कला–कारीगरी, प्राचीन हस्तशिल्प, चित्र, धार्मिक, संस्कृति, साहित्य संगीत, भजन आदि के द्वारा धड़कता रहता है। सभी क्षेत्रों में स्वच्छता संबंध में संदेश फैलाए जाते है। धार्मिक विचारधारा पूर्ण रूप से स्वच्छता की आग्रही है।

कृषि प्रधान देश भारत में कला और कारीगरी के बेमिसाल उदाहरण मिलते हैं। विविध व्यवसाय की जो आर्थिक स्थिति से भी संलग्न है, जैसे कि मिस्त्रीकार्य, लोहार का कार्य, दरजी का कार्य, सफाई कार्य, माटी कार्य, मजदूरी कार्य आदि सभी में स्वच्छता का विशेष महत्त्व है। व्यवसाय की सफलता का आधार स्वच्छता पर निर्भर है। अतः भारत के जनजीवन की स्थिति को स्वच्छता के परिप्रेक्ष्य से संबद्ध माना जा सकता है। विश्वभर में भारत जैसी विविधता प्राप्त नहीं होती। 'एकता' को भारत की जान माना जा सकता है। जनजीवन के प्रति उदासीनता समाप्त हो सकती है और स्वच्छता जनजीवन का एक हिस्सा बन सकती है।

धार्मिक उत्सवों के साथ स्वच्छता की अभिमुखता व परिप्रेक्ष्य

भारत देश में धार्मिकता बुलंद है। धर्म, उपधर्म की अनेक दिशाएँ वर्तमान हैं। वर्ष के दौरान कई प्रकार के त्योहार–उत्सवों को मनाया जाता है। किसी न किसी रूप में धार्मिक स्थानों का उपयोग होता रहता है। धार्मिक मेले, पूजा–पाठ, कीर्तन, रथयात्रा, प्रदर्शनी आदि के आयोजन समयांतर में किए जाते हैं। ऐसे माहौल में ऐसे स्थानों पर स्वच्छता की अनिवार्यता सविशेष रहती है। वास्तविकता यह है कि ऐसे माहौल में, उत्सवों में गंदगी, अस्वच्छता, मल–मूत्र का दूषण, निवास के प्रश्न, दूषित जल की समस्या आदि अनेक दुविधाएँ पैदा हो उठती हैं। कुंभ मेले का आयोजन इसका सशक्त उदाहरण है। लाखों की तादाद में इकट्ठे होने वाले लोगों से पैदा होनेवाली गंदगी का कोई सुनियोजित निवारण नहीं होता। अस्वच्छता का प्रभाव उत्सव की समाप्ति के लंबे अरसे तक दुष्प्रभाव फैलाता रहता है। ईश्वर की ओर रहनेवाली श्रद्धा का प्रथम चरण स्वच्छता होने के बावजूद लोग लापरवाह है। सार्वजानिक, धार्मिक स्थानों पर स्नान–क्रिया को पुण्य कार्य माना जाता है। किंतु लोगों के मन में स्वच्छता की संकल्पना पैदा नहीं होती है। भारत वर्ष में कई छोटे–बड़े मंदिर, गुरुद्वारा, मस्जिदों में लोग इकठ्ठे होते हैं और अस्वच्छता का फैलाते हैं। विभिन्न जुलूसों में भी लोग स्वच्छता के संबंध में लापरवाह ही रहते हैं। सांस्कृतिक परिप्रेक्ष्य में धर्म संबंधित अनेक कार्यों में स्वच्छता अनिवार्य होने पर भी लोगों की लापरवाही दुष्प्रभाव पैदा करती है।

लोक उत्सवों के साथ स्वच्छता की अभिमुखता व परिप्रेक्ष्य

लोक–उत्सव भारतीय संस्कृति की धरोहर हैं। समग्र भारत में इनका विशेष आयोजन किया जाता है। कृषि प्रधान देश भारत में कृषि विषयक विविध क्रियाओं में भी लोक उत्सव आयोजित होते रहते हैं। बोने की क्रिया, पानी वितरण की क्रिया, फसल कटाई कार्य आदि लोक उत्सवों के साथ किए जाते हैं। धार्मिक त्योहारों के उपक्रम में नौरात्र, लोकनृत्य, आदिवासी नृत्य, भवाई आदि का आयोजन किया जाता है। गुजरात में तरणेतर का मेला, वौठा का पशु मेला, डाकोर का पूर्णिमा मेला, भावनगर का निष्कलंक मेला, अँबाजी का भाद्रपद की पूर्णिमा का मेला आदि साल भर में आयोजित होते रहते हैं। लाखों लोगों के इकट्ठे होने पर स्वच्छता के संबंध में कई प्रश्न उपस्थित होते हैं। उत्सवों की समाप्ति के बाद नए साल के उत्सव मनाते हैं। तब बीते समय में भी प्रश्नों का समाधान ढूँढने की कोशिश नहीं की जाती। स्वच्छता के प्रति यह दुर्लक्ष्य कई खतरे पैदा करता है।

समापन

स्वच्छता के प्रति की अभिमुखता के संदर्भ में भारत अभी भी पिछड़ा हुआ देश है। स्वच्छता का परिप्रेक्ष्य अस्पष्ट है, लापरवाही, गैर–जिम्मेदाराना रवैया कई जोखिम पैदा करता है। स्वच्छता को लोक साहित्य में, साहित्य के विविध स्वरूपों में स्थान प्राप्त हुआ है। कई कलाओं में भी स्वच्छता की महत्ता को स्वीकार किया गया है। भारतीय लोकजीवन, लोकोत्सव, धार्मिक सम्मेलन आदि में स्वच्छता के प्रति दुर्बलता बना रहा है। स्वच्छताभिमुख होने की अति आवश्यकता है। सांस्कृतिक दृष्टि से स्वच्छता का व्यक्तिगत महत्त्व है, किंतु व्यावहारिक महत्त्व नहीं है।

स्वच्छता संबंधित विधेयात्मक अभिप्राय व परिप्रेक्ष्य

मध्ययुग की पहचान अंधकार युग के रूप में रही है। उस समय का जनमानस वहम, अंधविश्वास, कुरीतियाँ जैसी बुराइयों से ग्रस्त था। शिक्षा का अभाव, स्त्रियों की स्थिति, धर्म के प्रति की अंधश्रद्धा वृत्ति, जादू–टोने का दुष्प्रभाव आदि समाज की वास्तविकता थी। स्वच्छता के प्रति लोगों की कोई मानसिकता नहीं थी।

उन्नीसवीं शताब्दी का समय सुधार युग माना गया है। अंग्रेजों के आगमन से विविध प्रवृत्तियों के साथ शिक्षा का प्रचलन भी बढ़ा। नये आविष्कार व खोजों से माहौल में परिवर्तन प्राप्त हुआ। लोग विदेश प्रवास भी करने लगे

थे। कई महानुभावों ने जन–मानस को बदलने की मुहिम प्रारंभ की। विदेशी संस्कृति के प्रभाव से कुछ सामाजिक दूषण समाप्त हुए। कुरिवाजों के प्रति, स्त्रियों के प्रति, सती प्रथा, विधवा विवाह, पुनः विवाह, शिशुविवाह आदि के प्रति लोगों की मानसिकता में परिवर्तन हुआ। राजा राम मोहन राय, दयानंद सरस्वती, एनी बेसेंट, ज्योतिबा फुले, गांधीजी, लाभ शंकर, दुर्गाशंकर मेहता, डॉ. बाबासाहब, शाहू महाराज, सयाजीराव गायकवाड़, आदि के प्रयासों से स्वच्छ समाज की तस्वीर बनने लगी। नव जागरण का आंदोलन तेज हुआ। अतः समाज सुधारात्मक अभिगम व परिप्रेक्ष्य का अनुभव करने लगा था। स्वच्छता के प्रति भी लोगों की विधेयात्मक मानसिकता बनने लगी थी।

नव जागरण की इस स्थिति में कई विशेष परिवर्तन प्राप्त हुए। आधुनिक विचार, जीवन शैली का प्रचार–प्रसार होने लगा था। संचार माध्यम, यातायात के माध्यम, स्वास्थ्य के उपकरणों में विकास देखा गया। लोगों की विचारधारा नए जीवन का अनुभव करने लगी थी। स्त्रियों के कार्य में बदलाव आया। बच्चों की परवरिश के उपरांत नई दिशाओं को छूने का प्रयास हुआ। नवजागृति की लहर स्वच्छता की संकल्पना को, गरिमा को अधिक प्रभावी बनाने लगी थी।

सुधारात्मक परिप्रेक्ष्य व अभिमुखता में स्वच्छता का स्थान

इस परिप्रेक्ष्य व अभिमुखता के तहत स्वच्छता की अभिमुखता की चर्चा आवश्यक है।

1. आधुनिक विचारधारा और स्वच्छता

कुछ वैश्विक परिस्थितियों से लोगों की नजदीकियाँ अब बढ़ने लगी हैं। लोग शीघ्र ही नए विचारों से अवगत होने लगे हैं। नई विचारधारा का सर्वांगी मूल्यांकन करते हुए लोग उसे अपनाने लगे हैं। जीवनोपोयोगी दृष्टि से लोग अब आधुनिक विचारधारा का स्वीकार करने लगे हैं। पुरानी परिपाटी को अनावश्यक समझते हुए उनका परित्याग किया जा रहा है। नई दिशाएँ, नए विचार, नई जीवनशैली व नए मूल्यों का प्रचार–प्रसार होने लगा है। ऐसे नए माहौल का अब लोगों को गर्व हो रहा है।

नए विचारों से आधुनिकता का विशेष अनुभव होने लगा है। स्वच्छता की संकल्पना अधुनातन नहीं है तथापि आधुनिक रूप धारण किए हुए है। अपने घर में ही शौचालय का होना आवश्यक है, किंतु उसके रखरखाव व स्वच्छता का खयाल आधुनिकता है। इस समय केवल दूसरों के लिए नहीं

अपितु अपने लिए स्वच्छता की गरिमा का स्वीकार होने लगा है। दूसरों के मत में स्वच्छता की विचारधारा का प्रचार करना आधुनिकता है। शिक्षा में स्वच्छता को स्थान प्राप्त हो, छुआछूत का प्रश्न नष्ट हो, पर्यावरण की सुरक्षा कायम हो आदि विचार आधुनिक विचार है। स्वच्छता संबंधित सुधारात्मक विचारधारा पनपने पर ही यह परिप्रेक्ष्य सफल हो सकता है।

2. संचार माध्यम व स्वच्छता

संचार माध्यमों की वर्तमान समय में महिमा है। दूर देश की घटनाओं को इसी माध्यम से समाज तक पहुँचाया जाता है। सामाजिक, राजकीय परिवर्तन की ताकत इस उपकरण में स्थित है। लोगों के अंधविश्वास, परंपरागत विचार, गलत–फहमियाँ आदि को इससे हटाया जा सकता है। लोग वैश्विक ज्ञान से परिचित होने लगे हैं। भारतीय ग्राम्य समुदायों में आज घर–घर में टीवी का स्थान बन गया है। मोबाईल, इंटरनेट के द्वारा परिवर्तन की लहर फैल गई है।

संचार माध्यमों के स्वरूप टीवी, फिल्में, अखबार आदि का उपयोग लोगों के द्वारा होने लगा है। इन सभी में स्वच्छता को स्थान प्राप्त है। सभी कार्यक्रम स्वच्छता की तरफदारी करते हैं। स्वास्थ्य संबंधित कार्यक्रम, स्त्री विषयक कार्यक्रम, शौचालय संबंधित विज्ञापन, स्वच्छता अभियान संबंधित विज्ञापन आदि में स्वच्छता के मूल्यों का ब्यौरा दिया जाता है। दृश्य–श्रव्य उपकरण अधिक संप्रेषणीय होते हैं। फलतः लोगों की मानसिकता को ऐसे कार्यक्रमों के द्वारा परिवर्तित करने का सफल प्रयास किया जाता है।

3. स्वास्थ्य संबंधित जागृति व स्वच्छता

अपने स्वास्थ्य के प्रति आधुनिक मानव अधिक जागरूक हुआ है। विविध आविष्कारों ने भी लोगों के स्वास्थ्यवर्धन का कार्य किया है। बीमारी फैलने के कई कारण है, विशेषतः ग्रामीण व नगरीय समुदायों में गंदगी इसका मूल कारण है। गंदगी आर्थिक व शारीरिक हानि पैदा करती है। इसको रोकने के लिए हम सचेत नहीं हैं। अपनी वैयक्तिक जिंदगी को लेकर हम समान हैं किंतु बच्चों, औरतों, बुजुर्गों के लिए हम लापरवाह हैं। स्वच्छता का महत्त्व हम नहीं जानते।

नई तकनीकों, खोजों के कारण चिकित्सा क्षेत्र में क्रांति पैदा हुई है। शुद्ध पौष्टिक आहार, शुद्ध जल लोगों के स्वास्थ्यवर्धन का कारण है। स्वच्छता ही स्वस्थ जीवन की पहचान है। रक्तचाप, आँखें, गुर्दे, हृदय आदि के सुचारू

नियमन के लिए स्वच्छता अनिवार्य है। आरोग्यलक्षी जागरूकता ही स्वच्छता के सुधारात्मक परिप्रेक्ष्य को साकार कर सकती है।

4. जीवनशैली व स्वच्छता

भारत देश का स्थान विकासशील देशों की पंक्ति में रहा है। लोगों की नई विचारधारा, नई जीवनशैली, नवजागृति, शिक्षा संचार माध्यम आदि ने आमूल परिवर्तन पैदा किया है। हर एक वर्तमान जीवन से भी ऊँचे की यह मान्यता फायदेमंद है। विशिष्ट जीवनशैली में आर्थिक व्यय अवश्य होता है, तथापि लोग इनमे फायदा देखते हैं। सफर में खर्च के बावजूद मिनरल वोटर का प्रयोग सेहत के लिए अच्छा ही माना गया है। अपने वैयक्तिक जीवन, पारिवारिक जीवन में स्वच्छता को स्थान दिया गया है। जीवनशैली के एक अभिन्न हिस्से के रूप में स्वच्छता को अपनाया गया है। ऊँचे दर्जे का जीवन जीने की ललक ही स्वच्छता के प्रति अभिमुख करती है। वास्तव में सामान्य स्तर का जीवन जीनेवाले लोगों में भी स्वच्छता का महत्त्व स्वीकारा गया है। सुधारात्मक दृष्टिकोण की फलश्रुति रूप में स्वच्छता के महत्त्व को स्वीकारा गया है।

5. आदर्शवादी विचारधारा और स्वच्छता

आदर्शवादी विचारधारा का विशेष महत्त्व है। लोग अपनी और दूसरों के संदर्भ में ऐसी विचारधारा का अनुरोध रखते हैं। आदर्शात्मक विचार, सीख आदि के प्रति लोग प्रेरित होते हैं।

स्वच्छता भी एक आदर्शवादी विचार ही है। ऐसे आदर्शवादी विचार का स्वीकार कई करणों में किया जाता है। इनके ये कारण कोई जटिल नहीं होते फलतः स्वच्छता को सहजता से अपनाया जा सकता है। स्वच्छता संबंध में जनमानस में विधेयात्मक रुझान बना हुआ है। ऊँचे व महान आदर्श की परंपरा अपनानेवाले लोग स्वच्छता को सहर्ष स्वीकार करते हैं।

6. नारी जीवनशैली और स्वच्छता

भारतीय समाज में नारी का जीवन स्वच्छता का पर्याय माना गया है। नारी के सामाजिकीकरण के संदर्भ में उन्हें स्वच्छता की शिक्षा देते हुए प्रशिक्षित किया जाता है। स्वास्थ्य संबंधित, परवरिश संबंधित, मकान स्वच्छता संबंधित, पारिवारिक माहौल संबधित पहलुओं के साथ स्वच्छता का संबंध जोड़कर नारी को प्रशिक्षित किया जाता है। नारी के साथ स्वच्छता का अभिन्न नाता रहा है। शिक्षित नारी हो, ऊँचे दरजे की नारी हो, किंतु स्वच्छता

उनके जीवन का एक हिस्सा होती है। स्वच्छता संबंधित कोई कार्य उन्हें अरुचिकर नहीं लगता। गृहकार्य, रसोईकार्य, सफाईकार्य, बच्चों की परवरिश का कार्य, सिलाई–बुनाई का कार्य, पारिवारिक संचालन का कार्य इन सभी कार्यों में वह स्वच्छता को महत्त्व देती चली आई है। परिवार में नारी का स्थान ऊँचा है। माता–पिता अपनी बेटियों को स्वच्छता की शिक्षा देते हैं। नारी के जीवन में स्वच्छता का सुधारात्मक अभिगम व्यवहारवादी रहा है।

7. निवास और स्वच्छता

भारतवर्ष के लोगों की जीवनशैली में बदलाव आया है। लोग अपने निवास–स्थान बनाते समय महत्तम जगह का उपयोग करने की इच्छा रखते है। निवास–स्थान लोगों के चैन और सुकून का एक ठिकाना है। आमतौर पर लोग अपने जीवन में एक बार ही मकान का निर्माण कर सकते हैं, फलतः पूर्ण सुविधायुक्त घर की ही वे लोग विचारणा करते हैं।

नगरों व ग्राम्यों में मकान निर्माण के दौरान वैधानिक तौर पर भी हवा, पानी, स्वच्छता, पर्यावरणीय सुरक्षा, ड्रेनेज आदि सुविधाओं का खयाल रखना पड़ता है।

स्वच्छता के संदर्भ में उन्नीसवीं सदी के प्रारंभ से ही सुधारात्मक परिप्रेक्ष्य का विचार किया गया है। जनजागृति, प्रशासन के प्रयास, समाजसुधारकों के प्रयास आदि से स्वच्छता का मूल्य बढ़ता गया है। नई बदलती विचारधारा ने स्वच्छता के प्रचार–प्रसार की अहम भूमिका निभाई है। विविध माध्यमों, उपकरणों से स्वच्छता को महत्त्वपूर्ण बनाया गया है। स्वच्छता व आरोग्य का संबंध स्थापित करते हुए काफी विचार–विमर्श होते रहे हैं। ऊँची जीवनशैली अपनाने में लोग स्वच्छता की सहायता प्राप्त करने लगे हैं। लोगों के जीवन का एक अभिन्न हिस्सा बनते हुए स्वच्छता की उपादेयता में बढ़ोतरी हुई है। नारियों की जीवनशैली में भी स्वच्छता का एक विशेष स्वरूप दृश्यमान हुआ है। अपने निवासों के संदर्भ में भी लोग स्वच्छता को केंद्र स्थान पर रखने लगे हैं, अतः स्वच्छता संबंधित विधेयात्मक दृष्टिकोण व परिप्रेक्ष्य यथार्थ बन गया है।

8. स्वच्छता संबंधित अधुनातन परिप्रेक्ष्य और अभिमुखता

समाज की परंपरागत मान्यताएँ, विचारधाराएँ, मूल्य के स्थान पर आधुनिक खयाल, विचारधारा, वैश्विक, वैज्ञानिक व संशोधन मान्यताओं के मद्देनजर अभ्यास का विचार अधुनातन परिप्रेक्ष्य के रूप में पहचाना जाता

है। लोग अपनी समझ व ज्ञान को नए नजरिए से देखने का जब प्रयास करते हैं तब, अधुनातन अभिमुखता की पहचान प्राप्त होती हैं। ऐसे परिप्रेक्ष्य व अभिमुखता की विचारधारा नवीनतम होती है। बौद्धिकता, व्यावहारिकता, संशोधनात्मकता, यथार्थता जैसे विशिष्ट आयामों से ज्ञानवर्धक होता है, ज्ञान की समझ पैदा होती है। किसी भी ज्ञान को उनके अंतिम सत्य तक पहचानते हुए उसमें सातत्य व परिवर्तन देखा जाता है। किसी पहलू की समझ हेतु वास्तववाद का आधार लिया जाता है। ऐसे परिप्रेक्ष्य में नए विचार, मूल्य, नियम, मानदंडों को अपनाया जाता है। नई विचारधारा की सामाजिक उपादेयता की भी जाँच की जाती है। अब न खुलनेवाली परिस्थितियों को खोला जाता है। नए विचारों को उद्‌घाटित करते हुए अब तक के अनछुए मुद्‌दों को उजागर किया जा सकता है। नए माहौल के प्रति लोगों को अभिमुख करने का प्रयास किया जाता है।

स्वच्छता के संबंध में उभरनेवाले नये दृष्टिकोण नए विचारों से अभिमुखता में वृद्धि हुई है। समाज में स्वच्छता संबंधित नवजागृति, विधेयात्मक विचारों को लेकर एक आंदोलन चल पड़ा है। जनमानस में स्वच्छता के परिप्रेक्ष्य में चेतना की लहर फैल गई है। वैयक्तिक स्तर से लेकर समष्टिगत, वैश्विक पर्यावरणीयता तक 'स्वच्छता' को केंद्ररूप स्थान प्राप्त हुआ है। इस संदर्भ में नए अन्वेषणात्मक विचारों की भी प्राप्ति हो रही है। सुलभ सोशल सर्विसिस दिल्ली जैसे संस्थान अंतरराष्ट्रीय स्तर पर इस दृष्टिकोण से कार्यरत हैं। स्वच्छता के संदर्भ में जनाभिमुखता, विविध कार्यक्रम, साहित्य संरचना आदि का संचार हो रहा है।

स्वच्छता के नए व अधुनातन परिप्रेक्ष्य की चर्चा सहज ही इस प्रकार की जा सकती है, जिससे अभिमुखता का परिचय प्राप्त होता है।

1. रसोईघर और स्वच्छता

निवासस्थान में रसोईघर का विशेष महत्त्व है। घर छोटा हो या बड़ा, किंतु रसोईघर अति महत्त्वपूर्ण है। रसोईघर में पकनेवाला खाना, जल व्यवस्थापन, अन्नसंग्रह, व्यवस्थापन, फ्रिज, ओवन, ड्रेनेज आदि पहलुओं में स्वच्छता का सविशेष खयाल रखा जाता है। खुराक पौष्टिक, सात्त्विक व स्वास्थ्यप्रद हो प्रोटीन, फाइबर, विटामिन से परिपूर्ण हो यह आवश्यक है। रसोईघर की स्वच्छता को लेकर लोगों में समानता पैदा हुई है। सेहत का इससे प्रत्यक्ष संबंध है। खाने में आज पारंपरिक खुराक के साथ ही साथ

पाश्चात्य शैली का प्रभाव बढ़ा है। अधिक कैलोरियुक्त, मीठे, तैलीय खुराक की मात्रा लोगों की अरोग्यमय जागृति के कारण कम होने लगी है। रसोईघर के निर्माण को लेकर भी शिक्षा दी जाती है, उसके डिजाइन के संदर्भ में लोग सचेत है। यही विचार नई अभिमुखता का द्योतक है।

2. फूड सेफ्टी और स्वच्छता

भारतीय समाज में पारंपरिकता विलुप्त होती जा रही है। खुराक के संदर्भ में जनमानस की विचारधारा परिवर्तित हुई है। स्वास्थ्यवर्धन के पर्याप्त प्रयास लोगों के द्वारा आजमाए जा रहे हैं। विविध माध्यमों के द्वारा स्वास्थ्य के अनुकूल कैसी खुराक प्राप्त करनी चाहिए, इस बात से अवगत होने लगे हैं। अन्न, घी, तेल, सब्जी आदि में लोग स्वच्छता का आग्रह रखते है। स्वयमेव डायटिशियन की भाँति चौकन्ने हो गए हैं। घर के उपरान्त भी होटल, रेस्टोरेंट में भी लोगों की जागरूकता बढ़ने लगी है। चीज पदार्थ का कन्टेनट, दिनांक, कीमत आदि के बारे में लोग सतर्क हैं। डुप्लीकेट चीजों को अब लोग समझने लगे हैं। स्वच्छता की अभिमुखता इस संदर्भ में भी प्राप्त होने लगी है।

3. आरोग्य और स्वच्छता

नए उभरने वाले परिप्रेक्ष्य में आरोग्य का स्वच्छता से प्रत्यक्ष संबंध देखा गया है। लोगों की स्वास्थ्य के विषय में जागरूकता देखी जा रही है। संतुलित अन्न के साथ, प्राणायाम, वॉकिंग, व्यायाम, योग आदि के प्रति लोगों का रुख बढ़ रहा है। आज चिकित्सा सहज बन गई है, अब लोग चिकित्सा के साधनों का पर्याप्त उपयोग करने लगे हैं। दवाई न लेने की मानसिकता में बदलाव आया है। यही बदलाव चिकित्सालय, चिकित्सा संबंधित सेमिनार, प्रशिक्षण आदि की ओर लोगों को खींचे जा रहा है। देश–विदेश में आरोग्य की सावधानी की चर्चा जोरों पर है। नए उभरते परिप्रेक्ष्य में स्वास्थ्य को स्वच्छता के साथ अहम स्थान प्राप्त हुआ है।

4. सफर और स्वच्छता

लोगों के सफर हेतु आज नए ढंग के वाहनों का प्रचलन देखा गया है। सड़क मार्ग से सफर, हवाई जहाज का सफर, सामुद्रिक सफर लोग करते नजर आते हैं। सफर की आपाधापी से, भीड़ से लोग बचने का प्रयास करते हैं। खर्च करते हुए सहूलियत भरा सफर करना लोगों की इच्छा रहती है। आरक्षण के साथ सुविधायुक्त सफर करना लोगों का प्रयास रहा है। सफर में पूर्ण स्वच्छता का भी लोग ध्यान रखने लगे हैं। यद्यपि रेल सेवा, बस

सेवा में आज स्वच्छता के प्रति लापरवाही द्रष्टव्य है। लोग विवश होकर उनमे सफर करते हैं, तथापि प्रवास प्रबंधकों के द्वारा स्वच्छता संबंधित सुविधाएँ मुहैया की जा रही हैं। किराये के बढ़ने के साथ–साथ लोगों की स्वच्छता संबंध में अपेक्षाएँ भी अवश्य बढ़ी हैं। लोग अपने निजी वाहनों का अधिक प्रयोग करने लगे हैं। अंततोगत्वा यह सही है कि लोग खर्च की चिंता न करते हुए स्वच्छतापूर्ण यातायात के लिए अपेक्षित रहते हैं। अंतः लोग सफर के नए परिप्रेक्ष्य से प्रभावित रहे हैं।

5. जल और स्वच्छता

आज जनमानस आरोग्य के प्रति जागरूक बन गया है। शुद्ध पेयजल का उपयोग अनिवार्य बन गया है। लोगों के पास जलजन्य बीमारियों की जानकारी है। नदी, तालाब, कुएँ आदि से जल का प्रत्यक्ष उपयोग करने की अपेक्षा लोग शुद्धता के उपकरणों का प्रयोग कर जल का उपयोग करने लगे हैं। घर में वॉटर फिल्टर, आर. ओ. प्लांट, एक्वागार्ड आदि का प्रयोग करने लगे हैं। जल में रहनेवाले मिनरल्स की जानकारी आवश्यक है। आज लोग जहाँ–तहाँ पानी पीने के बजाय मिनरल वाटर की बोतल पसंद करते है। यहाँ स्पष्ट है कि लोग अपने रोजमर्रा–जीवन में शुद्ध जल के उपयोग से जुड़े रहना चाहते हैं। इसे नए दृष्टिकोण का विकास हुआ है।

6. क्लीन और ग्रीनलाईफ तथा स्वच्छता

लोगों की जीवनशैली, विचारधाराएँ नए रंगरूप धारण करने लगी है। लोग चाहते हैं कि तन और मन से स्वच्छ रहें, आपत्तियों से विमुख रहें। मानसिक तनाव, घुटन, कुंठा से लोग परे रहना चाहते हैं। आज की आपाधापी, दौड़ धूप की जिंदगी मनोसंतुलन को विक्षिप्त कर रही है, जिस के पुनः स्थापन हेतु लोग आज मनोचिकित्सा की ओर जुड़े हैं। सामाजिक जीवन की आवश्यकता का प्रभाव बढ़ा है। जीवन को ग्रीनलाईफ के रूप में देखने का प्रयास किया जा रहा है। प्रकृति की ओर मुड़ने वाला इनसान फर्म हाउस, बाग–बगीचे प्राकृतिक परिवेश की ओर खिंचता चला जा रहा है। प्राकृतिक संशोधन के उपयोग से जीवन को हरियाला बनाना चाहता है। स्वच्छता संबंधित यह नया परिप्रेक्ष्य आज विकसित हुआ है।

7. 'इन्फ्रास्ट्रक्चर' और स्वच्छता

वैश्विक फलक पर जीवनशैलियों में परिवर्तन की लहर फैली हुई है। अपनी अपेक्षाएँ–आकांक्षाएँ परिपूर्ण करने हेतु लोग अपने नये–नये ढाँचे तैयार

करने लगे हैं। नये ढाँचे का प्रादुर्भाव होने लगा है। खुराक, पानी, संदेशा–माध्यम, यातायात के साधन, मकान, रास्ते, बाग–बगीचे, शौचालय, कपड़े, सार्वजनिक सुविधाएँ, ड्रेनेज, स्कूल–कॉलेज, विश्वविद्यालय, आर्थिक प्रबंधन, प्रशासनिक कार्यालय, नवरचित समुदाय, आदि की संरचना की गई है। एक नयां 'इन्फ्रास्ट्रक्चर' तैयार किया है। इन सभी पहुओं के साथ स्वच्छता को अहम स्थान दिया गया है। मकान निर्माण, रोड निर्माण, पेयजल प्रबंधन, ड्रेनेज प्रबंधन आदि में पर्यावरणीय समानता व स्वच्छता का ध्यान रखा जाता है। नए कानून व नियमों से नए परिप्रेक्ष्य का प्रादुर्भाव हुआ है।

8. दलित जागृति और स्वच्छता

शूद्रों को भारतीय समाज में पिछड़े वर्ग का माना गया है। जन्म से ही पिछड़े माने जाने की स्थिति इस देश की वास्तविकता थी। गंदगी उठाना, मलमूत्र की सफाई, मृतक पशु को खींचना जैसे जघन्य कृत्य उनसे करवाए जाते थे। ऐसे बदबूदार व्यवसाय में उन दलितों को ही जोड़ा जाता था। फलतः वे जन्म और कर्म से पिछड़े माने गए हैं। वर्ण व्यवस्था के समय छुआ–छुत, भेदभाव, शोषण–शोषित की कटु वास्तविकता समाज में प्रवर्तित थी। अंग्रेजों के द्वारा दलितों के पिछड़ेपन को हटाने का प्रथम प्रयास किया। तत्पश्चात् डॉ बाबासाहब अंबेडकर के द्वारा सघन प्रयास हुए, जिनसे दलितों को इस पीड़ा से मुक्ति प्राप्त हुई, तथापि वे स्वतंत्रता–प्राप्ति तक निम्न ही माने गये थे।

डॉ. बाबासाहब के द्वारा भारतीय संविधान में इन लोगों के लिए आरक्षण नीति लागू की गई। शिक्षा क्षेत्र, व्यावसायिक क्षेत्र आदि में उनको स्थान देने का प्रयास किया गया। छुआछुत का प्रश्न, गंदगी उठाने का प्रश्न सुलझाने का प्रयास किया गया। सवर्णों के साथ एक पंक्ति में खड़े रहने के अधिकार इनको प्राप्त करवाने के प्रयास किए गए। दलितों में जागरूकता फैलाने के सफल प्रयास किए गए। उनके अधिकारों के लिए न्यायालयों में अपीलें की गईं। कायदे–कानून की उन लोगों को समझ प्राप्त करवाई गई। शिक्षा प्राप्त करने के कारण उन लोगों में जागरूकता प्राप्त होने लगी। नई नौकरियाँ, व्यवसाय के साथ–साथ राजनैतिक फलक पर भी उन्हें स्थान प्राप्त होने लगा। दलितों की जागृति का प्रत्यक्ष संबंध स्वच्छता के साथ है। स्वच्छता की प्रवृत्ति से संलग्न इन लोगों में एक नया सबेरा उदय हुआ। दलित और स्वच्छता का एक नया परिप्रेक्ष्य कायम हुआ।

9. सरकारी नीतियाँ, कानून और स्वच्छता

भारतीय संविधान में राजनीति के मार्गदर्शक सिद्धांतों में लोगों के अधिकार व फर्ज के निर्देश दिए गए हैं। भारत को जनकल्याणकारी राष्ट्र के रूप में पहचाना गया है। भारत सरकार जनहित हेतु विविध नीति–नियम व कानून की संरचना करती है। 'बहुजन हिताय–बहुजन सुखाय' सूत्र को अपनाया गया है। सरकारी योजनाओं की संरचना भी इन उद्देश्यों के मद्देनज़र होती है। सरकारी कानून के संदर्भ में स्वच्छता पर विशेष ध्यान दिया गया है। स्वच्छता कार्य से संलग्न दलित समुदाय, पर्यावरण आदि के हित हेतु कानून का गठन किया गया है। सदियों से पिछड़े रहनेवाले लोगों को सामान्य जीवन जीने के उद्देश्य हेतु विशेष अधिकार व कानून संरचना की गई है। इन विधियों के अमलीकरण हेतु प्रशासन को सूचित किया गया है। आवश्यकता पैदा होने पर सुरक्षा हेतु पुलिस प्रशासन की भी व्यवस्था की गई है। लोगों में इसी की बदौलत जागरूकता पैदा होने लगी है। सरकारी योजनओं से लाभान्वित होने के सफल प्रयास होने लगे हैं।

सफाईकर्मियों को पर्याप्त वेतन, कार्यसंतोष, कार्य सलामती, न्यायिक संरक्षण आदि हेतु कानून गठित हुए हैं। गंदा उठाने का दबाव डालना, भेदभाव अपनाना, अस्पृश्यता की भावना पैदा करना, दलित होने की कुंठा का अहसास करवाना आदि बातों की ओर सरकार सावधान बनी है। जागृति हेतु नए विधि–विधानों का गठन किया गया है। पुलिस प्रशासन, न्यायालय आदि उनकी निगरानी करते हैं।

स्वच्छता की सँभाल व उपादेयता के साथ सफाईकर्मियों की जागृति समाज में उभरते नए परिप्रेक्ष्य हैं। स्वच्छता व सफाईकर्मियों की ओर लोगों का नजरिया बदल रहा है।

10. पर्यावरण संरक्षण व स्वच्छता

पर्यावरण व स्वच्छता अन्योन्याश्रित है। वैश्विक फलक पर इन दोनों से कई समस्याएँ जुड़ी नजर आती हैं। प्रत्येक देश में इनसे संबंधित छोटी–बड़ी समस्याएँ प्रवर्तित हैं। इन समस्याओं का निरंतर समाधान ढूँढने के प्रयास भी जारी हैं। समस्याओं के निषेधात्मक प्रभाव से लोग त्रस्त हैं। हेल्थ ओर्गेनाइजेशन जैसे अंतरराष्ट्रीय संस्थान से लेकर आम आदमी तक सभी स्वच्छता हेतु प्रयत्नशील हैं। स्वच्छता का महत्त्व, गरिमा व आवश्यकता की समझ अब

बनने लगी है। पर्यावरणीय संदर्भ में मनुष्य नए पर्यावरण की संरचना करने कों मजबूर है। पर्यावरण को नष्ट करने पर नये पर्यावरण के उद्भव में कई साल बीत जाते है। इनमें खनिज प्राकृतिक तौर पर प्राप्त कर लिये है, संभव है कि आने वाले सालों में उनकी किल्लत पैदा हो जाय! जैसे कि तेल की प्राप्ति के पश्चात् नई पीढ़ी के सामने एक पदार्थ बना रहेगा। नई पीढ़ी को उनके कम होने वाले स्रोत का ज्ञान देना आवश्यक है। अतः पर्यावरणीय संरक्षण आवश्यक नहीं अपितु अनिवार्य है। अन्यथा उनके दुष्परिणाम के लिए लोगों को तैयार रहना होगा। ऐसी समझ नए उभरने वाले परिप्रेक्ष्य में प्राप्त होने लगे हैं। लोग प्रकृति व स्वच्छता की और अभिमुख होने लगे हैं।

11. मानवाधिकार व स्वच्छता

भारतीय संविधान में समस्त नागरिकों को एक समान दर्जा दिया गया है। मानवाधिकार के तमाम पहलुओं की चर्चा की है। अधिकार और फर्ज़ को लेकर विश्लेषण किया गया है। नागरिकों को अधिकार भुगतने के साथ साथ फर्ज़ अदा करने की भी सूचना दी गई है। स्वच्छता की सावधानी, सलामती, सुरक्षा, अपने जीवन को स्वतंत्र जीने का अधिकार, दासप्रथा का निषेध, अधिकारों की सुरक्षा, विचारों की स्वतंत्रता, भेदभाव से मुक्ति, अस्पृश्यता निवारण जैसे कई मानवाधिकार भारत के नागरिकों को लोकतंत्र के ढाँचे में दिए गए हैं। अपने अधिकारों का उपभोग बिना किसी दबाव, असमानता के साथ लोग कर सकते हैं। व्यक्ति विशेष अपना जीवन स्वच्छतापूर्ण, स्वास्थ्यपूर्ण बना सकता है। स्वच्छता की अपेक्षा भी मानवाधिकार का ही एक हिस्सा है, ऐसी समझ नए उभरते परिप्रेक्ष्य का द्योतक है। नया परिप्रेक्ष्य मानवाधिकार के साथ–साथ मानव कर्तव्य की भी सूचना दे जाता है। आज दुर्भाग्य है कि हम मानवीय फर्ज़ को भलीभाँति नहीं निभाते।

12. 'प्राईवेसी–सेफ्टी' और स्वच्छता

लोगों के पारस्परिक संबंध औपचारिक संबंध है। अपने–अपने कार्य तक संबंध सीमित हैं। दूसरों की जिंदगी के प्रति बेध्यान रहने वाले लोग केवल अपनी निजी जिंदगी में ही खोए रहते हैं। वैयक्तिक जीवन, पारिवारिक जीवन, व्यवहार व वर्तन में स्वच्छता का महत्त्व भी 'प्राईवेसी' (निजी) विचार बन गया है। शौचालय का उपयोग भले ही पूरा परिवार करता हो, किंतु यह एक निजी क्रिया है। फलतः इस संदर्भ में कोई विचार–विमर्श नहीं होता।

स्वच्छता सुरक्षा निजी विचार है। नए उभरते परिप्रेक्ष्य में यह बात विचारणीय है कि लोग अपने आप में सिमटे हुए हैं। परिवार में स्त्रियों के द्वारा शौचालय उपयोग, सलामती की भावना पैदा करता है। अतः 'प्राईवेसी–सेफ्टी' व स्वच्छता एक नयी अभिमुखता व परिप्रेक्ष्य है।

वैश्विक फलक पर आज औदार्यता, वैश्विकरण, आधुनिकीकरण, संस्कृतीकरण, पश्चिमीकरण जैसी स्थितियाँ पैदा हुई हैं। दीर्घ समय तक चलने वाली प्रक्रिया के परिणामस्वरूप नए परिप्रेक्ष्य व अभिमुखता के द्वार खुले हैं। लोगों के जीवन में स्वच्छता को स्थान मिला है। रसोईघर में, खुराक में, स्वास्थ्य संबंधित, पेयजल संबंधित, यात्रा आदि में स्वच्छता का आग्रह रखा जाता है। उत्तम 'क्लीन' व 'ग्रीनरी' जीवनशैली अपनाने का प्रयास सफल हो रहा है।

समाज में स्वच्छता एक नए परिप्रेक्ष्य में स्वीकृत हो, इसलिए विविध आयोजन, नीतियों का गठन, स्वच्छतालक्षी कानून निर्माण आदि की आवश्यकता है। मानवाधिकार भी अपेक्षित है। लोग अपने निजी जीवन के साथ ही साथ सुरक्षित स्वच्छता का भी आग्रह रखने लगे हैं। अतः इन मुद्‌दों को अधुनातन परिप्रेक्ष्य व अभिमुखता के रूप में पहचाना जा सकता है।

5
सफाई कार्य

सफाईकर्मियों का उद्भव

सन् 1847 में राय द्वारा संकेत किया गया था कि शूद्र अर्थात् सफाई कर्मियों की जाति। आर्यों के समाज से उसे परे रहना है। ब्राह्मण–कालीन समाज का चतुर्थ वर्ण मूलतः आर्येतर लोगों का था। विजयी होने वाले आर्यों से यह वर्णीय संरचना हुई है। ऋग्वेद में आर्यों के देवता इंद्र को दासों के विजेता के रूप में चित्रित किया गया है। तात्पर्य यह है कि दास भी मनुष्य ही होंगे। ऋग्वेद में संकेत मिलता है कि इंद्र के द्वारा अधम या दासों को गुफाओं में निवास करने का आदेश दिया गया था। दासों पर विजय प्राप्त करनेवाले इंद्र ने दासों के विनाश की तैयारी की थी। दासों को सभी गुणों से वंचित रखा गया था। दासों को आर्यों के साथ शत्रुता का संबंध रहा है। दासों के पास भी संपत्ति थी, वे भी यज्ञादि कार्य करते थे, पशुपालन भी करते थे, फलतः आर्य उनके दुश्मन बन गये थे। आर्यों का जीवन विचरित व देशी संस्कृति के अधीन था। दास एवं आर्यों के रहन–सहन में पर्याप्त अंतर रहा है।

ऋग्वेद में 'वर्ण' शब्द का प्रयोग हुआ है। दास के लिए किए गए श्रम विभाजन का कोई संकेत उनमें प्राप्त नहीं होता। आर्यवर्ग और दासवर्ग दो बड़े जन समुदाय अस्तित्व में थे। ऋग्वेद में जाति की चर्चा नहीं की गयी है, किंतु वर्णभेद का आभास होने लगा था। समयांतर में ब्राह्मण, पंद्रह इके, क्षत्रिय शब्द का बारबार प्रयोग होने लगा। नगर व ग्राम्य प्रांत की तरह ही आर्थिक असमानता के भी प्रभाव नजर आने लगे थे।

प्राचीन समय से ही स्वच्छता की स्थिति सोची गई है। मल–मूत्र को सिर पर उठाकर निकास हेतु ले जाने की प्रथा का प्राचीन समय से उल्लेख प्राप्त होता है। वेदों के तथा अन्य लेखों के द्वारा भारत में यह कार्य निश्चित जाति के द्वारा हो रहा था, ऐसा उल्लेख प्राप्त होता है। नगरीय समाज में इन लोगों को चंडाल या पुल्कक्षा जैसे नामों से पुकारा जाता था। सफाई करनेवाले को गुलाम रखा जाता था।

बुद्ध के समय में भी दास के एवं गुलाम शब्द सफाईकर्मियों के लिए प्रयुक्त होता था। मौर्य काल के दौरान पाटलिपुत्र में महापौर की नियुक्ति नगर व्यवस्थापन हेतु की जाती, तब सफाईकर्मियों को रात्रि में सफाई कार्य व गंदा उठाने का कार्य करना पड़ता था। मौर्य काल के दौरान स्वच्छता की स्थिति सविशेष थी। आर्यों और दासों के बीच होने वाले युद्धों में दासों के पराजित होने पर स्वच्छता का कार्य उन्हें सौंपा गया। उन्हें निम्न स्तर का मानते हुए अपमानित किया जाता था।

चतुर्वेदी के मतानुसार क्षत्रिय व शूद्र दोनों एक ही स्रोत के भिन्न होने वाले वर्ण हैं। शूद्रों में भी कई वर्ग थे। वास, कस्बा आदि को भंगी, चंडाल, नाडो, चौहान, बुंदेला, बारगुजर, पुन, राऔत आदि राजपूत थे।

चंडाल जाति के लिए 1911 में होने वाली जनगणना के अनुसार ब्राह्मण जाति के वंशज माना जाता है। पश्चिम में व भारत में भेदभाव की नीति भिन्न–भिन्न है। वहाँ सुनार, दर्जी, लुहार, नाई आदि की भिन्न कक्षा है, किंतु कोई निश्चित जाति नहीं, किसी भी वर्ण का कोई भी कार्य कर सकता है। भारत में वर्णनीति ऊँच–नीच से सभर है। ब्राह्मण, वणिक, राजपूत अपने को उच्च मानते हैं। शूद्र को निम्न स्तर का माना जाता है। शूद्रों के साथ अमानवीय व्यवहार होता रहता था।

अंग्रेज, मुग़ल आदि के शासनकाल में भी शूद्रों की स्थिति में कोई परिवर्तन देखा नहीं गया। गंदा उठाने की स्थिति में कोई परिवर्तन नहीं हुआ था। मुग़लकाल में भी इनकी दशा दयनीय ही रही है। समयांतर में शूद्रों के लिए 'दलित' शब्द का प्रयोग होने लगा। भारतवर्ष में पिछले 50–60 वर्षों से दलित शब्द प्रचलित हुआ है। दलित शब्द दला धातु से निष्पन्न है। दलित अर्थात् नष्ट किया गया। भारत में गांधीजी के द्वारा 'हरिजन' शब्द का प्रयोग आरंभ हुआ। भारत की वर्णव्यवस्था में दलित को पिछड़ी, निम्न जाति की पहचान प्राप्त हुई है।

सफाईकर्मियों की जातिगत लाक्षणिकता

1. सफाईकर्मियों की जाति शुद्ध नहीं है।
2. समाज के अन्य वर्णों की इन्हें सेवा प्राप्त नहीं होती।
3. इनके स्पर्श मात्र से अन्य जाति को कलंक लगता है।
4. सफाईकर्मियों के आवास समाज के, गाँव के अंतिम छोर पर स्थित होते हैं।
5. ये लोग सार्वजानिक सुविधाओं से वंचित रहते हैं।
6. सफाई कर्मियों को मल–मूत्र निकास प्रबंध का एक हिस्सा माना गया है।
7. इन्हें सामाजिक मान–सम्मान एक प्रतिष्ठा प्राप्त नहीं है।
8. मानवाधिकार से इन्हें वंचित रखा गया है।

सफाईकर्मियों की प्रवृत्तियाँ

प्राचीन समय से समाज की वर्ण व्यवस्था के आधार पर सफाईकर्मियों के व्यवसाय के कार्य को निश्चित किया गया है। समाज के सभी वर्णों के कार्यक्षेत्र निश्चित रहे हैं। अपने वर्णानुसार कार्य न करनेवाले की बिरादरी बाहर करते हुए जरमाना भरना पड़ता था। व्यवसाय के संबंध में विकल्प की प्राप्ति नहीं थी।

कार्यों का चयन वर्णों के अनुसार तय था। ब्राह्मण धार्मिक विधियाँ, पूजा–कीर्तन, शिक्षा कार्य से संलग्न थे। क्षत्रिय समाज की रक्षा का कार्य करते थे, वैश्य व्यापार से संलग्न थे और शूद्रों को समाज की स्वच्छता की ज़िम्मेदारी सौंपी गई थी।

शूद्र समुदाय सफाई कार्य में संलग्न रहा है। कुड़े–कर्कट की सफाई, मल–मूत्र की सफाई, आदि की जिम्मेदारी निभाते थे। शूद्रों में भी विविध अंतर विभाजन थे। चमार मृतक पशु को उठाने का कार्य करते थे। शूद्र ब्राह्मण शूद्रों के समाज में विधि–विधान करते थे। जुलाहे कपड़े बुनने का कार्य करते थे। भंगी जिन्हें गांधीजी ने 'हरिजन' कहा है, वे मल–मूत्र की सफाई कार्य में संलग्न थे।

शूद्र समुदाय के मुख्य कार्य

- गाँव, नगर के सार्वजनिक स्थानों की स्वच्छता का कार्य।

- मानव मल–मूत्र की गंदगी की सफाई का कार्य।
- मृतक पशु को उठाने का कार्य।
- कपड़े बुनने का कार्य।
- शूद्र ब्राह्मण के द्वारा शूद्र जाति हेतु धार्मिक विधि–विधान का कार्य।

प्राचीनकाल में सफाईकर्मियों के सामाजिक–आर्थिक पतन की स्थिति

सामाजिक स्थिति

हिन्दू समाज में वर्ण व्यवस्था प्राचीन समय से अस्तित्व में है। वैदिक साहित्य में निषाद, चंडाल जैसे शब्द शूद्रों के लिए प्रयुक्त थे। सफाईकर्मियों की स्थिति डाँवाँडोल थी। प्रारंभ में ऋग्वेद में तीन वर्णों का उल्लेख प्राप्त होता है, जिसमे दैहिक सिद्धांत लागू किया गया था।

ऋग्वेद का 'पुरुष सुक्त' देह संरचना के साथ समाज का विभाजन करता है। ब्राह्मण समाज को मस्तिष्क, क्षत्रिय समाज को बाहू एवं ऊपरी शरीर, वैश्य समाज की जाँघ व पेट तथा शूद्र को समाज के पाँव के रूप में पहचान प्राप्त हुई है। शरीर के सभी अंग महत्त्वपूर्ण होते हैं, ठीक वैसे ही समाज के सभी अंग महत्त्वपूर्ण माने गए हैं।

दैहिक संरचना जैसे पारस्परिक संलग्न होती है। वैसे ही समाज की वर्ण व्यवस्था पारस्परिक संयोजित होती है। वैदिक काल में क्षत्रिय ब्राह्मण वर्ण में समाविष्ट हो सकते थे। 'हरिवंश' में वैश्य से ब्राह्मण होने के उदाहरण प्राप्त होते हैं। कही शूद्रों के भी ब्राह्मण होने के संकेत प्राप्त हुए हैं। उस समय विविध वर्णों के बीच खान–पान व संबंधों में प्रतिबंध नहीं था। ऋग्वेद वैश्य को भी ब्राह्मण के समान दर्जा देता है। अस्पृश्यता का कहीं उल्लेख प्राप्त नहीं होता है।

वैदिक युग के अंत में अर्थात् ई.स. पूर्व छठी शताब्दी में वर्णों के बीच तनाव पैदा होने लगे। ऊँच–निम्न के संकेत प्राप्त होने लगे। विविध संहिताओं में ब्राह्मण ग्रंथों व आरण्यकों में इनके संकेत प्राप्त होते हैं। क्षत्रियों से ब्राह्मणों को उच्च माना गया। ब्राह्मणों का स्थान सर्वोच्च माना गया। द्वितीय स्थान पर क्षत्रिय, तृतीय स्थान पर वैश्य और चतुर्थ स्थान पर शूद्र स्थापित हुए। वर्ण के अतिरिक्त लोगों को पंचम स्थान प्राप्त हुआ।

यजुर्वेद में चांडालों को निम्न माना गया। धार्मिक विधि–विधान से संबंधित भेदभाव की स्थिति स्पष्ट होने लगी। 'स्मृतियों' में स्पृश्य–अस्पृश्यता के संकेत प्राप्त होने लगे। चांडालों का गाँवों के बाहर बसेरा तय हुआ। सफाई कार्य उनके लिए निश्चित हुआ। कौटिल्य ने भी चांडालों से संबंध न बनाने की सलाह दी थी। मनु के समय में इन्हें गाँव से निष्कासित किया जाता था। महाभारत में ब्राह्मण श्रेष्ठ और चांडाल निम्न बताए गए हैं। उत्तर वैदिक युग में छुआछूत का खयाल और भी दृढ़ बना।

सामाजिक वर्ण व्यवस्था के संबंध में सफाईकर्मियों को सामाजिक, आर्थिक, धार्मिक विपत्तियों का शिकार बनना पड़ता था। सामाजिक दृष्टि से शूद्रों का निम्न स्थान था। कार्यभूमिका भी निम्न दर्जे की रही थी। सामाजिक अंतरक्रियाओं में भी इन लोगों को बड़ी दिक्कतों का सामना करना पढ़ रहा था। उन्हें तमाम अधिकारों से वंचित रखा जा रहा था। मानवीय गौरव का कोई लाभ दलितों को प्राप्त न था। वास्तव में मानव एक सामाजिक प्राणी है, सभी को समानाधिकार है, तथापि यह माहौल सफाई–कर्मियों को नसीब नहीं था।

समानता शब्द से इन लोगों को अनभिज्ञ ही रखा गया था। सामाजिक उत्सवों, त्योहारों, कार्यक्रमों में सभी लोग समाविष्ट हो सकते हैं, किंतु इन लोगों की स्थिति दयनीय रही है। समाज के अन्य वर्गों ने शूद्र को कोई ऐसे अवसर नहीं दिए थे। शूद्रों को सार्वजनिक सुविधाओं से वंचित रखा जाता था। सार्वजनिक स्वतंत्रता का उपभोग वे लोग नहीं कर सकते थे। वास्तव में कहीं पर भी आने–जाने पर मनुष्य को कोई रोक नहीं होती किंतु शूद्रों कि स्थिति विपरीत थी। उच्चवर्ण के लोगों के स्थान इनके लिए वर्जित थे।

सामाजिक रीति–रिवाजों में भी शूद्रों को अन्याय सहना पड़ता था। वैवाहिक संबंधों में वे बिरादरी बाहर नहीं जा सकते थे। न ही अन्यों से सामाजिक संबंध रख सकते थे। अंतरवर्णीय विवाह इनके लिए निषेध था।

शूद्रों को सामाजिकीकरण का भी अधिकार नहीं था। बच्चे तो वास्तव में भगवान के रूप होते हैं, किंतु प्राचीन समय में शूद्रों के बच्चों के प्रति भी असमानता–भेदभाव प्रवर्तित था। उच्चवर्ण के बच्चों के साथ इन बच्चों का मिलना–झुलना, खेल–कूद आदि निषेध था। उच्चवर्ण के लोगों की मानसिकता पूर्णरूपेण स्पृश्य–अस्पृश्य के भेदभावयुक्त विचारों से जुड़ी हुई थी।

सामाजिक मेल–मिलान, भोजन व्यवस्था, जलस्रोत आदि बातों में भी इन लोगों को अन्याय सहन करना पड़ता था। प्राकृतिक संपदा तो सभी के लिए बनी हुई है, किंतु शूद्रों को इसके उपयोग का निषेध था। नदी, तालाब, कुएँ, खेत–खलिहान आदि में वर्णभेद सहन करना पड़ता था।

धार्मिक स्थिति

धार्मिक क्षेत्रों में सफाईकर्मियों को मंदिर में प्रवेश निषेध, पूजाविधि निषेध, आदि समस्याओं का सामना करना पड़ रहा था। उन्हें केवल मानस– पूजा का अधिकार था। अमानवीय रूप से उससे बरताव किया जाता था। मान्यता थी कि शूद्रों के मंदिर प्रवेश से भगवान भी अछूत हो जाएँगे। यदि गलती से भी शूद्रों का मंदिर प्रवेश हो गया तो उन्हें सजा दी जाती थी। अंगविच्छेद, सफाई कार्य जैसी क्रूर सजा दी जाती थी। ब्राह्मण के द्वारा विधि–विधान व पूजा की कोई सेवा उपलब्ध न कराई जाती थी। शूद्रों को अपने ही वर्ण के उच्च स्तर के लोगों को इस कार्य हेतु बुलाना पड़ता था। धर्म–परिवर्तन के लिए भी शूद्रों को मजबूर किया जाता था।

आर्थिक स्थिति

प्राचीन समय में शूद्रों को व्यवसाय चयन का कोई विकल्प नहीं था। फलतः उनका सामाजिक–आर्थिक विकास न हो सकता था। समाज में सफाई कार्य ही उनका अंतिम कार्य रहता था। लोगों के मल–मूत्र को हाथों के द्वारा सफाई करने का अमानवीय कार्य शूद्रों को करना पड़ता था। सफाईकर्मियों को उनके कार्य के बदले अन्न, कपड़े व कभी कभी अन्न प्राप्त करवाया जाता था। स्वच्छता हेतु उन्हें पर्याप्त साधन भी नहीं दिये जाते थे।

समाज में इन सफाई कर्मियों का सब से जघन्य कार्य करते हुए भी लोगों का इनके साथ अमानुषि के व्यवहार रहा है। लोगों के द्वारा उनका आर्थिक शोषण भी किया जाता है। गरीबी में जीवन बिताने वाले इन लोगों को सूद पर रखना पड़ता था। सूदखोर चक्रव्यूह से वे कभी भी बाहर न निकल सके, ऐसा मायाजाल फैलाया जाता था। अशिक्षित रहने के कारण ये लोग किसी भी प्रकार के अन्य व्यवसाय से जुड़ नहीं सकते थे।

संपत्ति का कोई अधिकार शूद्रों को न था। उन्हें आर्थिक रूप से निम्न दर्जा ही दिया जाता था। गहने रखना, रुपये रखना जैसी स्थितियों से उन्हें विमुख रखा जाता था।

वर्तमान संदर्भ में सफाईकर्मियों की सामाजिक, आर्थिक, धार्मिक, राजकीय व शैक्षिक स्थिति

सफाई कर्मियों की समाजिक स्थिति

सांप्रत समय में सफाईकर्मियों की स्थिति में बदलाव नजर आता है। सफाईकर्मी का स्थान, सामाजिक संबंध, अंतरक्रियाएँ, सार्वजनिक स्थानों पर प्रवेश, सामाजिक पर्व–उत्सव में साझेदारी आदि में आज परिवर्तन देखा गया है–

- सामाजिक स्थान में परिवर्तन।
- सामाजिक अंतरक्रियाओं में मुक्ति।
- सामाजिक संस्थानों के संबंधों में स्वतंत्रता।
- सफाईकर्मियों को सामाजिक स्वीकृति की प्राप्ति।

वर्तमान समय में सफाईकर्मियों के सामाजिक स्थान में आमूल परिवर्तन हुआ है। सन् 2001 की जनगणना के अनुसार भारत में दलितों की आबादी 1665.76 लाख है (पटेल, अर्जुन, गुजरात मा दलित अस्मिता), शूद्रों–अशूद्रों के बीच पिछले पचास वर्ष में संबंधों में परिवर्तन आया है।

स्पर्श एवं अस्पृश्यता

प्राचीन समय में अस्पृश्यता की स्थिति बहुत ही विकट थी। आज इस मान्यता में परिवर्तन हुआ है। संविधान के संदर्भ में सरकार के प्रयासों से अस्पृश्यता समाप्त हो गई है, तथापि कुछ निजी संदर्भों में अस्पृश्यता की स्थिति द्रष्टव्य है।

आवासीय असमर्थता

भारतीय गाँवों में सफाईकर्मियों के लिए गाँव के बाहर आवासीय सुविधा थी। कुछ इलाकों में उनके लिए प्रवेश निषेध रहा है। आज परिस्थिति परिवर्तित है, आज उन्हें संपत्ति प्राप्ति का अधिकार प्राप्त हुआ है। अपनी पसंद के कसबे में वे आवास बना सकते हैं, तथापि कुछ इलाकों में आज भी भेदभाव की नीति है।

सार्वजनिक रास्ते, जलाशयों के उपयोग की असमर्थता

प्राचीन समय में शुद्ध–अशुद्ध के भिन्न–भिन्न जलाशय, कुँए व रास्तों का प्रबंध था। वर्तमान समय में नगरपालिकाओं के द्वारा सभी के लिए समानरूप से ये सुविधाएँ प्राप्त करवाई जाती हैं।

पाठशाला प्रवेश

विद्यालय प्रवेश हेतु बीते समय में इन लोगों के लिए भेदभाव नीति थी। गाँव की पाठशाला में उन्हें प्रवेश नहीं मिलता था। केवल शूद्रों की भिन्न पाठशाला का प्रारंभ किया गया था।

वर्तमान समय में सफाई कर्मियों के बच्चों को मुक्त शिक्षा दी जाती है।

विद्यालय हेतु प्रोत्साहित किया जाता है। अन्य वर्ग के बच्चों के साथ ये बच्चे उन्हें प्रोत्साहित किया जाता है। अन्य वर्ण के बच्चों के साथ ये बच्चे विद्या प्राप्त करने लगे हैं।

वर्तमान समय में सफाईकर्मियों की आर्थिक स्थिति

वर्तमान समय में सफाईकर्मियों को आर्थिक स्वतंत्रता है। बीते समय की तुलना में यह समय भिन्न प्रतीत होता है। आर्थिक परिस्थिति में अब सुधार हो रहा है। निम्न मुद्दों के तहत इन लोगों के आर्थिक स्तर को देखा जा सकता है–

1. व्यवसाय चयन के विकल्प।
2. संपत्ति धारण का अधिकार।
3. आर्थिक विकास के अवसर।
4. व्यावसायिक एवं सामाजिक कानून।
5. आर्थिक स्थिति में परिवर्तन।

बीते समय में सफाईकर्मियों का आर्थिक दर्जा निम्न था। खेतों में मजदूरी, गंदगी–सफाई, मृतक पशु को उठाना, चर्मकार्य, नगरों के समवायों में निम्नस्तर की मजदूरी को ही स्वीकार करना पड़ता था।

वर्तमान समय में उनके बच्चों को शिक्षा दी जाती है। व्यवसाय चयन का अधिकार दिया जाता है। आरक्षण की सुविधा प्राप्त होती है। विशेष दर्जों पर नौकरी कर सकते हैं।

प्राचीन समय में सफाईकर्मी गरीबी में ही जीवन बसर करता था। आज व्यवसाय के विकल्पों से अपनी जीविका आसानी से चला सकता है। वर्तमान समय में दास प्रथा के समाप्त होने पर इन लोगों को संपत्ति प्राप्ति का अधिकार प्राप्त होगा। सरकार की ओर से कम ब्याज पर इन लोगों को व्यवसाय हेतु ऋण प्राप्त होता है।

वर्तमान समय में सफाईकर्मियों की धार्मिक स्थिति

धर्म चयन व धर्मपालन मनुष्य का मूलाधिकार है। ईश्वर की प्रार्थना करना मनुष्य का स्वतंत्र अधिकार है। सफाईकर्मियों को विगत समय की तुलना में सांप्रत समय में काफी अधिकार प्राप्त हुए हैं। देवस्थानों में प्रवेश, विधि–विधानों का अधिकार आज प्राप्त हुआ है। सरकारी संविधान के अनुसार प्रत्येक व्यक्ति अपने विचारों के अनुसार धार्मिक विधि–विधान अपना सकता है।

पूर्व समय में सफाईकर्मियों को धर्मिक अधिकारों से वंचित रखा जाता था। आज इस स्थिति में परिवर्तन प्राप्त हुआ है। पर्व–उत्सवों, धार्मिक पूजा–विधि पर जो पाबंदी थी, आज उसमे स्वतंत्रता दिखाई देती है। कथा–कीर्तन, पूजा–पाठ, मंत्रोच्चार के संदर्भ में ये लोग आज स्वतंत्र हैं। बीते समय में जबरदस्ती से सफाईकर्मियों का धर्म–परिवर्तन किया जाता था, किंतु आज ये अपनी इच्छानुसार धर्म अंगीकृत करने में स्वतंत्र हैं।

वर्तमान समय में सफाईकर्मियों की शैक्षिक स्थिति

विद्याप्राप्ति सभी व्यक्ति के विकास का जरिया है। शिक्षा में भेदभाव–असमानता एक विकट समस्या थी। प्राचीन समय में सफाईकर्मी को शिक्षा के अधिकार से वंचित रखा जाता था। शिक्षा में अधिकारों को छीनकर उनका शोषण किया जाता था। उनके बच्चों की शिक्षा पर प्रतिबंध लागू किया गया था। शिक्षा हेतु उनकी पाठशाला भी भिन्न अस्तित्व लिए हुए थी।

वर्तमान समय में सफाईकर्मियों के बच्चों के लिए सरकार के द्वारा शिक्षा संबंधित विशेष प्रयास किए जाते हैं। स्वैच्छिक संस्थानों के द्वारा भी विधेयात्मक प्रयास किये जा रहे हैं। आज के समय में भिन्न पाठशाला या असमानता का माहौल नहीं है। इन बच्चों को शिक्षा हेतु आरक्षण दिया जाता है। उच्च शिक्षा में भी शिष्यवृत्ति करवाई जाती है।

वर्तमान समय में सफाईकर्मियों की राजकीय स्थिति

प्राचीन समय में सफाई कर्मी एक पिछड़ा हुआ, दबा हुआ समूह माना जाता था। अपने अधिकारों के लिए आवाज़ उठाने की असमर्थता थी। अनेक सुविधाओं से उन्हें वंचित रखा जाता था। सफाईकर्मियों को अपने प्रतिनिधि का चयन करना, मतदान करना, सार्वतित साझेदारी निभाना प्रतिबंधित था। चुनाव में उम्मीदवार के रूप में उन्हें स्वीकृति नहीं मिलती थी।

वर्तमान समय परिवर्तित है। आज भेदभावविहीन स्थिति में इन लोगों को राजकारण में प्रवेश मिलता है। सफाईकर्मियों के संगठन भी कार्यरत है। देश के विकास के लिए ये लोग भी विधेयक बन सकते हैं। मताधिकार प्राप्ति के साथ अपने चयन के प्रतिनिधि प्राप्त कर सकते हैं। भारतीय संविधान में सफाईकर्मियों के चुनाव लड़ने के संदर्भ में भी विशेष प्रावधान किया गया है। अपने अलग पक्ष के निर्माण का भी उन्हें अधिकार प्राप्त हुआ है।

भारत के किसी भी गाँव, शहर, तहसील व जिलो से सफाईकर्मी राजनैतिक उम्मीदवार के रूप में खड़े हो सकते हैं। आरक्षण की भी सुविधा प्राप्त है।

(I) औरतें और स्वच्छता

(i) औरतों की स्थिति (स्वच्छता के संदर्भ में)

(ii) औरतों की वैयक्तिक स्वच्छता की सावधानी।

(iii) स्वच्छता संबंध में औरतों की भूमिका।

(iv) अस्वच्छता संदर्भित औरतों की समस्याएँ।

(i) औरतों की स्थिति (स्वच्छता के संदर्भ में)

भारत में मर्दों की तुलना में औरतों की संख्या कम होती जा रही है। औरतों के संबंध में सामाजिक, आर्थिक, राजनैतिक, स्वास्थ्यजन्य परिवर्तन हुआ है।

पर्याप्त समय में अनुवैदिक युग में स्त्रियों के कई प्रश्न उपस्थित होते रहते थे। अल्पायु, मृत्यु की अधिक औसत, सगर्भावस्था की समस्याएँ प्रवर्तित थीं। वर्तमान समय में भी कोई विशेष परिवर्तन नहीं हुआ है। कुपोषण, शारीरिक कमजोरी, सगर्भा मृत्यु, बीमारियों से आज भी स्त्रियाँ त्रस्त हैं। औरतों के कई प्रश्नों में स्वच्छता का अभाव कारणरूप माना जा सकता है।

(ii) औरतों की वैयक्तिक स्वच्छता की सावधानी

आबादी की दृष्टि से पुरुषों की तुलना में औरतें कम हैं। औरतों की शारीरिक शक्ति भी पुरुषों से कम मानी गई है। समाज में नारियों की विशेष भूमिकाएँ रही हैं। किंतु आरोग्य के प्रश्न पर उनकी उतनी सावधानी नहीं है। वैयक्तिक स्वच्छता की स्थिति कुछ कमज़ोर रही है। गृहकार्य का बोझ, स्वास्थ्य संबंधी शिक्षा का अभाव, आदि कई कारण उनकी स्वच्छता को प्रभावित करते हैं। स्त्रियाँ सभी परिस्थितियों में स्वच्छता की आग्रही हैं किंतु

देखा गया है कि वैयक्तिक तौर पर अजाग्रत है। अल्पायु में होनेवाली मुश्किलें उन्हें लम्बे अरसे तक परेशान करती हैं। सगर्भावस्था के दौरान उन्हें विशेष सावधान रहना आवश्यक है। पोषणयुक्त आहार अनिवार्य बन जाता है।

(iii) स्वच्छता संबंध में औरतों की भूमिका

समाज में औरतों की विविध भूमिकाएँ हैं। एक माता, बहन, गृहिणी, पत्नी, बेटी, सास, बहू आदि सामाजिक भूमिकाएँ उन्हें निभानी पड़ती हैं।

गृह–सफाई, बच्चों की सँभाल, नौकरी–पेशा नारी को दोहरी भूमिका निभानी पड़ती है। गृह सफाई में इनकी विशेष भूमिका रहती है। सब्जी, अन्न, बर्तन, कपड़े आदि की स्वच्छता उसी पर निर्भर है। नारी विशेष का जीवन स्वच्छता हेतु समर्पित रहता है। स्वच्छता को लेकर नारी की जागृति सराहनीय रही है।

(iv) अस्वच्छता संदर्भित औरतों की समस्याएँ

स्वच्छता संबंध में नारियाँ विशेष जाग्रत है, किंतु व्यक्तिगत स्वच्छता के मामले में कुछ कमजोर रहती है। औरत अपने आसपास के परिवेश को स्वच्छ करने की विशेष मुहिम करती है, किंतु अपनी स्वच्छता के लिए कुछ लापरवाह हो जाती है।

अस्वच्छता के कारण कई रोगों का भोग बनना पड़ता है। स्त्री रोग का कारण विशेषतः अस्वच्छता है। शौचालय की सफाई वह रखती है, किंतु शौचक्रिया के बाद वैयक्तिक सफाई में कमजोर रहती है। उनकी रोग प्रतिकारक शक्ति कमज़ोर हो जाती है। अनेक प्रकार की बीमारियाँ लागू हो जाती हैं।

नर–नारी की स्वच्छता की स्थिति में असमानता

वैयक्तिक रूप से स्वच्छता का मूल्यांकन ज़रूरी है। स्वच्छता ही स्वास्थ्य का आधार है। नारियाँ पुरुषों की तुलना में स्वच्छता संबंधित विशेष होती है। उनकी अधिकांश भूमिकाओं के साथ स्वच्छता संलग्न होती है। गृहकार्य, रसोई कार्य, बच्चों की सँभाल का कार्य आदि।

भारतीय समाज में पुरुषों की स्थिति कुछ भिन्न रही है। स्वच्छता के संबंध में नारी से उनकी भूमिका भिन्न रही है। पुरुष व्यक्तिगत स्वास्थ्य हेतु कम प्रयत्न करता है। स्त्रियों को भी पुरुषों की स्वच्छता हेतु कुछ कार्य करने

पड़ते हैं। स्त्रियाँ पत्नी के रूप में पति के लिए, माता के रूप में संतान के लिए, बहू के रूप में सास–ससुर, परिवार के लिए तथा बेटी के रूप में माता–पिता के लिए स्वच्छता हेतु कार्यशील रहती हैं।

पुरुष स्वच्छता के संदर्भ में पूर्णतः स्त्री आधारित रहता है। वह केवल अपने आप को आर्थिक उपार्जन का ही माध्यम समझता है।

II. जाति और स्वच्छता–स्वास्थ्य–स्वास्थ्यमयता

शिक्षा व रोजगार में असमानता

मनुष्य के रूप में स्त्री और पुरुष समान है, फिर भी दोनों के बीच पर्याप्त भिन्नता है। विशेषतः यह भिन्नता शारीरिक है। शारीरिक भिन्नता दृश्यमान है। समकालीन स्थिति में दोनों के बीच लैंगिक भूमिका के संदर्भ में कुछ समस्याएँ प्रवर्तित हैं।

शिक्षा और असमानता

नारी शिक्षा, नारी अधिकार, उनकी शैक्षिक भूमिका, शैक्षिक अवसर, शिक्षा की मात्रा, कक्षा व उनके प्रति विचार नारियों के शैक्षिक दर्जे का उत्थानार्थ है।

आधुनिक समय शिक्षा के महत्त्व का समय है। शिक्षा व्यक्तित्व विकास, बौद्धिक विकास में विशेष योगदान देती है। व्यक्ति के समाजिक दर्जे में बढ़ोतरी करती है। आनेवाले समय के लिए व्यक्ति विशेष को तैयार करती है। राजकीय –सामाजिक कार्य हेतु लायकियत पैदा करती है। नारियों को शिक्षा से वंचित रखने का खयाल उनके व्यक्तित्व को बाधित करता है। भारतीय संविधान में सभी के लिए शिक्षा का अधिकार है। नारियों को असमानता का शिकार बनना पड़ रहा है।

नारी शिक्षा से समाज को हानि है, ऐसे गलत खयाल जोखिम पैदा करते है। नारी शिक्षा से नारी का दर्जा ऊँचा उठ जाने का पुरुषवर्ग में भय है। नारी की भूमिका केवल विवाह, बच्चे, परिवार तक सीमित है, ऐसा मानकर उन्हें शिक्षा से वंचित रखने की कोशिश की जा रही है।

वास्तव में स्त्रियों को परिवार के लिए भी शिक्षित करना आवश्यक है। स्वच्छता संबंधित शिक्षा आवश्यक है। छोटी आयु में शिक्षित होनेवाली नारी परिवार का सुसंचालन कर सकती है। समाज का विकास नारी शिक्षा पर अवलंबित है। स्त्रियों की विविध भूमिकाओं के कारण शिक्षित होना जरूरी

है। अपने कार्य को शिक्षित होने के नाते अधिक न्याय दे सकती हैं।

रोजगार में असमानता

प्राचीन समय में स्त्रियों को शिक्षा से वंचित रखा जाता था। वर्तमान समय में समानता के अधिकार के कारण शिक्षा का अवसर प्राप्त होने लगा है। रोजगार के संबंध में सभी के अधिकार की स्थिति है, किंतु स्त्रियों को व्यवसाय प्रवेश मुश्किल है। आज भी उन्हें अबला, वंचिता व असमर्थ समझा जाता है। रोजगार के संदर्भ में नारियों से असमानता का व्यवहार किया जा रहा है।

भले ही आज परिस्थिति में सुधार हुआ हो, तथापि स्त्रियों को अपनी पसंद के व्यवसाय की अनुमति प्राप्त नही होती है। आज भी अधिकांश स्त्रियाँ गृहिणी ही हैं। पुरूष की तुलना में स्त्रियों को रोजगार के संदर्भ में अन्याय सहना पड़ रहा है। उनका व्यावसायिक शोषण भी किया जाता है। श्रम आधारित नर और नारियों की सामान भूमिका होने पर भी नारियों को वेतन के मामले में अन्याय सहना पड़ता है। शारीरिक रूप से दुर्बल मानते हुए कुछ नारी को कई बार निम्न स्तर का कार्य सौंपा जाता है। अतः नर–नारी के बीच आज भी रोजगार संदर्भ में कुछ असमानता प्रवर्तित है।

III. स्वच्छता और बच्चे

(i) बच्चों की स्थिति (भारत के संदर्भ में)।

(ii) बच्चे और स्वच्छता।

(iii) बच्चों की स्वास्थ्य समस्याएँ।

(iv) बच्चों के स्वास्थ्य सँभाल की प्रक्रिया (स्वच्छता के संदर्भ में)।

(i) बच्चों की स्थिति

भारत की आबादी के 42 प्रतिशत से अधिक लोग 15 वर्ष से कम उम्र के बच्चे हैं। भारत में 5 वर्ष से कम बच्चों की 50 प्रतिशत से कम मृत्यु होती है। औसतः 1000 बच्चों पर 125 बच्चों की मृत्यु का उल्लेख प्राप्त होता है। 4 मास से कम बच्चों की मृत्यु के भी आँकड़े प्राप्त होते हैं।

भारत में बच्चों के स्वास्थ्य संबंध में अधिक सेवाएँ उपलब्ध हैं फिर भी बच्चों के स्वास्थ्य के प्रश्न जटिल हैं। ग्रामीण क्षेत्र में बच्चों की अधिक समस्याएँ द्रष्टव्य हैं। भारत में बच्चों को ठीक ढंग से परिपालन नहीं किया

जाता। गर्भावस्था के दौरान भी स्त्रियाँ विविध समस्याओं से पीड़ित रहती हैं। जन्म के समय, जन्म के बाद भी स्वच्छता को लेकर चिंतित न हों, तब बाल स्वास्थ्य को खतरा हो सकता है।

भारत में बच्चे कुपोषण का भोग बनतें है। बच्चों में एनीमिया की मात्रा विश्वभर में भारत में अधिक प्राप्त हुई है।

(ii) बच्चे और स्वच्छता

प्राकृतिक रूप से ही बच्चे चंचल होते हैं। बच्चे मुक्त रहना चाहते हैं, बंदिश बच्चों को प्रिय नहीं होती। आहार एवं वैयक्तिक स्वच्छता हेतु बच्चों की सावधानी रखना अनिवार्य है,

शारीरिक स्वच्छता

बच्चों के कोमल अंगों की स्वच्छता आवश्यक है। बच्चों की रोग प्रतिकारक शक्ति कमजोर होती है, फलतः स्वच्छता का होना जरूरी है। हाथ, पैर, नाखून, मुँह आदि खुले अंगों को साफ करना अनिवार्य है।

बीमारी के संदर्भ में बच्चों की सँभाल

बच्चों को होने वाली बीमारी बढ़ न जाए, इस की सावधानी जरूरी है। जुकाम, खाँसी, बुखार जैसे वाइरल इन्फेशन से होने वाले रोग पर नियंत्रण प्राप्त करना अनिवार्य है। स्वच्छता के द्वारा इन रोगों का फैलाव रोका जा सकता है। इनके आहार तथा आराम का खयाल रखा जाना चाहिए।

आहार और स्वच्छता

बच्चों के आरोग्य हेतु माताओं को भी स्वच्छ, पौष्टिक आहार प्राप्त करना चाहिए। माता को बच्चों की सँभाल हेतु शिक्षित करना चाहिए। शुद्ध जल, शुद्ध आहार, विषाणुयुक्त आबोहवा से बच्चों को स्वस्थ रखा जा सकता है। खुले खुराक से बच्चों को बचाए रखना चाहिए। शौचालय क्रिया के बाद हाथ की सफाई, उबला हुआ जल पिलाना, पके फलादि खिलाना बच्चों की सेहत के लिए उचित है। अतः स्वच्छता व पोषणयुक्त आहार से बच्चों की सेहत अच्छी रह सकती है।

(iii) बच्चों की स्वास्थ्य समस्याएँ

वयस्कों की तुलना में बच्चों में रोग प्रतिकारक शक्ति कम होती है। बच्चों में स्वच्छता के अभाव से उनके शरीर में कई रोगों का फैलाव हो सकता है। इन्हें जटिल रोगों का भी सामना करना पड़ता है। बच्चों की

सेहत का आधार उनके पोषणयुक्त आहार के अभाव में भी है। शरीर के लिए आवश्यक तत्त्वों की प्राप्ति कुपोषण से प्राप्त नहीं हो सकती। प्रोटीन, विटामिन, कैल्शियम व पोषकतत्त्वों का अभाव शारीरिक दुर्बलता पैदा करता है। परिणामस्वरूप अनेक रोगों का सामना करना पड़ता है।

आनुवंशिक तौर पर बच्चे को कोई रोग न लागू हो, इस दृष्टि से माता–पिता को भी सजग रहना है। माता की सगर्भावस्था के दौरान की लापरवाही बच्चे को हानि पहुँचा सकती है। बच्चों के जन्म पूर्व व जन्म के समय स्वच्छता की स्थिति अनिवार्य है।

बच्चों को समय–समय पर विविध प्रकार की दवाइयाँ को पिलाना आवश्यक हैं। ताकि बच्चे जानलेवा बीमारियों से बच सके हैं। बच्चों को अशुद्ध जल से बचाना, खुले भोजन से दूर रखना, शौचक्रिया पश्चात् हाथ धुलाना, बाल कटाना, नाखून काटना, आँखों की उचित सफाई करना सेहत बनाने में अधिक महत्त्वपूर्ण कारक हैं।

(iv) बच्चों की सेहत की सँभाल

बच्चों की सेहत के लिए समाज में विविध खयाल प्रवर्तित हैं। नजर लग जाना, माथा पकड़ में आ जाना जैसे कुरिवाज भारत में प्रवर्तित हैं। बच्चों की सेहत के लिए कई बातें महत्त्वपूर्ण हैं।

बच्चों के आहार में सावधानी

बच्चों को पौष्टिक आहार, स्वच्छ आहार आवश्यक है। फल–फलादि, दाल–मूँग जैसे पदार्थ आवश्यक हैं। खाद्य पदार्थों को धोकर साफ कर उपयोग में लेना जरूरी है। खुले भोजन से बच्चों को बचाना है।

बच्चों की शारीरिक स्वच्छता बनाए रखना

बच्चों के नाजुक अंगों की स्वच्छता अनिवार्य है। साबुन के द्वारा बच्चों को स्वच्छ रखा जाना है। नाखून साफ करना, बाल सँवारना, कपड़े स्वच्छ पहनाने आदि के द्वारा शारीरिक स्वच्छता रखी जा सकती है।

बच्चों को स्वास्थ्यवर्धक खेल खिलाना

बच्चों को उनका शारीरिक, मानसिक विकास करनेवाले खेलो से जोड़ देना चाहिए। नेतृत्वशक्ति, एकता भावना, खेलदिली का भाव जैसे गुणों के विकास हेतु विभिन्न खेल खिलाने चाहिए। आरोग्यवर्धक खेल बच्चों के लिए अनिवार्य हैं।

6

शौचालय का इतिहास

प्रस्तावना

शरीर के विविध अंगों से उत्तम कार्य प्राप्त किया जाता है। शौचक्रिया भी महत्त्वपूर्ण कार्य होने के बावजूद निम्न क्रिया माना जाता है। नोबल प्राइज विजेता और स्वास्थ्य क्षेत्र के ज्ञाता चार्ल्स रिचर्ड का मानना है कि शरीर के विविध अंगों की तरह शौच भी एक अनिवार्य प्रक्रिया है; वह केवल प्रजनन अंग नहीं है कि उसके प्रति हम लापरवाह रहें। मनुष्य जीवन में यह विशेष अंग को कम महत्त्वपूर्ण नहीं मानना चाहिए।

हमारे देश में प्रतिदिन 600 मिलियन लीटर मूत्र व 135 मिलियन किलोग्राम मल गंदगी के रूप में पैदा होता है। फलतः शौचालय का प्रश्न थोड़ा सा भी महत्त्वहीन नहीं है। यद्यपि पाषाण युग में मानवीय निवास का स्थायित्व न था, किंतु समयांतर में वह शौचालय निर्माण तक प्रगति कर सका है।

सोलहवीं शताब्दी में घरों से गंदगी निकाल कर शौचालय की आवश्यकता को मनुष्य ने स्वीकार किया था। शौचालय निर्माण का कार्य, शौचालय की स्वीकृति सहज प्राप्त नहीं हुई, इस कार्य को कई चुनौतियाँ को स्वीकार करना पड़ा। मनुष्य को हजारों सालों से अस्वास्थ्यजनक परिस्थितियों का सामना करना पड़ा है। 4500 साल पुराने शौचालय के इतिहास को नई दिल्ली स्थित सुलभ इंटरनेशनल के संग्रहालय में देखा जा सकता है।

शौचालय के इतिहास की ऐतिहासिक पृष्ठभूमि

शौचालय के उद्भव का कोई ठोस प्रमाण प्राप्त नहीं होता। शौचालय

के प्रारंभ की अवस्था संबंधी दस्तावेज़ी आधार प्राप्त नहीं होते। किंवदंतियों के अनुमान पर आधारित कुछ बातों पर विचार किया जा सकता है। प्राणियों की भाँति शौचालय की स्थिति पाषाणयुग के लिए संभावित मानी गई है। विचारशील व बुद्धिजीवी मनुष्य में समझौता से शौचालय संबंधी विचारों में भी परिवर्तन आया।

प्राचीन युग में शौचालय

प्राचीन युग में शौचालय की व्यवस्था कुछ विशिष्ट रही है। प्राचीन ईजिप्ट के धनिक लोगों के घर में ही यह सुविधा देखी गई है। चूना, पत्थर, मिट्टी से इसका निर्माण किया जाता था। (ई. पूर्व 2600 से 1900) सिंधु घाटी की संस्कृति में शौचालय के अवशेष प्राप्त हुए हैं। मल–मूत्र को रास्तों के नालों के नीचे के हिस्से को जोड़कर निकाल दिया जाता हैं। रोमन संस्कृति में भी बारिश के पानी के साथ अपशिष्ट जल के निकास की व्यवसथा बनाई गई थी। मकानों का भी खुलापन शौचालय के खुलेपन के अभाव का संकेत देता है। लोगों की गोपनीयता के संदर्भ में महत्त्वपूर्ण निर्देश प्राप्त नहीं होते हैं। बिना संदेह–संकोच शौचक्रिया खुले में की जाती होगी।

मध्ययुगीन शौचालय

मध्ययुग को अंधकार युग माना गया है। पाँचवीं सदी के पूर्व रोमन समाज की उथल–पुथल का उल्लेख प्राप्त होता है। रोमन समाज के पतन के साथ ही साथ उनकी समृद्धि का भी समापन हो गया था। शौचालय तथा जल व्यवस्थापन भी नष्ट हुआ। छठी शताब्दी में लकड़ी की बैठकवाला गड़ढे को खोदकर शौचालय बनाये जाते थे। ई.स. 12वीं सदी से पूर्व गरीबों के द्वारा शौचालय बनाने हेतु पाँव रखने हेतु पत्थरों का उपयोग होने लगा। धनिक वर्ग शौचक्रिया के बाद जल का उपयोग करने के बदले कपड़े का प्रयोग करते थे। गंदगी के निकाल हेतु उचित व्यवस्था का अभाव था। मल को कही भी फेंककर मानो अपने दायित्व से मुक्ति प्राप्त कर लेते थे। शौचक्रिया व स्वच्छता के प्रति गंभीर नहीं था।

आधुनिक युग में शौचालय

सन् 1596 में सर जहोन हेरिंग्टन के द्वारा तालाब के साथ संलग्न शौचालय निर्माण का प्रयास किया गया था। किंतु यह योजना निष्फल रही थी। 1778 में यूसुफ ब्रेहमाह के द्वारा एक बेहतरीन डिजाइन का शौचालय बनाया गया। 19वीं सदी तक जल के प्रयोग वाले शौचालय को लक्यूरियस

शौचालय माना जाता था। 19वीं सदी में सार्वजनिक शौचालय ही थे, जिनमें लोग पंक्ति में खड़े रहकर इंतजार करते थे। सन् 1900 में कुछ लोगों के घरों में सफल कारीगरों के द्वारा शौचालय बनाए गए।

वर्तमान समय के शौचालय

वैश्विक स्तर पर पर्याप्त सुविधाओं के बावजूद गरीब लोग शौचालय से वंचित हैं। बड़े सहज रूप में ग्रामीण जन निर्माण व रखरखाव का खर्च निभाया जा सकता। सरकार व 'सुलभ' जैसे संस्थानों के द्वारा शौचालय के उपयोग व महत्त्व का प्रचार–प्रसार हो रहा है। लोगों को इन से मार्गदर्शन प्राप्त होने लगा है। मिडिया भी शौचालय संबंधित प्रचार–प्रसार कर देश–सेवा का कार्य करता है। ग्रामीण समूह, नगरीय आवासों में आधुनिक 'फ्लश सिस्टमवाले' शौचालयों का निर्माण होने लगा है। 'पे एण्ड यूज़' शौचालय का भी लोग उपयोग करने लगे हैं।

शौचालय उद्‌भव व विकास की विशेषताएँ

– ई.स. पूर्व 2500 में मोहनजोदड़ो, सिंधु खिण की संस्कृति के अवशेषों से प्रतीति हुआ है कि प्रत्येक घर के वासी अपशिष्ट जल के निकास हेतु जाग्रत थे। मूल नाले के साथ विविध प्रवाहों को जोड़ने की व्यवस्था थी।

– ई.स. पूर्व 1000 में फारस के समुद्र में बहरीन के द्वीप पर फ्लश प्रकार के शौचालयों का आरंभ किया गया है।

– ई.स. 1596 में जे.डी. हेरिंगटन के द्वारा डब्ल्यु.सी. का आविष्कार हुआ।

– ई.स. 1668 में पुलिस आयुक्त, पेरिस के द्वारा प्रत्येक घरों में शौचालय निर्माण का अधिनियमन घोषित किया गया।

– ई.स. 1728 में वास्तुशास्त्री, जे.एफ. ब्रोंडल के मतानुसार ड्रेनेज संलग्न शौचालय को आदर्श माना गया।

– ई.स.1739 में पुरुष–औरत के भिन्न–भिन्न शौचालय के निर्माण का कार्य पहली बार किया गया।

– ई.स. 1824 में पेरिस में सबसे पहला सार्वजनिक शौचालय बनाया गया।

– सन् 1859 में इंग्लैंड की महारानी का शौचालय सोने से मढ़ा गया।

– सन् 1883 में थोमस हरिफर्ड के द्वारा सर्व प्रथम महाराणी विक्टोरिया

के लिए सिरामिक के शौचालय का निर्माण किया गया।

- सन् 1889 में विश्व में प्रथम बार ड्रेनेज व्यवस्था प्रारंभ हुई।
- सन् 1959 का समय शौचालय के सपाट उपकरणों की मुक्ति का समय था।
- सन् 1970 में बिहार में डॉ. बिन्देश्वर पाठक के द्वारा सार्वजनिक सुलभ इंटरनेशनल के द्वारा गैर'–सरकारी संस्थान प्रारंभ किया गया।
- सन् 1980 में स्वनियंत्रण शौचालय का प्रारंभ हुआ।

शौचालय व सामाजिक परिवर्तन

हमारे घरों में मंदिर व देवस्थान की भाँति शौचालय भी महत्त्वपूर्ण रहा है। घर में निर्मित देवस्थान के प्रति हम जितने सचेत हैं, उतने ही शौचालय के प्रति। देवस्थान का निर्माण एक उपलब्धि है, शौचालय का निर्माण भी एक अपरिहार्य अनिवार्यता है। देवालयों में जिस प्रकार मन की गंदगी को मन के मैल को निकलने का रास्ता मिलता है, ठीक वैसे ही शौचालय हमारे शरीर के मैल व गंदगी को निकालने का माध्यम है। दोनों की महिमा समान देखी जाएगी। शौचालय अपवित्र हो ही नहीं सकता, क्योंकि वही हमारी शारीरिक गंदगी को ग्रहण कर लेता है। हमारे देश में देवमंदिर पर्याप्त हैं, शौचालय कम। भारत को तब ही गौरव प्राप्त करने का अधिकार है, जब प्रत्येक महिला को शौचालय सुविधा मिले। भले ही शौचालय निर्माण सरकार का दायित्व हो किंतु यह केवल सरकार की जिम्मेदारी नहीं है। हम भी समाज की बुनियाद हैं, फलतः यह नहीं भूलना है कि मंदिर निर्माण हेतु हम वित्तिय योगदान दे सकते है तो शौचालय के निर्माण हेतु क्यों नहीं? यह हमारी गलतफहमी है कि मंदिर–निर्माण में दिए गए चंदे से पुण्य प्राप्त होता है, स्वर्ग प्राप्त होता है किन्तु वास्तविकता यह है कि जब औरतें खुले में शौचक्रिया करेंगी तो क्या हम पुण्य के, स्वर्ग के अधिकारी हो सकते हैं। नर्कयात्रा को लेकर हमें शर्मिंदा होने की जरूरत है। मंदिर से भी अधिक अनिवार्य शौचालय के लिए हम अनुदान प्राप्ति का प्रयास नहीं करते, किंतु मंदिर हेतु हम समाज में चहुँदिशाओं में घूमते–फिरते हैं। हमारी मन की बुराइयाँ ग्रस लेने वाला मंदिर जितना महान है, उतना ही हमारे शरीर की गंदगी को ग्रस लेनेवाला शौचालय महान है।

नई विचारधारा, परिवर्तित विचारधारा अब इस दिशा को उद्घाटित करती है कि शौचालय–विहीन जीवन जीवन नहीं है। शौचालय विहीनता जीवन की पंगुता आज हमारी संस्कृति की पहचान बन गई है। शौचालय के अच्छे–बुरे दोनों पहलुओं का हमने अनुभव किया है। कई विविध आयामों की बदौलत समाज में विविध प्रकार के परिवर्तन होते रहे हैं।

स्वच्छता और शौचालय : सामाजिक परिवर्तन का एक माध्यम

विविध परिस्थितियों के आधीन सामाजिक परिवर्तन होता है। स्वच्छता व शौचालय सामाजिक परिवर्तन के सशक्त माध्यम हैं। शौचालय रूपी परिवर्तन को समाज का प्रत्येक व्यक्ति स्वीकृत करता है, कही कोई अस्वीकृत करे, तब भी पुनः विचारने के पश्चात् उसको स्वीकार करना अनिवार्य हो जाता है। शौचालय संबंधित कई परिवर्तन प्राप्त हुए हैं।

स्वच्छता और शौचालय से विविध परिवर्तन

1. लोगों की विचारधारा में परिवर्तन–सुरक्षा व सलामती के विचार से सामान्यतः लोग परंपरागत विचारधारा से ही सलंग्न रहते हैं। स्वच्छता व शौचालय से रूढ़िगत विचारों में परिवर्तन हुआ है। अपने घरों में लोग अब स्वच्छता व शौचालय के आग्रही हो गए हैं। सार्वजनिक शौचालय के उपयोग में बढोतरी हुई है। स्वच्छता व शौचालय खर्चीला होने पर भी उसे प्रतिष्ठा का विषय माना गया है। अतः शौचालय व स्वच्छता की स्थिति में विचारों में परिवर्तन हुआ है।

2. रोजगार के नए अवसर–स्वच्छता व शौचालय के सम्मानपूर्ण उपयोग से रोजगार के नए आयाम–खुले हैं। संबंधित सामग्री, साधन इत्यादी का उत्पादन, बिक्री, नई तकनीकों का उपयोग रोजगार के निमित्त बने हैं। गंदगी उठाने की प्रथा के प्रतिबंध से दिशाएँ खुली हैं। रोजगारी के स्थानों पर रहनेवाली भेदभाव नीति समाप्त हुई है। केंद्र व राज्य सरकारों के प्रयासों से सफाईकर्मियों की शिक्षा–रोजगारी की सुविधा मुहैया कराने पर आमूल सामाजिक परिवर्तन हुआ है।

3. विवाह संबंधित विचारों में बदलाव–शिक्षा व अन्य माध्यमों से विचारों में परिवर्तन देखा गया है। लोगों की मानसिकता में सुधार हुआ है। अब लोग शौचालय सुविधायुक्त घरों में अपनी बेटी के विवाह का विचार करने लगे हैं। स्वच्छता व शौचालय का महत्त्व प्रस्थापित हुआ है। जीवनसाथी के चयन में भी मानदंड बदले हैं। शौचालय व स्वच्छतायुक्त घर प्रतिष्ठित

माने जा रहे हैं। जिन घरों में इनका अब भी अभाव है, उन घरों के बेटे–बेटियों के विवाह में दिक्कतें पैदा होती हैं। अतः विवाह संबंधित विचारों में स्वच्छता व शौचालय की बदौलत पर्याप्त परिवर्तन आया है।

4. व्यावसायिक कोटि में परिवर्तन–भारत में दलित व पिछड़ी जाति के लोगों को शौचालय व स्वच्छता के कार्य अनिवार्यतः करने पड़ते थे। समाज के द्वारा रची गई यह व्यावसायिक कोटि अपरिवर्तनीय कोटि थी। समयांतार में शौचालय–कर्मियों के पुनर्वसन व उद्धार का अभियान प्रारंभ हुआ। आधुनिक शौचालय के विकास से उन लोगों को व्यवसाय चयन से मुक्ति प्राप्त हुई। जातिगत व्यवसायों की इजरासाही में बदलाव आया। निम्न व दलित लोगों के व्यवसायों में भी अब परिवर्तन प्राप्त हुआ है। इन जाति–बिरादरियों की सामाजिक स्थितियों में बदलाव आया।

5. ग्रामीण समूह के स्वरूप में परिवर्तन–ग्रामीण समूहों की रूढिवादिता, मान्यताएँ, वहम, संदेह, जातिभेद, अस्पृश्यता जैसी मानसिकता रूढ़ीभूत थी। शौचालय व स्वच्छता संबंधित कार्यों में सफाईकर्मियों को नाना प्रकार के अन्यायो का, भेदभाव व शोषण का शिकार बनना पड़ता था। उन्हें मंदिर प्रवेश निषेध, कुएँ–तालाब से जल उपयोग का निषेध, अलग श्मशान, पाठशाला प्रवेशादि के घृणित नियम मानने पड़ते थे। प्रभावी बिरादरियों का बोलबाला था। आज शौचालय संबंधित नियमों में परिवर्तित होने से सफाई कर्मियों को पर्याप्त स्वतंत्रता प्राप्त हुई है। ग्रामीण समूहों के स्वरूप में आमूल परिवर्तन हुआ है।

6. जनआरोग्य क्षेत्र में परिवर्तन–शौचालय की बदौलत जन आरोग्य में सुधार आया है। स्वच्छता व शौचालय लोगों के जीवन का अभिन्न हिस्सा बन गया है। खुले में होनेवाली शौचक्रिया पर स्वैच्छिक पाबंदी लग गई है। स्वच्छतालक्षी विचार, खान–पान संबंधित विचार व आदतों में बदलाव आया है। स्वस्थता हेतु लोग अब जिम्मेदाराना व्यवहार करने लगे हैं। जन'–जागृति के परिपाकरूप आरोग्य के प्रश्नों का समाधान प्राप्त हुआ है। स्वास्थ्य के सुधार में स्वच्छता व शौचक्रिया की अहम भूमिका रही है।

7. शौचालय एक सामाजिक प्रतिष्ठा–शौचालय व स्वच्छता से सामाजिक परिवर्तन प्राप्त होता रहा है। इनकी प्रभावोत्पादकता के संदर्भ में अब कोई संदेह की स्थिति नहीं है। अपने घर में शौचालय की उपस्थिति प्रतिष्ठा का कारण बन गई है। जैसे जागीर, धन–संपत्ति व गहने–जेवरात का महत्त्व है, वैसे ही अब शौचालय को प्रतिष्ठा का कारक माना जा रहा

है। गाँव के इज्जतदार लोगों में उनकी गिनती होती है, जिनके अपने घरों में शौचालय हैं। घर का जनाना वर्ग तथा अतिथिगण शौचक्रिया में संकोच का अब अनुभव नहीं करते।

8. स्थानांतरण पर नियंत्रण–विविध कारणों में शौचालय का अभाव स्थानांतरण का महत्त्वपूर्ण कारण है। कुछ प्रांतो में ग्रामीण आज भी निःसंकोच रूप से खुले में शौचक्रिया करते हैं। आज शिक्षा के प्रचार–प्रसार से, संचार माध्यमों के प्रभाव से लोगों के मन में शौचालय की गरिमा का खयाल विकसित होने लगा हैं। जन–जागृति से स्वास्थ्य संबंधित समस्याओं के हल प्राप्त होने लगे हैं। रूढ़िवादी लोग जब आज भी शौचालय से विमुख हैं, तब नयी पीढ़ी मजबूरन स्थानांतरण करने लगी है। दोनों पीढियों के बीच वैचारिक व भौतिक अंतर बढ़ने लगा है। परिणाम स्वरूप रूढ़िवादी पुरानी पीढ़ी अब शौचालय के संबंध में विधेयात्मक विचार करती है, फलतः स्थानांतरण की प्रक्रिया में रोक लगी है। स्थानांतरण का नियंत्रण एक सटीक सामाजिक परिवर्तन है।

9. स्त्रियों के दरजे में परिवर्तन–ग्रामीण प्रांतों में शौचालय के उपयोग के संदर्भ में स्त्रियाँ कमजोर रही हैं। खुले में शौचक्रिया करनेवाले विविध जन समूहों में स्त्रियाँ भी कार्य करती हैं। गृह सफाई, झाडू–पोंछा, शिशुपालन, रसोई कार्य, कपड़े की धुलाई आदि भूमिकाएँ निभानेवाली औरतों का स्थान निम्न स्थिति में था। समयांतर में इस स्थिति में बदलाव प्राप्त हुआ है। अपने हक व अधिकार के प्रति अब स्त्रियाँ जाग्रत हुई हैं। शौचालय संदर्भ में स्त्रीयों का अति आग्रह रहा है। समाज को स्त्रियों के प्रश्न को लेकर शौचालय को स्वीकार करना पड़ा है। औरतों के सामाजिक दरजे में वृद्धि हुई है, जिसे सामाजिक परिवर्तन ही कह सकते हैं।

10. नए कानून का प्रादुर्भाव–औपचारिक व अनौपचारिक माध्यमों के द्वारा सामाजिक नियंत्रण संभव है। अनौपचारिक माध्यम की कमजोरी पर औपचारिक माध्यम की सक्रियता बढ़ाई जाती है। तात्पर्य है कि रिवाज, रूढ़ि, मान्यताएँ व जनरीति से नियंत्रण प्राप्त नहीं होता है, तब कानून के द्वारा, नीतियों के द्वारा प्रयत्न किए जाते हैं। स्वच्छता व शौचालय संदर्भ में भी अनौपचारिक माध्यमों के कारगर न रहने पर नए कानून, पुलिस प्रशासन, न्यायालय आदि को अपनी भूमिका निभानी पड़ती है। पूर्व कानूनों में परिवर्तन करते हुए कई नए कानून लागू किए जा रहे हैं, कानून के जरिए जन–जागृति फैलाने का प्रयास एक सामाजिक परिवर्तन है। शौचालय की अब अनिवार्यता

पैदा हो गई है। भले ही शौचालय निर्माण को महँगा माना जा रहा है, किंतु लोग अब समझने लगे हैं कि इसमें निवेश किए गए रुपयों से दीर्घकालीन कई खर्चों पर नियंयण प्राप्त किया जा सकता है। लोगों की रूढ़िवादी व पारंपरिक विचारधाराओ में भी बदलाव हुआ है। शौचालय विहीन जीवन नर्कागार माना गया है। शौचालय व स्वच्छता के द्वारा सामाजिक क्रांति, सामाजिक परिवर्तन के सुपरिणाम प्राप्त हुए हैं।

स्वच्छता और शौचालय के सामाजिक परिवर्तन के आयाम

प्रस्तावना

परिवर्तन एक प्रक्रिया है। परिवर्तन आकस्मिक नहीं होता, विशेष परिस्थितियाँ व परिवेश समयांतार में परिवर्तन के कारक बनते हैं। यह भी सत्य है कि नए परिवर्तन का स्वीकार समाज में शीघ्र नहीं होता। कुछ संदेह की दृष्टि से, कुछ अति खर्च की दृष्टि से देखते हुए इनके लिए निषेधात्मक प्रतिक्रिया प्रस्तुत करते हैं। दीर्घकालीन स्थिति में परिवर्तन हितकर होने के बावजूद उसके प्रति उदासीनता का रुख रखता है। अपने रुढ़िवादी विचारधारा के कारण कई बार लोग सक्षम होने पर भी परिवर्तन प्रक्रिया को नज़रअंदाज कर देते हैं।

समाज के लिए फायदेमंद व हितकर परिवर्तन समाज के लिए सर्वस्वीकृत बनते हुए सामाजिक परिवर्तन की संज्ञा प्राप्त कर लेते परिवर्तन के निमित्त कई आयाम विचारणीय हैं–

1. संचार माध्यम, 2. शिक्षा, 3. आर्थिक विकास, 4. सांस्कृतीकरण, 5. नगरीयकरण, 6. आधुनिकीकरण, 7. मनोवैज्ञानिक आयाम, 8. सुलभ आंदोलन

1. संचार माध्यम : टेलीविजन, रेडियो, फिल्म, प्रदर्शनी, वार्त्तलाप, अखबार, सामयिक, कंप्यूटर, इंटरनेट जैसे संचार माध्यमों ने शौचालय के महत्त्व व उपयोगिता के प्रचार–प्रसार में महत्त्वपूर्ण योगदान दिया है। फिल्म व टी.वी. के द्वारा प्रस्तुत कार्यक्रमों में पात्रों के संवाद–साक्षात्कार आदि का विशेष प्रभाव होता है। लोगों की मानसिकता को परिवर्तित करने की क्षमता इन संचार–माध्यमों में रही है। आज जन–जागृति फैली है। लोग गंदगी, अस्वच्छता, शौचालय के अभाव आदि को समझने लगे हैं। इन कारणों से फैलने वाली बीमारी के प्रति लोग सजग हुए हैं। संचार माध्यमों की इस संदर्भ में भूमिका अहम रही है।

2. शिक्षा : सामाजिक परिवर्तन हेतु शिक्षा एक सफल व सशक्त माध्यम है। शिक्षा औपचारिक व अनौपचारिक हो सकती है। शिक्षा के जरिए लोगों में शौचालय के संबंध में जागरूकता पैदा की जा सकती है। शौचालय संबंधित लोगों की मानसिकता को परिवर्तित किया जा सकता है। शिक्षा के माध्यम से शौचालय संबंध में बच्चों को वास्तविक समझ दी जा सकती है। बच्चों को प्रेरित करने में सफलता प्राप्त होती है। पाठशालाओं के औपचारिक शिक्षण के साथ ही स्वच्छता व शौचालय का ज्ञान दिया जाता है। अनौपचारिक रूप से परिवार के द्वारा इस बारे में बच्चों को शिक्षित किया जा सकता है। स्वयं शिक्षा भी इस संदर्भ में व्यक्ति विशेष में जागृति फैला सकती है।

3. आर्थिक विकास : सार्वत्रिक रूप में देखे गए आर्थिक विकास से मानवीय जीवन स्तर में परिवर्तन हुआ है। 'जान बची तो लाखों पाये' के रूप में लोग स्वास्थ्य से संबंधित खर्च करने में अब पीछे नहीं हटते। लोगों को इस संदर्भ में वित्तीय सुविधा के द्वारा अपने ही घर में शौचालय निर्माण करना चाहिए। यद्यपि लोगों में यह जागरूकता फैलने लगी है। ग्रामीण क्षेत्रों में भी आज शौचालय निर्माण में रुचि पैदा होने लगी है। सार्वजनिक शौचालय निर्माण व उनके उपयोग को आज अनिवार्य माना गया है। शौचालय के निर्माण के प्रचार–प्रसार का आज अच्छा रूप द्रष्टव्य है।

4. सांस्कृतीकरण : डॉ. एम.एन. श्रीनिवासन ने सर्वप्रथम सांस्कृतीकरण का खयाल स्पष्ट करते हुए इसे एक प्रक्रिया गया बताया है। सांस्कृतीकरण को श्रीनिवासन ने प्रथमतः ब्राह्मणीकरण के नाम से पहचान दी थी। आरंभिक स्थिति में प्रभुत्वपूर्ण ब्राह्मण बिरादरी का समाज के अन्य लोग, विशेषतः निम्न जाति के लोग अनुकरण करते थे। परिणामस्वरूप श्रीनिवासन ने इस प्रस्ताव को प्रस्तुत किया था। समयांतर में ऐसा देखा गया कि समस्त प्रभावी बिरादरियों का अनुकरण निम्न जातियाँ करती थीं। प्रभावी बिरादरियों के शौचालय व स्वच्छता संबंधित विचार तथा मनोविचारों का अनुसरण निम्न जातियों के द्वारा होने पर सांस्कृतीकरण की प्रक्रिया का बल प्राप्त होने लगा। सांस्कृतिकरण का प्रभाव शौचालय–निर्माण प्रक्रिया का एक विशेष आयाम है।

5. नगरीयकरण : ग्रामीण लोगों के नगर की ओर स्थानांतरण की स्थिति से नगरीयकरण की प्रक्रिया का सृजन हुआ। नगर की आबादी व इलाकों में नया परिवर्तन द्रष्टव्य हुआ है। नगरीयता के प्रभाव के फलस्वरूप

ग्रामीण जन–मानस पर शौचालय व स्वच्छता संबंधित खयालों में आमूल परिवर्तन हुआ है। लोग खुले में शौचक्रिया को अब स्वीकृत नहीं करते। नगरीयता के प्रभाव से ग्रामीण संस्कृति के मूल्यों में परिवर्तन हुआ है। स्थानांतरण के कारण जीवनशैली में होने वाले बदलाव से स्वच्छता व शौचालय के संबंधित खयालात भी परिवर्तित हुए हैं। नागरीयकरण सामाजिक परिवर्तन का एक कारण है।

6. आधुनिकीकरण : शिक्षा, राज्य, धर्म, परिवार, बिरादरी, कानून, नारी जीवन, संस्कृति, अर्थव्यवस्था, विचारधारा आदि में आधुनिकीकरण का प्रत्यक्ष प्रभाव है। आधुनिकीकरण नए ज्ञान–क्षेत्र का उदघाटक है। पुरातन मूल्यों को छोड़ नए मूल्यों का स्वीकार आधुनिकीकरण की ही प्रक्रिया है। आधुनिकीकरण के प्रभाव से शौचालय व स्वच्छता संबंध में लोगों की मान्यताओं को विकसित करता है, वैज्ञानिक दृष्टिकोण के विकास का कारक है। इससे निम्नजाति के लोग अपने परंपरागत व्यवसाय को छोड़ नए व्यवसाय की ओर मुड़े हैं। लोगों कें मन में अपने ही घरों में शौचालय निर्माण व स्वच्छता की समानता पैदा हुई है।

7. मनोवैज्ञानिक अभ्यास : जैविक आवश्यकता के बराबर ही मनुष्य मनोवैज्ञानिक आवश्यकताओं का अहसास करता है। घर की स्वच्छता, शरीर की स्वच्छता लोगों की पसंद है। अपने घर में शौचालय का प्रबंध सामाजिक प्रतिष्ठा का भी एक कारण है। शौचालय विहीन स्थिति प्रतिष्ठाविहीन जीवन की प्रतिकृति है, ऐसा मानसिक विचार लोगों की मनोवैज्ञानिक समझ हेतु लोगों में जागरूकता है। मनोवैज्ञानिक व मनःस्थिति का परिचायक है। अपने सम्मान व इज्जत के लिए लोगों में जागरूकता है। मनोवैज्ञानिक करणों से भी लोग खर्च करने में पीछे नहीं हटते। ऋण लेते हुए भी जीवन–शैली में परिवर्तन चाहते हैं। अतः शौचालय व स्वच्छता संदर्भ में पर्याप्त परिवर्तन हुए हैं।

8. सुलभ आंदोलन : सुलभ इंटरनेशनल सोशल सर्विसेज़ नई दिल्ली के द्वारा नाना प्रकार के समाजसेवा के कार्य होते रहते हैं। इस संस्थान से स्वच्छता संबंधित कार्य, पर्यावरणीय शुद्धता, शौचालय प्रबंध के साथ–साथ निम्न जाति को सफाई कर्म से मुक्ति दिलाते हुए नए रोजगार मुहैया करने का भी कार्य किया जाता है। ग्राम्य इलाकों में शौचालय निर्माण की प्रेरणा, निर्माण कार्य, वित्तिय सहायता, सरकारी सहायता की जानकारी प्राप्त करवाना जैसी भूमिकाएँ निभाई जाती हैं। शौचालय के उपयोग व उनके प्रचार–प्रसार

की सामाजिक सेवा प्रवृत्ति भी होती है। नगरों में सार्वजनिक सुलभ शौचालयों का निर्माण व संचालन सुलभ संस्थान के डॉ. बिन्देश्वर पाठक के द्वारा हो रहा है। समग्र देश व विदेशों में भी स्वच्छता का जन–आंदोलन खड़ा होने लगा है। खुले में की जानेवाली शौचक्रिया अब नीचता मानी जा रही है। सुलभ के द्वारा रोजगार भी प्राप्त होने लगा है। मैला उठाने की प्रक्रिया गैरकानूनी है, शर्म सार करने वाली है, ऐसी मानसिकता प्रस्थापित करने का श्रेय इस संस्थान को है।

अतः किसी भी सामाजिक परिवर्तन के साथ कई आयामों का प्रत्यक्ष संबंध होता है। नाना प्रकार की गतिविधियों प्रत्यक्ष व परोक्ष रूप में परिवर्तनों का कारण बनती है। यद्यपि यह बात अलग है कि कुछ परिस्थितियों का कम–ज्यादा असर होता है, किंतु सामाजिक परिवर्तनों के लिए परिस्थितियाँ गैर–जिम्मेदार नहीं हैं।

शौचालय के फायदे

कई आपत्तियों के समाधान के रूप में शौचालय निर्माण–प्रक्रिया को देखा जाता है। स्वच्छता का भी प्रत्यक्ष संबंध जुड़ा हुआ है। शौचालय के अभाव में लोगों की शौचक्रिया, मल–मूत्र विसर्जन की प्रक्रिया में कोई स्थायित्व नहीं था। परिणामतः कई सामाजिक प्रश्नों का उद्‌भव होने लगा था। शौचालय का अभाव एक सामाजिक समस्या बन गई थी। वर्तमान समय में ग्रामीण प्रांतों व नगरों की गंदी आबादियों में यह प्रश्न मौजूद है। समस्या का हल अनिवार्य माना गया है।

रहने के लिए, निवास की आवश्यकता के अनुसार ही शौचालय का महत्त्व है। दोनों की विशेष आवश्यकता है। मकान पूरी जिंदगी रहने का सहारा है। शौचालय नित्य क्रियाएँ संपन्न करने का आधार है।

शौचालय के फायदे

शौचालय के विविध फायदे निम्न रूप में द्रष्टव्य हैं–

1. शारीरिक आवश्यकता : भूख–प्यास, नींद, आराम की ही भाँति मल–मूत्र विसर्जन मनुष्य की विशेष आवश्यकता है। भूख–प्यास को टाला नहीं जा सकता, ऐसे ही मल–मुत्रादी क्रियाओं का विशेष प्रतिकार नहीं ही किया जा सकता। मल–मूत्रादि क्रियाओं के संपन्न होने पर मनुष्य को 'चैन' प्राप्त होता है, जिसके लिए शौचालय की आवश्यकता है। शौचालय वैयक्तिक क्रिया का आश्रयस्थान है। मनुष्य को शौचक्रिया में विक्षेप मंजूर नहीं होता।

विक्षेप की बदौलत शारीरिक मुश्किलों को बढ़ने के आसार पैदा होते हैं। मनुष्य शौचालय की जगह का भी आदी हो गया है, अन्यत्र शौचक्रिया उन्हें कुछ बैचन भी बना देती है। फलतः शौचालय एक महत्त्वपूर्ण शारीरिक आवश्यकता की पूर्ति का माध्यम है।

2. पारिवारिक प्रतिष्ठा : पारिवारिक प्रतिष्ठा व्यक्ति विशेष की सामाजिक भूख है। अपने परिवार की प्रतिष्ठा–वृद्धि हेतु व्यक्ति प्रयत्नशील है। प्रांतों में ग्रामीण शौचालय की उपस्थिति सामाजिक प्रतिष्ठा को बढ़ावा देती है। धनिकों के वहाँ घरों में शौचालय अनिवार्य रूप से होते हैं। अपनी बेटियों के विवाह संबंध में भी शौचालय की उपस्थिति का खयाल रखा जाता हैं। परिणामस्वरूप लोग अपने घरों में शौचालय निर्माण करने लगे हैं। अतिथियों के लिए, बीमार व्यक्तियों के लिए शौचालय आशीर्वाद रूप है। औरतें और विशेष कर अतिथि औरतें इसके द्वारा बड़ा सुकून प्राप्त करती हैं।

3. आर्थिक फायदा : घरों में स्थित शौचालय से दीर्घकालीन वित्तीय फायदा होता है। विशेषतः परिवार के बीमार सदस्य के लिए कोई समस्या पैदा नहीं होती। पेट के रोगों के लिए शौचालय श्रेयस्कर है। शौचालय बीमारियों के खर्च को रोक लेता है। शौचालय से सफाई का प्रश्न उद्भवित नहीं होता, फलतः बीमारियों में कोई आर्थिक व्यय नहीं होता। शौचालय निर्माण खर्च से अधिक तबीबी खर्च भी बढ़ जाता है। वास्तव में शौचालय खर्च एक दृष्टि से बचत है। शौचालय से बायोगैस का निर्माण, बायोगैस से खाद की प्राप्ति घरों और खेतों के लिए आर्थिक रूप से फायदेमंद है। दूषित जल का शुद्धिकरण करते हुए उनका पुनः उपयोग भी आर्थिक लाभ देता है। सुलभ इंटरनेशनल सोशल सर्विसेस, नई दिल्ली के द्वारा शौचालय संबंध में नाना प्रकार की प्रवृत्तियाँ सक्रिय हैं।

4. रोजगार के अवसर : भले ही रोजगार और शौचालय का प्रत्यक्षदर्शी संबंध न हो, तथापि परोक्षरूप से लोगों को रोजगार प्राप्त हो सकता है। नयी तकनीकों से शौचालय के साधनों का निर्माण, जल ड्रेनेज, आदि में कर्मियों की आवश्यकता रोजगार के नये आयाम है। विविध कल–कारखानों में, ड्रेनेज के कार्यों में, शौचालयों के विविध साधनों की बिक्री में, सुलभ शौचालयों की कार्यतालीम में रोजगारी के अवसर रहे होते हैं।

5. पर्यावरणीय फायदे : खुले में होने वाली शौचक्रिया, मूत्रक्रिया, से भू भाग को हानि हो सकती है। जल प्रदूषण में बढ़ावा होता है। शौचक्रिया

से फैलनेवाले कीटाणु बीमारी फैलाते हुए पर्यावरण की समस्या पैदा करते हैं। ग्रामीण समूहों में शौचक्रिया विषयक लापरवाही से पर्यावरणीय खतरा पैदा होता है। नदी, जलाशय आदि का पानी दूषित हो जाता है। जन–जागृति के कारण अब खुले में शौचक्रिया पर रोक लगने से पर्यावरणीय खतरा कम होने लगा है। तालाब व नदी का जल दूषित नहीं होता। शौचालय के स्वरूप बदलने से पर्यावरण को फायदा हुआ है। समग्र विश्व में पर्यावरण दिन मनाया जाता है। शौचालय का उपयोग पर्यावरण का रक्षक है।

6. स्वास्थ्य के प्रश्नों का समाधान : शौचालय के प्रयोग से अच्छे स्वास्थ्य का निर्माण होता है। लोगों को सुख चैन प्राप्त हुआ है। पेट की सफाई, कब्ज, दस्त, जैसी बीमारियों पर रोक लग गई है। शौचालयों ने गंदगी को रोका है। मलेरिया, कोलेरा, कै, डेंगू जैसी बीमारियाँ समाप्त हुई हैं। लोगों की जागरूकता ने स्वास्थ्य में सुधार किया है।

7. स्वच्छता की आदत : शौचालय निर्माण व उपयोग के बढ़ावे से लोगों की अच्छी आदतों का परिचय प्राप्त होता है। मकान निर्माण के ही समय शौचालय सुविधा का विचार किया जा रहा है। शौचालय हेतु बिजली, रोशनदान, जल सुविधा, पेपर नैपकिन, ब्रश, केमिकल, झाड़ू, वॉशिंग पाउडर आदि के उपयोग का महत्त्व बढ़ गया है। शौचालय के उपयोग के पश्चात् हाथ धोने की आदत, शौचालय के साधनों की सफाई की आदत लोगों में बनने लगी है। 'देवालय' जैसे शौचालय का खयाल विकसित होने लगा है। सार्वजनिक शौचालय व रेस्ट रूमों में भी इन बातों की सावधानी रखी जाती है। बच्चों में भी शौचालय संबंधित अच्छी आदतों को देखा गया है।

8. शर्म व संकोच का परित्याग : शौचक्रिया वैयक्तिक है। शौचालय का उपयोग निजी कार्य है। उचित जगह पर शौचालय के उपयोग में संकोच की स्थिति नहीं रहती। पारिवारिक माहौल में भी शौचालय का उपयोग संकोच विहीन बन गया है। पारस्परिक रूप में लोगों में इस क्रिया को लेकर आश्चर्य नहीं है। शौचालय का उपयोग अब सहज क्रिया बन गया है। ग्रामीण समुदाय में यह क्रिया खुले में की जाती है। मजबूरीवश औरतों को लज्जा के साथ गलियों से गुजरना पड़ता है। ऐसी स्थिति में शौचालय की उपयोगिता का खयाल स्पष्ट होता है।

9. सफाईकर्मियों का फायदा : शौचालय के उपयोग से सफाई–कर्मियों को मुक्ति प्राप्त हुई है। गंदगी उठाने से उनको जो परेशानी उठानी पड़ रही थी, उनसे छुटकारा प्राप्त हुआ है। सम्मानयुक्त जीवन जीने का

उन्हें अधिकार प्राप्त हुआ है। राज्य व केन्द्र सरकार तथा स्वैच्छिक संस्थानों के प्रयासों से इन्हें रोजगार प्राप्त हुआ है, पुनर्वसन प्राप्त हुआ है। निवास हेतु, शिक्षा हेतु व्यवसाय हेतु ऋण देने का प्रावधान भी महत्त्वपूर्ण कदम है। हीन कार्य से मुक्ति–प्राप्ति के साथ इन लोगों को सामान्य नागरिक की जिंदगी प्राप्त हुई है। इन लोगों के लिए कानूनी सहायता भी उपलब्ध कराई जा रही है। समाज के इस वर्ग को यदि इसे गंदगी के कार्य से जोड़ने का प्रयास भी कानूनन अपराध माना गया है। भारतीय नागरिकों के रूप में इन लोगों को सारे अधिकार प्राप्त होने लगे हैं।

10. शौचालय अर्थात् उत्तम सोचनालय : 'शौच' शब्द का विचार प्रक्रिया से सीधा संबंध है। संभवतः 'शौचालय' शब्द इसी की फलश्रुति है। इस स्थान पर लोग 'चैन' प्राप्त कर सकते हैं। शारीरिक–मानसिक सुकून का माहौल व्यक्ति को सोचने का अवसर प्राप्त करवाता है। भूत, भविष्य व वर्तमान की परिस्थितियों का इस तन्हाई में जायजा लिया जा सकता है, भविष्य का आयोजन सोचा जा सकता है। यह कहना शायद गलत न होगा कि व्यक्ति को जीवन के श्रेष्ठ विचार शौचालय में ही प्राप्त हुए होंगे। अतः शौचालय वास्तव में सोचनालय बन जाता है।

आपाधापी की स्थिति में, कोलाहल भरे जीवन में, समय की तेज रफतार के साथ ताल मिलाने की मजबूरी में तनावपूर्ण मानसिकता से शौचालय चैन पहुँचाता है। सोचना संभव बन जाता है।

11. सार्वजनिक शौचालय अर्थात् सामाजिक सेवा : विशेषरूप से नगरों व महानगरों के बाजारों, धर्मस्थानो, पर्यटन स्थलों आदि स्थानों पर शौचालय की अनिवार्यता होती है। नगरपालिका, महानगरपालिकाओं के द्वारा तथा स्वैच्छिक संस्थानो के द्वारा (सुलभ फाउंडेशन) 'पे एण्ड यूज़' रूप में शौचालयों का व्यवस्थापन किया जाता है। भीड़–भाड़ युक्त इलाकों में इस सुविधा का होना दुविधा का कारण बन जाता है। सुविधा के अभाव से लोग अव्यवस्थित ढंग से, अनुशासनहीन बनते हुए अपनी क्रियाएँ संपन्न करने लगते हैं। सार्वजनिक शौचालयों के निर्माण कार्य से सामाजिक अनुशासन स्वयमेव पैदा होने लगा है। महामारी फैलने से रुकी है, शौचक्रिया संबंधित प्रश्नों का हल हुआ है और समाज की एक स्वच्छ छवि उभरकर सामने आई है। सामाजिक सेवा के रूप में शौचालयों का विशेष महत्त्व प्रस्थापित हुआ है।

शौचालयों के निर्माण के पश्चात् उनके रखरखाव का प्रश्न भी गंभीर है। स्वच्छताविहीन शौचालय समस्याओं को जन्म देते हैं, जिनके दुष्परिणाम जनता को भुगतने पड़ते हैं। वास्तव में शौचालय का उचित उपयोग, उचित सँभाल ही सही मायने में समाजसेवा है।

शौचालय का सही उपयोग लोगों की समझदारी का परिणाम है। शौचालय लोगों की जीवन–शैली का एक हिस्सा है। 'सुलभ' जैसे संस्थानों से शौचालय के प्रचार–प्रसार का कार्य निष्ठापूर्ण होता रहा है। देवालयों व मोबाईल की संख्या से कम संख्या शौचालयों की होने के कारण विशेषतः ग्राम्य जनता खुले में शौच क्रिया करने पर विवश है। कई कारणों से अब भी शौचालय की आपूर्ति नहीं हो पाई है।

7

पर्यावरणीय स्वच्छता

हमारे रोजमर्रा के जीवन से 'पर्यावरण' व 'स्वच्छता' शब्द का अभिन्न रिश्ता है। दैनिक रूप में इन शब्दों का सहज प्रयोग होता है। अपने आसपास के वातावरण को पर्यावरण कहते हैं। स्वच्छता का भी अधिकतम महत्त्व प्रस्थापित हुआ है। समयांतर में इन दोनों शब्दों ने सभी का ध्यान आकृष्ट किया है। पर्यावरणीय दूषण व त्रुटियों की बदौलत स्वच्छता के जोखिम बढ़ने की यथार्थता पैदा हुई है। 'पर्यावरण' व 'स्वच्छता' के लिए आज जनजागृति से पररिक्षण है।

पर्यावरणीय स्वच्छता एक नई संकल्पना है, जो 'पर्यावरण' तथा 'स्वच्छता' के वैज्ञानिक दृष्टिकोण से परिपूर्ण है। स्पष्ट है, "Enviroment Sanitation means the Art and Science of Applying Sanitary, Biological and Physical Science, principles and knowledge to improve and control the enviroment and factor there in for the protection of the health and welfare of public."

अर्थात् पर्यावरणीय स्वच्छता वह कला है, जो लोगों की सेहत व कल्याण के सँवरने व सुरक्षा के हेतु, उनके विविध पहलुओं को नियंत्रित करने हेतु, सेनेटरी, जैविक व भौतिक विज्ञानों के ज्ञान व सिद्धांतों को लागू करती है। पर्यावरणीय स्वच्छता की अवधारणा जनहित को प्रभावित करने वाले पर्यावरणीय परिस्थितियों के मूलभूत पहलुओं की सँभाल, उनके सुधार व सातत्य के साथ संलग्न है। स्वच्छ व सुरक्षित जल वितरण, स्वच्छ–सुरक्षित वायु, औद्योगिक कचरों का नाश तथा जैविक व रासायनिक तत्त्वों से खुराक को संरक्षित रखने का प्रयास किया जा सकता है।

पर्यावरण को वातावरण की संज्ञा से भी अभिहित किया जा सकता है। स्वच्छता से तात्पर्य है, सेहत की सुरक्षा का विज्ञान जीवन में रोगों से बचने हेतु, स्वास्थ्यवर्धन हेतु पर्यावरणीय शुद्धता की अनिवार्यता है।

WHO का मानना है कि पर्यावरणीय स्वास्थ्य मनुष्य के भौतिक परिवेश के उन सभी पहलुओं का नियंत्रण करता है, जिससे शारीरिक विकास, स्वास्थ्य और अस्तित्व के लिए खतरा हो। डॉ घोष के अनुसार जीव, मानव व्यवहार, व समाज के जीवन विशेष को प्रभावित करने वाली बाह्य परिस्थितयों की इकाई पर्यावरण है। तात्पर्य है कि मनुष्य के इर्दगिर्द सजीव–निर्जीव, भौतिक–अभौतिक जैसे सभी तत्त्व पर्यावरण में समाविष्ट हैं, जिससे स्पष्ट होता है कि मानवीय स्वास्थ्य का आधार पर्यावरण है। पर्यावरणीय परिवर्तन का प्रत्यक्ष प्रभाव मानवीय स्वास्थ्य पर लक्षित होता है। पर्यावरण ही स्वास्थ्य का आधार है, इस विचार को निम्न स्थितियों से समझा जा सकता है–

(i) भौतिक पर्यावरण और स्वास्थ्य

भौतिक पर्यावरण ऐसे पहलुओं का समुच्चय है कि जिनसे संयुक्त रहकर ही मनुष्य का जीवन व्यतीत हो सकता है। इन पहलुओं का व्यक्ति के विकास, जीवनशैली आदि पर विशेष प्रभाव लक्षित होता है। जल, वायु, अन्न, प्रकाश, मिट्टी आदि का इनमें समावेश होता है।

(ii) जैविक पर्यावरण और स्वास्थ्य

जैविक पर्यावरण विषाणु, वनस्पति, पशु, सूक्ष्मजीव आदि से निर्मित होता है। संक्रमण, रोगादि विकारादि के लिए जैविक पर्यावरण जिम्मेदार माना जाता है।

(iii) सामाजिक पर्यावरण और स्वास्थ्य

इस पर्यावरण में व्यक्ति विशेष को सामाजिक स्तर पर प्रभावित करने वाली स्थितियों का समावेश होता है। सामाजिक रीत–रिवाज, प्रथा–कुप्रथाएँ, सांस्कृतिक मूल्य, आदतें, विश्वास, मान्यताएँ, धार्मिक पृष्ठभूमियाँ मानवीय जीवनशैली व स्वास्थ्य को प्रभावित करती हैं। बेहतर सामाजिक पर्यावरण बेहतरीन स्वास्थ्य का द्योतक है।

अतः बाह्य पर्यावरण, जैविक, सामाजिक व भौतिक पर्यावरण मनुष्य के शारीरिक व मानसिक विकास को प्रभावित करता है।

पर्यावरणीय–स्वास्थ्य–स्वच्छता के उददेश्य

पर्यावरणीय स्वास्थ्य को एक विज्ञान व कला माना गया है। सभी विज्ञानों की तरह इनसे भी निश्चित उद्देश्य प्राप्त होता है।

1. पर्यावरणीय प्रदूषण को सुरक्षित करना, नियंत्रित करना।
2. वैयक्तिक व सामुदायिक स्वास्थ्यवर्धन करना।
3. रोगों से मुक्ति प्राप्त करना।
4. स्वास्थ्यप्रद पर्यावरण निर्मित करना।
5. पर्यावरणीय स्वास्थ्य की शिक्षा को प्रोत्साहित करना।
6. पर्यावरणीय स्वास्थ्य संगठनों के कार्यों का समन्वय करना।

पर्यावरणीय स्वास्थ्य का महत्त्व और पर्यावरणीय प्रदूषण के कारण

पर्यावरणीय स्वास्थ्य व्यापक प्रकृति व समाजलक्षी होने की बदौलत व्यक्ति विशेष से सामुदायिक कक्षा तक उसका विशेष महत्त्व माना गया है। पर्यावरणीय स्वस्थ, स्वाथ्य संबंधित कार्यक्रम व प्रवृत्तियों के आधार पर वैयक्तिक व सामूहिक स्वास्थ्य में वृद्धि होती है। पर्यावरण की सुरक्षा पर्यावरणीय सुरक्षा संबंधी नीतियों के गठन से कारगर रहती है। लोग स्वास्थ्यपूर्ण जीवन का अनुभव प्राप्त करते हैं।

पर्यावरणीय स्वास्थ्य निरंतर ही स्वास्थ्य शिक्षा का अनुरोधी रहा है, फलतः लोगों की जागरूकता में वृद्धि हुई है। पर्यावरण संलग्न विविध संस्थानों के कार्यों का संश्लेषण करते हुए जनस्वास्थ्य का वृद्धि संभव हो सकती है।

सच यह है कि वर्तमान समय पर्यावरणीय असुरक्षा का समय है। पर्यावरण का असंतुलन बिगड़ा हुआ है। पर्यावरणीय विविध पहलुओं के परिवर्तनों को निम्न रूप में स्पष्ट किया जा सकता है–

(i) सुरक्षित जल–आपूर्ति (Safe Water Supply)

जल जनजीवन की बुनियादी आवश्यकता है। जल समस्त जीवों का आधारस्तंभ है। मनुष्य के शरीर में भी 57 प्रतिशत जल का हिस्सा है। जल से ही तो जीवन संभव है। परिणामस्वरूप जल के ही आसपास आबादी का निर्माण होता है।

अन्वेषणों से प्राप्त हुआ है कि कई रोगों का कारण प्रदूषित जल है। सुरक्षित व प्रदूषण रहित जल ही जीवन के स्वास्थ्य का कारण बन सकता

है। सही मायने में स्वच्छ जल राष्ट्र की निधि है। सुरक्षित जल किसे कहते हैं? जल का अर्थ क्या है? उनके विविध स्रोत कौन–कौन से हैं? इन तमाम प्रश्नों को निम्न उत्तरों में प्राप्त किया जा सकता है।

सुरक्षित जल का अर्थ

रोग फैलाने वाले कीटकों से मुक्त जल ही सुरक्षित जल है। हानियुक्त रसायनों से मुक्त, दूषित तत्वों से मुक्त जल सुरक्षित है। स्वास्थ्यवर्धक व स्वच्छ जल को सुरक्षित जल की संज्ञा प्राप्त हो सकती है।

जल के उपयोग

(i) रोजमर्रा का उपयोग : घरों में रोजमर्रा में जल का प्रयोग पीने में, भोजन बनाने में, स्नानादि के लिए, कपड़े धोने में किया जाता है। विविध बरतनो में उसे संगृहित किया जाता है।

(ii) सार्वजनिक उपयोग : वैयक्तिक तौर पर नहीं अपितु सार्वजनिक रूप में जल का उपयोग किया जाता है, जैसे कि बागों में प्रयुक्त जल, दमकलों में प्रयुक्त जल, सफाई हेतु प्रयुक्त जल आदि।

(iii) औद्योगिक उपयोग : उद्योगों के उत्पादन हेतु जल का प्रयोग किया जाता है। जैसे कि कागज के कारखाने में प्रयुक्त जल।

(iv) कृषि के उपयोग : जल कृषि के लिए अति आवश्यक है। बिना जल खेती संभव नहीं है। सब्जी, अन्न उत्पादन जल आधारित ही होते हैं।

जल के स्रोत

सामान्यतः जल प्राकृतिक स्रोत से प्राप्त होता है, तथापि लोगों के द्वारा जल प्राप्ति के विविध स्रोत इन रूप में अपनाये गये हैं–

(i) वर्षा का जल : बारिश ही जल कों मुख्य स्रोत है। बारिश के जल का उचित संचय श्रेष्ठ रस्ता है। वर्षा का जल चमकीला होता है। रासायनिक रूप से यह जल सादा होता है। फिर भी कई सूक्ष्म तत्त्वों से यह सभर है। जीवशास्त्र का मानना है कि ऐसा जल हानिकारक अशुद्धियों से मुक्त होता है, किंतु पृथ्वी तक पहुँचते हुए वह अशुद्ध हो जाता है। धूल–धूसरित होने के कारण वह जल पीने योग्य नहीं रह जाता।

(ii) पृथ्वी की सतह का जल : बारिश का गिरा हुआ जल पृथ्वी पर पहुँचते हुए पृथ्वी की सतह का जल बन जाता है। भारत समेत विश्वभर

में ऐसा जल झरनों, नदियाँ, तालाबों आदि के रूप में प्राप्त होता है। जल की विविध आवश्यकताओं की पूर्णता विविध स्रोतों से हो सकती है–

(A) कृत्रिम झरने : बारिश के द्वारा प्राप्त जल से कृत्रिम झरना निर्मित होता है। इस प्रकार के कृत्रिम झरनों से आवश्यकता वाले इलाकों में जल पहुँचाया जाता है। ऐसे झरनों के लिए ऊँचाई वाले जमीन पसंद की जाती है। पशुपालन व जन–आबादी से इस इलाके को मुक्त रखा जाता है। ऐसे कुछ उदाहरण द्रष्टव्य है, जयपुर का रामगढ़ का बंध, भरतपुर का बंध आदि। मद्रास और नागपुर में कृत्रिम झरनों के पर्याप्त उदाहरण प्राप्त होते हैं।

(B) नदियाँ : जलप्राप्ति का प्रमुख स्रोत नदी है। भारत में अनेक नदियाँ प्रवाहित हैं। उन नदियों से नगरों, ग्रामों तक पानी पहुँचाया जा रहा है। नदी का जल दूषित होने पर उसे वितरित करने के पूर्व शुद्ध किया जा सकता है।

(C) भूगर्भ जल : भूगर्भ जल जमीन के भीतर से प्राप्त होता है। समयांतर में जल जमीन के नीचे उतरता रहता है, अतः स्वयमेव यह जल शुद्ध होता रहता है। भूगर्भ जल स्वच्छ व शुद्ध माना गया है। भूगर्भ जल की प्राप्ति के दो स्रोत हैं–

(1) कुआँ : भारतवर्ष गाँवों का देश है। गाँवों में कुओं से जल प्राप्त किया जाता है। कुओं को गहराई की दृष्टि से दो प्रकारों में बाँटा जाता है:

कम गहरे कुएँ : इस प्रकार के कुओं की गहराई कम होती है, जिसमें जल–प्राप्ति जमीन की ऊपरी सतह से होने के कारण उसे शुद्ध करना अनिवार्य होता है। समयांतर में उसकी साफ–सफाई भी जरूरी है। ऐसे कुएँ का पानी आमतौर पर घरेलू उपयोग में लिया जाता है।

गहरे कुएँ : इस प्रकार के कुएँ अधिक गहरे होते हैं। धरती की सतह को भेद कर कुएँ का निर्माण किया जाता है। उसमें प्राप्त जल गहरी सतह से प्राप्त होता है। गहराई से प्राप्त होने वाला जल शुद्ध होता है। निम्न आकृति से इसे स्पष्टतः समझा जा सकता है–

आदर्श व स्वास्थ्यप्रद कुआँ और उनकी विशेषताएँ

सामान्यतः आदर्श कुएँ उचित स्थान व उचित ढंग से बनाया गया होता है, जिसका जल शुद्ध होता है। जिसे इस प्रकार समझा जा सकता है–

(1) आदर्श स्थान : कुछ विशेष बातों की सावधानी से ही आदर्श कुएँ का निर्माण कर सकते हैं। जैसे कि

(i) कुएँ के आसपास 50 फिट तक के क्षेत्र में किसी भी प्रकार का प्रदूषण नहीं होना चाहिए।

(ii) कुएँ का स्थान नालों, दूषित गड्डो से व सड़क ऊँचा होना चाहिए।

(2) श्रेष्ठ निर्माण : कुएँ का उत्तम निर्माण तब ही संभव है, जब कुएँ का ऊपर से नीचे की ओर 20 फीट तक ईंट व पत्थर व सीमेंट से बनाया गया हो। परिणामस्वरूप बरसात का जमीन में उतरने वाला जल कुएँ से न मिल सके।

(3) कुएँ की दीवार : आदर्श कुएँ के लिए दीवार एक महत्त्वपूर्ण पहलू है। कुएँ के ऊपरी हिस्से पर ढाई फीट की दीवार आवश्यक है। उस दीवार का निर्माण सीमेंट–पत्थर से किया जाना उचित है।

(4) चबूतरा : कुएँ के चारों ओर एक मीटर का चौड़ा सीमेंट से बनाया गया चबूतरा होना आवश्यक है, जिसके कारण कुएँ की दीवार से टकराने वाला पानी बाहर की ओर निकलने में सफल हो सके।

(5) जल निकाल का प्रबंध : आदर्श कुआँ वह है, जिसमें जल–निकास का प्रबंध उत्तम किया गया हो। कुएँ से निकला व्यर्थ जल व उसके इर्द गिर्द फैलने वाला जल कुएँ की परिधि से दूर करना जरूरी है।

(6) कुएँ का ढक्कन : जल की स्वच्छता हेतु कुएँ का ढक्कन आवश्यक है। कुएँ का मुख खुला रहने पर वृक्ष के पर्ण, मिट्टी आदि कचरों का इनमें पैठना व जल को दूषित करना संभव हो सकता है। अतः कुएँ को ढक देने से इन खतरों से बचा जा सकता है।

(7) हैंडपंप : कुएँ के जल को बाहर खींच निकालने के लिए कम से कम दो हैंडपंपों की आवश्यकता रहेगी। पानी खींचने के इस माध्यम से प्रदूषण को भी कम किया जा सकता है।

(8) प्रयोगशाला में जल–परीक्षण : लोगों के लिए पीने के संदर्भ में व विविध उपयोगों के संदर्भ में प्रयुक्त जल का समयांतर में परीक्षण होना

आवश्यक है। पानी के विविध गुणों से परिचित रहने की आवश्यकता रहती है। उपयोग में लाया जा सकने की स्थिति का परीक्षण से पता चलता है। जल परीक्षण (1) भौतिक परीक्षण (2) रासायनिक परीक्षण और (3) बायोलॉजिकल परीक्षण किए जा सकते हैं।

(9) स्वास्थ्य शिक्षा : कुएँ व जल की स्वच्छता हेतु स्वास्थ्य शिक्षा अनिवार्यतः होनी चाहिए। कुएँ की सँभाल, सावधानी व रखरखाव के नियम, लोगों का दायित्व आदि की समझ दी जा सकती है। जैसे कि कुएँ के पास स्नानादि का निषेध, कपड़े धोने का निषेध, पशुओं को पानी पिलाने का निषेध आदि महत्त्वपूर्ण नियमों का परिपालन आवश्यक है।

जलजन्य अशुद्धियाँ व प्रदूषण

जल में अनेक प्रकार की अशुद्धि रहती है। इन अशुद्धियों को कार्बनिक–अकार्बनिक रूप से देखा जा सकता है।

(1) कार्बनिक अशुद्धियाँः एमोनियाँ, वृक्षों के पर्ण, कीड़े–मकोड़े आदि

(2) अकार्बनिक अशुद्धियाँ : विविध वायु, कैल्शियम, मैग्नेशियम, लोहा, रेत, मिट्‌टी आदि।

जल से विकसित रोग

(1) वायरस जन्य रोग : पोलियो, माईलाइटिस, इन्फेक्शंस, हेपेटाईटिस.

(2) जीवाणु से विकसित रोग : दस्त, कोलेरा, बुखार आदि

(3) अमीबाजन्य रोग : अमीबायसिस

(4) कृमिजन्य रोग : पेट के जंतु, हुकवर्म, सुन्नकृमि

(5) विविध रोग : गिनी वर्म

1. सादा और सख्त जल : किसी जल के सादेपन व सख्ती को नापने के लिए उसमें साबुन से कितने फैनिल प्राप्त होते हैं, उस आधार पर परखा जाता है। सख्त पानी साबुन के झाग को कम उत्पन्न करता है, सादा जल से अधिक झाग उत्पन्न होता है। सख्त जल में कुछ खनिज पदार्थ इस प्रकार प्राप्त होते हैं :

1. कैल्शियम और मैग्नेशियम बाइकार्बोनेट।
2. कैल्शियम और मैग्नेशियम के सल्फेट और क्लोराइड।
3. लौहतत्त्व तथा रेत।

2. जल का अस्थायी सख्त रूप : जल का अस्थायी सख्तीपन उष्णतमन के द्वारा मिटाया जा सकता है। कैल्शियम व मैग्नेशियम कार्बोहाइड्रेट जैसे तत्वों से पानी सख्त बनता है। उसे गरम करने पर कार्बन हाइड्रोक्साइड हट जाता है और कैल्शियम व मैग्नेशियम पानी में गरल हो जाता है, फलतः उनका सख्त रूप सादे पानी में तबदील हो जाता है। इसे इस प्रकार समझाया जा सकता है–

$$Ca(HCO)_2 \rightarrow CaCO_2 \rightarrow H_2O = CO_2$$

3. जल का स्थायी सख्त रूप : पानी को उबालने पर भी सख्त रूप समाप्त नहीं होता, ऐसा जल स्थायी रूप से सख्त जल है। जल में गंधक, क्लोराइड, कैल्शियम, मैग्नेशियम, नाइट्रेड होने के कारण जल सख्त बन जाता है।

4. स्थायी व अस्थायी सख्तरूप को हटाने के उपाय

(i) अस्थायी सख्ती को हटाने के उपाय

(a) पानी को उबाला जाए।

(b) पानी में चूना मिश्रित किया जाए।

(c) पानी में सोडियम कार्बोनेट मिश्रित किया जाए।

(d) परम्युटिट पद्धति के द्वारा।

(ii) स्थायी सख्ती को हटाने के उपाय

(a) सोडियम कार्बोनेट मिश्रित करने पर

(b) परम्युटिट पद्धति के द्वारा।

जल का शुद्धीकरण : 'जल' मानवजीवन की अनिवार्य आवश्यकता है। उनका शुद्ध होना मानवीय जीवन के लिए श्रेष्ठ है। ग्राम्य व नगर क्षेत्र में केवल जलप्राप्ति ही अंतिम नहीं अपितु उसका शुद्धीकरण किया जा सकता है।

(1) बुनियादी तौर पर जल शुद्धीकरण

(i) जल को उबालना : जल को शुद्ध करने के लिए उसे उबालने की पद्धति घरेलू पद्धति है। पाँच–सात मिनट पानी को उबालने पर उसकी विषाणुगत अशुद्धियाँ नष्ट हो जाती हैं। पानी के उबलने से भीतर का कार्बन डायोक्साइड समाप्त हो जाता है और पानी अपनी सख्ती छोड़ देता है।

(ii) रासायनिक तत्वों के द्वारा जल शुद्धिकरण : विविध प्रकारों के रासायनिक तत्त्वों से जल शुद्धिकरण की प्रक्रिया की जा सकती है। ब्लीचिंग पाउडर, पोटेशियम परमेंगेनेट, क्लोरिन आदि के द्वारा जल शुद्धिकरण का प्रयास किया जा सकता है। विविध–रासायनों से जल को विसंक्रमित भी किया जा सकता है। हैजा जैसे रोग को समाप्त किया जा सकता है।

(iii) घरेलू जल शुद्धिकरण–यंत्र : जल शुद्धिकरण के जन जागरण के परिणामस्वरूप घरेलू यंत्र के द्वारा भी जल–शुद्धि अभियान चलाया जा रहा है। कम खर्च पर ऐसे यंत्र को घर में ही बनाया जा सकता है, जिससे संपूर्ण परिवार का स्वास्थ्य बना रहता है।

(2) कुएँ के जल का शुद्धिकरण

बुनियादी प्रयासों में कुएँ के पानी के शुद्धिकरण का प्रयास किया जा सकता है। यद्यपि ऐसे प्रयासों में शुद्धजल कम मात्रा में प्राप्त होता है। इस प्रक्रिया को निम्न रूप में समझ सकते हैं–

(i) कुएँ को नापना : जल के शुद्धिकरण के लिए कुएँ का नाप आवश्यक है। कुएँ की परिधि उनकी गहराई रस्सी के द्वारा कम से कम दो व्यक्तियों की सहायता से नापी जाती है।

(ii) जल का स्तर जाँचना : द्वितीय चरण में कुएँ में कुएँ के जल का स्तर जाँचने की आवश्यकता है। इस रूप में गाणितिक सूत्र का प्रयोग किया जा सकता है–

$5D^2h$ = जल गैलन

D = Diameter of the well (कुएँ की परिधि)

h = Height of the water Column (कुएँ के जल की गहराई)

इस रूप में कुएँ के जल के स्तर की जाँच की जा सकती है।

(iii) ब्लीचिंग पाउडर की मात्रा : कुएँ के जल–स्तर की जाँच के पश्चात् ब्लीचिंग पाउडर की मात्रा तय की जाती है। पूर्व सूचित किया है कि 1000 (एक हजार) गैलन जल को शुद्ध करने के लिए 30 (तीस) ग्राम ब्लीचिंग पाउडर की आवश्यकता रहती है। जल स्तर के अनुसार इसका उपयोग करना जरूरी है।

(iv) ब्लीचिंग पाउडर का मिश्रण तैयार करना : ब्लीचिंग पाउडर का मिश्रण ऐसे तैयार किया जा सकता है–

1. मिश्रण में 3/4 जल का प्रयोग कर उसे लकड़ी से हिलाया जाता है।
2. तत्पश्चात् 10 मिनट तक उसे स्थिर रखा जाता है, परिणामस्वरूप चूना जल की गहराई में चिपक जाता है और क्लोरिन युक्त जल सतह पर चला आता है। शुद्ध जल को अलग कर अन्य बरतन में भरा जाता है।

(v) मिश्रण को कुएँ में मिलाना : क्लोरीनयुक्त मिश्रण को एक बरतन में भरकर कुएँ में डुबाया जाता है। बार–बार उस बर्तन को कुएँ के जल में डूबोने से रासायन उचित ढंग से जल में मिश्रित हो जाता है।

(vi) संपर्क अवधि : मिश्रण को जल में डाल देने के बाद एक घंटे तक जल के उपयोग पर प्रतिबंध लागू किया जाता है। इस समय विधि के बीच रसायन व जल के बीच का संपर्क शुद्धिकरण की प्रक्रिया करता है, फलतः इसे संपर्क अवधि कहते हैं।

(vii) औस्थोटोल्युडिण की जाँच : जल में शुद्धि करण का यह अंतिम सोपान है। संपर्क अवधि के बाद जल में स्थित क्लोरीन की मात्रा की जाँच की जाती है। इसकी मात्रा प्रति लीटर 0.5 मिलीग्राम (O.S.P.P.D.) आदर्श मानी गई है।

(3) व्यापक स्तर पर जल का शुद्धिकरण

(a) जैविक फिल्टर : जैविक फिल्टर को 'Slow Sand Filteration' भी कहते हैं। सन् 1804 में स्कॉटलैंड में इसका सर्वप्रथम प्रयोग किया गया था। वर्तमान में वैश्विक स्तर पर यह आदर्श प्रणाली है।

जलस्रोत प्राप्त दूषित जल को खेत या तालाब में एकत्रित किया जाता है, जिससे प्राकृतिक रूप में उसका शुद्धिकरण हो जाता है। अशुद्धियाँ जल स्तर के नीचे रह जाती हैं और शुद्ध जल को रेत के द्वारा बनाए गए फिल्टरप्लांट से अधिक शुद्ध किया जाता है।

(b) यांत्रिक फिल्टर : सन् 1885 में यांत्रिक फिल्टर पद्धति का प्रयोग सर्वप्रथम अमरीका में किया गया था। ऐसी पद्धति में जल को पाइप के द्वारा प्रवाहित कर एक स्थान पर ले जाया जाता है। यहाँ फिटकरी के द्वारा उस पर प्रक्रिया की जाती है। तत्पश्चात् उसे मिश्रण यंत्र में शीघ्र ही भेजा जाता है। बाद में रेत के द्वारा निर्मित यंत्र से शुद्ध किया जाता है। 99 प्रतिशत जल शुद्ध हो जाने के प्रमाण प्राप्त हुए हैं।

वायु संयोजन व वायु प्रदूषण

सृष्टि के समग्र जीवों के जीवन का मूलाधार वायु है। श्वसन क्रिया की ही बदौलत जीव का अस्तित्व सुरक्षित रहता है। ऑक्सिजन के बगैर जीवन असंभव है। मानव की अनेक क्रियाओं का सुचारू रहना वायु की बदौलत माना जा रहा है। खुशबू लेने की प्रक्रिया, श्वास–उच्छ्वास की क्रिया वायु आधारित होती है। इस प्रकार के महत्त्वपूर्ण माध्यम की स्वच्छता अनिवार्य है। अस्वच्छ वायु अनेक रोगों का कारक बन सकता है। वायु में अनेक प्रकार के विविध मिश्रण होते हैं, जो द्रष्टव्य हैं।

वायु संयोजन : भले ही हम आसपास के वायु को देख न सकते हों। किंतु उसका अनुभव अवश्य होता है। जब हम श्वसन क्रिया करते हैं, तब वायु में अनेक तत्त्वों का संयोजन भी प्राप्त करते हैं। नाइट्रोजन, 78.10 प्रतिशत, अक्सिजन 20.93 प्रतिशत, कार्बन डायोक्साइड 00.03 प्रतिशत और विविध वायु 00.94 प्रतिशत। वायु के अंतर्गत इन तत्वों का संयोजन होता है। अन्य वायु कि जिसकी मात्रा (00.94 प्रतिशत) है, उनमें ऑर्गन, नियोन, क्रिप्टन, जेनोन व हिलियम का समावेश होता है।

वायु संयोजन निर्माण के तत्त्व : वायु में अनेक विविध वायु का संयोजन होता है। विविध वायु स्वयमेव अस्तित्व नहीं प्राप्त कर सकते, अपितु कुछ तत्त्वों के आधार पर इनका अस्तित्व होता है।

(i) सूर्य प्रकाश : सूर्य प्रकाश के द्वारा वायु संयोजन की अशुद्धियों का ऑक्सिकरण करता है। अनावश्यक जीवाणु को नियंत्रित करता है।

(ii) वायु प्रवाह : स्वयमेव रूप से यह वायु प्रवाह संयोजन की विविध अशुद्धियों को नष्ट करता है। वायु प्रवाह का मूल कार्य अशुद्धियों को नष्ट करना है, जिससे स्वच्छ वातावरण का निर्माण संभव बन सकता है।

(iii) बारिश : बारिश भी वायु संयोजन का विशेष तत्व है। वातावरण मिश्रित अशुद्धियों को समाप्त कर स्वच्छ वातावरण का निर्माण बारिश के द्वारा संभव है।

(iv) हरी वनस्पतियाँ : (ताजा) वनस्पतियों के द्वारा ऑक्सिजन की वृद्धि होती है। कार्बन डायोक्साइड को कम करने में उसकी विशेष भूमिका है। सुनियोजित व सप्रमाण ऑक्सिजन प्राप्त हो सकता है।

वायु प्रदूषण अथवा पर्यावरणीय प्रदूषण

वायु प्रदूषण वायु के भीतर रहनेवाली हानियुक्त स्थितियों से संबंद्ध है।

बाह्य वातावरण में प्रदूषणों की स्थिति बढ़ जाती है, तब समग्र वातावरण दूषित हो जाता है।

वर्तमान समय औद्योगिक प्रदूषण का समय है। घरेलू स्थितियों से भी प्रदूषण फैल सकता है, जैसे कि लकड़ी जलाना, कचरों को जलाना, उपले सुलगाना, उद्योगों के द्वारा कार्बन डायोक्साइड, क्लोरीन आदि से वातावरण दूषित होता है।

वायु व पर्यावरणीय प्रदूषण का स्वास्थ्य पर प्रभाव : मानवीय शरीर पर्यावरणीय शुद्धता पर आधारित है। पर्यावरण का प्रदूषण मानवीय स्वास्थ्य के लिए खतरा पहुँचा सकता है। मानवीय रोगों का फैलाव एक वास्तविकता बन जाती है। यातायात का धुआँ, धूम्रपान, दूषित द्रव्य–पदार्थ, मानव के आँख, गला, फेफड़े और चर्म को विशेष हानि पहुँचाता है।

वायु प्रदूषण पर नियंत्रण : पर्यावरणीय प्रदूषण मानवीय जीवन के लिए हानिकारक है, फलतः उनको नियंत्रित करना अनिवार्य है। नियंत्रण हेतु कुछ इस प्रकार के कदम उठाए जा सकते हैं–

- विविध प्रकार के वाहनों की जाँच करना।
- प्रदूषण उद्गम स्थानों को नियंत्रित करना।
- कोयला व गैस के स्थान पर बिजली का उपयोग करना।
- औद्योगिक समवायों को नियंत्रित करना।
- वृक्षारोपण को महत्त्वपूर्ण बनाना।
- प्रदूषण उत्तेजन को वैधानिक नियमों के दायरो में जोड़ना।

(4) वातायन और उनके प्रकार

वातायन (Vantilation) का सामान्य अर्थ वायु की उष्णता, गति व अशुद्धि का नियमन है। अन्य अर्थ में वातायन अर्थात् किसी कक्ष विशेष में वायु का आवागमन।

वातायन के प्रकार

1. प्राकृतिक वातायन : (वायु का मुक्त आवागमन) : विकासशील देश भारत में प्राकृतिक स्रोत पर्याप्त मात्रा में प्राप्त होते हैं। यद्यपि तकनीक व विज्ञान के संदर्भ में अभी भी प्रगति आवश्यक है, तथापि भारतीय लोग प्राकृतिक वातायन का उपभोग करते हैं।

2. कृत्रिम वातायन

(अ) वायु निर्यात वातायन : निर्गम पंखे के द्वारा कमरे की हवा को बाहर खींचा जाता है। बिजली के द्वारा ऐसे पंखे चलाए जाते हैं। गरम हवा को इस पंखे के द्वारा बाहर फेंका जाता है। नई ताजा और ठंडी हवा कमरे, में प्रवेश करती है, ऐसा प्रबंध किया जाता है। विशेषतः उद्योग, रसोईघर, सिनेमाहॉल, ऑपरेशन थियेटरों आदि में ऐसे पंखे लगाए जाते हैं।

(ब) वायु खींचनेवाला वातायन : इस वातायन के संदर्भ में निर्यात वातायन से विपरीत कार्य होता है। हवा को शीघ्रता से बाहर खींचा जाता है। ऐसा वातायन विशेषतः उद्योगों में प्रयुक्त किया जाता है।

(स) संतुलित वातायन : इस वातायन में उपरोक्त दोनों वातायनों का सम्मिश्रण होता है। दोनों के बीच संतुलन स्थापित किया जाता है। बड़े सिनेमागृहों में इसका प्रयोग किया जाता है।

(द) वातानुकूलित वातायन : इस प्रकार के वातायन का वर्तमान समय में अधिक प्रयोग किया जाता है। वातावरण को शुद्ध व अनुकूल बनाने के लिए यांत्रिक पद्धति के द्वारा हवा को ठंडा किया जाता है। नई तकनीकों के संबंध में यह एक अति उपयोगी उपकरण सिद्ध हुआ है। अपनी इच्छा के अनुसार इसको नियंत्रित किया जा सकता है।

3. घरेलू कचरों का व अन्य कचरों का निकासः घरों, गलियों व रास्तों से निकलने वाले कचरे, उद्योगों व कृषि कार्य से निष्पन्न कचरे के कारण वातावरण दूषित होता है। जिसके कारण मच्छर, मक्खी का उपद्रव बढ़ जाता है। चूहों, कीड़े मकोड़ों की वृद्धि करता है। ऐसे कचरे का निकाल अनिवार्य है।

कचरा निकाल की पद्धतियाँ : कचरे से अनिच्छनीय दृश्य पैदा होता है। उनका निकास न होने पर कई समस्याएँ पैदा हो सकती हैं। कचरे के निकास हेतु विविध प्रयुक्तियाँ अस्तित्व में हैं।

(अ) कचरे का दहन : यह निकास हेतु सर्वोत्तम पद्धति है। कचरे को जला देना श्रेष्ठ है। चिकित्सालय संबंधित कचरे का दहन अधिक योग्य है। दहन के पूर्व कचरे से काँच, रेत आदि तत्त्वों को हटा लेना जरूरी हैं।

(ब) कचरे को जमीन में दबा देना : यह एक सरल पद्धति है। जमीन में बडा गड्ढा बनाकर कचरे को उसमे डाल कर उसे मिट्टी से दबा दिया जाता है। कचरे के अनुसंधान में गड्डे की गहराई व चौड़ाई तय की

जानी आवश्यक है। ऐसे गड्डो को आबादी से, जलस्रोत से काफी दूर तैयार करना चाहिए।

(स) कचरे को सड़ने दिया जाना : यह एक महत्त्वपूर्ण पद्धति है। कचरे को एक गड्डे में तीन–चार माह तक दबा दिया जाता है तत्पश्चात् रासायनिक प्रक्रिया के द्वारा उससे खाद तैयार की जाती है। कृषि के उपयोग उपरांत मच्छरों के उपद्रव की समाप्ति इस पद्धति से संभव है।

(द) वनस्पति खाद तैयार करना : एक बड़े गड्डे को (तीन फिट गहरा) तैयार किया जाता है। मानव मल–मूत्र व अन्य कचरे के द्वारा प्रत्येक तीसरे दिन एक थर तैयार किया जाता है। उसका ऊपरी स्तर कचरे का होता है। गड्ढा भर जाने पर उसे ढक दिया जाता है।

गड्डे में किए गए संग्रह से उसकें जैविक प्रक्रिया का प्रारंभ होता है, अति गारमाहट पैदा होती है और सभी जीवाणु समाप्त हो जाते हैं। चार–छः माह में कचरे की सड़ने की क्रिया समाप्त हो जाती है। तत्पश्चात् उसका उपयोग कृषि कार्य में किया जाता है। कृषि ताजज्ञों के मत से यह श्रेष्ठ खाद है। किंतु मानव मल–मूत्र के कारण इसे कुछ उपेक्षित माना गया है।

अतः विविध पद्धतियों से दूषण फैलाने व गंदगी फैलाने वाले कचरे का निकास संभव बन सकता है।

(4) मल–मूत्र का निकास

मलोत्सर्जन मानव की सहज व दैनिक प्रक्रिया है। खुले में होने वाली ऐसी क्रिया कई खतरे पैदा कर सकती है। इनके उचित निकास की अनिवार्यता है। निकाल हेतु दो पद्धतियों का विचार किया जा सकताः (अ) जल रहित मल पद्धति, (ब) जल परिवहन मल पद्धति।

(अ) जल रहित मल पद्धति : जल की किल्लत वाले प्रदेशों में इस पद्धति का प्रयोग संभावित है। भारत समेत विश्व के विविध देशों में ऐसी पद्धति का प्रयोग किया जाता है, जिसे इस रूप में स्पष्ट समझा जा सकता है–

(i) सफाईयुक्त शौचालय : भारतवर्ष में प्राचीन समय से यह पद्धति प्रयुक्त है। निम्न जाति के लोगों द्वारा विविध डिब्बों में मल–मूत्र को उठाकर गाँव के बाहर फेंकने की व्यवस्था थी। इनसे मक्खी, मच्छरों का विकास होता था। जमीन व जल प्रदूषण भी बहुत बढ़ जाता था। मजदूरों की कमी

के कारण इस पद्धति को सफलता प्राप्त नहीं हुई और यह पद्धति विलुप्त हो गई।

(ii) बोरहोल शौचालय : बोरिंग करने की प्रक्रिया में एक बडा गड्डा खोदा जाता था, फलतः इसे बोरहोल पद्धति कहते हैं। छः मीटर गहरा व 30 या 40 से.मी. परिधि युक्त गड्डा तैयार किया जाता था। उस गड्ढे पर शौचक्रिया हेतु बैठक बनाई जाती है। एक छोटे परिवार के लिए यह पद्धति उपयोगी सिद्ध होती है।

(iii) डग वेल शौचालय : इस पद्धति का प्रारंभ सन् 1949–50 में पश्चिम बंगाल के सिंगुर में हुआ। इसमें तैयार किए गए गड्डा का नाप 30 इंच की परिधि और 10 या 12 फिट की गहराई था। एक छोटे परिवार के लिए पाँच–छः साल तक यह शौचालय प्रयुक्त किया जाता है।

(iv) आर.सी.ए शौचालय : यह शौचालय स्वच्छ व सस्ता माना गया है। छोटे कस्बों व ग्रामीण क्षेत्रों के लिए यह उपयोगी है। इसे जलस्रोतों से तकरीबन 50 फिट दूर बनाना आवश्यक है।

(v) सैप्टिक टैंक : निवास एवं छोटे संस्थानों में मल–मूत्र के निकास हेतु इस पद्धति से निर्मित शौचालय का प्रयोग किया जाता है। इस पद्धति में एक टंकी बनाई जाती है। चौड़ाई से तीन गुना लम्बी यह टंकी पाँच या सात फिट जगह हवा के आवागमन हेतु और चार फिट जगह मल–मूत्र के लिए रखी जाती है। टंकी के ऊपर एक मुख्य मल द्वार लगाया जाता है, उपयोग के बाद उसे ढक लिया जाता है।

(vi) कम गहरे शौचालय : ऐसे शौचालयों का निर्माण शिविर, मेले या त्योहारों के दौरान किया जाता है। सामान्यतः इसकी चौड़ाई 30 से.मी. और गहराई 90 से 150 से.मी. रखी जाती है। शौचालय की उपयोग के पहले मल को मिट्टी से ढँक देने की सूचना दी जाती है।

(vii) गहरे शौचालय : लम्बे अरसे तक चलने वाले शिविर आदि के लिए ऐसे शौचालयों का निर्माण किया जाता है। ऐसे शौचालयों की चौड़ाई 75 से 90 से.मी. और गहराई 2 या 2.5 मीटर की रखी जाती है। कई बार लोगों की संख्या के अनुसार इसके नाप में परिवर्तन किया जाता है।

(B) जल परिवहन मल पद्धति

बड़े शहरों व धनी आबादी वाले महानगरों में ऐसी पद्धति का प्रयोग किया जाता है। पर्याप्त जलस्रोत की सुविधा के द्वारा ही मल–मूत्र को शहर

से बाहर ले जाया जाता है। विविध ड्रेनेज प्रबंध इसके लिए कारगर रहता है। घरों से, बाजार से, और अंततः शहर से बाहर जाने वाले ड्रेनेज का प्रबंध करना पड़ता है।

आवश्यक उपकरण : घरेलू उपकरणों के रूप में जल युक्त शौचालय, पेशाबखाना, हाथ–मुँह साफ करने का बरतन आदि चिनाई मिट्टी से बनाया जाता है :

- घर के बाहर की ओर जानेवाला पाइप, जो चार इंच की परिधि वाला होता है, जिसे जमीन की सतह से छ इंच नीचे रखा जाता है। पाइप के द्वारा घर के मल–मूत्र को गली के मुख्य प्रवाह से जोड़ा जाता है।
- गली का प्रमुख ड्रेनेज प्रबंधन जो कि गली का संपूर्ण मलादि इकट्ठा कर मुख्य मार्गों से जोड़ा जाता है।
- संपूर्ण ड्रेनेज प्रबंधन के द्वारा जल परिवहन पद्धति में विविध स्थानों पर ढक्कन रखे जाने पर विकृत गैस बाहर आ जाती है और पानी का प्रवाह निरंतर बना रहता है।

स्वच्छता की विविध कोटियाँ (Levels of Sanitations)

(अ) वैयक्तिक कोटि (Individual) : 'स्वच्छता' वास्तव में मानव मूल्य है। वैयक्तिक रूप से भी इसका विशेष मूल्य है। निजी स्वच्छता, सुरक्षा व सुरक्षित भोजन हेतु भी आवश्यक जागृति अनिवार्य है। भोजन पकाने में भी स्वच्छ साधनों, बरतनों का होना अनिवार्य है। कै, फ्लू, मलेरिया आदि का फैलाव अस्वच्छ भोजन के द्वारा संभव है। वैयक्तिक स्वच्छता हेतु निम्न बातों को समझा जा सकता है–

हाथ–स्वच्छ रखना : खाना बनाते समय हाथों की स्वच्छता महत्त्वपूर्ण है। हाथों को कई बार बीच बीच में भी साफ करना पड़ता है। 20 सेकण्ड तक हाथों को मलना, गरम पानी व साबुन का उपयोग करना तथा स्वच्छ तौलिये का प्रयोग करना जरूरी है। खाना बनाने के उपरांत अन्य क्रियाओं में भी हाथ की स्वच्छता आवश्यक है।

- **किसी भी कार्य के प्रारंभ के पूर्व :** किसी भी कार्य के प्रारंभ के पूर्व हाथ की सफाई आवश्यक है, जिससे पूर्व कार्य के असर से मुक्त रहा जा सकता है।

- **मछली, मरघे व अंडे का खाना बनाते समय** : जब सामुद्रिक जीवों को लेकर खाना बनाया जाता है या मरघे का खाना बनाया जाता है, तब हाथों की सफाई अति आवश्यक है। मच्छी, मरघे, अंडे जहाँ से प्राप्त होते हैं, वे स्थान भी दूषित होने की संभावना है। अतः खाना बनाने के दौरान व बाद में हाथों की स्वच्छता जरूरी है।
- **बाथरूम के उपयोग के बाद** : बाथरूम का सामान्यतः उपयोग करने के बाद हाथों की स्वच्छता अनिवार्य बन जाती है। बाथरूम के बरतन, दरवाजे के हैंडल आदि का दूषित होना संभव है।
- **भोजन के बाद** : भोजन हेतु भले ही आज हम लोग चम्मच का विशेष उपयोग करते हैं, किंतु भोजनादि के कुछ मलिन तत्वों से स्वास्थ्य को खतरा पहुँच सकता है, इस कारण हाथों की सफाई जरूरी है।
- **दूषित चीजों के उपयोग के बाद** : कई बार दूषित चीजों को कहीं स्थानांतरित किया जाता है, तब हमारे हाथों व अंगों पर इसका प्रभाव पैदा हो सकता है, फलतः हाथों की सफाई अनिवार्य है।
- **खाँसी व छींक के बाद** : खाँसी व छींक की प्रक्रिया के दौरान सहज ही हमारा हाथ नाक, मुँह पर पहुँच जाता है। ऐसी स्थिति में स्वस्थता हेतु हाथ की फौरन सफाई कर लेनी आवश्यक है।
- **बाल, चेहरा व शरीर के अंगों के स्पर्श के बाद** : हम जब भी अपने बालों को, चेहरे को व शरीर के किसी भी अंग को छूते हैं, तब तुरंत ही हाथ धोने आवश्यक हैं।

भोजन की प्रयुक्त सतह व बरतनों की सफाई : वैयक्तिक स्वच्छता के तहत भोजन बनाने की क्रिया में बर्तनो की सतह की सफाई व बरतनों की सफाई का विशेष महत्त्व रहा है। जिस प्लेटफोर्म पर भोजन पकाना है उन्हें साफ रखना जरूरी है।

- **संबंधित बरतनों की सफाई** : भोजन पकाने की क्रिया में प्रयुक्त सभी बरतनों को साफ करने से स्वास्थ्य का खतरा पैदा नहीं होता।
- **खाना पकाने की सतह को स्वच्छ कागज से साफ करना** : खाना पकाने के स्थान को, प्लेटफार्म को कागज व कपड़े के टुकड़े से साफ करना आवश्यक है।

- **सामुद्रिक खाने व मरघे, अंडे के पकाने के बाद सतह को साफ करना** : सामुद्रिक जीवों व मरघा आदि संबंधित खाना पकाने के बाद प्लेटफार्म का साफ करने पर स्वच्छता बनी रहेगी और स्वास्थ्य के लिए कोई खतरा पैदा नहीं होगा।
- **गरम पानी में कपड़े धोना** : खाना पकाते समय हाथ साफ करने हेतु बरतन साफ करने हेतु कपड़े का उपयोग होता है। इस कपड़े को विविध जंतु, सूक्ष्म रज आदि से प्रभावित होना पड़ता है, अतः उन्हें गरम पानी से धोना श्रेष्ठ है।
- **कटी हुई सब्जियों को गरम पानी में धोना** : सामान्यतः हम खाने की सब्जियों को ठंडे पानी से धोते हैं, किन्तु वास्तव में गरम पानी का उपयोग जरूरी है। जिससे कि सब्जियों पर लगे दूषित तत्व, चाकू पर लगे ऐसे मलिन तत्त्व समाप्त हो जाएँ।

वैयक्तिक स्वच्छता की संकल्पना स्पष्ट हो सकती है। मानवीय स्वास्थ्य संवर्धन व संरक्षण की कुछ प्रयुक्तियों से अवगत हो सकते हैं।

(ब) घरेलू कोटि (House Hold) : घरेलू स्वच्छता कई रोगों को रोकने में सफल रही है। हाथ धोना, खुराक–पानी की स्वच्छता, श्वसन की स्वच्छता, पालतू पशुओं की स्वच्छता आदि का इस कोटि में समावेश होता है।

स्वच्छता से संबंध विविध तत्त्वों से रोगों को समाप्त करने का प्रयास किया जाता है। सामान्यतः घर की ही इन स्थितियों से रोगों का फैलाव होता है। सफाई के उपकरण, शौचालय जल–प्रवाह आदि से स्वच्छता का फैलाव किया जा सकता है। घर में प्रयुक्त शण के कपड़े से भी रोगों का फैलाव हो सकता है। सावधानीपूर्ण उठाए गए कदम स्वच्छता का वातावरण तैयार कर सकते हैं।

घर में पानी का प्रबंध व संचयन : घर का जल प्रबंधन व संचयन घरों में प्रयुक्त विशिष्ट पद्धति है। विकासशील देश ही नहीं अपितु विकसित देशों में भी आज उत्तम जल की समस्या है। यूरोप के देशो में अंदाजन 120 मिलियन (1 करोड़ 10 लाख) लोगों को सुरक्षित जल उपलब्ध नहीं हो सकता है।

घरेलू स्वच्छता के संबंध में पानी को सुरक्षित करने के विविध प्रयास किए जा सकते हैं –

1. रासायनिक व कीट विरोधक क्लोरीन व आयोडीन का प्रयोग।

2. पानी को उबालना।

3. चिनाई मिट्टी के फिल्टर के द्वारा शुद्धि करण।

रसोईघर, स्नानागार व शौचालय की स्वच्छता : रसोईघर, स्नानागार व शौचालय की स्वच्छता के द्वारा विविध रोगों को नियंत्रित किया जा सकता है। बाथरूम के विविध उपकरणों की नित्य सफाई आवश्यक है। दीवार की गंदगी, जमीन, टाइल्स की गंदगी आदि को भी नियंत्रित करना चाहिए।

कपड़े की स्वच्छता : घरेलू स्वच्छता का एक हिस्सा कपड़े की स्वच्छता है। कपड़ा हमारे प्रत्यक्ष संपर्क में होता है, फलतः उनकी अशुद्धि से कई रोगों का खतरा पैदा हो सकता है। उसकी स्वच्छता के लिए 60 सेंटीग्रेड से अधिक उष्णता से कपड़ों को प्रेस करना व धोना चाहिए। ब्लीच आधारित उत्पादनों का प्रयोग भी आवश्यक है।

घर में चिकित्सा संबंधती स्वच्छता : घर में यदि कोई बीमार व रोगी है तो उनकी स्वच्छता समग्र परिवार को प्रभावित कर सकती है।

कम आय वाले परिवारों की गृह स्वच्छता : कम आय वाले परिवार सीमित सुविधाओं के बीच जीवन व्यतीत करते हैं। फलतः वहाँ अस्वच्छता का दुष्प्रभाव अधिक प्राप्त होता है। साबुन का उपयोग स्वच्छता को पैदा कर सकता है।

लाइलाज रोग व जैविक स्वच्छता : घर में लाइलाज रोग व जिद्दी दर्द की समाप्ति के लिए स्वच्छता आवश्यक है। आज कई प्रकार की दवाइयाँ उपलब्ध हैं, जिसका प्रयोग सफल रह सकता है।

घरेलू व गृह स्वच्छता की बदौलत अनेक रोगों से मुक्ति प्राप्त हो सकती है। चिकित्सात्मक स्वच्छता, कपड़े की स्वच्छता, रसोईघर व स्नानागार की स्वच्छता तथा शौचालय की स्वच्छता आदि का घरेलू स्वच्छता की कोटि में समावेश हो सकता है।

(स) कचरे का प्रबंधन (Waste Management) : मानव आबादी के वृद्धि व विकास के साथ–साथ विविध उत्पादन के द्वारा उनकी जरूरतों को पूर्ण करने का प्रयास सफल रहा है। उत्पादनों की विपुल स्थिति के साथ उतनी ही मात्रा में कचरे का भी प्रश्न पैदा होने लगा है। कचरे की बढ़ोतरी कई प्रकार के खतरों को पैदा करती है। इससे मुक्त होने के लिए कचरे का उचित निकास आवश्यक है। कचरे का निष्कासन व उनका पुनः उपयोग ही सही रूप एक प्रबंधन है।

पर्यावरणीय संतुलन में बाधक सभी पहलुओं का उचित हल आवश्यक है। कचरे का प्रबंधन अर्थात् ऐसी सभी चीज व प्रदार्थ का निर्मूलन करना कि जिससे पर्यावरणीय खतरा पैदा होता है। कचरे को विशेषतः दो वर्गों में विभाजित किया जाता है–

(1) हानियुक्त कचरा, (2) हानिमुक्त कचरा।

(1) हानियुक्त कचरा : अपनी प्रकृति के अनुसार ऐसा कूड़ा–कचरा सजीवों के लिए अति हानिकारक सिद्ध हो सकता है–

(अ) सड़न पैदा करनेवाला कचरा : जिनसे विशेष प्रकार के हानियुक्त सड़न पैदा हो सकती है। ऐसे कचरे का प्रभाव पर्यावरण को भी दूषित कर देता है। ऐसे कचरे व पदार्थों का उपयोग उचित रूप से आवश्यक है। जैसे कि तेजाब का प्रयोग करते समय यदि सावधानी न रखेंगे तो कई दुष्परिणाम प्राप्त हो सकते हैं।

(ब) ज्वलनशील कचरा : शीघ्रता से आग पकड़ने वाले कचरे से कई प्रकार के खतरे पैदा हो सकते हैं। बेंजिन ऐसा कचरा है, जिसके प्रयोग में सावधानी आवश्यक है।

(स) विषैला कचरा : ऐसे कचरे श्वसन क्रिया व पेयजल के द्वारा शरीर में प्रवेश करते हैं और हानि पैदा करते हैं।

(द) प्रतिक्रियात्मक कचरा : ऐसे कचरे के संपर्क में रहने वाले अन्य पदार्थ आदि में प्रतिक्रिया पैदा हो सकती है। रासायनिक प्रक्रिया के द्वारा सजीव व वातावरण को हानि पैदा हो सकती है। ऐसे पदार्थों के पारस्परिक संपर्क को रोकना चाहिए।

(आ) जटिल पदार्थ : ऐसे हठीले पदार्थ भी खतरे पैदा करते हैं।

(2) हानिमुक्त कचरा: ऐसे कचरों से वातावरण व सजीवों को हानि नहीं पहुँचती अथवा कम नुकसान होता है। इन कचरों में बीच भी सजीव सृष्टि अपनी नियमित जिंदगी जी सकते हैं।

कचरे के विविध प्रकार

1. तरल कचरा : तरल कचरा कई बार बारिश का पानी दूषित पानी के द्वारा पैदा होता है। उद्योगों से निकलने वाला जल भी इस कोटि में समाविष्ट है। मल–मूत्र को भी प्रवाही या तरल कचरा मानते हुए उसे ब्लैक वॉटर (Black Water) माना गया है। बाढ़ आदि के द्वारा प्रवाहित जल को ग्रे–वॉटर (Grey Water) कहा जाता है। यद्यपि रसोई कार्य व कपड़े धोने के कार्य में

प्रयुक्त पानी तरल कचरा नहीं है।

1. बायोग्रेडेबल तरल कचरा व बिन–बायोग्रेडेबल तरल कचरा : इस प्रकार के कचरे में तरल व सघन दोनों प्रकार के कचरे का समावेश हो जाता है। बायोग्रेडेबल कचरे में सूक्ष्म सजीवों (बैक्टेरिया आदि) के द्वारा फैलाव होता है और बिन बायोग्रेडेबल में फैलाव की क्षमता नहीं होती है।

2. सघन कचरा : शुष्क व सूखे ठोस कचरे को सघन की पहचान दी जाती है। मानव समुदाय के द्वारा इसे पैदा किया जाता है, जो हानि पैदा कर सकता है। इसे इस रूप में वर्गीकृत किया जा सकता है–

(क) आवासीय कचरा : घरों से संबंध दैनिक क्रियाओं से, लोगों की रोज की प्रवृत्तियों से ऐसे कचरों का उत्पादन होता है, जैसे कि खाना पकाते समय पैदा होने वाला कचरा, घर की सफाई से पैदा होने वाला कचरा।

(ख) कृषिजन्य सघन कचरा : खेत व कृषि आधारित प्रवृत्तियों से ऐसा कचरा पैदा होता है। पशुओं का गोबर, अन्न, घास, पर्ण आदि का इसमें समावेश होता है। ऐसा कचरा बायोग्रेडेबल होता है। कालग्रस्त (Out of Date) जंतुनाशक ओषधियों का भी इसमें समावेश होता है।

(ग) वाण्ज्यिक कचरा : व्यापार–वाणिज्य से संलग्न कचरा भी खतरा पैदा कर सकता है। पैकेजिंग, कागज, कार्डबोर्ड, इलेक्ट्रॉनिक, वायर, लकडियाँ, प्लास्टिक बेग, टीन के डिब्बे आदि का इसमें समावेश होता है। व्यौपारिक आयामों, दुकान, बाजार, खाने–पीने के स्थान आदि के द्वारा कचरा पैदा हो सकता है।

(घ) औद्योगिक कचरा : विविध समवायों व कल–कारखानों के द्वारा निष्पन्न कचरा औद्योगिक कचरा है। उत्पादन हेतु कच्चे माल पर होने वाली प्रक्रिया से हानियुक्त व हानिमुक्त कचरा पैदा हो सकता है, जैसे कि रासायनिक कचरा, लकड़ियाँ आदि।

(ड) संस्थागत सघन कचरा : सार्वजानिक संस्थान, सरकारी संस्थान, कार्यालय, स्कूल, कॉलेज, धार्मिक संस्थान, खेल–कूद के मैदान आदि के द्वारा उत्पन्न कचरा संस्थानगत कचरा है। ऐसे कचरे को आम तौर पर जलाकर नष्ट कर दिया जाता है।

(च) स्वास्थ्य संबंधित कचरा : इस प्रकार के कचरों में आरोग्य केंद्रों से फैले रोग पैदा करने वाले पदार्थों का समावेश होता है। ऐसा कचरा खतरे का कारण बन सकता है।

अतः कचरे के विविध प्रकारों का इस प्रकार परिचय प्राप्त किया जा सकता है। संबंधित संस्कृति, समाज, नगर व वातावरण पर सघन कचरे के स्वरूप का आधार रहता है।

4. सार्वजनिक शौचालय : संबद्ध संस्थान व उनके कार्य सार्वजनिक शौचालय स्वास्थ्यमय परिवेश पैदा करने में अहम भूमिका निभाता है। अस्थायी आबादी हेतु यह एक विशेष सुविधा है। नगरीय परिवेश में आबादी से दूर ऐसे शौचालयों की अनिवार्यता बन जाती है। खुले में शौचक्रिया करनेवालों के लिए सार्वजनिक शौचालय आशीर्वादस्वरूप है।

वैश्विक स्तर पर सार्वजनिक शौचालयों का महत्त्व स्वीकारा गया है। तत्संबंधी विविध संगोष्ठियों का आयोजन होने लगा है। वर्तमान में ही सिंगापुर में, World Toilet Summit-2013 का आयोजन हुआ था। इसमें प्रत्यक्ष व परोक्ष रूप से 2.6 अरब लोग संलग्न थे। इसके पूर्व सियोल, ताइपे, बीजिंग, शंघाई, मॉस्को, बैंकॉक, मकाव, नई दिल्ली और फिलाडेल्फिया जैसे स्थानों पर शीर्षस्थ सेमिनारों का आयोजन हुआ था। ऐसे सेमिनार स्वास्थ्य और शौचालय का आपस में संबंध उद्घाटित करते हैं।

वर्तमान समय में भारत में शौचालयों की विशेष आवश्यकता है। भारत के पूर्व ग्रामीण मंत्री जयराम रमेश का मत है कि आज भी भारत में 64 प्रतिशत लोग खुले में शौचक्रिया करते हैं, जो आपने आप में एक विश्वरिकॉर्ड है।

5. स्वच्छता व सुरक्षित पेयजल : सजीव सृष्टि के लिए पानी उपकारक है। पानी के ही द्वारा सजीव सृष्टि का अस्तित्व कायम है। विशाल जल स्रोत के रूप में समुद्र का विशेष स्थान है। समुद्र की ही सतह से जल का वाष्पीरूप पैदा होता है, जिससे बादल बनते हैं, बारिश पैदा होती है।

बारिश के माध्यम से पृथ्वी को पुनः जल प्राप्त होता है। जल–स्रोत को इस रूप में विभाजित किया जा सकता है– (i) बारिश का जल , (ii) पृथ्वी की सतह का जल। (iii) भूगर्भ जल। इन तमाम स्रोतों का आधार समुद्र की सतह से होनेवाली भाप का रहता है। फलतः इसमें शुद्धता–अशुद्धता की स्थिति का आधार रहता है। भूमिगत जल को जब अधिक गहराई से खींचा जाता है तब उसका शुद्ध होना स्वाभाविक है। जल की शुद्धता व अशुद्धता की पहचान हेतु कुछ इन बातों की स्पष्टता आवश्यक है।

सुरक्षित व स्वास्थ्यवर्धक जल : जल जीवन की अनिवार्यता है। मानवीय उपयोग हेतु जल की शुद्धता भी आवश्यक है। जल का स्वास्थ्यवर्धक जल से तात्पर्य है कि इसमें कुछ ऐसे गुण होने आवश्यक हैं, जैसे कि

- रोग पैदा करनेवाले तत्त्वों से मुक्त होना चाहिए।
- अनावश्यक रासायनिक तत्त्वों से मुक्त होना चाहिए।
- स्वादयुक्त होना चाहिए।
- घरेलू कार्य के लिए उपयुक्त होना चाहिए।

अतः विविध विशेषताओं से जल परिपूर्ण होना आवश्यक है। सुरक्षित जल सभी प्रकार के कार्यों में उपयोगी सिद्ध होता है।

जल का महत्त्व व अनिवार्यता

मानव शरीर के लिए जल की विशेष उपादेयता है। उसी से मानव शरीर की स्वस्थता निर्भर है। संशोधन ने प्रमाणित किया है कि 50 प्रतिशत अधिक बीमारियाँ जल की अशुद्धता के कारण होती हैं। सुरक्षित जल ही जन–विकास करने में सक्षम है। जल का विशेष महत्त्व रहा है।

(1) वैयक्तिक महत्त्व : सर्वविदित है कि हमारे शरीर में 60 से 70 प्रतिशत पानी होता है। शरीर के परिभ्रमण, तापमान व उचित संचालन हेतु जल अनिवार्य है। जल की अभावात्मक स्थिति मानवशरीर के लिए खतरे पैदा करती है।

(2) घरेलू महत्त्व : पानी के उपयोग के बिना घर के सारे कार्य अव्यवस्थित हो जाते हैं। खाना पकाना, पानी पीना आदि सभी प्रवृत्तियाँ जल आधारित हैं।

(3) व्यावसायिक महत्त्व : व्यवसाय का ढाँचा ही जल आधारित होता है। औद्योगिक समवायों को जल की अनिवार्यता रहती है। कुछ व्यवसाय पूर्णतः जल पर निर्भर होते हैं, जैसे कि होटल, डेरी आदि।

(4) सार्जवनिक महत्त्व : वैयक्तिक महत्त्व की ही भाँति जल सार्वजनिक स्तर पर भी महत्त्वपूर्ण है। बाग–बगीचे, रास्तों की सफाई, पर्यटन स्थान आदि पानी पर आधारित है।

(5) कृषि महत्त्व : कृषि कार्य जल के बिना असंभव है। भारत जैसे कृषिमय देश के लिए उसकी प्राथमिक व बुनियादी आवश्यकता जल ही है।

(6) सांस्कृतिक महत्त्व : भारतीय समाज में जल को देवता का स्थान दिया गया है। जल आधारित कई विधि–विधान व क्रियाएँ की जाती हैं। जल को वरुण देवता, गंगामैया की पहचान दी गई है–

जल की आवश्यकता

जल जीवन हेतु आवश्यक व बुनियादी आधार है। जल की चर्चा अनेक स्थितियों से की गई है। जल की आवश्यकता का कुछ इस तरह विचार किया जा सकता है–

- वैयक्तिक रूप में मनुष्य को दैनिक 150 से 200 लीटर जल की आवश्यकता देखी गई है।
- चिकित्सालयों में वैयक्तिक रूप से 200–250 लीटर की आवश्यकता देखी गई है।
- ग्रामीण क्षेत्रो में वैयतिक रूप से 40 लीटर पेयजल की प्राप्ति होनी आवश्यक है।
- नगरों में नल आधारित जल व्यवस्थापन में वैयक्तिक रूप से 125 लीटर पेयजल आवश्यक है।
- 20 परिवारों के बीच 100 मीटर के क्षेत्र में एक जल–स्रोत होना आवश्यक है।

सामुदायिक स्वच्छता

पर्यावरणीय स्वच्छता के तहत सामुदायिक स्वच्छता का विशेष महत्त्व रहा है। सामूहिक स्वास्थ्य की संकल्पना इससे संलग्न है। यद्यपि सामूहिक स्वास्थ्य की जाँच अंततः वैयक्तिक स्वास्थ्य में ही परिणत होती है। वैयक्तिक रूप के निम्न स्वास्थ्य हेतु सामूहिक स्वास्थ्य को सुधारने की कोशिश की जाती है।

सामुदायिक स्वास्थ्य का अर्थ

समूह के स्वास्थ्य की सावधानी सामुदायिक स्वास्थ्य है। समुदाय के सदस्यों की सँभाल, स्वास्थ्य संबंधी समस्याओं की खोज, स्वास्थ्य संबंधित आवश्यकताओं की सूची तैयार करना सामुदायिक स्वास्थ्य के आयाम हैं।

सामान्यतः स्वास्थ्य समुदाय की संकल्पना व्याप्त है, अर्थात् पारिवारिक, वैयक्तिक, सामूहिक स्वास्थ्य संबंधी सेवाएँ या उसके उपचारात्मक, नियंत्रात्मक पहलू आदि का समावेश होता है।

WHO का मत है कि सामुदायिक स्वास्थ्य का संबंध समूह के लोगों को प्रभावित करता है। स्वास्थ्य संबंधित सभी सेवाएँ सामूहिक स्वास्थ्य का परिचय देती हैं।

सामूहिक स्वास्थ्य को निम्न रूप में समझा जा सकता है–

- सामूहिक स्वास्थ्य उपचार, सुरक्षा व स्वास्थ्य संबंधी सेवाओं का एक संकलित स्वरूप है।
- समग्र समूह के स्वास्थ्य संबंधीत कार्यक्रम सामूहिक स्वास्थ्य का एक अंग है।
- बुनियादी स्तर की सेवाओं की प्राप्ति सामुदायिक स्वास्थ्य सेवा का लक्ष्य है।

सामूहिक स्वास्थ्य की सेवाओं की सफलता तब ही संभव है जब इन बातों का खयाल रखा जाय : (1) सामूहिक निदान तथा (2) सामूहिक उपचार।

सामूहिक निदान से तात्पर्य है कि रोगों के प्रकार, विविध आयाम, आंकड़ों का एकत्रीकरण व समूह की स्वास्थ्यपरक आवश्यकताओं की क्रियाएँ हैं। सामूहिक उपचार स्वास्थ्य संबंधित आवश्यकताओं की आपूर्ति है, जिसे चिकित्सा कार्य भी कह सकते हैं।

सामूहिक निदान स्वास्थ्य सेवा का आधारस्तंभ है, जिसे स्वास्थ्य संबंधित कार्यक्रमों का प्रथम चरण माना जा सकता है। इस निदान प्रक्रिया को तीन सोपानों में विभक्त किया जा सकता है–

(i) समूह के सदस्यों का वय व लिंग आधारित वर्गीकरण।

(ii) गुणात्मक व संस्थात्मक हकीकतों की पहचान व वर्गीकरण।

(iii) समूह में प्रवर्तित रोगों का क्षेत्र व प्रभाव की पहचान।

इन तीनों चरणों पर निदान क्रिया पूर्ण हो सकती है।

सामूहिक उपचार निदान पश्चात् की एक महत्त्वपूर्ण प्रक्रिया है। निदान के आधार पर प्राप्त समस्या का निवारण तथा प्राप्त संशोधनों के वितरण की प्रक्रिया की जाती है। इसमें भी तीन चरण महत्त्वपूर्ण हैं।

1. प्राप्त साधनों का उचित व प्रभावी उपयोग।

2. विविध साधनों व संगठनों के कार्यों के बीच अंतर्संबंध।
3. समूह के स्वास्थ्यपरक कार्यक्रमों को प्रोत्साहित करना।
4. समूह की स्वास्थ्यपूर्ण स्थिति की सुरक्षा हेतु निदान व उपचार की प्रक्रिया अति महत्त्वपूर्ण सिद्ध हुई है।

सामूहिक स्वास्थ्य सेवाओं का प्रशासन : विश्व आरोग्य संगठन WHO के उद्देश्य सन् 2000 तक सभी के लिए स्वास्थ्य के संदर्भ में भारत सरकार ने राष्ट्रीय स्वास्थ्य नीति का गठन किया है। जिसे संविधान के द्वारा सन् 1983 में स्वीकृति प्राप्त हुई। इस स्वास्थ्य नीति के आधार पर प्रमुख चार स्थितियाँ प्राप्त होती हैं– (1) सामूहिक स्वास्थ्य केंद्र (2) प्राथमिक आरोग्य केंद्र (3) उप–आरोग्य केंद्र कें (4) ग्रामीण आरोग्य केंद्र।

(1) सामूहिक स्वास्थ्य केन्द्र : यह एक महत्त्वपूर्ण आयाम है। भारत के सभी प्रांतों में इसकी स्थापना की गई है। तकरीबन एक लाख लोग लाभान्वित होते रहते हैं। सन् 1990 तक ऐसे केंद्रों की संख्या 1853 थी। विशेषतः ग्रामीण जनता को निपुण डॉक्टरों की सेवा मुहैया कराने के लिए ऐसे केंद्रों का निर्माण किया गया है। ऐसे केंद्रों में मरीजों की भर्ती की जाती है। केंद्र में 30 बिछौने की सुविधा उपलब्ध होती है। एक्स–रे, प्रयोगशाला आदि की सुविधाएँ भी उपलब्ध हैं।

(2) प्राथमिक आरोग्य केंद्र : ग्रामीण प्रांत में प्राथमिक स्वास्थ्य केंद्र के द्वारा लोगों की सेवा का कार्य किया जाता है। मैदानी प्रदेशों में 30,000 की आबादी पर और पर्वतीय, आदिवासी तथा पिछड़े इलाकों में 20,000 की आबादी पर एक प्राथमिक आरोग्य केन्द्र का निर्माण किया गया है। सन् 1990 तक भारत में 20,523 प्राथमिक स्वास्थ्य केंद्रों की स्थापना की गई है। सन् 2000 तक इसकी संख्या में 23,000 तक की बढोतरी करने का आशय था। इस प्रकार के स्वास्थ्य केंद्रों से कुछ इन कार्यों को किया जाता हैं–

प्राथमिक आरोग्य केंद्र के कार्य–

- चिकित्सा व नर्सिंग सेवा प्रदान करना।
- मातृ व शिशु स्वास्थ्य सेवाएँ प्रदान करना।
- परिवार कल्याण की सेवाएँ प्रदान करना।

- पर्यावरणीय सुरक्षा व सुरक्षित जल वितरण।
- संक्रात्मक रोगों से नियंत्रण रखने का कार्य।
- पाठशाला स्वास्थ्य सेवाएँ।
- राष्ट्रीय स्वास्थ्य कार्यक्रमों को अमलीकृत करना।
- नर्सों व प्रसूति के कार्य में संलग्न स्त्रियों को प्रशिक्षण।
- प्राथमिक स्वास्थ्य केंद्रो की सँभाल, प्रयोगशाला व एक्स–रे सुविधा उपलब्ध कराना।

(3) उप आरोग्य केंद्र : ग्रामीण क्षेत्रों में मैदानी प्रदेशों में 5000 की आबादी पर एक तथा आदिवासी इलाकों में 3000 की आबादी पर एक स्वास्थ्य केंद्र दिया जाता है। इस केंद्र पर एक पुरुष व एक स्त्री उनके कर्मी होते हैं। इनके मुख्य कार्यों में प्राथमिक स्वास्थ्य सेवाएँ उपलब्ध कराना, गाँवों की स्त्रियों की प्रसूति करवाना, मरीजों को दवाई देना, विविध दवाइयों के माध्यम से जल स्रोतों को शुद्ध करना, मातृ व शिशु स्वास्थ्य कल्याण सेवाएँ, रसीकरण परिवार कल्याण सेवाएँ आदि कार्यों का समावेश किया जा सकता है।

(4) ग्रामीण आरोग्य केन्द्र : प्रत्येक 1000 की ग्रामीण आबादी पर इस केंद्र की स्थापना की जाती है। ग्रामीण प्रांतों से दूरदराज के क्षेत्रों तक इस सेवा को पहुँचाने का इनका लक्ष्य होता है। ग्राम्य समाज के प्रत्येक व्यक्ति के लिए इस केंद्र की स्थापना की जाती है। इस पर दो कर्मियों की नियुक्ति की जाती है।

(5) ग्रामीण स्वास्थ्य मार्गदर्शक : ग्रामीण स्वास्थ्य मार्गदर्शक एक समाज–सेविका होती है, जो स्वैच्छिक रूप से स्वास्थ्य सेवा प्रदान करती है। उनके लिए कुछ इन मानदंडों का पालन आवश्यक होता है–

- स्थानीय निवासी होना आवश्यक है।
- लघुतम छठी कक्षा तक की शिक्षा अनिवार्य है।
- समाज के द्वारा स्वीकार्य व सम्माननीय होना चाहिए।
- दिनभर में दो–तीन घंटे सेवा कार्य आवश्यक।

इसके द्वारा छोटी–बड़ी बीमारियों का उपचार, परिवार कल्याण सेवाएँ, स्वास्थ्य शिक्षा, मातृ व शिशु सेवा आदि कार्य किए जाते हैं।

(ii) स्थानीय प्रशिक्षित प्रसूति कार्य से संलग्न महिला : इस केंद्र में प्रसूति कार्य से संलग्न प्रशिक्षित महिला की विशेष भूमिका रहती है। स्थानीय स्तर पर इसको चयन कर उसे तीस दिन तक लिए प्रशिक्षित किया जाता है। प्रशिक्षण के पश्चात् उसे प्रमाणपत्र व डिलीवरी–किट दी जाती है। इसका कार्य सुरक्षित रूप से प्रसूति करवाना होता है।

स्पष्ट होता है कि सामूहिक स्वास्थ्य एक व्यापक संकल्पता है। भारत देश में स्वास्थ्य नीति के आधार पर इस प्रकार की प्रशासकीय व्यवस्था का निर्माण किया गया है। दूरदराज के लोगों की सेवा का उद्‌देश्य इस प्रबंधन का उद्‌देश्य है।

भारत में पर्यावरण स्वच्छता की समस्याएँ

'स्वच्छता' प्रत्येक समाज व लोगों के द्वारा स्वीकृत आदर्श है। 'स्वच्छता' की सर्वस्वीकृति के साथ ही समाज में महत्त्वपूर्ण स्थान प्राप्त हुआ है। स्वच्छता एक विशेष खयाल है। किंतु सच यह है कि आदर्श व यथार्थ के बीच एक फासला है। भारत समेत अनेक देशों में यह वास्तविकता द्रष्टव्य है।

भारत अनेक प्रकार से पर्यावरणीय समस्याओं से ग्रसित है। वातावरण की आदर्श स्थिति में होनेवाला निषेधात्मक परिवर्तन अनेक समस्याओं का कारक है। पर्यावरण की मूल स्थिति में होनेवाला बदलाव समस्याओं का निर्माण करता है। वायु प्रदूषण, जल प्रदूषण, ध्वनि प्रदूषण आदि का इसमें समावेश किया जा सकता है–

(1) वायु प्रदूषण : 'हवा' व 'वायु' सजीव मात्र का मूलाधार है। उसकी स्वच्छता स्वास्थ्य व स्वच्छ जीवन की प्रेरक बन सकती है। किंतु स्वच्छता का भाव कई खतरे पैदा करता है। वायु प्रदूषण एक विशेष समस्या है।

वायु प्रदूषण अर्थात् वायु की मूल संरचना में होनेवाला निषेधात्मक परिवर्तन, जिससे वायु अपनी मूल सार्थकता को छोड़कर प्रभावोत्पादक भूमिका निभाने में निष्फल रहता है। फलतः सजीवों के लिए खतरा पैदा हो सकता है।

वायु प्रदूषण के कारण

मानवीय मस्तिष्क से उत्पन्न प्रवृत्तियाँ इसके कारण रूप हैं। मनुष्य ने अपने विकास हेतु अनेक ऐसी प्रवृत्तियाँ अपनाई हैं जिससे पर्यावरण को

खतरा पैदा हुआ है। अपनी जरूरतों की पूर्णता हेतु मनुष्य ने प्रकृति से खिलवाड़ किया है। परिणामस्वरूप वायु प्रदूषण पैदा हुआ है। मनुष्य की स्वार्थवृत्ति ने पर्यावरणीय संतुलन को बिखेर दिया है, जो अनेक प्रदूषणों का कारक बना है। वायु प्रदूषण निम्न कारणों से उद्भवित है–

1. **उद्योगों से संबंधित कारणः** अनेक समस्याओं की प्रवृत्तियों ने वायु प्रदूषण का निर्माण किया है। रासायनिक उद्योगों, कल कारखाने, तेल शोध ाक कारखाने, खाद्य–फैक्ट्रियाँ, फैक्टरियों से उत्पन्न धुआँ, गैस, धूल आदि से वायु प्रदूषित होता है।

वर्तमान स्थिति में अनेक नियमों को वायु प्रदूषण के नियंत्रण हेतु लागू किया जा रहा है तथापि समस्या कायम है।

2. **घरेलू कारण** : घरेलू कार्यों में भोजन पकाने की क्रिया, कोयला लकड़ी का धुआँ आदि से वायुसंरचना विक्षिप्त हो उठती है।

3. **वैज्ञानिक आविष्कारः** वर्तमान समय के वैज्ञानिक आविष्कार को भले ही महत्त्व दिया जा रहा हो, किंतु कई दुष्परिणाम भी पैदा हुए हैं। अणु ऊर्जा, अंतरिक्ष यात्रा, परमाणु ऊर्जा संबंधित विस्फोटों से वायु प्रदूषण फैलता है। अंतरिक्ष यानों व विमानों के नष्ट होने की घटनाओं से पर्यावरणीय सुरक्षा को खतरा पैदा होता रहा है।

4. **यातायात संबंधी कारण** : यातायात के साधन आज अनिवार्यता बन गए हैं। उसका तेजी से विकास होता जा रहा है। उसी के साथ वायु प्रदूषण भी बढ़ता चला जा रहा है। महानगरों में परिवहन के बढ़ते माध्यमों से वायु प्रदूषण फैलता जा रहा है। वायु प्रदूषण मनुष्य को अनेक बीमारियों की ओर ले जाता है। परिवहन के बढ़ते माध्यमों से सेहत सँभालना कठिन कार्य बन गया है। श्वसन क्रिया के कई प्रश्न पैदा होने लगे हैं।

भारत में दिल्ली विश्व के सबसे अधिक प्रदूषित शहरो में चौथे क्रम पर है। यद्यपि सुप्रीम कोर्ट के फैसले के चलते आजकल दिल्ली में महत्तम CNG वाहनों का प्रयोग प्रदूषण को कम करने की भूमिका निभा रहा है।

(2) जल प्रदूषण : वर्तमान समय में जल प्रदूषण एक विकट समस्या बना हुआ है। दूषित जल वह है, जिसमें रासायनिक पदार्थ, औद्योगिक कचरा, मलमूत्र व अनेक अपशिष्ट द्रव्यों को बहाया जाता है। ऐसे दूषणों के द्वारा जल के रूप, रंग, गंध, आदि में काफी परिवर्तन आता है। जल संपूर्णतः अशुद्धि में बदल जाता है।

जल प्रदूषण के कारण

जल प्रदूषण के कई कारण हैं। जल प्रदूषण के कारणों को दो श्रृंखला में विभक्त कर सकते हैं–

(I) प्राकृतिक अशुद्धिया : धूल व गैस : कार्बन डाईऑक्साइड, हाइड्रोजन सल्फाइड, नाइट्रोजन, एमोनिया, आदि।

- खनिज : कैल्शियम, मैग्नीशीयम, सोडियम, लौह आदि।
- वानस्पतिक अशुद्धियाँ : सूक्ष्म वनस्पतियाँ, सूखे पर्ण आदि।
- रोगोत्पादक जैविक अशुद्धियाँ : जीवाणु, वाइरस, अण्डाणु, कृमि, कोष–कीड़े आदि।
- अजैव अशुद्धियाँ : रेत, मिट्टी, कीचड़।

(II) मानव सृजित अशुद्धियाँ : विशेषतः मानवीय मल–मूत्र ऐसी अशुद्धि है, जो जल को प्रदूषित करती है। बढ़ती आबादी व औद्योगिकीकरण से जल प्रदूषण की समस्या विकट बन गयी है–

(i) मानवीय मल–मूत्र : जल प्रदूषण के लिए मानवीय मल–मूत्र विशेष खतरा है। मल–मूत्र के जैव पदार्थ जल के ऑक्सीजन को सोख लेते हैं। मछलियाँ इस कारण मर जाती हैं और जल बदबूदार हो जाता है। मल–मूत्र के संक्रमक जंतु तेजी से रोग फैलाने में समर्थ हैं।

(ii) औद्योगिक कचरा : औद्योगिक कचरें से जल प्रदूषित होता है। कागज, कपडे, रंग आदि तत्त्वों से जल प्रदूषण पैदा होता है। विशेष रूप में औद्योगिक समवायों से निकाला गया दूषित जल विशेष रूप से प्रदूषण फैलाता है।

(iii) कृषिजन्य प्रदूषण : बढ़ती आबादी की आवश्यकताओं की आपूर्ति हेतु कृषि क्षेत्र में अनेक नये प्रयोग आजमाए गए हैं। रासायनिक खाद का प्रयोग जल को प्रदूषित करता है।

(iv) भौतिक प्रदूषण : आज विविध प्रकार से भौतिक प्रदूषण जल को दूषित करते हैं। तेजाबी वर्षा, रेडियोधर्मी पदार्थों से जल प्रदूषित होता है।

(v) अनुचित सामाजिक प्रथाएँ : हमारे धार्मिक विधि–विधानों से भी जल के प्रदूषित होने की अशंका बढ़ जाती है। मृतकों की जल समाधि, सामूहिक तीर्थ स्नान विधि, पूजा की सामाग्रियो का जलार्पण आदि जल प्रदूषण के कारण हैं।

मानव सृजित प्रवृत्तियाँ व प्राकृतिक आपदाओं से इस तरह का जल प्रदूषण बढ़ता है, जिससे मानवीय जीवन को विशेष प्रकार का खतरा पैदा हो सकता है।

(3) ध्वनि प्रदूषण : ध्वनि प्रदूषण मानवीय समाज के लिए एक खतरा है। आज के समय में इस समस्या ने जटिल रूप धारण कर लिया है। ध्वनि प्रदूषण का नापना एक मुश्किल काम है। यह भी सच है कि ध्वनि व आवाज सुनने की क्षमता भी वैयक्तिक तौर पर भिन्न–भिन्न हो सकती है। तथापि आवाज की तीव्रता सभी के लिए हानिकारक सिद्ध होती है। अयोग्य समय व अयोग्य स्थान पर अनिच्छित ध्वनि का प्रश्न ध्वनि प्रदूषण ही है।

ध्वनि प्रदूषण के स्रोत

1. **घरेलू स्रोतः** रसोई घर से उत्पन्न आवाज़, टेलीविजन की टेपरिकार्डर की व कई बार घर के झगड़ों की आवाज़ ध्वनि प्रदूषण ही है।

2. **औद्योगिक स्रोतः** कल–कारखानों से निकलनेवाली मशीनों की कर्कश ध्वनि ध्वनि प्रदूषण है।

3. **राजनैतिक स्रोतः** प्रदर्शनी, नारेबाजी, चुनाव–प्रचार, रेली आदि से उत्पन्न तीव्र आवाज ध्वनि प्रदूषण है।

4. **परिवहन स्रोतः** सड़कों से गुजरते वाहन, ट्रेन, हवाईजहाज आदि से ध्वनि प्रदूषण पैदा हो सकता है।

ध्वनि प्रदूषण के दुष्प्रभाव

- स्थायी व अस्थायी रूप से श्रवण–शक्ति का क्षीण होना।
- वार्त्तालाप में अवरोध, चिढ़ उठने की आदत पड़ जाना।
- कार्यक्षमता में कमी, तनाव में बढ़ोतरी।
- अनिंद्रा, हाई ब्लड प्रेशर, दृष्टिदोष, चक्कर आना, अधिक पसीना निकलने की स्थिति, थकान आदि।

इन दुष्प्रभावों के कारण इस ध्वनि प्रदूषण को समाप्त करने में ही जनहित है।

8

स्वच्छता और भारत के राज्य

प्रास्तावना

प्रत्येक देश की स्वास्थ्य संबंधी नीतियों में स्वच्छ पेयजल, स्वास्थ्य सुरक्षा व स्वच्छता को प्राधान्य मिलता है। सभी देश व देश के राज्यों की प्रगति का आधार उनके नागरिकों के अच्छे स्वास्थ्य पर निर्भर है। अपने नागरिकों के स्वास्थ्य संबंधित चिंता राष्ट्र का दायित्व है। फलतः इस संदर्भ में विविध नीतियाँ, परियोजनाएँ समयांतर में लागू की जाती हैं, उन योजनाओं में परिमार्जन भी किया जाता है। योजनाओं को बेहतर बनाने हेतु उनका मूल्यांकन व निरीक्षण किया जाता है। राष्ट्र में स्वास्थ्य विभाग के अधिकारीगण, तजज्ञ व अन्वेषक प्रयत्नशील कार्यशील होने एवं स्वास्थ्यवर्धन की प्रक्रिया सहज निर्मित होती है। ऐसे लोगों से ही समग्र राष्ट्र–राज्यों को लाभ प्राप्त होता है। समग्र राष्ट्र एक स्वास्थ्य व तेजस्वी राष्ट्र का दर्जा प्राप्त कर सकता है।

सखेद इस बात की वास्तविकता का स्वीकार करना पड़ेगा कि आज की आधुनिकता–भौतिकता की अंधी दौड़ में समग्र विश्व की आबादी के 2.4. बिलियन लोग स्वच्छता सुविधाओ से वंचित हैं। 1.1. बिलियन लोगों को वर्तमान समय में भी शुद्ध पेयजल से वंचित रहना पड़ रहा है।

खास तौर पर ऐसी दुर्दशा विकासशील देशों के ग्राम्य प्रांतों में अधिक देखी गई है। WHO –विश्व स्वास्थ्य संगठन के मतानुसार आज भी विश्व के 80 प्रतिशत लोग अपूर्ण स्वच्छता, अशुद्ध पेयजल आदि की बदौलत अस्वस्थ पाए गए हैं।

विशेषतः असुविधायुक्त शौचालय, शौचालयों का अभाव, जल के हैंड पंप के पास फैली गंदगी, रसायनयुक्त जल का जमीन में उतरना, खुले स्थानों पर शौच क्रिया, प्लास्टिक के ठोस कूड़े–कर्कट के निकास की असुविधा आदि कारणों को अस्वच्छता के कारण माना जा सकता है।

नेशनल अर्बन सेनिटेशन पोलिसी (NUSP)

सेनिटेशन अर्थात् स्वच्छता का सामान्य अर्थ यही है कि मानवीय व पशुओं के द्वारा उत्पन्न मल–मूत्र, ठोस व प्रवाही कचरा, बायोलोजिकल अपशिष्त आदि का उचित निकास।

उद्देश्य

सामूहिक प्रयासों से स्वच्छ व निर्मल एवं स्वास्थ्यपूर्ण माहौल पैदा कर उसी परिवेश से भारतीय नगरों का कायाकल्प करना विकास की प्रक्रिया को इस दृष्टि से भी देखा जाता है।

1. जनजागृति का संचार व लोकमानस में परिवर्तन : भारतीय शहरों के विविध वर्ग, कोम, जाति आधारित समूहों को स्वच्छता संबंधित जानकारी देते हुए उनसे मिलने वाले लाभों से अवगत करना चाहिए। स्वस्थता संबंधित जागरूकता हेतु प्रयत्नशील होना आवश्यक है। सार्वजनिक उपक्रम, स्वैच्छिक संस्थान, गैर–सरकारी संस्थान, निजी उपक्रमों की साझेदारी से लोकाभिमुख कार्यक्रमों के द्वारा जागरूकता पैदा कर लोगों को स्वच्छता हेतु प्रेरित किया जा सकता है। लोगों की बदआदतों व स्वास्थ्य के लिए हानिकर्ता कार्यों के प्रति लोगों के मानस में परिवर्तन लाने का प्रयास करना चाहिए।

2. भारतीय शहरों व नगरों में लोगों की खुले में होती शौचक्रिया पर रोक लगते हुए स्वास्थ्यपूर्ण व निर्मल वातावरण हेतु प्रयत्नशील होना आवश्यक है। घर में ही शौचालय की व्यवस्था, शौचालय की गंदगी के निकास का प्रबंध करना चाहिए। सामूहिक प्रयासों से गंदे आवास, मलिन बस्ती आदि की, जहाँ शौचालय बनाना मुश्किल है, उस परिस्थिति में लोगों की इच्छानुसार उचित स्थान पर शौचालय निर्माण किया जा सकता है तथा उसके रख–रखाव की जिम्मेदारी भी निश्चित की जा सकती है।

3. शहर के जिन इलाकों में गंदगी का साम्राज्य फैला होता है, वहाँ के ठोस कचरे को हटाने का प्रबंध आवश्यक है। म्युनिसिपल कार्पोरेशन के द्वारा परिचालित माध्यमों में कचरे को इकट्ठा कर शहर के निश्चित बाह्य

इलाके में इसका निकास करना चाहिए और गड्ढे में उसको नष्ट कर देना चाहिए।

NUSP के प्रमुख अंग

1. जनजागृति : प्राप्त संचार माध्यमों के द्वारा जैसे कि माहिती, शिक्षा व संदेस, व्यवहार के द्वारा पर्यावरणीय व स्वच्छता संबंधित जन–जागृति फैलाना आवश्यक है। सामूहिक प्रयासों के द्वारा जन–जागृति पैदा होती है। बाधा रूप बनने वाली कुछ सामाजिक व सांस्कृतिक गतिविधियों को समाप्त करना चाहिए। नगर के विशेष व्यक्ति, सरकारी अधिकारी, सामाजिक कार्यकर व प्रतिभासंपन्न लोगों के द्वारा अस्वच्छता के गंभीर खतरे का परिचय देते हुए स्वच्छता संबंधित जागृति पैदा करनी चाहिए।

2. उपेक्षित व गरीब लोगों को सहाय : नगरों के कुछ इलाकों में स्वच्छता व विकास के परिप्रेक्ष्य में कमजोरी प्रवर्तित थी। किंतु इस पोलिसी के कार्यान्वित होते ही सरकार स्वयं उपेक्षित व गरीब लोगों तक पहुँचाते हुए जन जागृति फैलाने का कार्य करेगी। सरकार अपनी जिम्मेदारी स्वीकारते हुए उपेक्षित व गरीब लोगों के लिए स्वच्छता के प्रचार हेतु विविध इलाकों में सिटी सेनिटेशन प्लान के अंतर्गत शौचालय निर्माण करेंगी।

3. कैपेसिटी डेवेलपमेंट : भारत के सभी राज्यों में सरकार की और से नेशनल लेवल ऑन कैपेसिटी बिल्डिंग और ट्रेनिंग का आयोजन कर स्वच्छता के फैलाव का प्रयास किया जाएगा। प्रत्येक राज्य के नगरों के निवासीय सामाजिक कार्यकर, सरकारी अधिकारी, तजज्ञ, स्वास्थ्य अधिकारियों को प्रशिक्षण दिया जाएगा। इस प्रशिक्षण की बदौलत लोगों की सुविधाओं को बढ़ाया जा सकेगा। स्वच्छता संबंधित विचार परिवर्तन पैदा किया जा सकेगा। स्वास्थ्य राष्ट्र की संकल्पना साकार होगी।

4. आर्थिक सहाय : आवश्यकतानुसार भारत सरकार 'नगरीय सेनिटेशन प्लान' के अंतर्गत विविध परियोजना जैसे कि JNNRM, VISSMT, 10 LMP Sum for the States, Satelite Township Scheme के द्वारा सेनिटेशन इन्फ्रास्ट्रक्चर्स व सर्विसिस को आर्थिक रूप से प्रमोट करते हुए नगरीय स्वच्छता के स्तर को ऊँचा उठाया जा सकेगा।

टोटल सेनिटेशन कैंम्पेनिंग (TSC)

सभी देशों में पेयजल शुद्धता व उचित स्वच्छता को वैयक्तिक स्वास्थ्य का कारण माना गया है। लोगों के स्वास्थ्य का सीधा संबंध शुद्ध पेयजल से साथ है। यह गलत नहीं है कि भारत जैसे विकासशील देशों में सेनिटेशन की असुविधा, दूषित जल का उपयोग, मल–मूत्र का अनुचित निकास कई रोगों का कारक बना हुआ है। कोलेरा, चिकनगुनिया, मलेरिया, डेंगू, फ्लू, आदि रोग कई बार खतरनाक सिद्ध होते हैं। भारत में शिशु मृत्यु के लिए स्वच्छता को कारणरूप नहीं माना जाता था, फलतः सन् 1986 TSC 'टोटल सेनिटेशन कैंपेनिंग' के नामकरण के साथ CRSP 'सैंट्रल रूरल सेनिटेशन प्रोग्राम' का आयोजन किया गया, जिसके तहत ग्रामीण महिलाओं की शौचक्रिया हेतु आवश्यक कदम उठाए गए। स्वच्छता संबंधित कार्य किए गए।

TSC का उद्‌देश्य

1 भारतीय ग्रामीण लोगों के स्वास्थ्य हेतु आवश्यक सुविधाएँ प्राप्त करना।

2 सन् 2012 के अंत तक घरों में शौचालय निर्माण कर गाँवों को निर्मल बनाना।

3 ग्रामीण पंचायत व सदस्यों के द्वारा लोगों के स्वच्छता संबंधित प्रोत्साहित करने का प्रयास करना।

4 सन् 2008 के अंत तक गाँवों की पाठशालाएँ तथा सन् 2009 तक आँगनवाड़ी, बालवाड़ी में स्वच्छता संबंधित सुविधाएँ मुहैया करवाना। इससे संबद्ध कर्मियों और बच्चों में स्वच्छता संबंधित जागृति फैलाना।

5 तकनीक के सहयोग से कम खर्च पर पर्यावरणीय सुरक्षा के साथ स्वच्छता की सुविधाओं का निर्माण करना।

6 ग्रामीण जन–समुदाय के सहयोग से उचित स्वच्छता का निर्माण करना। कचरे के उचित निकाल का प्रबंध करना।

TSC के प्रमुख अंग

प्रारंभिक प्रवृत्तियाँ : लोगों के स्वच्छता संबंधित खयाल, रूचि–अभिरुचि, आदत आदि का एक बेरु लाइन सर्वे अथवा इंप्लीमेंटेशन प्लान के तहत सर्वेक्षण की प्रवृत्ति प्रारंभिक स्तर पर की जाती है। जिला स्तर पर बुनियादी तालीम का आयोजन किया जाता है। जिला स्तर पर TSC प्रोफाइल तैयार की जाती है और भारत सरकार के द्वारा वित्तीय सहयोग प्राप्त किया जाता है।

IEC प्रवृत्तियाँ : भारतीय गाँवों में स्वच्छता संबंधित लापरवाही के कारण स्वच्छता को बुनियादी अनिवार्यता माना गया है। लोगों के सहयोग से स्वच्छता की कितनी व कैसी आवश्यकता है, इस बात पर विचार किया जा सकता है। विचारणीय बात है कि किस स्थान पर सामूहिक शौचालयों का निर्माण हो, बालवाड़ी, आँगनवाड़ी, प्राथमिक स्कूलों में कैसी व्यवस्था होनी चाहिए। TSC का प्रयास है कि जन आरोग्य स्वास्थ्य हेतु इन्फॉर्मेशन, एज्युकेशन व कम्युनिकेशन के द्वारा सुनियोजित योजना का निर्माण किया जाय। भारत सरकार की वेबसाइट www.ddsw.gov के उपयोग से भी गाँवों की स्वच्छता संबंधित वित्तीय व्यवस्था, आवश्यक उपकरण आदि की जानकारी प्राप्त की जा सकती है। ऐसे प्रयासों से ग्रामीण स्वच्छता का कार्य सफल हो सकता है।

सरल सेनिटरी मार्ट और प्रोडक्शन सेंटर : ऐसे मार्ट से घरों में शौचालय निर्माण के उपकरणों की बिक्री होती है साथ ही साथ संचय गड्ढे, कंपोज्ड पिट, वर्मी कंपोज़टिंग, वोशिंग प्लेटफार्म बनाने हेतु उपकरण की भी बिक्री होती है। सर्टिफाइड वॉटर फिल्टर की भी बिक्री की जाती है। इनसे पेयजल की समस्या में सुझाव प्राप्त किया जा सकता है। RSM के द्वारा मार्ट व प्रोडक्शन सेंटर के जरिए तकनीकी दृष्टि से उचित खर्च के अनुकूल शौचालय व स्वच्छता के उपकरणों की प्राप्ति का लोगों को उचित मार्गदर्शन दिया जाता है।

घरों में वैयक्तिक तौर पर शौचालय निर्माण में सहायता : इस प्रक्रिया को गाँवों में प्रत्येक घरों के बसे शौचालय को सुपर स्ट्रक्चर शौचालय के रूप में विकसित करने के रूप में देखा जाता है। गरीबों के हेतु ग्रामीण लोगों के संदर्भ में भारत सरकार के द्वारा परिचालित यह परियोजना है। स्वयं परिश्रम के द्वारा कोई परिवार ईंट–सीमेंट के उपयोग से स्ट्रक्चर शौचालय यदि बनाना चाहता है तो भारत सरकार के द्वारा नगद राशि की उसे सहायता प्राप्त होती है।

सामुदायिक सेनेटरी कॉम्प्लेक्स : आज के समय के नए विचार के रूप में सामुदायिक सेनेटरी कॉम्प्लेक्स को देखा जाता है। सब्जी मंडी, बस अड्डा, रेलवे स्टेशन, सिनेमा हॉल जैसी यातायात से भरी रहने वाली जगहों पर ऐसे सेनेटरी कॉम्प्लेक्स निर्मित होते हैं। शौचालय, स्नानगृह, वॉशिंग

प्लेटफार्म, वॉश बेसिन आदि का निर्माण किया जाता है। बेघर लोग, महिलाएँ, पुरुष, बच्चे, बूढ़े इनका उपयोग कर सकते हैं। भारत सरकार के द्वारा गाँवों में ऐसे आयोजन हेतु वित्तीय सहायता प्राप्त होती है। 60: 20: 20 की औसत में यह परियोजना साकार होती है। 60 प्रतिशत भारत सरकार की सहायता, 20 प्रतिशत राज्य सरकार का सहयोग व 20 प्रतिशत स्थानीय प्रशासन व निधि का उपयोग किया जा सकता है।

संस्थानगत शौचालय निर्माण : भारत का भावी माने जाने वाले बच्चे गाँव व शहरों की पाठशालाओं में शिक्षा प्राप्त कर रहे हैं। उन बच्चों को दी जाने वाली स्वच्छता की शिक्षा सामाजिक परिवर्तन का कारण बन सकती हैं। शिशु मृत्यु की दर में कटौती हो सकती है। TSC के प्रयास स्वरूप स्कूलों व आँगनवाड़ियों में संस्थानगत लो–बजट के शौचालय के निर्माण हेतु सहाय प्राप्त होती है। भारत सरकार के 70 प्रतिशत और 30 प्रतिशत राज्य सरकार का वित्तीय योगदान होता है। को–एज्यूकेशन के संदर्भ में छात्र–छात्राओ में भिन्न–भिन्न शौचालय प्रावधान हैं। जहाँ छोटे बच्चे पूर्व प्राथमिक शिक्षा प्राप्त कर रहे हैं, ऐसी आँगनवाड़ियों में बेबी फ्रेन्डली टॉयलेट के निर्माण का प्रावधान है। प्रत्येक आँगनवाड़ी को इसके लिए TSC के द्वारा 5000 रुपये के मर्यादा में सुविधायुक्त शौचालय बना देने का वचन दिया गया है।

सोलिड व लिक्विड वेस्ट मैनेजमेन्ट: ग्रामीण क्षेत्रों में आज भी स्वच्छता के प्रति लापरवाही का माहौल है। परिवारजन के साथ–साथ ही पशुओं के मल–मूत्र की समस्या है। खुले में स्नान करने की विवशता से गलियों में उस जल का निकास किया जाता है, कई रोगों को जन्म देता है। चारों ओर गंदगी का माहौल पैदा हो जाता है। TSC के द्वारा लो–कोस्ट ड्रेनेज, संचयगड्ढे, घर के कचरे के निकास हेतु पंचायत के द्वारा निश्चित जगह पर आयोजन किया जाता है। सघन व प्रवाही कचरे के निकास का प्रबंध किया जाता है। 60, 20, 20 की स्थिति में वित्तीय व्यवस्थापन किया जाता है। भारत सरकार, राज्य सरकार और ग्राम पंचायत के साझे प्रयासों से निर्मल गाँव की संकल्पना साकार हो उठती है।

निर्मल गाँव पुरस्कार योजना (NGPY): गाँव के लोगों का स्वास्थ्य बना रहे, उनकी स्वच्छता संबंधित गतिविधियों को बल प्राप्त हो तथा सालभर में गाँव स्वच्छ व गंदगी मुक्त रहे, लोगों की खुले में शौचक्रिया पर रोक लगे और स्वच्छता कायम हो, इस हेतु से निर्मल गाँव पुरस्कार योजना को

लागू किया गया है। भारत सरकार के द्वारा 'निर्मल ग्राम' का प्रमाणपत्र देते हुए नगद राशि का पुरस्कार दिया जाता है। सन् 2011 में यह आयोजन मिनिस्टरी ऑफ ड्रिंकिंग वॉटर एण्ड सेनिटेशन के द्वारा किया गया था।

NGP योजना का उद्देश्य

1 स्वच्छ व स्वास्थ्यप्रद जीवन जीने के उद्देश्य के साथ भारतीय गाँवों में स्वच्छता व शुद्ध पर्यावरणीय माहौल पैदा करने का प्रयास।

2 गाँवों में स्थित पंचायती राज संस्थानों को (पी.आर. इंस्टीट्यूट्स) उनके नागरिकों की खुले में शौचक्रिया के रोक की व स्वच्छता बनाए रखने की प्रेरणा देने का कार्य।

3 पर्यावरणीय स्वच्छता व स्थायी विकास आधारित स्वच्छता को प्रोत्साहित करना।

4 संस्थानों के द्वारा सामूहिक संघठन के लिए प्रोत्साहित करते हुए निर्मल भारत के अभियान को अपनाना।

NGP योजना के तहत प्राप्त वित्तीय सहायता

मानदंड/ राशि सन् 2011 के अनुसार ग्रामीण आबादी	1000 से कम आबादी	1001 से 1999 तक की आबादी	2000 से 4999 तक की आबादी	5000 से 9999 तक की आबादी	10000 से अधिक आबादी
पुरस्कृत नगद राशि की सहायता (लाख में)	1.0	2.0	4.0	8.0	10.0

Source: Ministry of Drinking water and Sanitation, Government of India, Nirmal Gram Puraskaar and Guideline, December 2012.

स्कूल सेनिटेशन एण्ड हाइजीन एज्युकेशन प्रोग्राम (SSHE) : स्कूल में पढ़ रहे छात्र–छात्राओं में पेयजल, स्वच्छता, शौचालय संबंधित अच्छी आदतों को पैदा करने हेतु यह कार्यक्रम बड़े पैमाने पर चलाया जा रहा है। SSHE का उद्देश्य केवल स्कूली बच्चों को स्वच्छता का माहौल मुहैया करना नहीं है अपितु छात्राओं में फैलने वाले कृमि रोगों को रोकना भी है। ग्रामीण स्तर पर Ph.c. के माध्यम से सारवार का प्रबंध किया गया है। TCS के नेतृत्व में इस कार्यक्रम का सुभा सन् 1999 में किया गया था। इस कार्यक्रम के

तहत शिक्षक–छात्र–परिवार समूहादि को संलग्न करते हुए बच्चों के द्वारा स्वच्छता संबंधित आदतों के प्रचार–प्रसार का भी कार्य किया जाता है।

स्वच्छता संबंधित निंदा

1. भारत वर्ष में स्वच्छता व हाइजीन संदर्भ में उपेक्षित माहौल है। महत्त्वपूर्ण विषय होने पर भी उसे अग्रिम स्थान नहीं दिया जाता। स्वच्छता संबंधित लोगों की अरुचि व जनजागृति का अभाव इसके लिए जिम्मेदार है।

2. केवल स्वच्छता कर्मी को ही जिम्मेदारी व केवल नौकरी के ही रूप में इस कार्य को देखा जाना अनुचित है। भारतीय लोकमानस निश्चित जाति के लोगों के संदर्भ में ही स्वच्छता कार्य को देखता है, फलतः गंदगी का माहौल पनपा है। गाँधी के देश में गंदगी उठाने का कर्तव्य सभी नागरिकों का होने पर भी कुछ जातियों के संदर्भ में पैदा होनेवाला खयाल विशेष जिम्मेदार है।

3. संस्थानों की कमजोर भूमिका एवं लापरवाही भी इस देश में स्वच्छता की बदहालत का कारण है। इस कार्य से संलग्न संस्थानों के आपसी मतभेद व खींचातानी से स्वच्छता के प्रश्न का कोई समाधान प्राप्त नहीं होता। लोगों को उनका शिकार बनना पड़ता है।

4. भारतीय शहरों की स्वच्छता कार्य को नजरअंदाज करने की नीति विशेष जिम्मेदार है। वास्तव में राज्यों को इकट्ठे होकर एक सार्वत्रिक नीति का निर्माण कर प्रवाही व सघन कचरे को निकास के स्थान व कार्यों का विचार विनिमय करना आवश्यक है। कचरे से रिसाइक्लिंग से वेस्ट से बेस्ट का विचार करना भी जरूरी है।

   प्रत्येक राज्य के द्वारा सुनियोजित पर्यावरण का विशेष आयोजन करना चाहिए।

5. भारत में उचित तकनीक के अभाव में स्वच्छता का कारगर परिणाम प्राप्त नहीं होता। सघन व प्रवाही कचरे के रीसाइक्लिंग हेतु पश्चिमी देशों जैसी टेक्नोलॉजी भारत के पास नहीं है।

6. नगरीय माहौल की वृद्धि के साथ–साथ उसके गंदे निवास की भी बढ़ोतरी हुई है। उन आवासों की गंदगी स्वच्छता व हाइजीन को बढ़ावा देती है। दुःख की बात है कि इस प्रकार की अस्वच्छता से

शिशुमृत्यु की भी भयानकता में बढोतरी हुई है। सच तो यह है कि यदि स्वच्छता को लक्ष्य दुर्लभ रखा जाएगा तो अवश्य ही आनेवाले दिन भारत की स्थिति बांग्लादेश, म्याँमार व केन्या से भी बदतर हो जाएगी।

2. ग्राम्य व नगरीय समूहों में स्वच्छता संबंधित कार्यक्रमों की अमलवारी व उपयोगिता

स्वच्छता दिन का उत्सव (Sanitation Day Celebration) : निर्मल भारत अभियान के अंतर्गत भारत वर्ष के प्रत्येक गाँवों में ग्राम पंचायत के द्वारा महीने के किसी एक दिन के लिए 'स्वच्छता दिवस' मनाया जाता है। इस उत्सव का आयोजन निम्न निर्दिष्ट स्थितियों की अमलवारी होती है या नहीं, इस बात की जाँच हेतु किया जाता है–

1. निर्धारित समिति के द्वारा महीने के अंत में निर्माण प्राप्त करनेवाले शौचालयों की जानकारी पंचायत के सदस्यों को दी जाती है। निर्माणाधीन शौचालयों में आवश्यक सामान–सामग्री की सूची तैयार की जाती है। EC इन्फोर्मेशन एण्ड कम्युनिकेशन, HRD–ह्यूमन रिसोर्स डेवलपमेन्ट तथा SLWM अर्थात सस्टेनेबल लेंड एण्ड वॉटर मैनेजमेंट संदर्भित गाँवों की स्थिति का जायजा लिया जाता है।
2. वैयक्तिक शौचालयों की आवश्यकता, भविष्य की योजना व सार्वजनिक शौचालय के निर्माण हेतु स्थान व वित्तीय प्रबंध के बारे में तथा आवश्यक साधन आदि के बारे में विचार–विमर्श किया जाता है।
3. प्रत्येक माह निर्मित होने वाले शौचालय का लक्ष्य तय किया जाता है। आँगनवाड़ी, प्राथमिक शाला, बालवाड़ी आदि में शौचालय बनने का एक्शन प्लान तैयार किया जाता है।
4. पंचायत को शौचालय निर्माण का खर्च, साधनों का उपयोग व इस हेतु वित्तीय व्यवस्थापन की जानकारी दी जाती है।

ग्राम पंचायत व सदस्यों के साथ इन बातों का मुक्त रूप से विचार विमर्श किया जाता है। फलतः प्रत्येक माह के अंत में शौचालय निर्माण संबंधित त्रुटियाँ, विशेषताएँ आदि की जानकारी प्राप्त की जाती है।

वाटर सेनिटेशन सपोर्ट ऑर्गेनाइजेशन (WSSO) : भारत के सभी राज्यों में उचित व प्रभावी स्वच्छता पेयजल की शुद्धता व जन स्वास्थ्य सुधार की स्थिति के निरीक्षण हेतु WSSO की रचना की गयी है। यह संगठन IEC

इन्फोर्मेशन एज्युकेशन एण्ड कासेम्युनिकेशन, HRD ह्यूमन रिसोर्स डेवेलपमेंट और मॉनिटरिंग एण्ड इवोल्युएशन के द्वारा राज्य के जल–प्रबंध व स्वच्छता संबंधित निरीक्षण का कार्य करता है। WSSO के द्वारा राज्य में जल व स्वच्छता हेतु उचित नीतियों के परिपालन के संबंध में तथा उचित सुविधाओं के संबंध में खयाल रखा जाता है। इसके द्वारा इन सुविधाओं के लिए आवश्यक नीतियों का गठन होता है। WSSO राज्य में राज्य के CCDU & कौम्युनिकेशन एण्ड कैपीसिटी डेवलपमैंट यूनिट (सेनिटेशन) के साथ संलग्न होकर भूमिका निभाता है। लोगों को मैन्युअल, पोस्टर, जनजागृति कार्यक्रम आदि के द्वारा स्वच्छता की आदत डालने का प्रयास करना है। WSSO कम्युनिकेशन के तजज्ञ, HRD के निष्णात व मोनिटरिंग व इवेल्यूएशन के विधानों के सहयोग से गाँवों में, आँगनवाड़ियों में, पाठशालाओं में स्वच्छता प्रचार का अभियान चलाना है।

ब्लॉक रिसोर्स सेंटर्स (BRC) : BRC ग्राम पंचायत के जल व सफाई विभाग के लिए आवश्यक मार्गदर्शन तथा निरीक्षण का कार्य करता है स्वच्छता व सफाई हेतु आवश्यक नीतियों का गठन व कार्यक्रमों का आयोजन करता है। ब्लॉक रिसोर्स सेंटर्स मिनिस्ट्री ऑफ ड्रिंकिंग वॉटर स्वच्छता के संदर्भ में ग्राम पंचायत में उचित संचालन हेतु मार्गदर्शन देता है। स्वच्छता पेयजल आदि के रख–रखाव हेतु ग्रामीण क्षेत्रों में जन–जागृति के कार्यक्रमों का आयोजन किया जाता है। दीवारों पर सूत्र लिखने, दीवार पर चित्र बनवाने, विविध कार्यों को क्रियान्वित करने के प्रयास किए जाते हैं। BRC के द्वारा डिस्ट्रिक वाटर व स्वच्छता संबंधित ग्रामीण क्षेत्रो में एक सेतुरूप कार्य किया जाता है।

नॉन गवर्नमेंटल ऑर्गेनाइजेशन की भूमिका : भारत में NGO की विशेष आवश्यकता है। विशेषतः इस क्षेत्र में उसका अति महत्त्व है। ऐसे गैर–सरकारी स्वैच्छिक संस्थानों के द्वारा ग्राम्य व नगरीय क्षेत्रों में शौच संबंधित कमजोर मानसिकता के संदर्भ में जनजागृति का प्रयास किया जाता है। विशेष आयोजनों व नीतियों का आकलन कर उनके अमल के लिए बेईझ लाइन सर्वे से लेकर पी.आर.ए. तक की जिम्मेदारी इन संस्थानों के द्वारा उठाई जाती है। शौचालय निर्माण के लिए आवश्यक साधनों को कायमी तौर पर प्राप्त कराने का प्रयास किया जाता है।

कॉर्पोरेट जगत् की भूमिका : 21वीं सदी का भारत विकासोन्मुख है। औद्योगिक विकास तेज गति से हो रहा है। नगरों के विकास के साथ

ही साथ गंदे आवास व स्वच्छता के प्रश्न पैदा हुए हैं। भारत सरकार व राज्य सरकार और गैर–सरकारी स्वैच्छिक संस्थानों के द्वारा लोगों के सहयोग से काफी सुधारात्मक कार्य होते रहे हैं। भारत के विकास में मल्टीनेशन समवायो की भूमिका अहम् है। कोर्पोरेट दुनिया जैसे कि समवायों, कारखाने, प्रोडक्शन गृह, स्थानीय गृह उद्योग आदि के सहयोग से स्वच्छता के प्रचार–प्रसार हेतु 'कॉर्पोरेट सोशल रिस्पोन्सीबिलिटी' के तहत कार्यवाही आरंभ हो चुकी हैं। समाजोपयोगी प्रवृत्तियाँ आकार ले रही हैं। भारतीय समाज की स्वच्छता की समस्या के साथ–साथ शुद्ध पेयजल व हायजीन की आवश्यकता हेतु जिम्मेदारियाँ उठायी जा रही हैं। स्वच्छता के उपयोग व लाभ के प्रचार हेतु सेनिटेशन एक्ज़ीबीशन शो, मीटिंग और व्याख्यान श्रृंखला का आयोजन किया जा रहा है। गाँवों व नगरों में परिचालित पाठशालाएँ, आंगनवाड़ी आदि में बच्चों को स्वच्छता का मार्गदर्शन दिया जाता है। यातायात के स्थानों पर, सार्वजनिक स्थानों पर, सब्जी मंडी, रेलवे स्टेशन, टाउन हॉल, सिनेमा हॉल जैसे स्थानों पर लोगों को खुले में शौच क्रिया करने पर, गंदगी सहन पर रोक लगानी चाहिए। इस क्रिया हेतु सार्वजानिक शौचालय, सार्वजनिक पेशाबखाना, स्नानागृह आदि का निर्माण व संचालन किया जा रहा है। दूर–दराज के गाँवों में प्राथमिक सुविधाओं का अभाव है। गाँवों को दत्तक लेते हुए स्वच्छता का कार्य किया जा सकता है। स्वच्छता के अमलीकरण के रूप में उपयोजन के संबंध में ग्राम व नगरों में विविध कार्यक्रमों का नियमन किया जा सकता है।

3. गंदगी उठाने वालों (Scavengers) की मुक्ति व पुनर्वसन

स्केवेन्जर्स का अर्थ–'ऐसे व्यक्ति, जो मानवीय व पशु के मल–मूत्रे व गंदगी को अपने सर पर उठाने का घृणित व अमानवीय कार्य से आंशिक व पूर्णतः संलग्न हैं।'

सन् 2011 के फरवरी माह से 2012 दिसंबर तक की समयावधि में तमिलनाडु में सफाईकर्मी के रूप में कार्य करने वाले 19 दलितों की ड्रेनेज सफाई के दौरान घबराहट से मौत होने की शर्मनाक घटना समाज के सामने आई है। तामिलनाडू के एक निजी होटल में मल–मूत्र की सफाई करने वाले 45 वर्षीय शेखर व 47 वर्षीय रॉबर्ट की मौत भी ऐसे ही दर्दनाक तरीके से हुई थी। संचार माध्यमों से प्रसारित इन खबरों से समाज के सामने

अर्धसत्य उभरकर सामने आया है। आज आजादी के कई वर्ष बीतने के बाद भी दलितों व सफाईकर्मियों की हालत में कोई सुधार नहीं हुआ है, न उन्हें उचित न्याय प्राप्त हुआ है।

भारत सरकार का प्रयास है कि ऐसे सफाईकर्मी की, जो गंदगी उठाते है, सफ़ाई करते हैं, उनकी आर्थिक–सामाजिक स्थिति में सुधार हो। उनको ऐसे कार्यों से मुक्ति प्राप्त हो व उनका पुनर्वसन हो, ऐसे सघन प्रयास किये जा रहे हैं। इस कार्य में सरकार को कुछ सफलता प्राप्त हुई है। गंदगी उठाने वाले लोगों के सुधार हेतु कुछ विचार व परियोजनाओं को निम्न रूप में देखा जा सकता है–

1. पूज्य ठक्करबापा सफाईकर्मी पुनःस्थापन योजना

राष्ट्रीय सफाईकर्मी और वित्त विकास निगम नई दिल्ली की प्रत्यक्ष धीराण योजना के अंतर्गत निगम के द्वारा दिए गए सहायरूप रुपयों के मार्जिन की राशि अर्थात् लाभार्थी को प्राप्त बीन सुदीय योगदान ऋण के रूप में दिया जाता है। निगम के द्वारा इस सुविधा से ऋण के यूनिट की कोष्ठ के अनुसार कम से कम 10000 और अधिकतम 75000 की राशि तक सबसिडी प्रदान की जाती है। इस योजना के अंतर्गत महानगर पालिका व नगरपालिका में अरज करने पर सफाईकर्मी को उनकी मालिकी के मकानों के मरम्मत की लोन दी जाती है। यह लोन बिना ब्याज की लोन होती है। सफाईकर्मियों के जीवन–स्तर को सुधारने हेतु मकानों के आंतरिक भागों के रिपेयरिंग के लिए भी सहायता दी जाती है, जिसमे शौचालय, पायदान, जीना आदि का समावेश किया गया है।

राज्य के संगठित व असंगठित सफाईकर्मियों के लिए बीमा कवच का प्रावधान किया गया है। वैयक्तिक रूप से एक लाख राशि का बीमा दिया जाता है। वित्त मंत्रालय के द्वारा दिनांक 1.4.2008 से समग्र राज्य में एक समान रूप से बीमा कवच की योजना लागू की गई है। इस योजना के तहत अस्सी हजार सफाईकर्मियों को बीमा प्रीमियम का निगम के द्वारा भुगतान किया जाता है।

आवास योजना : गुजरात सफाईकर्मी विकास निगम के द्वारा पूज्य ठक्करबापा सफाईकर्मी पुनः स्थापन योजना के अन्तर्गत प्रस्थापित योजना

को 'डॉ आंबेडकर आवास योजना' के रूप में पहचाना जाता है।

योजना का प्रयोजनः इस परियोजना के अंतर्गत आर्थिक दृष्टि से कमजोर सफाईकर्मियों को, जो बेघर हैं, उन्हें क्रमशः आवासीय सुविधा प्रदान की जाती है।

2. मेन्युआर स्केवेन्जर्स के पुनः स्थापन हेतु स्वरोजगार योजना

(SRMS and Self Employment Scheme of Rehabilitation of Manual Scavenger's)

भारत सरकार के द्वारा सफाईकर्मियों के पुनर्वसन स्व–रोजगार की नई केंद्रीय योजना लागू की गई है।

योजना का उद्देश्य : शेष रहनेवाले मैन्युअल स्केवेन्जर्स व उनके आश्रित की, जो अभी भी सहायता से वंचित हैं या वित्तीय सहायता प्राप्त नहीं हुई है, ऐसे लोगों को मार्च 2009 तक पुनः स्थापित करने का उद्देश्य है।

योजना के मुद्दे

1. इस योजना के अंतर्गत निश्चित स्केवेन्जर्स व उनके आश्रितों को स्वरोजगार प्रवृत्ति हेतु ऋण व सबसिडी दी जाती है और लाभार्थियों के कौशल विकास हेतु एक वर्ष तक प्रशिक्षण दिया जाएगा।
2. बैंक के द्वारा अदा किए गए लोन का ब्याज व निश्चित समयावधि में लाभार्थी के द्वारा चुकाना होगा।
3. आवश्यकता पैदा होने पर लाभार्थी को पुनः ऋण देने की इजाजत, सबसिडी, ब्याज आदि के संबंध में अनुदान प्राप्त करवाया जाता है।

योजना के प्रकार

लाभार्थी निम्न निर्दिष्ट योजनाओं में से किसी भी योजना का चयन कर जीवनयापन हेतु आय प्राप्त कर सकता है। यह सूची परियोजना की विशेष पहचान है।

क्रम	परियोजना	परियोजनाओं का अनुमानित खर्च
1.	फल–सब्जी बिक्री, पान की दुकान, घडी–मरम्मत की दुकान, आटामिल (वेट ग्राइंडर)	प्रति इकाई 25000 राशि तक।
2.	नाई की दुकान, दरजी की दुकान, आटा मिल, साइकल रिपेरिंग की दुकान, STD, PCO बूथ	प्रति इकाई 25001–से 50000 तक
3.	ऑटो रिक्शा (पेट्रोल) ऑटोमोबाइल मरम्मत की दुकान, PCO फोटो कोपी बूथ, प्रोविजन किराणा स्टोर, ब्यूटीपार्लर, म्यूजिक स्टोर	प्रति इकाई 50001 से 100000 तक
4.	परिवहन–गाडियों की डेंटिंग, पेटिंग, गृह उपयोगी उपकरण, लोंड्री तथा ड्राइक्लीनिंग की दुकान, सेनेटरी व हार्डवेयर शॉप, बिजली घर के उपकरण सर्विसिस, टेन्ट हाउस, म्यूजिक बेंड, रेडीमेड स्टोर, कृषि आधारित, ट्रेक्टर, ट्रोली, पौलट्री फार्म	प्रति इकाई 100001 से 500000 तक

योजना हेतु स्टाइपेंड का प्रबंध : गंदगीयुक्त व्यवसाय से मुक्त होने वाले स्केवेन्जर्स को बिन–पारंपरिक व्यवसायों में शामिल किया जाएगा। फलतः नए कौशल हेतु उन्हें प्रशिक्षण की आवश्यकता पैदा होगी। सरकारी संस्थानों के द्वारा इन लोगों को विशिष्ट रूप से प्रशिक्षित किया जाता है। विख्यात व्यापारिक प्रतिष्ठानों में इन प्रशिक्षितों के लिए रोजगार प्राप्त करवाने का प्रयास भी किया जाता है।

योजना हेतु प्रचार जागृति शिविर : मैन्युअल स्केवेन्जर्स और उनके आश्रित में जागृति हेतु उनकी बस्ती में जागरूकता शिविरों का आयोजन किया जाएगा।

3. शैक्षणिक ऋण योजना

1. सफाईकर्मी और उनके आश्रितों को स्नातक, उच्च शिक्षा व तकनीकी शिक्षा हेतु ऋण दिया जाता है।
2. सफाईकर्मी व आश्रितों के हेतु शिक्षा के अवसर प्राप्त करवाने और व्यावसायिक व तकनीकी शिक्षा इन कर्मियों के लिए सुलभ करवाना।
3. इस ऋण योजना के तहत सफाईकर्मियों से योग्य सदस्यों को इंजीनियरिंग, चिकित्सा, कानून संबंधी शिक्षा का खर्च उठाने के संदर्भ में सक्षम बनाना।

ऋण की माहिती

1. भारत में शिक्षा के लिए 1000000 और विदेश में शिक्षा हेतु 2000000

रूपये का ऋण देने का प्रावधान किया गया है।

2. ऋण का ब्याज छात्रों के लिए 4 प्रतिशत व छात्राओं के लिए 3.5 प्रतिशत निर्धारित किया गया है।
3. ऋण की राशि संबंधित संस्थान व कॉलेज के द्वारा ही प्राप्त की जाएगी।
4. जिस अभ्यास हेतु ऋण लिया हो, उस अभ्यास की समाप्ति से एक साल बाद ऋण का भुगतान करना होगा।

भले ही देर आए दुरस्त आए की नीति के अनुसार आखिर भारत में अमानवीय व घृणास्पद कार्यवाले लोगों के उद्धार की प्रक्रिया का आरंभ हो गया है। भारत सरकार, राज्य सरकार, ग्रामीण प्रशासन के सहयोग से भारतीय आम समाज को स्वच्छता व स्वास्थ्य संबंधित समानता हेतु विविध परियोजनाओं का निर्माण किया गया है। फलतः भारत में इस दिशा में अब सुधार के आसार नज़र आने लगे हैं।

स्वच्छता और भारत के राज्य

1. स्वच्छतालक्षी भारतीय नीतियाँ, परियोजनाएँ, कार्यक्रम व निंदा
2. ग्राम्य व नगरीय समुदायों में स्वच्छतालक्षी कार्यक्रमों का अमल व उपयोगिता।
3. गंदगी उठानेवाले (Scavengers) की मुक्ति व पुनर्वसन।

प्रास्ताविक

प्रत्येक देश की स्वास्थ्य संबंधित नीतियों में स्वच्छ पेयजल स्वास्थ्य सुरक्षा व स्वच्छता को प्राधान्य मिलता है। सभी देश व देश के राज्यों की प्रगति का आधार उनके नागरिकों के अच्छे स्वास्थ्य पर निर्भर है। अपने नागरिकों के स्वास्थ्य संबंधित चिंता राष्ट्र का दायित्व है। फलतः इस संदर्भ में विविध नीतियाँ, परियोजनाएँ समयांतर में लागू की जाती है, उन योजनाओं में परिमार्जन भी किया जाता है। योजनाओं को बेहतर बनाने हेतु उनका मूल्यांकन व निरीक्षण किया जाता है। राष्ट्र में स्वास्थ्य विभाग के अधिकारी गण, तजज्ञ व अन्वेषक प्रयत्नशील व कार्यशील होने व स्वास्थ्यवर्धन की प्रक्रिया सहज निर्मित होती है। ऐसे लोगों से ही समग्र राष्ट्र–राज्यों को लाभ प्राप्त होता है। समग्र राष्ट्र एक स्वास्थ्य व तेजस्वी राष्ट्र का दर्जा प्राप्त कर सकता है।

सखेद इस बात की वास्तविकता को स्वीकार करना पड़ेगा कि आज की आधुनिकता–भौतिकता की अंधी दौड़ में समग्र विश्व की आबादी के 2.4.

बिलियन लोग स्वच्छता सुविधाओं से वंचित हैं। 1.1. बिलियन लोगों को वर्तमान समय में भी शुद्ध पेयजल से वंचित रहना पड़ रहा है।

खास तौर पर ऐसी दुर्दशा विकासशील देशों के ग्राम्य प्रांतों में अधिक देखी गई हैं। WHO और विश्व स्वास्थ्य संगठन के मतानुसार आज भी विश्व के 80 प्रतिशत लोग अपूर्ण स्वच्छता, अशुद्ध पेयजल आदि की बदौलत अस्वस्थ पाए गए हैं।

विशेषतः असुविधायुक्त शौचालय, शौचालयों का अभाव, जल के हैंड पंप के पास फैली गंदगी, रसायनयुक्त जल का जमीन में उतरना, खुले स्थानों पर शौच क्रिया, प्लास्टिक के ठोस कूड़े कर्कट के निकास की असुविधा आदि कारणों को अस्वच्छता के कारण माना जा सकता है।

नेशनल अर्बन सेनिटेशन पोलिसी (NUSP) : सेनिटेशन अर्थात् स्वच्छता का सामान्य अर्थ यही है कि मानवीय व पशुओं के द्वारा उत्पन्न मल–मूत्र, ठोस व प्रवाही कचरा, बायोलॉजिकल वेस्ट आदि का उचित निकास।

उद्देश्य

सामूहिक प्रयासों से स्वच्छ व निर्मल एवं स्वास्थ्यपूर्ण माहौल पैदा कर उसी परिवेश से भारतीय नगरों का कायाकल्प करना।

1. **जनजागृति का संचार व लोकमानस में परिवर्तन** : भारतीय शहरों के विविध वर्ग, कोम, जाति आधारित समूहों को स्वच्छता संबंधित जानकारी देते हुए उनसे मिलने वाले लाभों से अवगत करना चाहिए। स्वस्थता संबंधित जागरूकता हेतु प्रयत्नशील होना आवश्यक है। सार्वजनिक उपक्रम, स्वैच्छिक संस्थाएँ, गैर–सरकारी संस्थान, निजी उपक्रमों की साझेदारी से लोकाभिमुख कार्यक्रमों के द्वारा जागरूकता पैदा कर लोगों को स्वच्छता हेतु प्रेरित किया जा सकता है। लोगों की बदआदतों व स्वास्थ्य के लिए हानिकर्ता कार्यों के प्रति लोगों के मानस में परिवर्तन लाने का प्रयास करना चाहिए।
2. भारतीय शहरों व नगरों में लोगों की खुले में होती शौचक्रिया पर रोक लगाते हुए स्वास्थ्यपूर्ण व निर्मल वातावरण हेतु प्रयत्नशील होना आवश्यक है। घर में ही शौचालय की व्यवस्था, शौचालय की गंदगी के निकाल का प्रबंध करना चाहिए। सामूहिक प्रयासों से गंदे आवास, मलिन बस्ती आदि की जहाँ शौचालय बनाना मुश्किल है, उस

परिस्थिति में लोगों की इच्छानुसार उचित स्थान पर शौचालय निर्माण किया जा सकता है तथा इसके रख–रखाव की जिम्मेदारी भी निश्चित की जा सकती है।

3. शहर के जिन इलाकों में गंदगी का साम्राज्य फैला होता है, वहाँ के ठोस कचरे को हटाने का प्रबंध आवश्यक है। म्युनिसिपल कॉर्पोरेशन के द्वारा परिचालित माध्यमों में कचरे को इकट्ठा कर शहर के निश्चित बाहय इलाके में इसका निकास करना चाहिए और गड्ठे में उसको नष्ट कर देना चाहिए।

NUSP के प्रमुख अंग

1. जनजागृति : प्राप्त संचार माध्यमों के द्वारा जैसे कि माहिती, शिक्षा व संदेसा–व्यवहार के द्वारा पर्यावरणीय व स्वच्छता संबंधित जन जागृति फैलाना आवश्यक है। सामूहिक प्रयासों के द्वारा जन–जागृति पैदा होती है। बाधारूप बनने वाली कुछ सामाजिक व सांस्कृतिक गतिविधियों को समाप्त करना चाहिए। नगर के विशेष व्यक्ति, सरकारी अधिकारी, सामाजिक कार्यकर व प्रतिभासंपन्न लोगों के द्वारा अस्वच्छता के गंभीर खतरे का परिचय देते हुए स्वच्छता संबंधित जागृति पैदा करनी चाहिए।

2. उपेक्षित व गरीब लोगों को सहायता : नगरों के कुछ इलाकों में स्वच्छता व विकास के परिप्रेक्ष्य में कमजोरी प्रवर्तित थी। किन्तु इस पोलिसी के कार्यान्वित होते ही सरकार स्वयं उपेक्षित व गरीब लोगों तक पहुँचते हुए जन जागृति फैलाने का कार्य करेगी। सरकार अपनी जिम्मेदारी स्वीकारते हुए उपेक्षित गरीब लोगों के लिए स्वच्छता के प्रचार हेतु विविध इलाको में 'सिटी सेनिटेशन प्लान' के अंतर्गत शौचालय निर्माण करेगी।

3. केपेसिटी डेवेलपमेंट : भारत के सभी राज्यों में सरकार की ओर से नेशनल लेवल ओन कैपेसिटी बिल्डिंग और ट्रेनिंग का आयोजन कर स्वच्छता के फैलाव का प्रयास किया जाएगा। प्रत्येक राज्य के नगरों के निवासीय सामाजिक कार्यकर, सरकारी अधिकारी, तजज्ञ एवं स्वास्थ्य अधिकारियों को प्रशिक्षण दिया जाएगा। इस प्रशिक्षण की बदौलत लोगों की सुविधाओं को बढ़ाया जा सकेगा। स्वच्छता संबंधित विचार परिवर्तन पैदा किया जा सकेगा। स्वास्थ्य राष्ट्र की संकल्पना साकार होगी।

4. आर्थिक सहायता : आवश्यकतानुसार भारत सरकार 'नगरीय सेनिटेशन प्लान' के अंतर्गत विविध परियोजना जैसे कि JNNRM, VISSMT,

10 LMP Sum for the States, Satelite Township Scheme के द्वारा सेनिटेशन इन्फ्रास्ट्रक्चर्स व सर्विसिस को आर्थिक रूप से प्रमोट करते हुए नगरीय स्वच्छता के स्तर को ऊँचा उठाया जा सकेगा।

टोटल सेनिटेशन कैंपेनिंग (TSC)

सभी देशों में पेयजल शुद्धता व उचित स्वच्छता को वैयक्तिक स्वास्थ्य का कारण माना गया है। लोगों के स्वास्थ्य का सीधा संबंध शुद्ध पेयजल के साथ है।

9

भारत में स्वच्छता आंदोलन की ऐतिहासिक पृष्ठभूमि

प्रस्तावना

भारत का इतिहास गवाह है कि कई समाज सुधारकों के द्वारा स्वच्छतालक्षी आंदोलन चलाए गए हैं। मुख्यतः महात्मा गांधीजी, डॉ. बाबासाहेब अंबेडकर, संत गाड़से बाबा व सूर्यकान्त परीख उल्लेखनीय हैं। इन लोगों ने स्वच्छता व स्वास्थ्य सुधार, शौचालय के गंदेपन का निकास, शौचालय व स्नानगृह की सफाई, आदि के लिए जन–जागृति की मुहिम छेड़ी है। गांधीजी ने स्वच्छता व अस्पृश्यता निवारण को स्वतंत्रता संग्राम प्रवृत्ति का एक हिस्सा बनाया था। स्वच्छ परिधान, घर की स्वच्छता, स्वच्छ कार्यों के लिए डॉ. बाबासाहेब प्रेरक रहे हैं। ग्रामीण प्रांतों में सफाई, शौचालय सुविधा का प्रयोग व सार्वजनिक स्वच्छता के लिए संत गाड़से बाबा ने जनजागृति फैलाई थी। सार्वजनिक रास्तों की सफाई, पे एण्ड यूज़ सुविधाएँ आदि के लिए सूर्यकांत परीख कार्यशील थे। डॉ बिन्देश्वर पाठक ने निम्न जाति के लोगों के गंदगी उठाने के कार्य का विरोध किया है। शौचालय के नवीनीकरण को प्रेरणा दी है। सफाई कर्मियों को प्रशिक्षित करने की सफल कोशिश की गई है। सामाजिक उत्थान, मानव अधिकार के संदर्भ में डॉ. पाठक सदैव कार्यरत रहे हैं। स्वतंत्रता के पश्चात् केंद्र एवं राज्य सरकारों ने भी कई अभियान चलाए हैं। निर्मल भारत, टोटल सेनिटेशन, केमपेन् (TSC), ग्लोबल सेनिटेशन एण्ड प्रोग्राम, नेशनल–सरल हेल्प मिशन–वास्मो आदि के द्वारा वैयक्तिक व सार्वजनिक स्वच्छता, शौचालय संबंधी जागृति व शौचालय

निर्माण का प्रचार–प्रसार किया जाता है। इस प्रकार में कई आंदोलन शौचालय एवं स्वच्छता संदर्भ में सफल परिणाम के द्योतक रहे हैं।

हड़प्पा और मोहनजोदड़ो नगर की स्वच्छता सुविधा

मोहनजोदड़ो के निवासियों ने स्वच्छता संदर्भ में जिस जागृति का परिचय दिया कदाचित् ही किसी अन्य संस्कृति में ऐसी जागृति का उदाहरण प्राप्त हो। इस संस्कृति में शौचालय व उसके स्वच्छता संबंध के विचार क्रांतिकारी रहे हैं। सुनियंत्रित व पूर्ण विचार विमर्श की फलश्रुति का अनुभव इस संस्कृति में होता है। घर में स्नानागार, शौचालय का विशेष प्रबंध देखा गया है। स्वच्छता संदर्भित कई अवशेष इस संस्कृति के संशोधनों में पुरातत्त्व विभाग को प्राप्त हुए हैं।

महात्मा गांधी व स्वच्छता आंदोलन

भारत के सफाईकर्मियों, अस्पृश्यता, स्वच्छता समस्याओं के हेतु चिंतित होने वाले सर्वप्रथम भारतीय गांधीजी थे। गांधीजी ने सफाईकर्मियों व अस्पृश्यों को 'हरिजन' शब्द से संबोधित किया। अस्पृश्यों व सफाईकर्मियों की बदहालत देख गांधीजी अत्यंत व्यथित हुआ करते थे। गांधीजी ने जीवन पर्यंत प्रयास करते हुए इन लोगों के लिए पीड़ा मुक्ति का आंदोलन चलाया ,तथापि उन्हें पूर्ण सफलता प्राप्त न हुई। गंदगी उठाने की प्रथा में कोई बदलाव न आया।

अस्पृश्यता को गांधीजी पाप मानते थे। मानवता के लिए उसे खतरा मानते थे, हिन्दू धर्म के कलंक के रूप में मानते थे। अस्पृश्यता निवारण को स्वतंत्रता की लड़ाई की एक आवश्यक क्रिया बताया गया है। स्वराजप्राप्ति की मुहिम में उसने अस्पृश्यता को स्थान दिया था।

अहर्निश अस्पृश्यों की सेवा के लिए गांधीजी तत्पर रहते थे। सफाई–कर्मियों में निवास की मुलाकात, उनके साथ भोजन, उनके निवास की सफाई आदि क्रियाएँ गांधीजी के लिए सहज क्रियाएँ थीं। हरिजनों से विवाह संबंध में भी गांधीजी विधेयात्मक रहे। हरिजन बच्ची को गोद लेते हुए समाजोद्धार का कार्य किया। सवर्णों को हरिजन कन्याओं से विवाह हेतु प्रोत्साहित किया गया। शिक्षा के क्षेत्र में भी सफाईकर्मियों को जोड़ते हुए उनके उद्धार की कोशिश की। शराब से दूर रहने की हिदायत देते हुए गांधीजी ने लोगों के कल्याण का कार्य किया।

वैयक्तिक स्वच्छता गांधीजी की विशेषता थी। साथ ही साथ सार्वजनिक स्वच्छता, मानवगरिमा के वे पक्षधर थे। गांधीजी ने कहा था कि 'स्वतंत्रता से स्वच्छता विशेष महत्त्वपूर्ण है।' जीवन के अभिन्न अंग के रूप में स्वच्छता को प्राधान्य दिया गया था। 1920 में गांधीजी ने स्वच्छता आंदोलन प्रारंभ किया। उनका लक्ष्य गंदगी उठानेवाले की यातना से मुक्ति था। स्थानीय स्तर पर शौचालय निर्माण सलाह गांधीजी ने दी थी। स्थानीय क्षेत्र से उपलब्ध सामग्री जैसे कि सुलभ शौचालय हेतु ईंट, पत्थर, पानी, लकड़ी, आदि का उपयोग करता है। पर्यावरणीय स्वच्छता भी गांधीजी के विचार थे। गांधीजी ने दक्षिण अफ्रीका के फिनिक्स आश्रम में शौचालय संबंधित प्रयोग किए थे। अस्पृश्यता निवारण, सफाईकर्मियों के सम्मान आदि का प्रयास गांधीजी ने किया था।

गांधीजी ने गंदगी उठाने से विरोध, शराब न पीने की सलाह, अस्पृश्यता की समस्या का समाधान ढूंढ़ने का प्रयास किया था।

डॉ. बाबासाहेब अंबेडकर और स्वच्छता आन्दोलन

डॉ अम्बेडकर महर जाति के महान् नेता थे। उनके खान–पान, रहन–सहन, परिधान आदि के लिए वे मार्गदर्शक बने। महर लोग मृतक पशुओं को उठाते बंथे उस पर पाबंदी लगाई गई।

डॉ. अंबेडकर ने अस्पृश्य लोगों के कल्याण व उत्कर्ष हेतु विशिष्ट कार्य किए थे। कई किताबों के द्वारा उन्होंने अपने विचार प्रकट किए। अस्पृश्यों के लिए गांधीजी के कार्यों के विवरण का उल्लेख अपनी किताब में 1925 में लिखा है। 1943 में गांधीजी और अस्पृश्यता मुक्ति, 1946 में अस्पृश्यों के उदभव में वर्तमान स्थिति का परिचय व्यक्त करने वाली किताब लिखी है। उनके विचारों में स्पृश्य–अस्पृश्य के उदभव, उनकी विडम्बनाएं, उनका सामाजिक–सांस्कृतिक पिछड़ापन, स्पृश्यों के द्वारा उन पर होने वाले दमन आदि के प्रति डॉ. अंबेडकर ने विचार व्यक्त किए हैं। अस्पृश्यों के शैक्षिक स्तर को ऊँचा उठाने का भी प्रयास किया गया। उन्हें राजनैतिक दर्जा प्राप्त करवाने का उनका ध्येय था। अस्पृश्यता निवारण हेतु उन्होंने कई गतिविधियाँ की थीं। महर जाति के पीने के पानी का प्रश्न को लेकर महर सत्याग्रह एक विशेष व उदाहरणीय आंदोलन था। उनकी विविध मुहिमों में दलित वर्ग व दक्षिण भारत की स्वमान रक्षण मुहिम उल्लेखनीय है।

डॉ. अंबेडकर ने दबे हुए दलितों के लिए धार्मिक दृष्टिकोण व शुद्धि–अशुद्धि के खयालों में बदलने का प्रयास किया था। स्वच्छता संबंधी उनका ठोस

कार्य नहीं है तथापि उनके विचारों या लेखन तथा संभाषणों में इस संदर्भ में विचार किया गया है। स्वच्छ पोषक, पेयजल का अधिकार, जातिगत असमानता, निम्न शिक्षास्तर, कमजोर स्वास्थ्य, गंदे निवास, शौचालय सफाई कार्य, आदि पर उनकी लड़ाई देखी गई है। महर सत्याग्रह, स्वमानरक्षण, जातिप्रथा विरोधी मुहिम आदि अंबेडकर के कार्य थे।

संत गाडगे बाबा महाराज और स्वच्छता आंदोलन

उन्नीस वीं सदी में महाराष्ट्र के गाँवों में ग्रामीण स्वच्छता की मुहीम छेड़ने वाले संत गाड़गे बाबा का कार्य उल्लेखनीय रहा है। पर्यावरणीय जागृति, रास्तों की स्वच्छता, ऊर्जा बचत की महिमा, बीमारी संबंधित अंधश्रद्धा, चिकित्सालय निर्माण आदि क्षेत्रों में बाबा गाड़गे की सक्रिय भूमिका रही है। सामाजिक दूषणों के खिलाफ उनकी मुहिम रही है।

उनका सही नाम डेबुश्री झींगराजी भानोरकर था। 1876 के 23 फरवरी को महाराष्ट्र के अमरावती जिले के शेणाओन् गाँव में एक धोबी परिवार में उनका जन्म हुआ था। अपनी जमीन गँवाने के बाद मजदूरी करके जीवनयापन कर रहे थे। एक बार अन्न की रखवाली का कार्य कर रहे थे, उस समय एक साधु वहाँ से गुजरे, साधु ने उन अनाज के मालिक के बारे में पूछा। उस साधु ने डेबुजी का मजाक उड़ाया। इस अनुभव से व्यथित डेबुजी की विचारधारा ही बदल गई। विविध घटनाओं से वे परेशान होते रहते थे।

ग्रामीण समूहों में निम्न सामाजिक रिवाज, धार्मिक, अंधश्रद्धा, भेदभाव, महिलाओं से अन्याय, गरीबों का परावलंबन, गंदगी आदि को लेकर गाडगे बाबा ने विरोध प्रदर्शित किया। स्वच्छता आंदोलन चलाया। ग्राम्य समस्याओं के समाधान में उपाय खोजे। 'कीर्तनों' के माध्यम से अंधकार में रहनेवाली जनता को उम्मीद की नयी किरण का अनुभव करवाया। मानवता–धार्मिकता व अच्छे जीवन की सीख देते हुए सामाजिक परिवर्तन का प्रयास किया। लोगों के योगदान से रास्तो की सफाई, शैक्षिक संस्थानों, चिकित्सालय, धर्मशालाएँ, पशुओं के लिए आश्रयस्थानों का निर्माण करवाया।

पशुबलि का विरोध किया, शराब की आदतों की निंदा की, महेनतकश जीवन जीने का बोध दिया। समाज के उच्च वर्ग को निम्न वर्ग की निस्सवार्थ सेवा के लिए प्रेरित किया। 20 नवम्बर, 1956 के दिन उनका निधन हुआ। वे 'महान संत' के नाम से विख्यात हुए। भारत सरकार ने 2000–2001 में 'गाडगे बाबा–स्वच्छता अंभियान' स्वच्छता कार्यक्रम का गठन करते हुए ग्राम्य

स्वच्छता का अभियान प्रारंभ किया। ग्राम्य स्वच्छता संबंध में अवार्ड घोषित हुआ। महाराष्ट्र की अमरावती यूनिवर्सिटी को संत गाडगे बाबा यूनिवर्सिटी का दर्जा देते हुए संत गाडगे बाबा का सम्मान किया गया है।

डॉ बिन्देश्वर पाठक

डॉ. बेन्देश्वर पाठक का जन्म 2 अप्रैल, 1943 को बिहार के वैशाली जिले के रामपुर बाधेल नायक गाँव के रूढ़िगत मैथिल ब्राह्मण परिवार में हुआ था। डॉ. बिन्देश्वर को बचपन में ही स्वशुद्धिकरण हेतु उनकी दादी माँ ने गाय के गोबर का उपला खिलाया था, गंगाजल पिलाया था। कारण यही था कि वे अपने घर की 'अस्पृश्य' कामवाली को गलती से स्पर्श कर गए थे।

सन् 1968 में मास्टर डिग्री की प्राप्ति हेतु डॉ. पाठक सागर विश्वविद्यालय जाने के हेतु ट्रेन में रवाना हुए। रास्ते में उनके नाती भैया मिल गये। डॉ. पाठक विपरीत दिशा में जा रहे थे–वे नाती भाई के अनुरोध से उनके पास ही ठहर गए। डॉ पाठक को नाती भैया के प्रयास से बिहार गाँधी जन्म शताब्दी समिति में काम मिल गया। वहाँ सरयूप्रसाद के सान्निध्य में 'हरिजन उद्धार' का कार्य आरंभ किया। उन दिनों बिहार के हरिजनों की स्थिति विकट थी। गंदा उठाने की उन लोगों की विवशता थी। शौचालय के डिब्बे का निकास करना उनकी मजबूरी थी। डॉ. पाठक को इसके उद्धार हेतु जिम्मेदारी सौंपी गई।

डॉ पाठक इस समस्या को निकटता से समझने के लिए 'बेलिया' नामक हरिजनों की आबादी में रहने लगे थे। इस कॉलोनी की दो घटनाओं ने उन्हें बहुत प्रेरित किया था। कॉलोनी के किसी एक परिवार की नवोढ़ा को शादी के पहले ही दिन गंदगी उठाने पर उनके सास–ससुर व पति के द्वारा दबाव बढ़ाया जा रहा था। पुत्रवधू की अनिच्छा होने पर भी उस पर दबाव बढ़ता जा रहा था। आखिर नई दुल्हन को यह कार्य करना ही पड़ा।

दूसरी घटना में एक लड़के को बैल ने टक्कर मार दी, लड़का गिर गया। हरिजन होने के कारण कोई उसे बचाने न गया। तब डॉ. पाठक व उनके मित्रों ने बच्चे को बचाया, किंतु अस्पताल पहुँचने से पूर्व बच्चे की मौत हो गई। इन दो घटनाओं से डॉ. पाठक विशेष प्रभावित हुए, सेवा करने का सुरूर आज भी गत्वर है।

डॉ पाठक ने पाँच हजार साल पुरानी गंदगी उठाने की इस प्रक्रिया से मुक्त कराने का प्रयास किया है। 1970 में डॉ. पाठक ने स्वच्छता आंदोलन को प्रभावोत्मक बनाने हेतु 'सुलभ स्वच्छता संस्था' की स्थापना की। इसका मूल उद्देश्य सफाई–कर्मी और अस्पृश्य लोगों को यातना मुक्त करना था। इन लोगों की पुनर्वसन, प्रशिक्षण व सामाजिक दरजे की प्राप्ति का प्रयास किया। ग्रामीण व नगरीय लोगों में स्वच्छता व शौचालय संदर्भ में जागरूकता फैलाने का कार्य किया गया। सुलभ टेक्नोलॉजी के द्वारा पर्यावरणीय सुविधा व संरक्षण पैदा किया।

डॉ. बिन्देश्वर पाठक ने स्वच्छता सुलभ आंदोलन के द्वारा भारत व विश्व में विविध देशों में स्वच्छता व स्वस्थता के क्षेत्र में क्रांति पैदा की। इस संस्थान के द्वारा देश के प्रतिष्ठित स्थानों में 8000 से भी अधिक सार्वजनिक शौचालयों का निर्माण हुआ है। 'पे एण्ड यूज़' की पद्धति का आविष्कार किया। इस सुविधा का तकरीबन दैनिक उपयोग 1.5 करोड़ लोग करते हैं, जिसमें 200 शौचालयों को बायोगैस प्लांट से जोड़ा गया है। जिससे बिजली पैदा की जाती है। सड़कों की बिजली, खाद का उत्पादन बढ़ाने हेतु बिजली का उपयोग किया जाता है। स्वच्छता आंदोलन के द्वारा देश के 13 लाख पारंपरिक शौचालयों को सुलभ शौचालयों में तब्दील कर दिया गया है। 10 लाख से अधिक सफाई कर्मियों को गंदे कार्य से मुक्ति मिली है। 640 नगरों में वे मुक्त हुए हैं। बिहार के एक जिले से प्रारंभ होनेवाला यह आंदोलन आज देश के 25 राज्य, 4 केंद्र शासित प्रदेश व 506 जिलों में तथा अफगानिस्तान, भूटान जैसे देशों में भी कार्यरत है।

डॉ. बिन्देश्वर पाठक ने पिछले 43 वर्षों से सफाईकर्मियों को गंदे कार्य से मुक्ति, पुनर्वसन, मानवीय गौरव, मानवाधिकार के लिए प्रयास किया है। देश में उन्होंने मुक्ति कार्यक्रम, सुलभ पब्लिक स्कूल, प्रशिक्षण केंद्र आदि की स्थापना की है। अस्पृश्यता के संदर्भ में डॉ. पाठक ने सुधारात्मक कार्य करते हुए क्रांति पैदा की है।

डॉ. पाठक ने 1970 सुलभ स्वच्छता संस्थान के उपरांत सफाईकर्मियों के बच्चों को अंग्रेजी माध्यम में शिक्षा हेतु 1992 में सुलभ पब्लिक स्कूल की स्थापना की। 1994 में 'सुलभ इन्टरनेशनल स्वास्थ्य व स्वच्छता संस्थान' का प्रारंभ, पर्यावरणीय सुरक्षा, पोषणयुक्त भोजन, परिवार नियोजन आदि के हेतु किया गया। 1984 में सुलभ इंटरनेशनल में पर्यावरणीय स्वच्छता एकेडेमी और जन–स्वास्थ्य, 1994 में सुलभ इटरनेशनल म्युजियम ऑफ टॉयलेट

(शौचालय संग्रहालय) की संस्थापना हुई। महिलाओं के व्यावसायिक पुनर्वसन के लिए शिक्षण व प्रशिक्षण हेतु 2003 में 'नयी दिशा', प्रशिक्षण केंद्र की स्थापना की गई। इन तमाम संस्थानों के द्वारा सफाईकर्मियों की मुक्ति, व्यावसायिक प्रशिक्षण, सफाईकर्मियों के बच्चों की शिक्षा, सामूहिक भोज, सामाजिक उत्थान, मानवीय गौरव व मानवाधिकारों की मुहिम उठाई गई है।

डॉ. बिन्देश्वर पाठक और सुलभ इंटरनेशनल कर्मियों को बिहार या भारत ही नहीं किंतु वैश्विक फलक पर स्वच्छता के विशेष स्थान को अंकित करने का प्रयास करने पर अभिनंदन किया जा सकता है। इसके परिणाम स्वरूप ग्रामीण व नगरीय इलाकों में सुलभ शौचालय व सार्वजनिक शौचालय द्वारा लोगों को फायदा हो रहा है।

सूर्यकांत परीख और स्वच्छता आंदोलन

अपनी 86 वर्ष की उम्र में सूर्यकांत परीख ने स्वच्छता हेतु सफाई व स्वच्छता अभियान चलाया है। 'सुलभ इंटरनेशनल' से प्रेरित होकर 1988 में न फ़ायदे न नुकसान की नीति से 'नासा' फाउंडेशन की स्थापना की। पालिताणा, अंबाजी, सोमनाथ आदि तीर्थ स्थानों से कुंभ मेले तक नासा फाउंडेशन के कर्मियों ने 'पे एण्ड यूज़' के रूप में सामूहिक शौचालयों का निर्माण किया। 1988 में श्री परीख ने मित्रों की मदद से 'नेशनल सेनिटेशन एंड एंवायरमेंट एंप्रुमेंट फाउंडेशन' की स्थापना की। सार्वजानिक शौचालय निर्माण व उनके रखरखाव की जिम्मेदारी 'नासा' ने उठाई है। विविध तीर्थ स्थानों, अस्पतालों, सरकारी स्कूलों, आश्रमों आदि में सार्वजनिक शौचालयों व स्नानागारों का निर्माण किया है।

शौचालय ही सेवा करने का माध्यम क्यों बनाया? यह प्रश्न पूछने पर सूर्यकांत परीख ने बताया था कि 'जीवन की यह अनिवार्यता होने पर भी लोग खुलेआम चर्चा नहीं कर सकते। शौचालय की बातों से ही लोग चिड़ते हैं। ईश्वर की देन है कि मैं ऐसे कार्य की ओर खिंचता चला गया। 1982–85 के दौरान गुजरात ऊर्जा विकास संस्था का वे एक सदस्य थे। उन्होंने उर्जा का पारंपरिक अभ्यास किया है। मल–मूत्र से बायोगैस की उन्हें पहचान थी। सुलभ का उन्होंने बिहार जाकर अनुभव प्राप्त किया था।

सुलभ ने गुजरात में भी बायोगैस का प्लांट निर्मित किया, जिसकी बागडोर सूर्यकांत परीख को दी गई। चार साल में सुलभ के द्वारा उन्हें गुजरात विभाग का अध्यक्ष बनाया गया। अतः शौचालय व स्नानागारों से

परीख का प्रत्यक्ष संबंध था। सुलभ के द्वारा उनका हरियाणा तबादला किया गया। किंतु उन्होंने यह कार्य छोड़ दिया। तत्पश्चात् सफाई क्षेत्र पर उन्होंने ध्यान केंद्रित किया। गुजरात में सफाई कार्य को अच्छे नेता की आवश्यकता थी। फलतः 63 वर्ष की आयु में उन्होंनें नासा फाउन्डेशन की संस्थापना की। आज 85 स्थानों पर यह संस्था कार्यरत है।

आजतक गुजरात में अछूता रहने वाला यह क्षेत्र अब लोगों का ध्यानाकर्षक का केंद्र बन गया। परीख को चारों ओर से प्रोत्साहन प्राप्त होने लगा। परीख ने सुलभ के अपने अनुभव से विविध योगदानों के द्वारा सरकार की सहायता के द्वारा अपने कार्य को अंजाम दिया। दाहोद की एक आश्रमशाला से उसके कार्य का प्रारंभ हुआ। छात्रालयों के शौचालयों से बायोगैस प्लांट तैयार किया गया। भावनगर म्युनिसिपल कोर्पोरेशन ने भी इस संस्थान को कुछ प्रोजेक्ट की जिम्मेदारी सौंपी है। नए शौचालय निर्माण में प्रगति देखी गई।

अहमदाबाद में अस्पताल, बस अड्डे, उद्यान आदि 26 स्थानों पर आधुनिक शौचालय निर्माण किए गए। सत्ताधार, बहुचराजी, सोमनाथ, डकोर, अंबाजी आदि तीर्थस्थानों पर स्वच्छता शौचालयों का निर्माण किया। नंदी ग्राम के पास से आदिवासी गाँवों के कई घरों में शौचालय बनाए गए।

वर्तमान समय में शौचालय के अभाव से बुजुर्गों व महिलाओं को जो आपत्ति उठानी पड़ रही थी, इसमें अब सुधार हुआ है। सूर्यकांत भाई ने आशीर्वाद रूप कार्य किया। उन्हें दाताओं से पर्याप्त अनुदान प्राप्त होता है। नासा के कार्यकर्ता अपना संपूर्ण सहयोग दे रहे हैं। नासा की बहनें गुजरात की अदालतों की सफाई का कार्य करती हैं। संस्थान का लक्ष्य है कि नए सुलभ की संस्थापना हो।

सूर्यकांत परीख और नासा के कार्यकर्ताओं ने स्वच्छता आंदोलनों के द्वारा गुजरात में एक उदाहरणीय भूमिका निभाई है।

केंद्र सरकार और स्वच्छा आंदोलन

केन्द्र सरकार के द्वारा 1947 के बाद सफाईकर्मियों की स्थिति में सुधार हेतु कुछ कदम उठाए गए हैं। स्वच्छता, सफाईकर्मियों की मुक्ति, सामाजिक–धार्मिक सुधार, मानवाधिकर आदि हेतु समितियों का गठन किया गया है। राष्ट्रीय–अनुसूचित आयोग, राष्ट्रीय सफाई कर्मचारी आयोग, राष्ट्रीय सफाई कर्मचारी फाइनैंस एण्ड डेवलपमेंन्ट कॉर्पोरेशन आदि संगठन कार्यरत

हैं। भारत सरकार के जन कल्याण मंत्रालय (सामाजिक न्याय व अधिकारी) (सशक्ति करण मंत्रालय) ने कुछ जनकल्याण संबंधित कार्यक्रमो को प्रारंभ किए हैं। सन् 1991–92 में सफाईकर्मी व उनके आश्रितों की मुक्ति की राष्ट्रीय योजना, बच्चों की मैट्रिक पूर्व की स्कोलरशिप, मैट्रिक पश्चात् की स्कॉलरशिप, उच्च शिक्षा की स्कौलरशिप, राजीव गांधी राष्ट्रीय स्कौलरशिप हेतु केंद्र संचालित योजनाएँ तैयार की गई हैं। परंपरागत शौचालयों को सुलभ शौचालयों में तबदील करने की योजना, नागरिक अधिकार संरक्षण अधिनियमन, अनुसूचित जाति व अनुसूचित जनजाति (अत्याचार निवारण : अधिनियन) तथा लोगों की शिक्षण हेतु व रोजगार हेतु आरक्षण नीति का नियम लागू किया गया है। सन् 1993 में सरकार के द्वारा परंपरागत शौचालयों की सफाई हेतु राष्ट्रीय आयोग का गठन किया है। इन तमाम प्रयासों से सफाईकर्मियों को निसंदेह फायदा प्राप्त होने लगा है। विविध अभियान, कार्यक्रम, योजनाओं के द्वारा केन्द्र सरकार अस्पृश्यता निवारण व सफाईकर्मियों के लाभ हेतु प्रयास कर रही है। तथापि सत्य यह है कि वे लोग अभी भी पूर्णतः मुक्त नहीं हुए हैं। आज भी दूरदराज प्रांतों में पुरानी परंपराएँ कार्यान्वित हैं।

केंद्र सरकार ने स्वच्छता अभियान को प्रभावी बनाने हेतु भारत निर्मल अभियान, टोटल सेनिटेशन कैंपेन (TSC), वॉटर एण्ड सेनिटेशन मैनेजमेंट ऑर्गेनाइजेशन (WASMO) आदि परियोजनाएँ लागू की गयी हैं। यूनेस्को के 'मिशन सेनिटेशन' अभियान द्वारा स्वच्छता, स्वास्थ्य, पर्यावरणी आदि क्षेत्रों में सुधारात्मक कार्य हुए हैं।

राज्य और स्वच्छता आंदोलन

भारत गणतंत्र के विविध राज्यों द्वारा स्वच्छता संबंधित मुहिम चलाई गई है। विविध अभियान एवं कार्यक्रमों को अपनाया गया हैं। विविध राज्यों के गाँव व नगरों की शौचालय सुविधाएँ भिन्न–भिन्न हैं, फलतः विविध संस्कृति, सामाजिकता के मद्देनजर अभियान चलाए जाते हैं।

भारत सरकार के द्वारा सभी राज्यों में निर्मल भारत अभियान, टोटल सेनिटेशन कैंपेन, वास्मो, सार्वजनिक शौचालय निर्माण योजना चलाए जा रहे है। राज्य में भी इसका निरीक्षण–मूल्यांकन आदि किया जा रहा हैं। बिहार में बिहार सरकार और सुलभ संस्थान द्वारा सार्वजनिक शौचालय, स्वच्छता, पर्यावरणीय जागृति के कार्यक्रम चलाए जाते हैं।

महाराष्ट्र में संत गाडगे बाबा सुलभ स्वच्छता अभियान चलाया जाता है। ग्रामीण जनजीवन में इसके परिणामस्वरूप सुधार हुआ है। गुजरात में निर्मल

गुजरात शौचालय योजना कार्यरत है। नगर एवं ग्रामीण इलाकों में इस योजना को लागू कर गुजरात को स्वच्छ करने का अभियान सन् 2008 से चलाया जाता है।

विविध राज्यों में कार्यरत स्वैच्छिक संस्थान जैसे कि सुलभ इंटरनेशनल, सफाई विद्यालय, नासा फाउंडेशन, हरिजन सेवक संघ, सिटिजन फाउंडेशन, केयर इंडिया हुडको, आवास (एसोसिएसन फॉर वॉटर सेनिटेशन एण्ड हाइजिंन) आदि स्वच्छता आंदोलन के लिए महत्त्वपूर्ण भूमिका निभाते हैं। इस प्रकार की प्रवृत्तियों के संस्थापक व कार्यकर्ताओं के प्रयासों से ग्रामीण व शहरी इलाको में (झुग्गियों में) स्वच्छता जागृति अभियान, सफाईकर्मी मुक्ति अभियान, शौचालय निर्माण, रखरखाव, स्नानागारों का निर्माण, सफाई कर्मियों का मंदिर प्रवेश, भेदभाव हीनता आदि कों जोर–शोर से प्रसार हो रहा हैं। स्वास्थ्य संबंधित सुधारात्मक कार्य, पर्यावरणीय चिंता सहभोजन, सांस्कृतिक संरक्षण के भी प्रयास इन संस्थानों के द्वारा होते रहे हैं।

निष्कर्ष

'मिशन सेनिटेशन' सामूहिक स्वच्छता व स्वास्थ्य हेतु अनिवार्य है। 'स्वस्थ बचपन स्वस्थ राष्ट्र' के सूत्र के साथ भारत में स्वच्छता आंदोलन सक्रिय है। आज के स्वच्छ पर्यावरणीय माहौल का श्रेय महात्मा गांधी, डॉ बाबासाहेब अंबेडकर, संत गाडगे बाबा आदि समाज सुधारक व डॉ. बिंदेश्वर पाठक व सूर्यकांत परीख जैसे कार्यकर्ता तथा भारत सरकार एवं राज्य सरकारों को प्राप्त होता है।

सुलभ ईंकटरनेशनल

• उद्भव • विकास • उद्देश्य • कार्य

सुलभ इंटरनेशनल

प्रास्ताविक

डॉ. बिन्देश्वर पाठक के द्वारा संस्थापित सुलभ इंटरनेशनल 'स्वच्छता आंदोलन' का एक उल्लेखनीय उदाहरण हैं। सुलभ इंटरनेशनल का पूरा नाम 'सुलभ इंटरनेशनल सोशल सर्विस ओर्गेनाइजेशन' (सुलभ इंटरनेशनल सामाजिक सेवा संस्थान) है। 1970 के मार्च महीने में डॉ. बिन्देश्वर पाठक के द्वारा इस संस्थान की स्थापना की गई। डॉ. पाठक सफाईकर्मी समूह (दलित समूह) के मानवाधिकार व उनके गौरव की पुनः स्थापना हेतु प्रतिबद्ध है। मानव

मल–मूत्र की गंदगी को उठाने की अभिशाप जिंदगी जीने वालों की मुक्ति हेतु डॉ पाठक कार्यरत है। कम व्यय पर उत्तम तकनीक का प्रारंभ डॉ पाठक के द्वारा हुआ है। उस तकनीक को भारतवर्ष के घर घर में आवकार प्राप्त हुआ है। विकासशील देशों के प्रदूषण समस्या के समाधान रूप यह तकनीक सफल रही है। इस संस्थान ने कार्यशालाओं, संगोष्ठिओं, सम्मेलन आदि में हिस्सा लिया है। आर्जेंटीना, चीन, घाना, युगांडा, केन्या, बांग्लादेश, दक्षिण अफ्रीका, इंडोनेशिया आदि देशों में प्रायोजित कार्यक्रमों में हिस्सा लिया है। विश्व बैंक, यु.एन.डी.पी, डबल्यु.एच.ओ., यूनिसेफ, भारत सरकार, राज्य सरकार आदि के सहयोग से विविध योजनाएँ साकार हुई हैं। भारत व राज्य सरकारों ने सुलभ टेक्नोलॉजी को 'राष्ट्रीय स्वच्छता' को केंद्र के रूप में मान्यता प्रदान की है।

सुलभ के स्वच्छता कार्यक्रमों को ग्रामीण, पर्यावरणीय, वैयक्तिक, सामूहिक, स्वास्थ्य आदि प्रयासों के बदले संमानित किया गया है। प्रेरणादायी व नाविन्यपूर्ण कार्यक्रमों की बदौलत सुलभ को कई पुरस्कार प्राप्त हुए हैं।

सुलभ इंटरनेशनल–उद्भव

कुछ प्रेरक घटनाओं ने सुलभ इंटरनेशनल संस्थान के उद्भव की प्रेरणा दी है। संस्थान के आद्यस्थापक के बचपन की एक घटना रोचक है।

डॉ पाठक बताते हैं कि मेरे घर में एक 'अस्पृश्य' महिला बरतन साफ करने आती थी, उनके जाने के बाद दादी माँ अपने ही घर को पानी से धोती थीं। अन्य किसी के आने पर और उनके जाने पर दादी माँ ऐसा नहीं करती थीं। मन में प्रश्न उठता कि दादी माँ उस महिला के संदर्भ में ही ऐसा क्यों करती हैं? लोग इसे उस महिला की अस्पृश्यता की बात करते और उन्हें छूने को मना करते। दादी माँ की अनुपस्थिति में उस महिला को बाल स्वमविकता सहज ही छू लेता था। छूने से मुझ में कोई परिवर्तन न होता था। एक दिन दादी माँ ने यह दृश्य देख लिया, तब दादी माँ ने मुझे गोबर और गौमूत्र से पवित्र करने का प्रयास किया। यह घटना मेरे लिए एक सदमे से कम नहीं थी।

डॉ बिन्देश्वर पाठक को दूसरा अनुभव दलित पुत्रवधू की पीड़ा का हुआ। वह पुत्रवधू सास–ससुर आदि के दबाव में मज़बूरीवश 'गंदा' उठाने के लिए विवश हो गई थी। इस प्रथा से वह पुत्रवधू बच न सकी।

डॉ पाठक को स्पर्श करने वाला तीसरा प्रसंग एक लड़के का था। दलित लड़के को बैल ने टक्कर मार दी, लड़का जख्मी हो गया किंतु दलित होने के कारण उसे कोई बचाने न गया। डॉ. पाठक और उनके मित्र ने लड़के की सहायता की किंतु लड़के की मृत्यु हो गई।

इन घटनाओं से डॉ. पाठक ने गांधीजी के स्वप्न को साकार करने की ठान ली थी। दृढ मनोबल के साथ सामाजिक भेदभाव तथा छुआछूत का अंत लाने का निश्चय कर लिया।

गांधीजी के अति प्रिय इस कार्य में डॉ. पाठक ने जीवने समर्पित करने का निर्णय ले लिया। माने–जाने अस्पृश्य के बीच वे रहने लगे, उनके जीवन का एक अभिन्न हिस्सा बन गए थे। तमाम पूर्व ग्रह से अपने आपको डॉ. पाठक ने मुक्त कर दिया था। सफाई की इस समस्या के हल ढूंढने में यद्यपि उन्हें इतनी सफलता प्राप्त न हुई तथापि सफाईकर्मियों के मानवाधिकार को प्रस्थापित करने में सफल रहे।

सफाईकर्मियों के बीच रहने वाले डॉ. पाठक संपूर्णतः वैचारिक रूप से परिवर्तन प्राप्त कर चुके थे। बिहार सरकार के द्वारा गाँधी शताब्दी उत्सव समिति को रोक देने का असर डॉ. पाठक के द्वारा आयोजित शिक्षण–प्रशिक्षण के कार्यक्रम पर हुआ फिर भी बिहार के दूरदर्शी मुख्यमंत्री स्व–दरोगाप्रसाद राय ने विविध संस्थानों के माध्यम से 'स्वच्छता अभियान' चलाने का निर्णय लिया। सरकार और गैर–सरकारी संस्थानों के संयुक्त अभियान से स्वच्छता कार्यक्रम चलने हेतु बिहार सरकार ने डॉ. बिंदेश्वर पाठक को जिम्मेदारी सौंपी। 5 मार्च, 1970 के दिन डॉ. पाठक ने मुनाफे की विचारणा किए बिना स्वंय सेवी संस्थान 'सुलभ स्वच्छता संस्थान' की स्थापना की। प्रारंभ में संस्थान का नाम 'सुलभ स्वच्छता शौचालय प्रशिक्षण संस्थान' था। इसके पश्चात् 'सुलभ शौचालय संस्थान' नामकरण हुआ। अब इसका नाम 'सुलभ इन्टरनेशनल' (सुलभ इन्टरनेशनल सोशल सर्विस ऑर्गेनाइजेशन) स्थापित हुआ है।

सुलभ इंटरनेशनल का विकास

1970 से प्रारंभ होने वाला यह संस्थान विकास की राह पर गत्वर है। स्वास्थ्य एव स्वच्छता के क्षेत्र में 'सुलभ इंटरनेशनल' की अहम भूमिका रही है। पिछले पाँच हजार वर्ष पुरानी सामाजिक कुप्रथा–कुरिवाजों को तोड़कर सफाईकर्मियों के गौरव स्थापन का भागीरथ कार्य किया है।

सरल तकनीक के प्रणेता डॉ. पाठक ने 'सुलभ इंटरनेशनल' के द्वारा जल व्यय, खाद–उत्पादन, शौचालयों का सरल निर्माण, सफाईकर्मी विहीन शौचालय सफाई प्रक्रिया आदि का प्रारंभ किया है। 'सुलभ' अर्थात् 'V' आकार की चैनलयुक्त, फलशयुक्त, ढलान वाले शौचालय। गड्डे के भर जाने से दूसरे गड्डे भर जाने तक की समयाविधि में मल का खाद में रूपांतरण हो जाता है। यद्यपि एक गड्डा तकरीबन एक–दो सालों में भर जाता है।

सुलभ इंटरनेशनल की संपूर्ण भारत व विश्व के विविध देशों में महत्त्वपूर्ण भूमिका रही है। सार्वजनिक शौचालय की विचारधारा को यह नया स्वरूप है। बंगाल म्युनिसिपल एक्ट 1876 को 1878 में लागू किया गया था, इसमें 'सार्वजनिक शौचालय' को स्थान दिया था। इस शौचालय उपयोग के आधार पर संचालन किया गया था। उन दिनों इसे संपूर्ण सफलता प्राप्त नहीं हुई थी। वह केवल एक विचार ही रह गया था। डॉ बिन्देश्वर पाठक ने सर्वप्रथम 1974 में इस विचार के आधार पर बिहार में सार्वजनिक शौचालय प्रारंभ किया। जो एक उदाहरणीय कार्य माना गया। पटना में शौचालय के साथ ही पेशाबखाना व स्नानागार का भी निर्माण किया गया। जिसका वैशिट्य यह था कि इसके खर्च का बोझ सरकार पर नहीं था। इसी से प्रेरित होकर पूरे देश में यह प्रयोग किया गया। कुछ स्थानों पर शौचालय के साथ पेशाबखाना, स्नानागार के उपरांत टेलीफोन सुविधा, पेयजल सुविधा, प्राथमिक स्वास्थ्य सुविधा को भी प्रारंभ किया गया।

सुलभ इंटरनेशनल के द्वारा आज सुलभ संकुलों में 24 घंटे बिजली–पानी की सुविधा प्राप्त है। शौचक्रिया के पश्चात् हाथ की सफाई हेतु साबुन की भी सुविधा है। पुरुष और औरतों के विभिन्न विभाग हैं। बच्चे, अपाहिज, गरीब जो लोग व्यय नहीं कर सकते, उन्हें मुफ्त सुविधा मुहैया की जाती है। आमतौर पर बस अड्डे, रेलवे स्टेशन, अस्पताल व बाजार के मुख्य रास्तों पर यह सुविधा निर्मित हुई है।

सुलभ इंटरनेशनल के द्वारा 8000 से भी अधिक सार्वजनिक शौचालय का निर्माण हुआ है। तकरीबन डेढ़ करोड़ लोग दैनिक रूप से इसका उपयोग कर रहे हैं। 200 शौचालयों को बायोगैस के साथ जोड़ा गया है। बिहार के छोटे जिले से प्रारंभ होनेवाला यह संस्थान देश के 25 राज्यों, 4 केंद्र शासित प्रदेशों, 506 जिलों में तथा 1629 शहरों में कार्यरत हैं। अफगानिस्तान, भूटान जैसे देशों में भी इनकी भूमिका रही है। काबुल में पाँच सुलभ शौचालयों का निर्माण हुआ है। सभी शौचालय वहाँ बायोगैस से संलग्न हैं।

युगांडा और अन्य 50 देशों में इसको विकसित करने का आयोजन है।

डॉ. बिन्देश्वर पाठक ने महात्मा गांधी के स्वप्न को पूर्ण किया है। समाज में सम्मान युक्त जीवन जीने की सफाईकर्मियों को नई राह दिखाई है। अस्पृश्यता निवारण के ठोस कदम उठाए गए हैं। गांधी और बाबा साहब अंबेडकर के जीवन कार्यों को मूर्तिमंत करने का सफल प्रयास किया है। पिछले 43 वर्षों से सफाईकर्मियों को अमानवीय कार्यों से मुक्ति, व्यावसायिक पुनर्गठन, सामाजिक सुधार, मानवीय गौरव, मानवाधिकार की प्रवृत्तियाँ इनके साथ साकार हो उठी हैं। 'मुक्ति कार्यक्रम', 'व्यावसायिक पुनर्वसन' और 'प्रशिक्षण केन्द्र', 'सुलभ पब्लिक स्कूल', 'सामाजिक सांस्कृतिक जागृति अभियान', 'सुलभ गाँव की ओर', 'अभियान', 'महिला प्रशिक्षण कार्यक्रम', 'मिशन सेनिटेशन', 'सामूहिक भोजन' आदि कार्यक्रम चलाए जा रहे हैं। इन कार्यक्रमों से सुलभ स्वच्छता आंदोलन बुलंदी पर पहुँचा है।

सुलभ इंटरनेशनल के द्वारा 1973 में 'मुक्ति कार्यक्रम' अराह नगरपालिका में 'सार्वजनिक शौचालय' सफाईकर्मी 'मुक्ति अभियान' के द्वारा प्रारंभ किया, जिसके फलस्वरूप देशभर से 53 लाख परंपरागत शौचालयों को सुलभ शौचालयों में परिवर्तित कर 10 लाख से अधिक सफाईकर्मियों की मुक्ति का कार्य किया। 640 शहरों से इन लोगों को अस्वच्छ कार्य से मुक्ति प्राप्त हुई है। सफाईकर्मी महिलाओं के पुनर्वसन व प्रशिक्षण के तहत डॉ. पाठक ने 2003 में 'नई दिशा' नामक संगठन की रचना की है। इसके द्वारा खाद्य–पदार्थ जैसे कि पापड़, मसालों, नूडल्स, आदि निर्माण का प्रशिक्षण दिया जा रहा है। जिससे महिलाओं को रोजगार प्राप्त होने लगा है। ब्यूटी पार्लर व सिलाई कार्य की तालीम दी जा रही है। सफाईकर्मियों के बच्चों के हेतु 1992 में 'सुलभ पब्लिक स्कूल' की स्थापना की गयी। अंग्रेजी माध्यम की इस पाठशाला से बच्चे उच्च शिक्षा प्राप्त करने के अधिकारी बने हैं। कम्प्यूटर शिक्षा, व्यावसायिक प्रशिक्षण, ड्राइविंग, मकान निर्माण कार्य, मेकैनिक्स आदि व्यवसायलक्षी शिक्षा दी जा रही हैं। इन बच्चों के रोजगार के नए आयाम खोले जा रहे हैं। महिला सशक्तीकरण, बच्चों के स्वरोजगार की नई दिशा उद्घाटित करने का श्रेय डॉ. बिन्देश्वर पाठक पा रहे हैं।

सुलभ इंटरनेशनल के द्वारा 1988 में सामाजिक, धार्मिक, सांस्कृतिक व 1992 में जागृति अभियान चलाए गए हैं। उदयपुर के नाथद्वारा मंदिर में अस्पृश्यों के मंदिर प्रवेश तथा मैथिल ब्राह्मणों से प्रजा विधि का अभियान

चलाकर भेदभाव हटाने का सफल प्रयास हुआ है। अस्पृश्यों के द्वारा गंगा स्नान कर 200 ब्राह्मणों के साथ भोजनादि कार्य की प्रेरणा दी गई है। इन लोगों को अजमेर शरीफ दरगाह, दिल्ली के जीसर व मेरी कोन्वेट चर्च व गुरुद्वारे का भी अनुभव दिलाया गया है। 2007 में विश्व शौचालय शिखर सम्मेलन संयुक्त राष्ट्र अमेरिका के कार्यक्रम में सुलभ इंटरनेशनल ने प्रतिभागी बनकर प्रभाव पैदा किया है। सफाईकर्मी महिलाओं के द्वारा विश्व प्रसिद्ध मॉडलों के साथ रैंप केट वॉक भी करवाया गया है। फ्रांस के सम्मेलन में भी हिस्सा लिया गया है। दक्षिण अफ्रीका के फिनिक्स आश्रम की सफाई कर्मियों से मुलाकात करते हुए बापू को भावांजलि देते हुए कहा था कि ''बापू, आपके ही कारण हम 5000 वर्ष पुरानी दास प्रथा से मुक्त हुए हैं।'' सुलभ इन्टरनेशनल के द्वारा ऐसे विविध कार्यक्रम आयोजित होते रहे हैं। 'मिशन सेनिटेशन' और 'सुलभ गाँव की ओर' कार्यक्रम ग्राम्य एवं नगरीय इलाकों में सुलभ इन्टरनेशनल के द्वारा होने वाले विख्यात कार्यक्रम है। संयुक्त राष्ट्र और इसी संस्थान के संयुक्त् उपक्रम से 'मिशन सेनिटेशन' कार्यक्रम चलाया जाता है। इस मिशन का उद्देश्य वैश्विक स्तर पर स्वच्छता संबंधित जागरूकता पैदा करवाना है। सुलभ इंटरनेशनल ने सन् 2002 में सुलभ गाँवों की ओर कार्यक्रम के द्वारा ग्रामीण क्षेत्रों में स्वच्छता की जागरूकता का कार्य किया है। 'सुलभ मॉडल' के आधार पर सुलभ इंटरनेशनल के द्वारा देश में 200 बायोगैस प्लांट को विविध शौचालयों के साथ जोड़ा गया है। सुलभ टेक्नोलॉजी के द्वारा मानव मल–मूत्र का ऊर्जा में रूपांतरण, बायोगैस उत्पादन, बिजली उत्पादन के प्रयास किए जा रहे हैं। अभी भी इस क्षेत्र में संशोधन की आवश्यकता है। इस तकनीक का पूर्णतः सामाजिक स्वीकार न होने के कारण इस पर गंभीरता से विचारणा नहीं हो सकी है। बायोगैस फायदेमंद अवश्य है, क्योंकि यह गंधहीन है, बैक्टेरिया रहित है।

अफसर, भवनों के संस्थापक, इजनेर, छात्रगण, आदि ने सुलभ इंटरनेशनल से प्रशिक्षण प्राप्त किया है। सुलभ तकनीक का ज्ञान प्राप्त किया है। द. अफ्रीका, इथोपिया, घाना, मोजाम्बिक, युगाण्डा, कैमरून, बुरकिना, केन्या, तंजानिया, माली, सेनेगल, आदि देशों के शिष्टमंडल को प्रशिक्षण दिया गया है। स्वच्छता, जल, स्वास्थ्य आदि विषयों का प्रशिक्षण दिया गया है।

सुलभ मॉडल का अफगानिस्तान, घाना, भूटान, चीन, बांग्लादेश, केनिया, नाईजिरिया, जाम्बिया, तंजानिया, बुरकिना, फांसो, माली, सेनेगल आदि देशों में फैलाव हुआ है।

सन् 1984 में सुलभ इंटरनेशनल के द्वारा 'सुलभ इंटरनेशनल इंस्टीटयूट ऑफ टेक्निकल रिसर्च एण्ड ट्रेनिंग' (सुलभ इंटरनेशनल टेक्नोलॉजी और संशोधन व प्रशिक्षण संस्थान) की स्थापना की गई, बाद में इस नाम को 'सुलभ इंटरनेशनल एकेडेमी ऑफ एनवायरन्मेंटल सेनिटेशन एण्ड पब्लिक हेल्थ' (सुलभ इन्टरनेशनल पर्यावरणीय स्वच्छता एकेडेमी और जनस्वास्थ्य) के रूप में पहचान प्राप्त हुई। यह संस्थान पर्यावरणीय स्वच्छता संबंधी प्रशिक्षण, प्रशिक्षण योजनाओं का निरीक्षण, अमलवादी, सशक्ति करण व परामर्शन का कार्य करती है। तत्पश्चात् सुलभ इंटरनेशनल के द्वारा एक ओर संस्थान की संस्थापना की जाती है।

सुलभ इंटरनेशनल इंस्टीट्युट ऑफ हेल्थ एंड हाइजीन (सुलभ इंटरनेशनल स्वास्थ्य और स्वच्छता संस्थान), डॉ. बिन्देश्वर पाठक के द्वारा इसकी सन् 1994 में स्थापना की गई। स्वच्छता व स्वास्थ्य संबंधित सोफ्टवेयर, हार्डवेयर तकनीकों का विकास करना इनका प्रमुख उद्देश्य रहा है। यह परियोजना महिलाएँ, बच्चे, नगरीय व ग्रामीण व गरीब युवा आदि पर आधारित है। विविध फंडिंग एजेंसियों से मिलकर इस योजना का परिचालन होता है। महिला स्व सहाय योजना, स्कूल छात्र योजना, शिक्षण–प्रशिक्षण कार्यक्रम, शुद्ध पेयजल योजना, स्वास्थ्य–निदान कैंप, ग्रामीण स्वच्छता अभियान जैसे कार्यक्रम आयोजित होते हैं।

सन् 1994 में डॉ. बिन्देश्वर पाठक ने विश्व में अनूठे म्यूजियम 'सुलभ इंटरनेशनल म्युजियम ऑफ टॉयलेट' (सुलभ इन्टरनेशनल शौचालय संग्रहालय) की दिल्ली में स्थापना की गयी। सुलभ शौचालय संग्रहालय में विविध–चित्र, पोस्टर, ऐतिहासिक नमूने संगृहित हैं। विश्व के प्रथम शौचालय संग्रहालय को ऐसे बहु मान प्राप्त हुआ है।

सुलभ इंटरनेशनल संस्थान ने 45 वर्ष की यात्रा संपन्न की है। आज 5000 लोग स्वैच्छिक रूप से सेवारत हैं। इस संस्थान ने करोड़ों लोगों के जीवन में आमूल परिवर्तन किया है। सामाजिक भेदभाव, अस्पृश्यता, सफाई कर्मियों के मानवाधिकार आदि को लेकर यह मिशन कार्यरत है।

सुलभ इंटरनेशनल के उद्देश्य

डॉ बिन्देश्वर पाठक के द्वारा सन् 1970 में सुलभ इंटरनेशनल संस्थान प्रारंभ किया गया। सफाईकर्मियों के मानवाधिकार, संमान, पुनर्वसन हेतु इस संस्थान को उद्घाटित किया गया था। सफाई कर्मी के द्वारा गंदा उठाने

की प्रथा को समाप्त करने का प्रयास है। गरीबी भगाओ व सामाजिक प्रतिष्ठापन, इसका अहम उद्देश्य है। प्रदूषण, पर्यावरणीय स्वच्छता, स्वास्थ्य सुधार भी इस संस्थान का लक्ष्य रहा है।

पिछले 43 वर्षों से सुलभ इंटरनेशनल ने सफाईकर्मियों के जीवन–स्तर को समृद्ध किया है। आधुनिक 'सुलभ टेक्नोलॉजी' के द्वारा विधेयात्मक परिणाम प्राप्त किए हैं।

उद्देश्य

- शौचालय सफाई की अमानवीय प्रवृत्तियों से सफाईकर्मियों को मुक्त करना।
- सफाई कर्म के व्यवसाय से संलग्न, औरत, पुरुष व बच्चों का सामाजिक उत्थान करना।
- स्वदेशी तकनीक को प्रोत्साहित करना।
- मानवीय मल (अपशिष्ट) से ऊर्जा स्रोत का विकास करना और वन्य सुरक्षा करना तथा जल प्रदूषण को समाप्त करना।
- खुले में शौचक्रिया करने वालों को जाग्रत करना।
- सुलभ शौचालयों के द्वारा उत्तम खाद से अधिक अन्न प्राप्ति करते हुए कृषि समृद्धि में बढ़ोतरी करना।
- परंपरागत शौचालयों को सुलभ शौचालयों में परिवर्तित करना तथा अपने घरों में शौचालय निर्माण हेतु लोगों को जाग्रत करना।
- सुलभ समेत स्नानागार, पेशाबखाना, शौचालय के उपयोग का प्रचार–प्रसार करना।
- व्यावसायिक प्रशिक्षण व प्राथमिक स्वास्थ्य की सावधानी बरतना।
- संतुलित ग्रामीण विकास हेतु कार्यकर्ताओं को प्रशिक्षित करते हुए नए रोजगार के आयाम खोलना।
- टेक्नोलॉजी व सामाजिक क्षेत्र में परामर्शन केंद्र, संशोधन आदि को विकसित करना।
- जन संचार माध्यमों का प्रचार–प्रसार कर जनजागृति फैलाना।

सुलभ इंटरनेशनल एकेडमी ऑफ एन्वायरमेंटल सेनिटेशन एंड पब्लिक हेल्थ

उद्देश्य

1. जल शुद्धता, स्वास्थ्य, स्वच्छता विज्ञान संबंधित तथा पर्यावरणीय स्वच्छता संदर्भित परियोजनाओं को सुनियोजित रूप देते हुए उनका निरीक्षण करना।
2. किसान, गैर–सरकारी संस्थान, व्यावसायिक क्षेत्र व विद्यालयों को स्थानीय सरकार व शैक्षिक संस्थानों के सहयोग से राष्ट्रीय व अंतरराष्ट्रीय स्तर पर प्रशिक्षण अभ्यासक्रमों का निर्माण व अहवाल तैयार करना तथा नेटवर्किंग करना।
3. समग्र देश में पर्यावरणीय स्वच्छता संबंधित, सामाजिक वातावरण संबंघित और तकनीकी संबंधित विविध विषयों के संबंध में संशोधन, परामर्शन व प्रशिक्षण का कार्य करना।

सुलभ इंटरनेशनल के कार्य

1. जल व स्वच्छता के संबंध में राष्ट्रीय व अंतरराष्ट्रीय ख्याति सरकारी व गैर–सरकारी संस्थानों के व्यावसायिक को सक्षम बनाना।
2. स्वच्छता के विकास हेतु सुलभ स्वच्छता टेक्नोलॉजी का वैश्विक स्तर पर विशेषतः सार्क व विकासशील देशों में प्रचार–प्रसार का कार्य करना।
3. स्वदेशी, सामर्थ्य व परिस्थिति के अनुकूल व सांस्कृतिक दृष्टि से स्वीकार्य स्वच्छता टेक्नोलॉजी का विकास व संशोधन करना।
4. स्थानीय पदाधिकारी व समुदाय संबंधित संगठनों में वृद्धि करना। ग्रामीण स्तर पर स्वच्छता संबंधी अभियान तेज करना।
5. पाठशालाओं को स्वच्छता व स्वास्थ्य जाँच (वोच कैंपेन) हेतु परिवर्तन कार्यकर्ता (चैंज एजेंट) के रूप में माध्यम बनाते हुए कमजोर क्षेत्र की महिलाएँ तथा बच्चों के पुनर्वसन शिक्षा तथा व्यवसाय का प्रबंध करना।
6. सफाईकर्मियों को परंपरागत कार्य से मुक्ति देते हुए वैकल्पिक स्रोत के रूप में उनके कौशलों के सुधार व विकास हेतु कार्य करना।
7. जन समूह के सहयोग व प्रशासनिक सहयोग के द्वारा जन जागृति व स्वच्छता–जागृति के लिए लोगों को प्रेरित करना।

निष्कर्ष

डॉ. बिन्देश्वर पाठक द्वारा संस्थापित 'सुलभ इंटरनेशनल' के द्वारा सफाई कर्मियों की कार्यमुक्ति, पुनर्वसन, स्वच्छता संबंधित खयाल परिवर्तन आदि रूप में उत्तम भूमिका निभाई है। 13 लाख परंपरागत शौचालयों को सुलभ शौचालयों में परिवर्तन करने का श्रेय मिला है। 200 बायोगैस प्लांट को सुलभ शौचालय (सार्वजनिक) के साथ जोड़ने का महत्त्वपूर्ण कार्य किया है। इससे बिजली उत्पन्न की गई है। सुलभ टेक्नोलॉजी से विदेश के भी कई उच्च अधिकारियों को प्रशिक्षित करने का उपक्रम रहा है। 5000 से भी अधिक लोगों की सहभागिता से सुलभ इंटरनेशनल का सुलभ स्वच्छता आंदोलन नई ऊँचाइयों को पार कर गया है। नगरीय व ग्रामीण क्षेत्रों में स्वच्छता जागृति का कारण सुलभ इंटरनेशनल है। इसी से विश्वभर में 'मिशन सेनिटेशन' का फैलाव हो रहा है।

स्वच्छता के लिए सुलभ आंदोलन

प्रस्ताविक

भारत के पूर्व प्रधानमंत्री श्रीमती इन्दिरा गांधी का विचार था कि भारत में स्वच्छता केवल साफ–सफाई तक सीमित न होकर सफाईकर्मियों (Scavenger) की दुर्दशा व अपमान का अंत सही रूप में स्वच्छता है। अपने सिर पर अपशिष्ट पदार्थ उठाने वाले लोगों के आत्मसम्मान की बात है। गांधीजी ने भी कस्तूरबा को गरीब व अशिक्षित ग्रामीण महिलाओं में स्वास्थ्य व स्वच्छता की शिक्षा के प्रचार की जिम्मेदारी सौंपी थी। अपनी जिम्मेदारी समझकर कस्तूरबा ने यह कार्य बखूबी निभाया था।

भारत में स्वास्थ्य व स्वच्छता आज भी अहम समस्या है। नगरीय तथा ग्रामीण क्षेत्रों के निवासियों को, विशेषतः गरीबों को इस संदर्भ में जाग्रत करना अनिवार्य है। आज भी आधी से ज्यादा ग्रामीण जनता खुले में शौचक्रिया करती है। महिलाओं को ऐसी क्रिया सूर्योदय पूर्व या सूर्यास्त के पश्चात् करने की मजबूरी है। खेत–खलिहानों में विषैले जीव के काटने का भी भय रहता है। कई जगह सार्वजनिक शौचालय तक जाना भी आपत्तिजनक रहता है। रेलवे स्टेशन, बस अड्डा, या फिर सड़क के किनारे भी शौचक्रियाएँ होती रहती हैं। सुविधा के अभाव में नगरीय व ग्रामीण जनता को खुले में शौचक्रिया करने की विवशता पैदा हो जाती हैं। ऐसे माहौल में स्वास्थ्य व स्वच्छता के कई प्रश्न पैदा होते है। टाईफाइड, महामारी जैसी बीमारियों का

भय पैदा हो जाता है। वैयक्तिक और सामूहिक स्वच्छता निम्न स्तर की हो जाती है।

वैश्विक स्तर एवं भारतवर्ष पर स्वच्छता की समस्या के गांभीर्य की ओर लक्ष्य करते हुए राज्य सरकार व स्वैच्छिक संस्थानों के द्वारा समस्या हल का प्रयास किया जाता है। विश्व में विश्व आरोग्य संस्थान, संयुक्त राष्ट्र विकास कार्यक्रम, यूनिसेफ आदि। भारत में केंद्र व राज्य के आरोग्य व परिवार कल्याण मंत्रालय, सुलभ इंटरनेशनल आदि के द्वारा स्वास्थ्य सुधार आंदोलन चलाए जाते हैं। परिणामतः बच्चों, औरतों, युवाओं, गरीबों आदि के स्वास्थ्य पर ध्यान रखा गया है। इस क्षेत्र में डॉ. बिन्देश्वर पाठक ने सुलभ इंटरनेशनल के द्वारा सराहनीय कार्य किया गया है। उसका कार्य एक मूल्यवान स्वच्छता आंदोलन है।

स्वच्छता हेतु सुलभ आंदोलन–ऐतिहासिक उद्भव (Sulabh Movement for Sanitation and Historial Emergence)

अस्वच्छता, अस्वस्थ परिस्थितियों में जी रहे लोग, समूह आदि को नया जीवन देने की कोशिश आवश्यक है। उनके सम्माननीय जीवन के लिए प्रयास आवश्यक है। मानवाधिकार की सुरक्षा अनिवार्य है।

यद्यपि स्वच्छता संबंध में प्राचीन समय से कई प्रयास हुए हैं। नरसिंह मेहता ने अपने भजनों के द्वारा दलितोद्धार का प्रयास किया है। समाज के छुआछूत भाव की समाप्ति का प्रयास किया है। राजा राम मोहन राय ने भी गरीब, निरक्षर, औरतों–बच्चों आदि के स्वास्थ्य के हेतु कई प्रयास किए हैं। महात्मा गांधी ने भी अस्पृश्यता निवारण, अस्पृश्यों की सेवा व कल्याण प्रवृत्ति, उनके निवासों पर मुलाकात, अस्पृश्यों के साथ भोजन, हरिजन निवासों की सफाई आदि विविध प्रवृत्तियों को अपनाया था। गांधीजी ने अस्पृश्यों के लिए हरिजन शब्द का इस्तेमाल किया था शराब की आदत से दूर रहने व स्वच्छता बनाए रखने की उन्होंनें सलाह दी थी गांधी ने कहा था 'मैं अस्पृश्यता का कलंक मानता है। कानूनन व जबरदस्ती अस्पृश्यता समाप्त नहीं होगी किंतु हिंदुओं के हृदय पिघलने पर ही समाप्त होगी। अपने रचनात्मक कार्यों में गांधी ने स्वच्छता, ग्राम सफाई, शराब निषेध, अस्पृश्यता निवारण जैसी प्रवृत्तियों को स्थान दिया था। न्यायाधीश रानडे ने भी जातिभेद, मद्यपान, अस्पृश्यता आदि के निवारण हेतु जनमत प्राप्ति के विरोध में शुद्धि आंदोलन प्रारंभ किया था। भेदभाव, छुआछूत, सामाजिक असमानताएँ, विवाह, खान–पान, आदि पर लगे प्रतिबंधों का विरोध किया था। एनी बेसेंट

ने भी बाल–विवाह प्रतिबंधन, स्त्री स्वास्थ्य सुधार, अस्पृश्यता निवारण, निम्नवर्ग उत्कर्ष हेतु प्रयास किए। स्वामी विवेकानंद ने अस्पृश्यों की स्वतंत्रता, समानता, आदि की चिंता की है। डॉ. बाबासाहब दलितों के मसीहा थे। स्वयं उस जाति के होने पर शूद्रों की स्थिति, उनकी मुश्किलें उनके अभावग्रस्त माहौल से सुपरिचित थे। महार सत्याग्रह के द्वारा मद्यपान विरोध, अस्पृश्यों के स्वास्थ्य, शिक्षा, जलसंकट आदि का चिंता अपने लेखन विचारादि में प्रस्तुत की है। ज्योतिबा फुले ने भी अस्पृश्य बच्चों में लिए पाठशाला का प्रारंभ की। दलित महिला के स्वास्थ्य सुधार की प्रवृत्ति, दलित वर्ग की पीड़ा का निवारण आदि प्रवृत्तियों के प्रति समाज सुधारकों की रूचि रही है। ब्रिटिश सरकार ने भी स्वच्छता व स्वास्थ्य संबंधी प्रश्नों के निवारण के प्रयास किए हैं।

आजादी के पश्चात् 1951 से सरकार ने पंचवर्षीय योजनाएँ लागू कीं इन पंचवर्षीय योजनाओं से लोगों के स्वास्थ्य हेतु बजट निश्चित किया गया। स्वच्छता के कार्यों की अमलवारी की गई। समाज में छुआछूत, जातिभेद, गरीबी, बेकारी, आदि के कारण लोगों को उचित दिशा प्राप्त न होती थी। लाभों से वंचित रहनेवाले लोगों के लिए स्वास्थ्य कार्यक्रम, मध्यानह्न भोजन, संकलित बाल विकास योजना, रसिकरण, टोटल सेनिटेशन कंपेइन (TSC), निर्मल भारत अभियान, सुलभ शौचालय कार्यक्रम योजन की गई।

भारत में स्वैच्छिक संस्थानों के द्वारा भी विकास व कल्याण के कार्य किए जा रहे थे। जैसे कि सफाई विद्यालय, सिटीजन फाउंडेशन, सेव द चिल्ड्रन, स्पोंसर इंडिया, केयर इंडिया, हुडको, स्पार्क सेवा (एसोसिएसन फॉर वॉटर सेनिटेशन एंड फाईनिंग) नेशनल काउंसिलिंग ऑफ सफाईकर्मचारी (सरकारी) बिहेवियरल साइंस सेंटर, नासा फाउंडेशन, सुलभ इंटरनेशनल आदि के द्वारा आरोग्य सुधारणा, धर्म, जाति, भेदभावों आदि के सुधार का कार्य किया गया। सार्वजनिक शौचालय, व्यक्तिगत शौचालय, सार्वजनिक स्थानों की सफाई आदि क्षेत्रों में कार्य हो रहे हैं। सफाई विद्यालय, आवास, नासा फाउंडेशन, सुलभ इंटरनेशनल स्वच्छता हेतु सुलभ आंदोलन का संचालन कर रहे हैं।

सुलभ आंदोलन हेतु सामाजिक परिस्थिति जिम्मेदार है। हजारों वर्षों से व्याप्त समाजिक दूषण–अस्पृश्यता, निन्म कार्य, स्वच्छता स्वास्थ्य के प्रश्न के लिए कुछ समाज सुधारक व संस्थानों ने जिम्मेदारी निभाई है। नरसिंह मेहता, महात्मा गांधीजी, डॉ. बाबासाहब के प्रयासों से आमूल परिवर्तन प्राप्त हुआ

है। किंतु अंतिम 40–50 वर्षों से स्वैच्छिक संस्थान व सरकारी प्रयत्नों की कम हिस्सेदारी से इन समस्याओं में कोई सुधार नजर नहीं आया है। 'सुलभ इंटरनेशनल' जैसे बिना नफायुक्त संस्थान के द्वारा स्वच्छता संबंधी, सुलभ शौचालय के माध्यम में परिवर्तन प्राप्त होने लगा है। डॉ. बिन्देश्वर पाठक रूढ़ि वादी ब्राह्मण परिवार की संतान थे। बचपन में अस्पृश्य स्त्री को छू लेने पर, दादी माँ के द्वारा उनका 'शुद्धिकरण' करवाया गया था। इसी से डॉ. पाठक ने तब से ठान लिया था कि इस समस्या का समापन करना है। डॉ पाठक के द्वारा 'सुलभ आंदोलन' प्रारंभ किया गया। गंदगी उठानेवाले सफाईकर्मियों के पुनरुद्धार का कार्य किया गया।

सुलभ आंदोलन के चरण

(1) सुलभ टेक्नोलॉजी : सन् 1968 : डॉ. बिन्देश्वर पाठक ने शौचालय सफाई–कर्मी की प्रथा के निवारण हेतु बिहार गांधी जन्म शताब्दी उत्सव समिति में हिस्सा लिया। डॉ पाठक ने 'टू पिच पौर फलश शौचालय' की खोज की, जिसे 'सुलभ शौचालय' के नाम से पहचाना गया। 'टू पिच पौर फलश शौचालय' व्यवस्थापन की असरकारिकता दर्शाने में वे सफल रहे हैं। आज केवल भारत ही नहीं किंतु वैश्विक स्तर के इजनेरो ने स्वीकार किया है कि गंदगी उठाने का चलन, खुले में होने वाली शौचक्रिया, मानव मल के निकास की असुरक्षित व्यवस्था व गड्डों में मल त्याग की अपेक्षा विश्व के विकसित देशों के लिए ड्रेनेज व्यवस्थापन (ओनसाईट मल निकाल) के लिए 'सुलभ शौचालय' अच्छा विकल्प है।

(2) सुलभ संगठन संस्थान की स्थापना (रजिस्ट्रेशन) 1970 : डॉ पाठक के द्वारा सफाईकर्मियों के लिए उठाए जानेवाले कदम के पूर्व ही सरकार ने बिहार गांधी जन्म शताब्दी उत्सव पर पाबन्दी लगा दी। उसी वर्ष डॉ. पाठक ने स्वयंसेवी सामाजिक संगठन 'सुलभ शौचालय संस्थान' की संस्थापना की। वर्तमान में 'सुलभ इंटरनेशनल सोशल सर्विस ऑर्गेनाइजेशन' के नाम से पहचाना जाता है, भारत में हाथों से मानव मल की सफाई का अमानवीय कार्य तथा उससे जुड़े सफाईकर्मियों के उद्धार के कार्य का प्रारंभ इस संस्थान के द्वारा हुआ, 1970 में 'सुलभ आंदोलन' के बीज बोए गए।

(3) क्षेत्र (व्याप)–1970 : डॉ. बिन्देश्वर पाठक प्रेरित यह सुलभ आंदोलन बिहार के छोटेगाँव 'बेतिया' से विस्तारित होते हुए समग्र देश में प्रसारित हो गया। यह आंदोलन वैष्णोदेवी के ऊँचे पर्वत से लेकर दक्षिण

(तमिलनाडु) के समुद्र तट तक तथा पूर्व के जंगलों से पश्चिम के रण प्रदेश के गाँवों तक कार्यरत है। अंदाजन 50,000 कार्यकर्ताओं से सुलभ आदोलन संचारित है। संभवतः यह संस्थान सभी संस्थानों से अधिक विकसित है। किन्हीं एजेंसियों से इसने अनुदान प्राप्त नहीं किया है। अपने स्वयं विकसित स्रोतों के माध्यम से सुलभ विकासोन्मुखी कार्यक्रम कर रहा है।

(4) उद्दीपक के रूप में भूमिका–1972 : टेक्नोलॉजी के विकास के पश्चात् डॉ. बिन्देश्वर पाठक ने पद्धति का (Methodology) विकास किया कि जिसमे बिन फायदेमंद सामाजिक संस्थान, सरकार, स्थानीय संस्थान और लाभार्थी के बीच कैसी कार्य प्रक्रिया हो? स्पष्ट हुआ कि केवल सरकार के द्वारा सफाईकर्मियों की मुक्ति नहीं हो सकती। अतः संस्थान को सरकार व अभार्थी के बीच 'उद्दपक' की भूमिका निभाना अनिवार्य हो जाता है। इस कार्य हेतु संस्थान के द्वारा घर–घर पर संपर्क कर स्थानिक भाषाओं में प्रचार कर कार्य करना होता है। इस पद्धति को बिहार सरकार के साथ–साथ कुछ राज्य सरकारों ने स्वीकार किया।

(5) गंदगी उठाने वाले सफाईकर्मियों की कार्यमुक्तिः डॉ बिन्देश्वर पाठक ने पिछले 40 वर्षों से सफाई कर्मियों की मुक्ति हेतु 'मुक्ति कार्यक्रम' चलाया है। इस कार्यक्रम को डॉ पाठक ने क्रमशः विस्तृत रूप प्रदान किया है। सन् 1973 में बिहार के छोटे नगर आरानी नगरपालिका के कैंपस में सुलभ प्रदर्शन हेतु केवल दो 'सुलभ शौचालय' का निर्माण किया था। तब से लेकर 'सुलभ आंदोलन' के जरिए देश में 12 लाख परंपरागत शौचालयों को सुलभ शौचालय में परिवर्तित किया। 10 लाख से अधिक सफाईकर्मियों को अमानवीय कार्य से मुक्ति दिलाई। 640 से अधिक शहरों के लोगों को (सफाईकर्मियों) को फायदा दिलाया।

(6) 'पे एन्ड यूज़' 1974 : सन् 1974 में डॉ पाठक ने सुलभ आन्दोलन को गति देने हेतु बनाए जाने वाले सामूहिक शौचालय व स्नानागारों के रखरखाव के लिए 'पे एन्ड यूज़' पद्धति पर अमल किया। एक नई विभावना प्राप्त की। सन् 1974 के पूर्व सार्वजनिक शौचालय को भारत में 'नर्क द्वार' माना जाता था। इस समस्या का हल डॉ पाठक ने खोज लिया, जो 'पे एन्ड यूज़' पद्धति से प्रचलित हुआ। उपभोगकर्ता उपभोग का खर्च अदा करते हैं। आज देश के 25 राज्यों और 4 केंद्रशासित प्रदेशों में 7500 सार्वजनिक शौचालय भवन प्रयुक्त किए जा रहे हैं। इन शौचालयों का सुनियोजित

रखरखाव किया जाता है। 1247 नगरों में तथा दिल्ली, मुम्बई, कोलकात्ता व चेन्नई जैसे महानगरों में भी इसका उपयोग किया जा रहा है। सुलभ आंदोलन का अंदाजन 1 करोड़ से भी अधिक लोग उपयोग कर रहे हैं।

(7) ऐतिहासिक सेमिनार–1978 : बिहार में सफाईकर्मी (स्कैवेंजर) मुक्ति और स्वच्छता हेतु सुलभ आंदोलन की सफलता से प्रेरित होकर भारत सरकार के कार्य और आवास मंत्रायल ने डबल्यु.एच.ओ. एवं यूनिसेफ के सहयोग से 1978 में पटना में एक राष्ट्रीय सेमीनार का आयोजन किया। यह सेमीनार 'परंपरागत शौचालय व सफाईकर्मियों की मुक्ति' पर आधारित था। इस सेमीनार में आरोग्य मंत्रालय, कार्य–आवास मंत्रालय, अंतरराष्ट्रीय एजन्सियाँ, डबल्यु.एच.ओ., यूनिसेफ तथा विश्वबैंक का शिष्टमंडल प्रतिभागी रहा है। राज्यस्तरीय सचिव, इजनेर आदि का सुलभ टेक्नोलॉजी व पद्धतियों के संदर्भ में अवगत कराया गया। क्रमशः इस सेमीनार का प्रभाव भारत वर्ष में फैलने लगा।

(8) कानूनी सुरक्षा–1980–81 : भारत सरकार को डॉ. पाठक के द्वारा अनुरोध किया गया था कि सफाईकर्मियों की मुक्ति व पुनर्वसन का कार्यक्रम 'संपूर्ण नगर अभिगम' (हॉल टाउन एप्रोच) के संदर्भ में चलाना चाहिए। इस योजना के तहत नागरिक सुरक्षा अधिनियमन 1980–81 को प्रारंभ बिहार के बिहार शरीफ और पूर्णिया जिले से किया गया। 1980–81 में बिहार के और तीन नगर लालटेनगंज, चाईबासा (जो वर्तमान में झारखंड में है) और मधुबनी में भी इसका काम किया गया। तत्पश्चात् अन्य राज्यों में भी से प्रारंभ होने लगा। मुक्ति प्राप्त सफाईकर्मियों के वैकल्पिक रोजगार की जिम्मेदारी राज्य सरकार ने उठाई थी। बाद में यह जिम्मेदारी भारत के कल्याण मंत्रालय के द्वारा निभाई गई।

(9) सार्वजनिक शौचालयों से बायोगैस 1984 : सबसे पहले पटना के अदालतगंज के सुलभ सार्वजनिक शौचालय के साथ बायोगैस प्लांट को जोड़ा गया। बायोगैस से बिजली उत्पादन का लघु प्रयोग किया गया और सफलता के बाद उसे तीन कि.मी. दूर तक पहुँचाने का निर्णय लिया गया।

(10) प्रशिक्षण और पुनर्वास 1985 : सफाई कर्मियों के बच्चों के प्रशिक्षण व पुनर्वसन कार्य हेतु भारत सरकार के कल्याण मंत्रालय, बिहार सरकार कल्याण विभाग व बिहार सरकार अनुसूचित जाति विकास निगम का सहयोग प्राप्त हुआ। जिनके विविध क्षेत्र जैसे कि मेकेनिक, ड्राइविंग,

टाइपिंग आदि में इन बच्चों को प्रशिक्षण मिलने लगा। समग्र देश में व्याप्त इस कार्यक्रम में टेक्नोलॉजी की शिक्षा भी दी गई।

(11) टेक्नोलॉजी का मूल्यांकन : सुलभ टेक्नोलॉजी के पोरफ्लेश शौचालय और सार्वजनिक शौचालय के रखरखाव की पद्धति व स्नानागार के 'पे एंड यूज़' के आधार पर मूल्यांकन किया गया है। तत्पश्चात् यु.एन. डी.पी. और विश्व बैंक के द्वारा दक्षिण पूर्व एशिया, अफ्रीका व लैटिन अमरीका में इसको अपनाया गया।

(12) नागरिक अधिकार सुरक्षा अधिनियमन 1986 : डॉ. बिन्देश्वर पाठक ने मुसलमान और ईसाई सफाईकर्मियों के बच्चों के प्रशिक्षण व पुनर्वसन हेतु स्टाईपेन्ड योजना के लिए कल्याण मंत्रालय को सिफारिश की है। इसका लाभ केवल हिंदु बच्चों को ही मिलता था। इसका समाधान करते हुए डॉ. पाठक ने यह एक प्रशंसनीय कार्य किया।

(13) सफाईकर्मियों का मंदिर निषेध 1988 : भारत में सफाईकर्मियों कों हिंदु मंदिरों में प्रवेश निषेध था। सन् 1988 में डॉ. पाठक ने राजस्थान के नाथद्वारा मंदिर में दलित का मंदिरों में प्रवेश की समस्या का समाधान किया। मंदिर प्रवेश निषेध प्रश्न बड़ा गंभीर प्रश्न था। कई प्रयासों के बाद ही असफलता प्राप्त हुई, भारत के राष्ट्रपति आर.वेंकटरामन ने दलितों के मंदिर प्रवेश का कार्य सँभाल लिया। इन प्रयासों के बीच डॉ पाठक ने 100 सफाई कर्मियों के साथ वैदिक मैथिल ब्राह्मणों के हाथो पूजा–विधि करवाई, पुलिस सुरक्षा के बिना यह कार्यक्रम सम्पन्न हुआ। तत्पश्चात् डॉ पाठक ने डॉ शंकरदयाल शर्मा, राजीव गांधी आदि से भेंट की। डॉ पाठक का यह कार्य अनुकरणीय था। अंबेडकर ने जैसे 1927 में महाराष्ट्र के कोलाबा जिले के महार में सार्वजनिक कुआँ–तालाब आदि से जल ग्रहण किया था। उन्होंने 1930 में नासिक के प्रसिद्ध मंदिर का भारत में दलितों के मंदिर प्रवेश हेतु सत्याग्रह छेड़ा था।

(14) कौमवाद विहीन पूजा–विधि 1989 : मंदिरों में दलितों के प्रवेश हेतु, स्वच्छता हेतु सुलभ आंदोलन की अहम भूमिका रही है। डॉ पाठक ने नाथद्वारा के कार्यक्रम के बाद अनुसूचित जाति–दलितों के हेतु अभियान प्रारंभ किया था। फलतः दलित मंदिरों में पूजा विधि के अधिकारी बने, ब्राह्मणों से पूजा विधि कराने में सफल रहे। सामूहिक भोजन–पूजा विधि के कार्यक्रम आरंभ हुए। वैदिक ब्राह्मणों के साथ बैठकर भोजन–प्रसाद आदि का वातावरण पैदा हुआ। इस आंदोलन को आज भी सफल माना जाता है।

(15) सफाई कर्मियों का सामाजिक उत्थान 1990 : डॉ बिन्देश्वर पाठक के द्वारा सफाईकर्मियों के सामाजिक स्थान की सुधारात्मक स्थिति का प्रयास किया गया। यह एक नया खयाल था। समस्या यह थी कि क्या शिक्षा, कार्यमुक्ति, प्रशिक्षण के बावजूद भी उच्च जाति के साथ इन्हें स्थान प्राप्त हो सकेगा? परिणामतः डॉ पाठक ने 'सुलभ' द्वारा 'सामाजिक उत्थान कार्यक्रम' की स्थापना की। उच्चवर्गीय लोगों को इन लोगों का सामाजिक स्वीकार अनुरोध किया गया। अब तक 5000 सफाईकर्मियों के परिवारों को उच्चवर्गीय लोगों के द्वारा स्वीकृति प्राप्त हुई है। वकील, जज, पत्रकार, मंत्री, केंद्रीय मंत्री पूर्व सलमान खुर्शीद, योजना आयोजन के सदस्य श्रीमती चित्रा नायक, द टाइम्स ऑफ इंडिया के पूर्व संस्थापक श्री दिलीप पडांवकर, पूर्व मंत्री इंद्रकुमार गुजराल आदि ने दलितों को स्वीकार किया है।

(16) जागृति अभियान 1992 : फरवरी, 1992 में नई दिल्ली में सुलभ के द्वारा 'सफाईकर्मी' की मुक्ति व पुर्नवास 'संबंधित राष्ट्रीय सेमिनार' का आयोजन हुआ। जिसमें विविध विश्वविद्यालयों के कुलपति, अध्यापक, प्रशासक आदि ने सुलभ आंदोलन को जन आन्दोलन बनाने का निर्धारण किया। इस सेमीनार का उद्घाटन राष्ट्रपति स्व. ज्ञानी जैलसिंह ने किया था। इनमें डॉ पाठक ने सुलभ आंदोलन के बारे में बताया था कि सुलभ ने गलत मान्यताएँ, पूर्वग्रहों के सामने जागृति का अभियान छेड़ा है। इस विषय पर सेमीनार, कार्यशालाओं, नाटक तथा लोकनृत्य का आयोजन हुआ। सफाईकर्मियों तथा उनके बच्चों के उद्धान के लिए अनेकानेक प्रयास किये गये हैं। जागृति अभियान से इन लोगों को उच्च वर्ग में स्थान प्राप्त हो सकता है।

(17) शिक्षा–संगठन व आन्दोलन 1992 : डॉ बाबासाहब अंबेडकर की नीति के अनुसार 'शिक्षा–संगठन व आंदोलन' के आधार पर सुलभ के द्वारा सफाईकर्मियों के बच्चों के लिए दिल्ली में अंग्रेजी माध्यम की पाठशाला का प्रारंभ किया गया। जहाँ तीन क्षेत्रों की शिक्षा दी जाती है : (1) सामान्य शैक्षिक शिक्षा (2) अनिवार्यतः व्यावसायिक शिक्षा (टाइपिंग, कम्प्यूटर आदि) (3) वैकल्पिक व्यावसायिक शिक्षा (कोई निश्चित व्यवसाय हेतु तालीम) रोजगारी के सुअवसर पैदा कराने का प्रयास किया जाता है। इस शाला में 60 प्रतिशत संख्या सफाई कर्मियों के बच्चों के लिए आरक्षित है और 40 प्रतिशत अन्य बच्चों को शिक्षा प्राप्त होती है। सामाजिक भेदभाव हटाने का यह एक विशेष प्रयास है।

(18) सुलभ इंटरनेशनल शौचालय–संग्रहालय 1994 : दिल्ली में 1994 में विश्व का अनूठा शौचालय संग्रहालय सुलभ इंटरनेशनल के द्वारा निर्मित हुआ है। जिस में कला, चित्र, पोस्टर व विविध सामग्रियों के

साथ–साथ विविध मॉडलों के शौचालयों की प्रदर्शनी लगाई गई है। यह शौचालय की विकास यात्रा है। इसमें पालम, महावीर एन्क्लेव ध्यानाकर्षित करता है।

(19) 'डंकवीड' प्रोजेक्ट 1996 : सुलभ के द्वारा गंदे जल का शुद्धि करण, पर्यावरणीय संरक्षण व कम खर्च की तकनकी का 'डंकवीड' प्रोजेक्ट के द्वारा प्रदर्शन किया गया है। प्रायोगिकता व रख–रखाव की दृष्टि से यह पद्धति कारगर रही है। इससे मत्स्य पालन की भी नई दिशा खुलती है।

(20) एस.टी.ए.टी. (स्टैक) 1997 : बायोडिग्रेडेबल कचरों को खाद में परिवर्तित करने के लिए सुलभ के द्वारा एक नई तकनीक का विकास किया गया है। यह तकनीक 'सुलभ थर्मोफिलिक एरोबिक कंपोस्टिंग' के नाम से विख्यात है, जिसके द्वारा बायोडिग्रेडेबल सामग्री को 8 या 10 दिनों में बना देती है।

(21) जन आयोग ;पीपल कमिशनद्ध 1998 : गंदगी उठाने की प्रक्रिया को सुलभ ने समाप्त करने के प्रयास रूप 'जन आयोग' की संस्थान की है। 26 नवम्बर, 1998 में आयोजित एक समारोह में प्रधानमंत्री अटलबिहारी वाजपेयी ने 'जन आयोग' का उद्घाटन किया। सुलभ की ओर से 1997 में ऑनेस्ट मैन ऑफ द इयर (Honest Men of the Year) के अवार्ड से सम्मानित किया गया। इस आयोग के प्रमुख परामर्शक के रूप में भारत के मुख्य न्यायाधीश व राष्ट्रीय मानवाधिकार आयोग के अध्यक्ष एम.एन. वैंकटचलैया की नियुक्ति की गई।

(22) गाँवों की ओर सुलभ 2000 : डॉ. पाठक ने सन् 2000 से गाँवों की स्वच्छता हेतु सुलभ आन्दोलन के संदर्भ में 'सुलभ गाँवो की ओर' अभियान को प्रारंभ किया, जिसका मूल उद्देश्य ग्रामीण स्वच्छता का प्रचार व जनजागृति था।

(23) महिलाओं के लिए प्रशिक्षण कार्यक्रम 2001 : स्वच्छता और स्वास्थ्य के संदर्भ में महिलाओं की जागृति हेतु देश में प्रशिक्षण कार्य प्रारंभ किया गया।

(24) एस.ई.टी. (सेट) टेक्नोलॉजी 2002 : सुलभ के द्वारा एक नई व सुविधायुक्त टेक्नोलॉजी का विकास किया गया। जिसे सेट (सुलभ एफ्लुसेट ट्रीटमेंट) के नाम से पहचाना गया। बायोगैस प्लांट से निकलनेवाला कचरा, बदबू, रोगात्मक कीटाणु से मुक्ति का प्रयोग किया गया। इस

तकनीक से बाहर निकलनेवाला कचरे, B.D.O. (बायोलोजिकल ऑक्सीजन डिमांड) को 1 मिलीग्राम व 1 लीटर से कम कर देना है। खेत, बागान, नदी, जलाशय आदि की सुरक्षा व शौचालय सफाई हेतु अनुकूल है।

(25) सुलभ युनिवर्सिटी 2003 : स्वच्छता हेतु सुलभ आंदोलन के द्वारा 'स्वच्छता सुलभ युनिवर्सिटी' की स्थापना की गई। स्वच्छता संबंधी एन्साइक्लोपीडिया का संकलन किया गया। वॉटर सप्लाई एंड सेनिटेशन कोलैबाटेटिव काउंसिल, स्विट्ज़रलेन्ड के सहयोग से वॉश–कैंपेन (स्वच्छता प्रचार) प्रारंभ हुआ। सफाईकर्मियों के लिए अलवर (राजस्थान) में सुलभ व्यावसायिक केंद्र (नई दिशा) की संस्थापना क़ी गई। यु.एन.डी.पी. ने अपने मानव–विकास अहवाल में 2003 में सुलभ तकनीक को मान्यता प्रदान की है। सुलभ के एक शिष्टमंडल ने अफगाानिस्तान में स्वच्छता हेतु जागृति के प्रचार–प्रसार के लिए मुलाकात की थी।

(26) टास्क फोर्स के सदस्यों की मुलाकात 2004 : जल और स्वच्छता की समस्या को ठीक ढंग से समझने के हेतु यू.एन. मिलेनियम प्रोजेक्ट के टास्क फोर्स के सदस्यों ने सुलभ की मुलाकात ली थी।

(27) देश विदेश के प्रतिनिधियों की मुलाकात 2005–2006 : दिल्ली सरकार के पंजीकरण विभाग के द्वारा सोसाइटी रजिस्ट्रेशन एक्ट–1860 तहत सुलभ इन्टरनेशनल अकेडेमी ऑफ एनवायरमेन्टल सेनिटेशन का पंजीकरण हुआ है। यू.एन. हेबिट्राट के सहयोग से 'इंटरनेशनल वर्कशॉप ऑफ सेनिटेशन टेक्नोलॉजी' के तहत 5 देशों के 26 व्यावसायिकों ने हिस्सा लिया था। सेनिटेशन टेक्नोलॉजी के संबंध में विस्तार से चर्चा–विचारणा हुई थी। डॉ ए.पी.जे. अब्दुल कलाम की किताब 'मिशन इंडिया–ए विजन फॉर इंडियन यूथ' में सुलभ की प्रवृत्तियों का उल्लेख किया गया है।

सन् 2006 में यू.एन.डी.ए. ने अपने मानव विकास के अहवाल में 'सुलभ टेक्नोलॉजी से आयोजित' को महत्त्वपूर्ण बताया है। यू.एन. हेबिट्राट के सहयोग से आयोजित 'सुलभ इंटरनेशनल एकेडेमी ऑफ एनवायरमेंटल सेनिटेशन' द्वारा अंर्तरराष्ट्रीय क्षमता निर्माण कार्यक्रम में यु.एन. हेबिट्राट समेत 10 अफ्रीकी देशों के 24 व्यावसायिकों ने हिस्सा लिया था। स्टैनफोर्ड विश्वविद्यालय ने अपने अभ्यास क्रमों में सुलभ पर 'गांधी का पुनः जन्म न हो' (That Gandhi may not be Born Again) लेख का समावेश किया है। भारत

सरकार के आर्थिक सहयोग से काबुल–अफगानिस्तान, में बॉयोगैस प्लांट के साथ 5 सार्वजनिक शौचालयों का निर्माण हुआ है। समग्र देश के उपरांत विदेशों में भी सुलभ आंदोलन को सफलता प्राप्त हुई है।

(28) विश्व शौचालय शिखर सम्मेलन 2007: सुलभ और विश्व शौचालय संगठन (WTO) के संयुक्त प्रयासों से विश्व शौचालय शिखर सम्मेलन का सन् 2007 में देश–विदेश के प्रतिभागियों ने मिलकर 'स्वच्छ दुनिया' का संकल्प किया। दिल्ली के लिए 'घोषणापत्र' जारी किया गया। इसमें एक फेशन शो का भी आयोजन हुआ। भारत के प्रख्यात मोडल्स ने स्थानीय महिलाओं के साथ अलवर की प्रशिक्षार्थी महिलाओं के साथ दिल्ली स्थित बुल्गारिया के दूतावास में 'मिशन सेनिटेशन' हेतु 'फेशन शो' का प्रदर्शन किया।

(29) मुक्त होने वाले सफाईकर्मियों की न्यूयॉर्क मुलाकात–2008: संयुक्त राष्ट्र के आर्थिक व सामाजिक विभाग के द्वारा 'सुलभ इंटरनेशनल स्पेश्सल सर्विस ओर्गेनाइजेशन' को 'मिशन सेनिटेशन' कार्यक्रम की प्रवृत्ति के लिए निमंत्रित किया। इस विशेष कार्यक्रम की प्रस्तुति राष्ट्रसंघ के यू .एन, एन.जी.ओ., IRERE (ईरीन) से संबंधित थी। 2 जुलाई, 2008 को इस कार्यक्रम का आयोजन दुनिया में स्वच्छता के प्रचार–प्रसार हेतु किया गया था।

न्युयॉर्क में एक फेशन शो का भी आयोजन किया गया था। पुनर्वसित सफाई कर्मी महिलाओं ने अपने आप तैयार किए एंब्रोडरी वर्क युक्त परिधान धारण कर राष्ट्रसंघ के सामने रैंप किया था।

मुक्त सफाईकर्मी औरतों ने न्यूयॉर्क हार्बर में 'स्टैच्यु ऑफ लिबर्टी' की मुलाकात की थी। वहाँ उन्होंने शपथ ली थी कि मल निकास, गंदगी उठाकर आजीविका प्राप्त नहीं करेंगे।

भारत पहुँचकर 15 जुलाई, 2008 को राजघाट, नई दिल्ली में महात्मा गांधी की समाधि पर श्रद्धांजलि अर्पित की थी।

(30) मुक्त सफाई कर्मियों को राष्ट्रपति के आशीष 2008 : भारत की राष्ट्रपति प्रतिभा पाटिल ने 25 जुलाई, 2008 को श्रीमती उषा चौनड व अन्य सफाईकर्मी औरतों को न्यूयॉर्क के आने के बाद राष्ट्रपति भवन में आमंत्रित किया था। इन लोगों के सुखी जीवन के लिए पाटिल ने शुभकामना व्यक्त की थी। महात्मा गांधी के स्वप्न को पूर्ण होने की उन्होंने बात कही थी।

(31) अस्पृश्यों का मन्दिर प्रवेश तथा ब्राह्मणों के साथ भोजन–2008: 21 दिसम्बर, 2008 को हजूरी गेट कॉलोनी में रहने वाले अस्पृश्य परिवार के लिए एक महत्त्वपूर्ण घटना घटित हुई। वहाँ से अस्पृश्यों के साथ उच्च वर्ग के लोगों ने बैठकर भोजन किया। निम्न वर्ग के लोगों की परछाई मात्र से दूर रहने वाले लोगों ने यह भोजन साथ–साथ किया। डॉ अंबेडकर एवं महात्मा गांधी का स्वप्न मानो पूरा हुआ।

वर्ण समस्या से ग्रस्त भारतीय समाज को अस्पृश्यता की गर्त से निकलने हेतु ऐसा आयोजन आवश्यक था। यह समस्या शर्मनाक रही है। 5000 वर्षों से दूषण से ग्रस्त समाज की यह यथार्थता बन गई थी। अस्पृश्यता सुधार के प्रयास रूप में यह आयोजन सफल रहा।

(32) प्रो. राजमोहन गांधी : मुक्त सफाई कर्मियों के साथ भोजन 2009 : देश की राजधानी में राजमोहन गांधी ने अस्पृश्यों के साथ भोजन किया यह घटना भारत के दूरदराज गाँवों से आनेवाले अस्पृश्यों के लिए गौरवप्रद थी। 5 जनवरी, 2009 को महात्मा गांधी के पौत्र ने यह भागीरथ कार्य किया। सफाईकर्मी न्यूयार्क की सैर कर के आए थे। किंतु अलवर (राजस्थान) से मुक्त सफाईकर्मियों के लिए यह गौरव की बात थी, जब उनके पूर्व मालिकों ने जतिगत बंधनों को तोड़कर साथ–साथ भोजन करने की तैयारी दिखाई व भोजन किया।

(33) स्टाक होम जल एवार्ड 2009: डॉ. बिन्देश्वर पाठक को विज्ञान का प्रतिष्ठित स्वीडिश एकेडेमी के द्वारा 2009 में 'स्टाक जल होम अवोर्ड' प्रदान किया गया। जल विषयक कार्य के साथ संलग्न उत्तम कार्य हेतु दुनिया का यह श्रेष्ठ अवोर्ड इनायत किया जाता है। इस एवोर्ड में 1,50,000 डॉलर और एक क्रिस्टल मूर्ति दी जाती है।

महानुभावों की मुलाकात (सुलभ इंटरनेशनल)

- 6 नवंबर, 2009 के दिन स्वीडिश प्रधानमंत्री फेड्रिक रेइन फेल्डर व उनकी पत्नी फिलिया रेइन फेल्डर ने सुलभ से मुलाकात ली।
- 21 दिसम्बर, 2009 में बेल्जियम के राजदूत जीन.एम. डेल्युट व द्वितीय सचिव जोयेन एन्थेइरेन्स ने सुलभ में दौरा किया।
- 15 जनवरी, 2010 को अमरीका के राजदूत टिमोची जे. रोमर व उनकी पत्नी सैली ने सुलभ का दौरा किया।

• 23 मार्च, 2010 को बेलजियम के महाराणी राजकुमारी मैथिल्डे ने सुलभ की मुलाकात ली।

भारतीय समाज में विस्तृत फलक पर सुलभ आंदोलन के द्वारा जागृति फैलाई गई व सफाईकर्मियों का उद्धार किया गया। उनके सामाजिक स्तर में सुधार लाने के संनिष्ठ प्रयास किए गए। इनके बच्चों को भी मानवाधिकार प्राप्त कराने, शिक्षा प्राप्ति के सविशेष सफल प्रयास किए गए। स्वच्छता व स्वस्थता जागृति का अभियान चलाया गया।

सुलभ आंदोलन कार्य

(1) वैयक्तिक और सामूहिक स्वच्छता संबंधित जागृति पैदा करना : सामाजिक स्वच्छता सुलभ का मुख्य कार्य है। स्वच्छता हेतु सुलभ एक सशक्त माध्यम बन गया है। ग्रामीण व नगरीय क्षेत्रों में स्वच्छता की स्थिति कमजोर है। बरसात का मौसम गंदगी का मौसम बन जाता है। वैयक्तिक व सार्वजनिक शौचालय से भी गंदगी व बदबू का फैलाव होता है। इसके कारण विविध रोगों का फैलाव होने लगता है। बुखार, मलेरिया, टाईफाइड जैसे रोग विकसित होने लगते हैं। बूढ़े, बच्चे, औरतें इनका शिकार बनते हुए कई बार मृत्युशरण हो जाते हैं।

भारतीय समाज में स्वच्छता का प्रश्नप्राण प्रश्न है। नगर व ग्रामों में स्वच्छता की आवश्यकता है। सुलभ के द्वारा इस संबंध में विशेष आंदोलन चलाया जा रहा है। सुलभ शौचालय वैयक्तिक व समष्टि गत स्वच्छता का मूलाधार है। इनके द्वारा जन–जागृति के विशेष कार्यक्रमों का आयोजन किया जा रहा है। स्वच्छता जागृति अभियान, बच्चों व औरतों के हेतु प्रशिक्षण, प्रशिक्षण शिविर, गाँवों के प्रति अभिमुखता, अस्वच्छता वाले व्यवसाय से संलग्न लोगों के सुधार का कार्य आदि सुलभ आंदोलन के तहत चल रहा है।

(2) सफाईकर्मियों की मुक्ति का कार्य : गांधीजी व बाबासाहब के द्वारा सफाईकर्मियों की मुक्ति का कार्य आरंभ हुआ था। उनकी भूमिका बुनियादी भूमिका रही है। नींव डालनेवाले इन लोगों से चलकर आज सुलभ इन्टरनेशनल संस्थान के संस्थापक डॉ बिन्देश्वर पाठक विशेष भूमिका निभा रहे हैं। पिछले 43 वर्षों से 'मुक्ति आंदोलन कार्यक्रम' के द्वारा यह प्रयास हो रहा है। सन् 1970 से प्रारंभ होने वाला यह कार्यक्रम आज 10 लाख से भी अधिक सफाई कर्मियों की मुक्ति का कारक बना है। 640 से अधिक शहरों में इनकी कार्यमुक्ति की सफलता प्राप्त हुई है। इस आंदोलन से

13 लाख परंपरागत शौचालयों में परिवर्तन हुआ है। 5000 वर्ष पुरानी प्रथा की समाप्ति हुई है। उनका गौरवपूर्ण जीवन जीना का आज संभव हुआ है।

(3) सफाईकर्मियों का व्यावसायिक पुनर्वसन व प्रशिक्षण कार्य: कार्यमुक्ति प्राप्त सफाईकर्मियों के व्यावसायिक पुनर्वसन तथा प्रशिक्षण हेतु आन्दोलन के संस्थापक डॉ बिन्देश्वर पाठक ने 2003, अप्रैल में 'नयी दिशा' नामक संगठन की भी स्थापना की। इसका मूल उद्‌देश्य–व्यावसायिक प्रशिक्षण रहा। राजस्थान के 'अलवर' में यह स्थित है। सफाईकर्मियों के उत्थान का कार्य किया जा रहा है। नए रोजगार प्राप्त करने के साथ स्वाभिमानपूर्ण जीवन जीने की राह दिखाई गई है। खाद्य पदार्थ, सिलाई कार्य, सौंदर्य प्रसाधन, पापड़, नूडल्स, आदि के निर्माण का शिक्षण दिया जा रहा है। प्रशिक्षित औरतों का आत्मविश्वास बढ़ता जा रहा है। बैंको में उनके खाते खुले हैं, चेक पर दस्तखत करने लगे हैं। वित्तीय विनिमय करते हुए इन औरतों ने अपना सही समूह भी बना लिया है। बचत की प्रवृत्ति के साथ आज सफाईकर्मी उच्च जीवन जी रहे हैं।

(4) सफाईकर्मियों के बच्चों हेतु शिक्षा व प्रशिक्षण का कार्य : सुलभ आंदोलन तहत सफाईकर्मियों के बच्चों की पाठशाला शिक्षा प्रारंभ की गयी है। इन बच्चों की उत्तम व उच्च शिक्षा हेतु सुलभ के द्वारा '1992' में दिल्ली में सुलभ पब्लिक स्कूल (अंग्रेजी माध्यम) की संस्थापना की गई है। इस शाला में (1) परंपरागत शिक्षा (सैद्धांतिक शिक्षा) (2) अनिवार्य शिक्षा व्यावसायिक शिक्षा (टाइपिंग–कम्प्यूटर) और (3) वैकल्पिक व्यावसायिक शिक्षा (निश्चित व्यवसायों में प्रशिक्षण) इस प्रकार की शिक्षा दी जाती है। रोजगार प्राप्ति हेतु स्वनिर्भर करने का आशय इसमें मुख्य रहा है। इस पाठशाला में 60 प्रतिशत बच्चे सफाई कर्मियों के तथा 40 प्रतिशत बच्चे आम जनता के रहते हैं। इसका उद्देश्य गरीब, पिछड़े व दलित बच्चों के उद्धार के साथ सामाजिक छुआछूत हटाना है।

(5) सफाईकर्मियों का सामाजिक उत्थान (सुधार कार्य): डॉ बिन्देश्वर पाठक के द्वारा सुलभ आंदोलन तहत सफाईकर्मियों के सामाजिक उत्थान का प्रयास किया गया है। इन लोगों के उत्थान के विचार के पश्चात् प्रश्न पैदा होता था कि शिक्षा–प्रशिक्षा से क्या इन लोगों को उच्च स्थान प्राप्ति हो सकती है? डॉ. पाठक ने 'सामाजिक उत्थान कार्यक्रम' का प्रारंभ किया। समाज के उच्च परिवार के द्वारा एक सफाईकर्मी के परिवार को सामाजिक रूप में स्वीकारने का अनुरोध किया गया। अब तक 5000 सफाई कर्मियों के परिवारों को उच्चवर्गीय परिवारों के द्वारा अपनाया गया है।

सुलभ आंदोलन के कार्यों में सामाजिक उत्थान के साथ ही साथ अस्पृश्यता निवारण अर्थात् भेदभावों को हटाने का विशेष उद्देश्य रहा है। 1988 में नाथद्वारा मंदिर में प्रवेश, ब्राह्मणों के साथ भोजन, पूजा विधि, 2008 में राजस्थान के अलवर के हजूरी गेट कॉलोनी के अस्पृश्य लोगों का स्थानीय ब्राह्मणों के साथ भोजन, मंदिर प्रवेश घटनाएँ महत्त्वपूर्ण मानी जाती हैं।

(6) पर्यावरणीय स्थानीय (स्वच्छता का कार्य) : डॉ पाठक ने पर्यावरणीय स्थायित्व हेतु अनमोल विचार व्यक्त किए हैं। सुलभ टेक्नोलॉजी की विचारधारा महत्त्वपूर्ण रही है। शौचालय के साथ बायोगैस प्लांट को जोड़ने का विचार सफल रहा है, जिससे बिजली उत्पन्न करते हुए नया माहौल पैदा किया जा सकता है। पटना के अदालतगंज में यह प्रयोग सफल रहा है। घरेलू उपयोग हेतु भी बायोगैस योजना सफल रही है। पर्यावरणीय सक्षमता प्राप्त हुई है।

'डंकवीड' के माध्यम से दूषित जल का शुद्धि करण, एस.टी.ए.सी. (स्टैक) टेक्नोलॉजी बायोडिग्रेडेबल कचरे से कृषि हेतु खाद बनाने के लिए कारगर बनी रही है। एस.ई.टी. (सेट) टेक्नोलॉजी के माध्यम से बायोगैस प्लांट के बहिस्त्राव रंग, बदबू और रोगजन्य कीटकों से पर्यावरण को मुक्त किया गया है। अतः पर्यावरणीय स्थायित्व हेतु सुलभ तकनीक अति महत्त्वपूर्ण रही है।

निष्कर्ष

स्वच्छता सुलभ आंदोलन बहुआयामी आंदोलन है। इस आंदोलन का हेतु केवल स्वच्छता ही नहीं, अपितु सफाईकर्मियों की कार्य–मुक्ति, पुनर्वसन, प्रशिक्षण, सामाजिक उत्थान, उनके बच्चों की शिक्षा, पर्यावरणीय सुरक्षा व मानवाधिकार के संदर्भ में भी रहा है। स्वच्छता हेतु गांधी से लेकर सांप्रत समय के डॉ. बिन्देश्वर पाठक के द्वारा उत्तम विचार व कार्यक्रम प्रस्तुत किये गए हैं। सुलभ आन्दोलन के द्वारा स्वच्छता व आरोग्य की उच्च कोटि प्राप्त की जाती है। सुलभ आंदोलन एक 'माइल स्टोन' है। अविरत चलनेवाली यात्रा है।

1. अन्याय, अभाव एवं सशक्ति करण हेतु व्यूह–रचना (सुलभ शौचालय के संदर्भ में)

प्रास्ताविक

राष्ट्रपिता महात्मा गांधी का विचार था कि "मेरा पुनः जन्म न भी होगा, यदि हुआ तो मेरी अभिलाषा है कि मेरा जन्म सफाईकर्मी के परिवार में हो।

जिससे में गंदगी उठाने की अमानवीयता, स्वास्थ्य हेतु हानिकारक कार्य व तिरस्कारपूर्ण कार्य से उन्हें मुक्ति दिला सकूँ।''

गांधीजी ने अस्पृश्यों के लिए 'हरिजन' शब्द का प्रयोग करते हुए जीवन पर्यंत अस्पृश्यता निवारण का कार्य किया है। हरिजन के इलाकों में साफ–सफाई, सहभोजन, मांस–मदिरा निषेध, शारीरिक स्वच्छता हेतु मार्गदर्शन देने का कार्य किया। इस संबंध में अस्पृश्यता निवारण के कार्यक्रमों का भी आयोजन करते थे।

सफाईकर्मी पिछले पाँच हजार सालों से दयनीय जिंदगी जी रहे हैं। समाज के उच्च वर्ग–वर्ण के द्वारा उनका शोषण, दमन, अत्याचार होता रहे हैं। 'हरिजन', 'दलित', भंगी, अनुसूचित जाति, वाल्मीकि समुदाय, अस्पृश्य आदि कई नामों से ये पहचाने गए हैं। उन्हें आम समाज से बहिष्कृत रखा गया है। मृतक पशुओं को उठाना, गाँव में ढोल बजाकर संदेश फैलाना, शौचालय सफाई, विवाह में ढोल बजाना, रास्तों की सफाई जैसे कार्य उनसे करवाए जाते थे। उनका जीवन विविध प्रकार की पीड़ाओं, कष्ट व संघर्षों का पर्याय रहा है। इस तनाव को समाप्त करने के लिए गांधी, बाबासाहब, ज्योतिबा फुले, एनी बेसंट आदि ने सघन प्रयास किए हैं। परिणामस्वरूप समाज में कुछ अंश में सुधार हुआ है। ब्रिटिश सरकार, भारत सरकार व राज्य सरकारों ने भी कानून–नियमों की संरचना करते हुए विविध योजनाओं को, नीतियों को लागू करते हुए कल्याणमय कार्य करते हुए, सुधार करने का प्रयास किया है। इन प्रयासों से सामाजिक, आर्थिक, व्यावसायिक, शैक्षिक, राजकीय दिशाओं में परिवर्तन प्राप्त हुआ है। गैर–सरकारी व स्वैच्छिक संस्थानों ने भी इस संदर्भ में कई कदम उठाए हैं।

डॉ बिन्देश्वर पाठक स्थापित 'सुलभ स्वच्छता शौचालय' (सुलभ इंटरनेशनल) ने बरसों पुरानी अन्याय युक्त, अभावयुक्त, अस्पृश्यता की समस्या के निवारण हेतु कई जागृतिपरक अभियान चलाए हैं। सफाईकर्मियों की परिस्थितियों में काफी परिवर्तन हुआ है।

अन्याय, अभाव व सशक्तीकरण हेतु सुलभ शौचालय संस्थान की व्यूह–रचना

डॉ बिन्देश्वर पाठक व सुलभ इंटरनेशनल की मुख्य कार्यनीति यह रही है कि अन्याय, अभाव व सशक्त सफाईकर्मियों को शौचालय सफाई कार्य से मुक्त कराना। इन लोगों को प्रशिक्षण देते हुए उन्हें रोजगार के अवसर मुहैया करने की वृत्ति रही है।

सन् 1970 से सुलभ इंटरनेशनल ने सफाईकर्मियों की आवश्यकता अनुसार प्रशिक्षण देते हुए व्यावसायिक प्रतिष्ठापन करने का प्रयास किया। सुलभ के द्वारा सफाईकर्मियों की कमजोरियों को खोजकर उनके सुधार का कार्य किया जाता है। सफाई कर्मियों के न्याय हेतु कई प्रकार की व्यूह–रचनाएँ आज़माई जाती हैं। पिछले 43 वर्षों में मुक्ति कार्यक्रम (1973), 'पे एन्ड यूज़' (1974), होल टाउन एप्रोच (1980–81), बायोगैस प्लांट (1984), सफाई कर्मियों के बच्चों के प्रशिक्षण व पुनर्वसन (1985), मंदिर प्रवेश कार्यक्रम (1988), जातिभेद विहीन पूजा विधि (1889), सामाजिक उत्थान कार्यक्रम (1990), जागृति अभियान (1992), सुलभ पब्लिक स्कूल (1992), सुलभ शौचालय संग्रहालय (1994), डंकवीड स्कूल (1996), एस.टी.ए.टी. (स्टैक) (1997), जन आयोग (1998), महिला प्रशिक्षण कार्यक्रम (2000), एस. इ.टी. (सेट) (200.), स्वच्छता सुलभ यूनिवर्सिटी (2003), स्वच्छ दुनिया मिशन सेनिटेशन नई दिशा (व्यावसायिक प्रशिक्षण केन्द्र) जैसे विविध आयोजन किए गए हैं। इन कार्यक्रमों से सफाईकर्मियों की परिस्थिति में सुधार प्राप्त हुआ है। सुलभ की व्यूह–रचनाओं का खयाल इन कार्यक्रमों में व्यक्त होता है। सुलभ की भावी व्यूह–रचनाएँ भी महत्त्वपूर्ण हैं।

1. सुलभ स्वच्छता आंदोलन को वैश्विक स्तर पर पहुँचाना।
2. सभी परंपरागत शौचालय को सुलभ में परिवर्तित करना।
3. सभी सफाईकर्मियों को गंदगी उठाने के कार्य से मुक्ति दिलवाकर उनका व्यावसायिक प्रतिष्ठापन करना।
4. सफाईकर्मियों को रोजगार हेतु प्रशिक्षित करना, अवसर पैदा करना।
5. वैकल्पिक रोजगार हेतु अभ्यासक्रमों का गठन करना, शिष्यवृत्ति, किताब आदि मुफ्त में उपलब्ध करवाना।
6. उच्चवर्ग के बच्चों के साथ सफाई कर्मियों के बच्चों की शिक्षा प्राप्ति हेतु अधिकतम सुलभ पब्लिक स्कूलों की स्थापना करना और स्कूल सेनिटेशन क्लब की स्थापना करना।
7. ग्रामीण व नगरीय क्षेत्रों में लोगों को खुले में शौचक्रिया न करने हेतु प्रेरित करते हुए स्वच्छता संबंधित कार्यक्रम प्रस्तुत करना।
8. सफाईकर्मी और कमजोर वर्ग हेतु कुशल व स्वतंत्र व्यावसायिक प्रशिक्षण केंद्र का प्रारंभ करना जिससे उसमें सफाईकर्मी, औरतें, बच्चे और युवा प्रशिक्षित हो सकें।

9. बिना खर्च सफाईकर्मी समूह को प्रशिक्षण मुहैया करवाना।
10. घरों में सुलभ शौचालय सुविधा हेतु प्रोत्साहित करना।
11. 'सार्वजनिक शौचालय' से वंचित इलाकों में ऐसे शौचालय बनाकर 'पे एन्ड यूज़' पद्धति से सुचारू संचालन करना। साथ ही साथ कपड़े धोने, स्नान करने की सुविधा उपलब्ध करना।
12. पर्यावरणीय प्रदूषण कम करना तथा स्वच्छता व आरोग्य के लिए ठोस कदम उठाना। इस हेतु बायोगैस प्लांट, डंकवीड टेक्नोलॉजी, एस.टी. ए.टी. (स्टैक) और एस.इ.टी. (सेट) टेक्नोलॉजी का विकास करना।
13. स्वदेशी तकनीक को प्रोत्साहित करना।
14. सुलभ शौचालय व स्वच्छता के प्रसार हेतु जागरूकतापरक सेमिनार, कार्यशाला, सम्मेलन आदि का आयोजन करना।
15. ग्राम्य व नगरीय इलाकों में जल संग्रहण, ड्रेनेज प्रबंध व स्वच्छता हेतु नोडेल एजेंसी, संस्थान और सरकार की सहायता करना।
16. परिवार के द्वारा कम–कम पाँच वृक्ष लगाने हेतु प्रोत्साहित करना और पर्यावरणीय सुरक्षा हेतु शौचालयों के इर्द गिर्द भी वृक्षारोपण को प्रोत्साहन देना।
17. सफाईकर्मियों के मानवाधिकार, सम्मान व गौरव की पुनः व्यवस्था करना।
18. सुलभ शौचालय निर्मित खाद का कृषि उपयोग करना।
19. मानवीय कचरा व अन्य कचरे से ऊर्जा प्राप्त करने की जागरूकता पैदा करना। ऊर्जा का 'न हानि न लाभ' के रूप में वितरण करना।
20. सुलभ स्वच्छता आंदोलन व तकनीक के क्षेत्र में अधिकतम संशोधन व पद्धतियों का प्रयोग करना।
21. सामाजिक, धार्मिक, आर्थिक, राजकीय व शैक्षिक क्षेत्रों में सफाई कर्मियों के पक्षपाती माहौल को हटाना, समूह भोजन, मंदिर प्रवेश, पूजाविधि, सामाजिक स्वीकृति, अस्पृश्यता निवारण के संदर्भ में विचार–मंथन करना।

निष्कर्ष

हजारों सालों से सफाईकर्मियों के जीवन में रहनेवाले अभाव, अन्याय, अक्षमता आदि से मुक्त कराने की कोशिश आवश्यक थी। एक ऐसा समूह,

जो सदियों से पीड़ित, दलित, पिछड़ी अवस्था में जीवित था। ऐसी वर्ण व्यवस्था, जो समाज को समाप्त करने में निश्चित भेदरेखा पैदा करती थी, ऐसे प्रश्नों को समाप्त करने के प्रयास किए गए हैं। अस्पृश्यता गांधी के मत से हिंदु–धर्म का कलंक मानी गयी है। डॉ. बाबासाहब ने भी इन लोगों के लिए 'शिक्षित, संगठित व संघर्ष' का सूत्र दिया था। इन महानुभावों के विचारों का प्रभाव आज भी मौजूद है। 1970 में डॉ. बिन्देश्वर पाठक द्वारा संस्थापित सुलभ इंटरनेशनल के द्वारा सफाईकर्मियों की कार्यमुक्ति से लेकर अन्याय, अभाव व अक्षमता के संदर्भ में अनेक जागृतिपरक, शिक्षापरक, कल्याणपरक व सुधारात्मक कार्यक्रम प्रस्तुत किए गए हैं। यही कार्यक्रम सुलभ शौचालय की व्यूह–रचनाएँ हैं।

1. सुलभ शौचालय एक सुलभ उदाहरण

प्रास्ताविक

सुलभ उपकरण के रूप में 'सुलभ शौचालय' की 43 वर्षों की एक संघर्ष यात्रा है। डॉ. बिन्देश्वर पाठक के द्वारा 1970 में सुलभ इंटरनेशनल की स्थापना की गई। उस दिन से आज तक 'सुलभ शौचालय' को उत्तम उपकरण बनाने के लिए डॉ बिन्देश्वर पाठक, सफाईकर्मी, महिला कार्यकर, सुलभ संलग्न कार्यकर, सरकारी–गैर सरकारी संस्थान व देश–विदेश के प्रशिक्षार्थियों का महत्त्वपूर्ण योगदान रहा है। परिणामस्वरूप आज यह उपक्रम सुलभ स्वच्छता आंदोलन बन गया है।

डॉ बिन्देश्वर पाठक के द्वारा 'सुलभ शौचालय' को निम्न स्तर से उच्च कोटि प्राप्त कराने के लिए अनेक कार्यशालाएँ, सम्मेलन, जन–जागृति कार्यक्रम, सेमिनार, प्रशिक्षण आदि को अपनाया गया। इसी की बदौलत सफाई कर्मियों की परंपरागत कार्यमुक्ति, उनके बच्चों की शिक्षा, सामाजिक उत्थान, मानवीय गौरव, आदि का परिणाम हुआ। नगरीय व ग्रामीण स्वच्छता, गरीबी निवारण, देश–विदेश के प्रशिक्षार्थी के लिए प्रशिक्षण कार्यक्रम, पर्यावरणीय स्थायित्व, वैयक्तिक व समष्टिगत जागृति आदि के द्वारा लोगों की जीवनशैली को उच्च स्तरीय बनाया गया है। सार्वजनिक शौचालयों को बायोगैस प्लांट के साथ जोड़ने का नवीनतम प्रयोग किया गया। बिजली, कृषि उत्पादन, आदि में इसका उपयोग किया गया। 'सुलभ शौचालय' एक किफायती, सरल तकनीक है, जिन्होंने भारत व विश्व में सामाजिक एवं आर्थिक, स्वास्थ्य क्षेत्रों में परिवर्तन–प्राप्ति की सफलता प्राप्त की।

'सुलभ शौचालय'–सुलभ उपकरण के द्वारा प्राप्त परिवर्तन

(1) सफाईकर्मियों की कार्य–मुक्ति और पुनर्वसन

सफाईकर्मियों की कार्य मुक्ति व स्वच्छता के प्रचार–प्रसार हेतु 'सुलभ स्वच्छता शौचालय' का निर्माण किया गया है। डॉ. बिन्देश्वर पाठक के जीवन में घटित एक–दो घटनाओं ने उन्हें डॉ. बाबासाहब व गांधी के कार्य का पूर्ण करने के लिए प्रेरित किया। दोनों विभूतियों का उद्‌देश्य सफाईकर्मियों को अमानवीय कार्य से स्वतंत्र करना ही था। 'मुक्ति कार्यक्रम' के द्वारा डॉ पाठक ने यह जिम्मेदारी निभाई है। पिछले 43 वर्षों में 'मुक्ति कार्यक्रम' छोटे क्षेत्र से विस्तृत फलक तक पहुँच गया है। सन् 1970 से आज तक 10 लाख से अधिक लोगों को इन अमानवीय कार्यों से मुक्त किया है। 640 से अधिक शहरों में 'सुलभ' के द्वारा प्रवृत्तियाँ की गई है। भारतवर्ष में 13 लाख से अधिक परंपरागत शौचालयों को सुलभ शौचालय में परिवर्तित किया गया है। शौचालय इस प्रकार मुक्ति का एक सशक्त माध्यम बना है।

सफाईकर्मियों के पुनर्वसन हेतु 'सुलभ इंटरनेशनल' के द्वारा 'हॉल टाउन एप्रोच' नगर अभिगम अपनाया गया है। सभी को रोजगार प्राप्त हुए हैं। पुनर्वसन हेतु प्रशिक्षण कार्यक्रमों के द्वारा उन्हें प्रशिक्षित किया गया। 'नई दिशा' जैसे संस्थान की स्थापना के द्वारा सफाईकर्मियों को संगठित कई सहायता समूह बनाकर बचत की आदत डाली गई। आर्थिक उन्नति के साथ समाज के प्रमुख प्रवाह के साथ उन्हें जोड़ने की सफल कोशिश की गयी। सामूहिक भोजन, सामूहिक बैठक जैसे कार्यों के द्वारा उनमें परिवर्तन की लहर चलाई गई। सुलभ शौचालय ने सफाईकर्मियों के जीवन परिवर्तन की अहम भूमिका निभाई है।

(2) सामाजिक कौमवाद की समाप्ति

पाँच हजार वर्ष पुरानी वर्णव्यवस्था को डॉ. बिन्देश्वर पाठक के 'सुलभ शौचालय' के प्रयास से समाप्त होने की नौबत आई है। महात्मा गांधी व डॉ. बाबासाहब ने अस्पृश्यता के निवारण हेतु अनेक कार्यक्रमों को अपनाया था। अंबेडकर ने दलित लोगों पर होने वाले अत्याचारों, उनकी पीड़ाओं, असमानताओं का विरोध किया था। दलितों में शिक्षा, मद्यपान निषेध, गंदगी

उठाने की प्रथा का विरोध, पाठशाला शिक्षण, स्वस्थ परिधान का अनुरोध, स्वमान भावना का विकास आदि हेतु कई प्रयास किए। 'सुलभ शौचालय' को बरसो पुरानी प्रथा–रिवाज़ को खत्म करने का सौभाग्य प्राप्त हुआ।

डॉ. बिन्देश्वर पाठक के द्वारा 'सुलभ शौचालय' के तहत दलितों के मंदिर प्रवेश, पूजा विधि, यज्ञ–हवन, समूह भोजन आदि के द्वारा सामाजिक न्याय देने का प्रयास किया। 'सामाजिक उत्थान कार्यक्रम' में सफाईकर्मियों के बच्चों के शिक्षण हेतु 'सुलभ पब्लिक स्कूल', सफाईकर्मियों की शिक्षा हेतु 'नई दिशा' संस्थान की स्थापना की। जन आयोग आदि के द्वारा सामाजिक भेदभाव का निवारण किया गया।

(3) सफाईकर्मियों की शिक्षा–प्रशिक्षण कार्यक्रम के द्वारा परिवर्तन

'सुलभ शौचालय' को सफाईकर्मियों की शैक्षिक व व्यावसायिक स्थिति सँवारने का श्रेय प्राप्त है। डॉ. पाठक ने सफाईकर्मी के बच्चों को पढ़ाने हेतु डॉ अंबेडकर के विचारों को अपनाया है। उन्होंने कहा था 'शिक्षित बनो, संगठित हो और संघर्ष करो'। इसी नीति के अनुसार बच्चों के लिए 'सुलभ पब्लिक स्कूल' का निर्माण किया गया। इसमें तीन तरह की शिक्षा दी जाती है– (1) सामान्य सैद्धांतिक शिक्षा, (2) अनिवार्य व्यावसायिक शिक्षा (कम्प्यूटर, टाइपिंग आदि), (3) वैकल्पिक व्यावसायिक शिक्षा 'निश्चित व्यावसायिक प्रशिक्षा' जिस में सुथारे कार्य, मोटर ड्राइविंग, मेकेनिकले, मोची कार्य आदि, इसका मूल उद्देश्य इन बच्चों के स्वरोजगार का रहा है। इन बच्चों का सशक्तीकरण व सामाजिक उत्थान मुख्य उद्देश्य रहा है।

डॉ. बिन्देश्वर पाठक ने सफाईकर्मी औरतों के लिए भी प्रशिक्षण कार्य प्रारंभ किए। परंपरागत सफाई कार्य से इन औरतों को मुक्त कराया गया। तत्पश्चात् उनके व्यावसायिक प्रश्न के समाधान हेतु डॉ. पाठक के द्वारा राजस्थान के 'अलवर' में 'नई दिशा' संस्थान प्रारंभ किया। सफाईकर्मी महिलाओं को संगठित किया गया। उनका पुनर्वसन किया गया। ब्यूटी पार्लर, सिलाई काम, पापड., नूडल्स, खाद्य सामग्री, मसाले आदि के निर्माण के द्वारा उन्हें स्वरोजगारी मुहैया कराई गई। दो वर्ष के अभ्यासक्रम के माध्यम से इन्हें पढाई–लिखाई सिखाई गई। अलवर का यह व्यावसायिक केन्द्र स्त्री सशक्तिकरण का मूल केन्द्र बन गया है। सफाईकर्मी औरतों के जीवन में

आमूल परिवर्तन पैदा किया गया है। जो लोग अस्पृश्य मानकर इनका स्पर्श नहीं करते थे, वे आज इनकी बनाई चीज खरीद रहे हैं। 'नई दिशा' के द्वारा महिलाएँ स्वनिर्भर हुई हैं।

(4) सफाईकर्मियों की सामाजिक स्वीकृति 'सामाजिक उत्थान'

सन् 1990 में डॉ. बिन्देश्वर पाठक के द्वारा सफाईकर्मियों के सामाजिक सुधार व सामाजिक–धार्मिक स्वीकृति हेतु 'सामाजिक कार्यक्रम' प्रारंभ किया। इस कार्यक्रम के द्वारा उन्होंने सफाईकर्मी के सामाजिक दरजे को ऊँचा उठाने की कोशिश की। इस प्रयास के बावजूद उनके मन में प्रश्न उपस्थित हुआ था कि मुक्ति, प्रशिक्षण व शिक्षा के द्वारा सफाईकर्मी व उनके बच्चों का उच्च वर्ण के लोग स्वीकार करेंगे? सफाई कर्मी के समग्र परिवार के उत्थान का विचार किया गया। तय किया गया कि इनके उद्धार हेतु समाज के प्रत्येक उच्चवर्गीय परिवार एक–एक दलित परिवार को स्वीकार करेगा। आजतक पाँच हजार परिवारों को उच्च वर्ग के परिवारों ने अपनाते हुए सामाजिक दरजे को ऊँचा उठाया है।

भारत में सफाईकर्मी (अस्पृश्य जाति) का हिन्दू मंदिरों में प्रवेश निषेध था। किसी प्रकार के चाल–चलन एक संबंध उनके साथ नहीं थे। नरसिंह महेता, महात्मा गांधी, डॉ. बाबासाहब आदि के विविध प्रयासों से परिवर्तन हुआ है। डॉ. पाठक के प्रयासों से 1988 राजस्थान के नाथद्वारा मंदिर में मंदिर प्रवेश संभावित बना। 2008 में अलवर के हजूरी गेट कॉलोनी में सफाई कर्मियों के स्थानीय ब्राह्मणों के साथ भोजन करने की घटना घटित हुई। 2009 में प्रो. राजमोहन गांधी के द्वारा सुलभ–कार्यक्रम के तहत दलितों के साथ सह भोजन आयोजित किया गया। 'सुलभ शौचालय' के विविध अभियानों के द्वारा सफाईकर्मियों के सामाजिक उत्थान, सामाजिक दरजे की चिंता की गई है।

(5) ग्रामीण स्वच्छता

ग्रामीण इलाकों में स्वच्छता की समस्या अहम प्रश्न है। आज भी गाँवों में शौचक्रिया हेतु लोग खुले स्थानों का इस्तेमाल करते हैं। ग्रामीण माहौल में इस प्रक्रिया हेतु औरतों के लिए चुनौती पैदा हो जाती है। औरतों को

शौचक्रिया हेतु सूर्योदय पूर्व या सूर्यास्त पश्चात् का ही समय निर्धारित करना पड़ता है। ऐसे माहौल में विषैले जंतुओं का डर बना रहता है। शौचक्रिया पश्चात् हाथ की सफाई के संबंध में जागरूकता नहीं है। फलतः औरतों और बच्चों को कुछ बीमारियाँ हो जाती हैं। कई बार बीमारियों से घर का खर्च अधिक बढ़ता है या जीवन का जोखिम पैदा हो जाता है।

डॉ. पाठक ने सन् 2000 में ग्रामीण परिस्थितियों के सुधार हेतु 'सुलभ गाँवों की ओर' कार्यक्रम प्रारंभ किया। देश के 350 जिलों में स्वयंसेवकों के जरिए नई तकनीक को कार्यरूप करते हुए लोगों को प्रशिक्षित करने की कोशिश की, जिसके फलस्वरूप गाँवों में भी सुलभ शौचालयों का निर्माण हुआ। ग्रामीण पाठशालाओं में छात्र–छात्रा एवं शिक्षकों के लिए अलग–अलग शौचालय सुविधाएँ तैयार की गई।

सुलभ शौचालय के बारे में जनजागृति फैलाने हेतु विविध अठारह भाषाओं में साहित्य का प्रकाशन किया गया। जिसके द्वारा सामाजिक कार्यकर्ताओं द्वारा जनसमूह के बीच वितरित किया गई। नाटक, एकांकी, चित्र प्रतियोगिता आदि के आयोजन के द्वारा जागरूकता बढ़ाने की सफल कोशिश की गई। स्वच्छता हेतु दो घंटे की 'डॉक्युमेंटरी फिल्म' के द्वारा मनोरंजन के साथ स्वच्छता का महत्त्व समझाया गया। 'सुलभ शौचालय' के द्वारा ग्रामीण जन समूह में स्वास्थ्य व स्वच्छता का प्रचार हुआ। बच्चों की पाठशाला संबंधित 'ड्रॉप आउट' स्थिति में सुधार हुआ। ग्रामीण लोग अब स्वच्छता व शौचालय के महत्त्व को समझने लगे है, उनमें पर्याप्त परिवर्तन देखा गया है।

(6) पर्यावरणीय स्थायित्व

वैश्विक फलक पर पर्यावरण की समस्या ने गंभीर रूप धारण कर लिया है। जल, ध्वनि, वायु प्रदूषण का फैलाव समाज के लिए खतरे की घंटी बजा रहा है। जंगलों का विनाश, वन्यजीवों का विनाश, जल स्रोतों की कमी, भूकम्प, अतिवृष्टि, सुनामी जैसी प्राकृतिक आपदाएँ बढ़ती जा रही हैं। एसिड रेन, ग्रीन हाउस इफेक्ट, ओजोन का प्रश्न, ग्लोबल वॉर्मिंग आदि वैश्विक समस्याओं ने चिंता का माहौल पैदा किया है। इसके समाधान के लिए कुछ तकनीकों का आविष्कार जरूरी है। सुलभ टेक्नोलॉजी विधेयात्मक टेक्नोलॉजी

है।

डॉ. बिन्देश्वर पाठक के द्वारा पर्यावरणीय स्थायित्व हेतु 'सुलभ टेक्नोलॉजी' प्रारंभ की गई है। आधुनिक सुलभ शौचालय के साथ बायोगैस प्लांट को जोड़ने का खयाल बिजली की किल्लत का एक समाधान है। पटना के अदालतगंज में सार्वजनिक शौचालय के साथ बायोगैस प्लांट का निर्माण करते हैं, रास्तों पर बिजली फैलाई गई है। घरों में शौचालय के साथ बायोगैस प्लांट से घरेलू गैस पैदा किया गया। सुलभ टेक्नोलॉजी और बायोगैस प्लांट पर्यावरणीय रूप से फायदेमंद टेक्नोलॉजी है।

'डंकवीड टेक्नोलॉजी' के माध्यम से दूषित जल से शुद्ध जल का निर्माण, एस.टी.ए.सी. (स्टैक), टेकनोलॉजी, बायोडिग्रेडेबल कचरों से कृषि संबंधित संवर्धन युक्त खार निर्माण, एस.ए.टी. (सेट), टेक्नोलॉजी के द्वारा बायोगैस प्लान्ट के बर्हिटंग, बदबू व रोगजन्य किटों से पर्यावरणीय सुरक्षा बनाने का प्रयास किया जाता है। सुलभ टेक्नोलॉजी (सुलभ शौचालय) के द्वारा पर्यावरणीय स्थायित्व प्राप्त हुआ है।

(7) गरीबी निर्मूलन में फायदेमंद

'सुलभ शौचालय' के द्वारा सफाईकर्मी परिवारों के परंपरागत कार्यमुक्ति तथा पुनर्वसन का सघन व सफल प्रयास किया गया है। राजस्थान के 'अलवर' में 'नई दिशा' संस्थान के द्वारा व्यावसायिक पुनर्गठन करते हुए गरीबी निर्मूलन का प्रयास किया गया। पाँच हजार सफाई कर्मी सेवारत भूमिका निभा रहे हैं। सुलभ शौचालय के रख–रखाव व 'पे एंड यूज़' पद्धति में कार्यरत हैं। सुलभ के द्वारा कई युवाओं–महिलाओं को व्यावसायिक प्रशिक्षण देते हुए स्वरोजगार प्राप्त की मुहिम चलाई गई है। 'सुलभ शौचालय' के विविध आयोजनों से गरीबी निर्मूलन का सफल परिणाम प्राप्त हुआ है।

(8) देश–विदेश के लोगों को प्रशिक्षण के द्वारा सुलभ स्वच्छता जागृति

'सुलभ शौचालय' के द्वारा वैश्विक स्तर पर स्वच्छता संदर्भ में जागरूकता पैदा करने हेतु तथा सुलभ टेक्नोलॉजी के प्रचार हेतु देश–विदेश में प्रशिक्षण

कार्यक्रमों का आयोजन किया गया है। सुलभ इंटरनेशनल के द्वारा देश–विदेश के कई सरकारी, गैर–सरकारी संस्थानों के अभियंताओं, अफसरों, विभागाध्यक्षों, छात्रों आदि को सुलभ तकनीक की शिक्षा दी गई है। दक्षिण अफ्रीका, युगांडा, केन्या, माली, घाना, इथोपिया, रवांडा, सेनेगल, बुरकिना फ्रांस, तंज़ानिया, कैमरून आदि देशों के प्रतिनिधियों को प्रशिक्षित किया गया है। प्रशिक्षण में स्वच्छता, जल शुद्धता, स्वास्थ्य आदि विषयों को उद्‌घाटित किया गया है। इन प्रतिनिधियों ने अपने देशों में सुलभ टेक्नोलॉजी को स्वीकार किया है।

निष्कर्ष

समग्र भारतवर्ष तथा विश्व के कई देशों में 'सुलभ शौचालय' जनजागृति व स्वच्छता प्रचार कार्य में सफल रहा है। एक महत्त्वपूर्ण उपकरण व माध्यम के रूप में इसकी पहचान बनी है। भारत एवं विश्व के देशों में स्वच्छता, आरोग्य, साफ–सफाई, जन–जागृति, सफाईकर्मी की कार्यमुक्ति, व्यावसायिक पुनर्वसन, शिक्षा, प्रशिक्षण, वर्णभेद, सामाजिक उत्थान, ग्रामीण–नगरीय स्वच्छता, पर्यावरणीय सुरक्षा, स्थायित्व गरीबी निर्मूलन आदि क्षेत्रों में परिवर्तन पैदा करने में 'सुलभ शौचालय' एक महत्त्वपूर्ण व उल्लेखनीय उपकरण के रूप में प्रसिद्ध हुआ है।

1. भारत के नागरिक और स्वच्छता आंदोलन

प्रास्ताविक

भारत में चैरिटेबल के द्वारा उनकी समाजसेवी गतिविधियाँ होती रहती हैं। शिक्षा, आरोग्य, धार्मिक क्षेत्रों मे 'अनुदान' के द्वारा विविध कार्य होते रहते हैं। यद्यपि स्वच्छता संबंधित इतनी गंभीर व समान स्थिति प्राप्त नहीं होती। परंपरागत कार्यों को इस देश में विशेष प्राधान्य दिया जाता है। धार्मिक संदर्भ में अनुदान प्राप्त होते हैं, किंतु इतने कार्य नहीं होते। इस कार्य के साथ स्वच्छता का खयाल जोड़ देना अनिवार्य है। गुजरात में कई देवस्थानों के साथ स्वच्छता को जोड़ दिया गया है।

भारतीय समाज अनेक गतिविधियों का समाज है। राष्ट्रीय गतिविधि, मजदूर गतिविधियाँ, शिक्षक, राजकीय पक्ष, पर्यावरणीय गतिविधियाँ देखी गई

हैं। छात्रों का आंदोलन भी प्रमुख रहा है। भारत में स्वच्छता संबंध में कोई निश्चित पॉलिसी नहीं है। जो विधि–विधान है, उनका पर सख्त अमल नहीं हो रहा है। एक यह भी वास्तविकता है कि भारत में वैयक्तिक आय कम रही है। पोषणयुक्त आहार सभी को प्राप्त नहीं है। काम–काज की शैली निम्न स्तर की रही है। आबादी की सधनता अधिक देखी गई है। निरक्षरता, अस्वस्थ्यता, गलत आदतें, गरीबी, गंदगी, आदि के कारण अनेक प्रश्न पैदा होते हैं। लोग इनके आदी हो गये हैं। किन्हीं बातों के लिए कुदरत को जिम्मेदार ठहराया जाता है। जब महामारी आदि का फैलाव होता है, तब लोग स्वैच्छिक संस्थानों पर निर्भर हो जाते हैं।

स्वच्छता का प्रश्न लोगों के ही द्वारा पैदा हुआ है और लोगों को ही असरकर्ता रहा है। परिस्थिति बेकाबू बनने पर समस्याएँ पैदा होने लगती हैं। लोगों में जागरूकता फैलाना अनिवार्य बन जाता है। भारतीय नागरिकों में जागृति फैलाने के लिए आंदोलन अनिवार्य है।

स्वच्छता आन्दोलन

आंदोलन का अर्थ है–आंदोलित होना। आन्दोलन होना अर्थात्, समानता, जागरूकता, परिस्थिति में बदलाव, नवीनीकरण का होना। लोगों को प्रभावित न करनेवाली घटनाओं से लोग समान नहीं होते, किंतु जब ऐसी घटनाएँ घटित होती हैं कि लोग समान होने लगते हैं। समस्या के समाधान हेतु सामूहिक प्रयास आरंभ हो जाते हैं और ये प्रयास एक आंदोलन में बदल जाते हैं। ऐसे आंदोलन के विधेयात्मक परिणाम प्राप्त होते हैं।

स्वच्छता के आंदोलन की उपादेयता

वर्तमान समय में स्वच्छता आंदोलन की उपादेयता सहज ही स्पष्ट है–

(1) भिन्न–भिन्न क्षेत्र व स्वच्छता का आंदोलन।

(2) भिन्न–भिन्न इलाके और स्वच्छता का आंदोलन।

(3) भिन्न–भिन्न समुदायों तथा स्वच्छता आंदोलन।

(4) जन जागृति–प्रचार के माध्यम और स्वच्छता आंदोलन।

(5) स्वच्छता नीति व उनके अमल हेतु स्वच्छता का आंदोलन।

(6) जन जीवन में स्वच्छता व उनके आत्मसात हेतु आंदोलन।

(7) स्त्रियाँ और स्वच्छता आंदोलन।

(8) सार्वजनिक स्वास्थ्य व स्वच्छता आंदोलन।

(9) स्वच्छता व जनजागृति हेतु आंदोलन।

(10) स्वच्छता आंदोलन व उनका मूल्यांकन।

(11) समाजसेवी संस्थान व स्वच्छता आंदोलन।

(12) समाज सुधारक व स्वच्छता आंदोलन।

(1) भिन्न–भिन्न क्षेत्र व स्वच्छता का आंदोलन

आज वर्तमान समय में कई क्षेत्रों में स्वच्छता आंदोलन ज़रूरी है। अस्पृश्यता, पर्यावरण, आरोग्य, शिक्षा, गंदे निवासस्थान, झुग्गियाँ, पेयजल, कल–कारखाने, ग्राम्य–नगरीय समुदाय, अस्पताल, पारिवारिक जीवन आदि क्षेत्रों में भारतीय नागरिक स्वच्छता के प्रति समान नहीं रहे हैं। इन तमाम क्षेत्रों में परोक्ष रूप में कहीं–कहीं सरकार सलंग्न है, फिर भी केवल सरकारी प्रयास अपर्याप्त हैं। लोग जब स्वैच्छिक रूप से स्वच्छता केंद्री बनेंगे, तब अपने आप स्वच्छता आंदोलन हेतु संगठित होंगे और स्वच्छता के आग्रही रहेंगे।

(2) भिन्न–भिन्न इलाके और स्वच्छता आंदोलन

भारत में भिन्न–भिन्न भौगोलिक इलाके हैं। वन, समुद्र, मैदानी इलाके, पहाड़ी इलाके, ढाल–ढलाव युक्त इलाके इन तमाम क्षेत्रों में थोड़ा–बहुत स्वच्छता संबंधित प्रश्न बना रहा है। जैसे कि जंगली इलाकों में गैर–कानूनी ढंग से वृक्ष छेदन होता रहता है, जो पर्यावरणकी हानि करता है। समुद्रतटीय इलाके में पेयजल, मत्स्य उद्योग का प्रश्न है। असर जमीन, वृक्षों की कमी, निम्न जीवन–शैली आदि से स्वच्छता का प्रश्न बना रहता है। मैदानी प्रश्नों में मानवीय आबादी अधिक होती है, आर्थिक प्रवृत्तियाँ, रोजगार अधिक होता है, जिस कारण स्वच्छता के प्रश्न पैदा होते हैं। इन भौगोलिक इलाकों में स्वच्छता का होना अनिवार्य है। लोगों के निवासों में पर्यावरणीय सुरक्षा अनिवार्य है, किंतु लोगों की उदासीनता एक प्रश्नार्थ है। ऐसे माहौल में

स्वच्छता आंदोलन अनिवार्य बन जाता है।

(3) भिन्न–भिन्न समुदायों तथा स्वच्छता आंदोलन

भारत विविध समुदायों का देश है। सामान्य जातियाँ (ब्राह्मण, वणिक, पटेल) दलित, आदिवासी, सामाजिक और शैक्षिक रूप से पिछड़े वर्ग आदि में स्वच्छता के कई प्रश्न मौजूद हैं। ग्रामीण समुदाय, नगरीय समुदाय में भी झोंपडियों में बसने वाले, गंदे निवासों में बसने वाले तथा मलिन बस्ती में रहने वाले लोग स्वच्छता संबंध में असंवेदनशील लगते हैं। शौचालयों का अभाव, अपर्याप्त पेयजल, दूषित जल, गंदे निवासस्थान, अस्वस्थ वातावरण, अपर्याप्त ड्रेनेज सुविधा, औद्योगिक प्रदूषण आदि के संबंध में स्वच्छता के कई प्रश्न पैदा हुए हैं। ऐसे स्वच्छता आंदोलन का होना अनिवार्य है। लोग–समुदाय संगठित हों, जागृत हो, तब स्वच्छता आंदोलन संभव है।

(4) जन जागृति–प्रचार के माध्यम और स्वच्छता आंदोलन

वर्तमान समय में स्वच्छता आंदोलन को प्रभावी बनाने में कई संचार माध्यमों का सहयोग प्राप्त हुआ है। जन–जागृति के प्रचार हेतु ये माध्यम उपकारक रहे हैं। स्वच्छता की समस्या के प्रति लोगों को प्रेरित करने के लिए नुक्कड़ नाटक, होली, प्रदर्शनी, मेलों में स्टॉल, चर्चामंच, डॉक्युमेंटरी फिल्म, निबंध, स्पर्धा, पपेट शो, रेडियो, टी.वी., इंटरनेट आदि का प्रयोग स्वच्छता आंदोलन हेतु किया जाता है। गाँवों व नगरों दोनों इलाको में जहाँ जन–जागृति नहीं है, वहाँ बीमारी, पर्यावरणीय प्रदूषण, गंदगी, निरक्षरता, खुले में शौचक्रिया, बदबू आदि को हटाने में माध्यमों की आवश्यकता रहती है। विविध स्वैच्छिक संस्थानों के द्वारा भी यह मुहिम छेड़ी गई है। लोगों के स्वच्छता के संबंध में जागृति पैदा न होगी, तब तक ऐसे अभियानों में सफलता प्राप्त न होगी। अतः ऐसे अभियानों की सफलता हेतु भी वैज्ञानिक ढंग से माध्यमों का प्रभाव–उपयोग आवश्यक है।

जन–समुदाय में माध्यमों के द्वारा जागृति फैलाना आवश्यक है। स्वच्छता को लेकर लोग जितने जाग्रत होंगे, उतने ही स्वच्छता के प्रश्नों का जल्द ही समाधान प्राप्त होता रहेगा। संचार माध्यमों के सफल प्रयोग से लोग स्वयमेव स्वच्छता संबंधित के जागरूक हो जाएँगे। भारत में प्रत्येक नागरिक

स्वच्छता आंदोलन चलाने में प्रेरित होगा।

(5) स्वच्छता नीति व उनके अमल हेतु स्वच्छता आंदोलन

नगरीय व ग्रामीण क्षेत्रों में लोग शिक्षा की अपेक्षा स्वच्छता क्षेत्र में जागरूक नहीं है। इस संदर्भ में कई कारण जिम्मेदार हैं। एक तो यह है कि स्वच्छता की नीति व परिपालन में क्षति रही है। स्वच्छता की नीति स्पष्ट नहीं है, वह केवल स्वास्थ्यलक्षी बनी हुई है। अतः आरोग्य नीति में ही स्वास्थ्यनीति का समावेश हो जाता है। स्वास्थ्य संदर्भ में जैसे अलग ढाँचा है, वैसे स्वच्छता के संदर्भ में न होने पर लोगों तक उसका निश्चित संदेश पहुँचता नहीं है।

मानवीय जीवन में स्वच्छता का विशेष महत्त्व है। इसे अधिक बेहतर बनाने हेतु इसकी निश्चित नीति व उसका परिपालन अनिवार्य है। स्वच्छतालक्षी समस्याओं को मद्देनजर रखकर कुछ नीतियों का गठन होना चाहिए। लोगों को उसके परिपालन के लिए भी प्रेरित करना चाहिए। नीति की स्पष्टता व उनके अमानिकीकृत होने की सफलता स्वच्छता आंदोलन को कारगर बना सकता है।

(6) जनजीवन में स्वच्छता व उनके आत्मसात् हेतु आंदोलन

स्वच्छता के प्रति लोगों के मानस को प्रोत्साहित करने हेतु स्वच्छता आंदोलन अनिवार्य है। ग्राम्य व नगरीय स्तर पर स्वच्छता संबंधित अजागृति, दूषण, अज्ञानता, बुरीआदत आदि देखे जाते हैं। सार्वजनिक रास्तों पर शौचक्रिया करना, अस्वच्छ हाथों से भोजन करना, अनियमित स्नान करना, गंदे कपड़े पहन का, झूठा भोजन रास्ते पर फैंकना, कहीं भी थूकना, आदि अस्वच्छता के लक्षण हैं। मानव समुदाय में विविध रोगों का फैलाव होता है। इनके हल के लिए स्वच्छता आंदोलन अनिवार्य है।

लोकजीवन में स्वच्छता को आत्मसात् करने हेतु स्वच्छता आन्दोलन महत्त्वपूर्ण है। इस स्वच्छता आंदोलन के द्वारा लोगों को शौचक्रिया हेतु सुलभ शौचालय, जूठे भोजन व गोबर के उपयोग हेतु बायोगैस प्लांट, सार्वजनिक रास्तों पर थूकने हेतु थूकदानी, शुद्ध पेय जल, उचित ड्रेनेज प्रबंध, आदि की आदतों से स्वच्छता को आत्मसात् किया जा सकता है। इन सभी प्रवृत्तियों

के लिए स्वच्छता आंदोलन आवश्यक है।

(7) स्त्रियाँ और स्वच्छता आंदोलन

भारत तथा विश्व के फलक पर मर्दों की तरह ही औरतों के साथ स्वच्छता संबंधित प्रश्न सलंग्न रहा है। वास्तव में स्त्रियों को जग्रत करना अधिक आवश्यक है। इनकी स्वच्छतालक्षी विचारधारा अच्छा परिणाम प्राप्त कर सकती है। घर, प्रांगण, गली की साफ–सफाई, शौचालय–बाथरूम की साफ–सफाई, भोजन–व्यवस्था, पेयजल, बच्चों का खयाल, कपड़े, बरतन, पशूओं के रख–रखाव आदि कार्यों मे औरतें संलग्न होती हैं। स्वच्छता को लेकर औरतों की जागृति अनिवार्य है। कई बार अस्वच्छता के कारण भी औरतों की मृत्यु हो जाती है। बच्चों, बूढ़ों व स्त्रियों के स्वास्थ्य का कारण स्वच्छता है। स्त्रियों को स्वच्छता आंदोलन में सक्रिय करते हुए अस्वास्थ्य की सुरक्षा बनाई जा सकती है।

(8) सार्वजनिक स्वास्थ्य व स्वच्छता आंदोलन

वर्तमान समय में ग्राम्य व नगरीय स्तरों पर स्वास्थ्य का सबसे अहम सवाल खड़ा है। सार्वजनिक आरोग्य की बदहालत के कारण लोग बुखार, कोलेरा, टाईफाइड, अनीमिया जैसी बीमारीयों के तथिकार बनते रहते हैं। कैंसर, पीलिया, हाई–लो बी.पी., डॉयबिटीज, तपैदिक, ह्रदयरोग, एड्स आदि खतरनाक बीमारियों के शिकार बनते हैं। स्वच्छता का अभाव, पर्यावरण की दूषित स्थिति, खुले में होनेवाली शौचक्रिया, दूषित पेयजल, धूम्रपान, केमिकल्स के कुप्रभाव आदि से आरोग्य को खतरा पैदा हो सकता है।

सार्वजनिक आरोग्य का प्रश्न सर्वविदित है। स्वच्छता की स्थिति दिनो दिन कमजोर होती जा रही है। समाज बीमारियों से घिरता जा रहा है। इंसानों की एशो–आराम की जीवनशैली, भोगवादी जीवनशैली की बदौलत आरोग्य का खतरा बरकरार रहता है। परिणामस्वरूप आज स्वच्छता आंदोलन की आवश्यकता पैदा हुई है।

(9) स्वच्छता व जनजागृति हेतु आंदोलन

वैश्विक फलक पर स्वच्छता संबंधित जन जागृति हेतु संयुक्त राष्ट्र

विकास कार्यक्रम (UNDP) के अंतर्गत 'मिशन सेनिटेशन' कार्यक्रम कार्यान्वित है। इसके उपक्रम में स्वच्छता संबंध में कई गतिविधियाँ की जा रही हैं। जन जागृति की आज विशेष आवश्यकता है। विशेषतः ग्रामीण गरीब निरक्षर, अस्वच्छ रहने वाले तथा नगर में झुग्गियों वाले, गंदे आवास वाले, धनी आबादी में रहने वाले लोगों में स्वच्छता की जागरूकता का अभाव है। ऐसे समूह को जागरूक करने हेतु नुक्कड़ नाटक, डोक्युमेंटरी फिल्में, प्रदर्शनी, रेडियो, टी.वी. आदि माध्यमों का उपयोग जरूरी है। स्वच्छतालक्षी सुधारात्मक कार्यक्रमों का आयोजन अनिवार्य है। नगर–सफाई, स्वच्छता जागृति अभियान, व्यक्तिगत, सामूहिक शौचालय निर्माण–रखरखाव (सुलभ शौचालय) आदि का उपयोग करना है। बीमारी व अस्वच्छता के संदर्भ में प्रशिक्षण का आयोजन किया जा रहा है। अतः स्वच्छता हेतु जन–जागृति का आंदोलन विशेष कार्य रहा है।

(10) स्वच्छता आंदोलन व उनका मूल्यांकन

विगत समय में कई आंदोलन सक्रिय थे। आदिवासियों के द्वारा जल, जमीन व जंगल के अधिकार का आन्दोलन, पेयजल हेतु महर सत्याग्रह, महाराष्ट्र का दलित और पैंथर आंदोलन, आरक्षण आंदोलन, पर्यावरण बचाव आंदोलन, चिपको आंदोलन, नर्मदा बचाव आंदोलन, मजदूर संगठन के आंदोलन, छात्र आंदोलन, गांधीजी के सत्याग्रह, अन्ना हज़ारे का लोकपाल बिल आन्दोलन आदि। ये सभी आंदोलन कितने प्रभावी रहे हैं, इसका मूल्यांकन भी किया जाता है। स्वच्छता आंदोलन में भी ऐसे ही मूल्यांकन किया जाना चाहिए।

भारत में स्वच्छता के अनुसंधान में संस्थान, व्यक्ति विशेष, आदि के सहयोग से कार्य किए जाते हैं। किंतु इनका मूल्यांकन कम हो रहा है। स्थानीय लोगों का मूल्यांकन प्रक्रिया से जोड़ा नहीं जाता। स्वच्छता आंदोलन की यह कमजोरी मानी जाएगी। गांधीजी, विनोबा, सरदार वल्लभभाई पटेल, बाबासाहब, अन्ना हजारे आदि ने आंदोलनों में जन सहयोग प्राप्त किया, चर्चा–विचारणा की, रचनात्मक कार्यक्रम दिए, मूल्यांकन किया (उद्देश्य प्राप्ति) ऐसे ही स्वच्छता आन्दोलन में होना चाहिए। आंदोलन संबंधित मूल्यांकन होना अत्यंत्यावश्यक है।

(11) समाजसेवी संस्थान व स्वच्छता आंदोलन

विश्वभर में अनेक समाजसेवी संस्थानों के द्वारा विविध समस्याओं व प्रश्नों पर कार्य हो रहा है। ग्रामविकास, पर्यावरण, स्थायी विकास, कृषि व पशुपालन विकास, बाल व महिला कल्याण, महिला सशक्ति करण, स्वसहाय समूह (SHR) रोजगार, आदिवासी व दलित कल्याण, आरोग्याशिक्षा आदि मुद्दों पर स्थानीय, राज्यस्तरीय, राष्ट्रीय तथा अंतरराष्ट्रीय संस्थान कार्यरत है। इन संस्थानों में आगाखान, ग्राम समर्थन कार्यक्रम (भारत) (MKSS) (राजस्थान), सर रतन टाटा ट्रस्ट (मुंबई), रिलायंस फाउंडेशन, केयर इंडिया, रालेगण सिद्धि सेवा संस्थान, एन.एम. सदगुरू प्रयासो, GSNPT, KHHA, आदि संस्थानों ने समाज के विविध प्रश्नों के प्रति अपनी भूमिका निभाई है। ये संस्थान वैयक्तिक व सामूहिक तौर पर बढ़ियां भूमिका निभाते रहे हैं। तदुपरांत स्वच्छता संबंध में सुलभ इंटरनेशनल, नासा फाउंडेशन, सफाई विद्यालय, हरिजन सेवक संघ, प्रवाह आदि संस्थान तथा UNICEF और UNDP जैसे माध्यमों के द्वारा स्वच्छता कार्यक्रम प्रयुक्त किए जा रहे हैं। समाज के प्रत्येक क्षेत्र में जन–जागृति फैलाने का सफल प्रयास किया जा सकता है। स्वच्छता हेतु विविध संस्थानों को इस आंदोलन का अहम हिस्सा बनाया जा सकता है। आंदोलन की सफलता हेतु इन संस्थानों की भूमिका अहम रहेगी।

(12) समाज सुधारक व स्वच्छता आंदोलन

भारत का वह गौरव रहा है कि अनेक समाज–सेवियों की मेहनत व निष्ठा से समाज सुधार की स्थिति उत्पन्न हुई है। सामाजिक, सांस्कृतिक, धार्मिक, शैक्षिक, स्वास्थ्य, राजनैतिक, आर्थिक, आदि क्षेत्रों की कमियों को हटाने का प्रयास हुआ है। भेदभाव, असमानता, कुरिवाज आदि की समाप्ति के निष्ठावान प्रयास हुए हैं।

गांधीजी, डॉ. बाबासाहब, संत गाडगे, आदि के द्वारा स्वच्छता व स्वास्थ्य संबंधित जन जागृति का कार्य किया गया है। वर्णभेद, छुआछूत, दलितों के साथ भोजनादि की गतिविधियाँ की गयी हैं। दलितों के लिए कई आंदोलन चलाए गए हैं। डॉ. बिन्देश्वर पाठक के द्वारा भी सुलभ इंटरनेशनल के जरिऐ तथा सूर्यकांत परीख के नासा फाउंडेशन के जरिए ऐसी प्रवृत्तियाँ की जा

रही हैं। लोगों में स्वच्छता, आरोग्य, शौचालय जागरूकता, सार्वजनिक शौचालय निर्माण, वैयक्तिक शौचालय निर्माण, झोंपड़ियों के साथ जुड़ी समस्याएँ, प्रदूषण आदि संबंध में कई कार्यक्रम प्रस्तुत किए गए हैं। डॉ पाठक ने दलित समुदाय की परंपरागत कार्यमुक्ति, पुनर्वसन, व्यावसायिक और स्थायित्व के सघन प्रयास किए गए हैं। परंपरागत शौचालय और सुलभ शौचालयों में परिवर्तन किया गया है। सूर्यकांत परीख ने भी ग्राम्य व नगरों में सार्वजनिक स्थानों पर शौचालयों का निर्माण करवाया है।

गांधीजी से लेकर डॉ. बिन्देश्वर पाठक तक के अनेक समाज सुधारकों ने जन–जागृति फैलाते हुए समाज–सुधार के कार्य किए हैं। उनकी कार्यविधि को अधिक विस्तृत करने की आवश्यकता है। लोगों में स्वच्छता के संबंध में समझ पैदा होने के साथ–साथ स्वच्छता आंदोलन एक व्यापक रूप धारण कर सकता है।

वैश्विक स्तर पर स्वच्छता व स्वास्थ्य बुनियादी अनिवार्यता बन गई है। भारत समेत विश्व की कई आबादियों में स्वच्छता का प्रश्न निकट है। गंदे आवास, जल की किल्लत, औद्योगिक प्रदूषण, आदिवासी, पिछड़ी जाति के लोग, गरीब लोग, निरक्षर लोग नर्क समान जीवन जी रहे हैं। स्वच्छता सभी का प्राणप्रश्न बन गया है। लोगों को जाग्रत करने हेतु अनेक प्रकार के सामाजिक संस्थान कार्यरत हैं। विविध माध्यमों के द्वारा जन–जागृति के प्रयास जारी हैं। टी.वी., प्रदर्शनी, नुक्कड़ नाटक, दीवार रलोगम, रेडियो, आदि माध्यमों के द्वारा जन–जागृति के सफल कार्य किए जा रहे हैं।

स्वच्छता के संबंध में आज गांधीजी, डॉ. बाबासाहब, संत गाडगेबाबा के विचारों का प्रभाव लक्षित है। डॉ. बिंदेश्वर पाठक व सूर्यकान्त परीख के प्रयास सफल रहे हैं। समाज सुधारकों के उपरांत समाज–सेवी संस्थान सुलभ इंटरनेशनल, हरिजन सेवक संघ, सफाई विद्यालय, नासा फाउंडेशन, घरेलू शौचालय, सार्वजानिक शौचालय, शुद्व पेयजल, गंदे जल का ड्रेनेज प्रबंध, ठोस कचरे का एकत्रीकरण–निकास की व्यवस्था आदि संबंध में कई सुधार हुए हैं तथापि ग्राम्य स्तर व नगरीय स्तर पर अब भी बहुत कुछ करना शेष है। व्यष्टि व समष्टिगत स्वच्छतालक्षी गतिविधियों का होना अब भी आवश्यक है।

10
स्वच्छता और भारत

प्रस्तावना

सवा अरब की आबादीवाले और 327000 वर्ग किलोमीटर भूभाग वाले बहुसंस्कृति और बहुविध विविधता वाला देश यानी भारत की जिसके पास विशाल प्राकृतिक संपत्तियों और विश्व के दूसरे नंबर का ऐसा देश, जिसके पास वैज्ञानिक और यांत्रिक मानव संसाधन हैं। भारतीय अर्थव्यवस्था में जल्दी वृद्धि हो रही है और आर्थिक उदारीकरण विस्तृत रूप से निजी क्षेत्रों में विकसित हो रहा है। आज लगभग 75 प्रतिशत की सफल घरेलू उत्पादन है और मानव विकास दर में भी बहुत सुधार हो रहा है, जो 1980 के दशक मे 24 प्रतिशत था वो 1990 के दशक मे 24 प्रतिशत का दूसरी वृद्धि हुई है, जिसमें ग्रामीण और शहरी स्तर पर एफ.डी.आई. में नोंधपात्र असमानताएँ देखने को मिलती हैं। स्वतंत्रता बाद के पाँच दशकों में जल संसाधन, खाद्य चीज वस्तुओं शहरों का जल्दी से विस्तार होता है। बिजली और आद्योगिक क्षेत्रों का अभूतपूर्व विकास हो रहा है। एक अंदाज के मुताबिक 2025 में भारत की आबादी से 50 प्रतिशत लोग शहरों में होंगे। क्योंकि धीरे–धीरे बस्ती बढ़ रही हैं। साथ–साथ आमदनी की बढ़ोतरी उद्योगों का विकास और शहरी विस्तारों में भी बहुत ज्यादा विस्तृत बन रहा है। तब स्वच्छता और पानी का प्रश्न विकट बनता जा रहा है।

स्वतंत्रता के बाद भारत के लोगों ने पानी और स्वच्छता देने के लिए, 1960 के दशक बाद पानी की अपूर्ति पूर्ण करने और 1980 के दशक में स्वच्छता और सफाई के शिक्षण के लिए शुरुआत की। इस प्रतिबद्धता के कारण थोड़े से नोंधपात्र परिणाम भी देखने को मिलते हैं। जैसे कि 1980

से 2000 के वर्ष में पानी के व्यवस्थापन को तीन गुना बढ़ा दिया। इस समय में स्वच्छता का विकास प्रमाण में थोड़ा धीमा रहा। फिर भी उसमें बढ़ोतरी हुई। इस प्रकार कह सकते हैं कि स्वच्छता की वृद्धि के कारण और परिणामस्वरूप पानी और स्वास्थ्य के कारण बीमारियों में ज्यादा घटोतरी देखने को मिलती है। 1990 के समय में यूनिसेफ द्वारा गनिकृमि के रोग के निवारण में महत्त्व का योगदान था तो पिछले तीन दशकों से स्वच्छता कार्यक्रम भी सघन तौर से चला रहे हैं। यूनिसेफ द्वारा स्वच्छता को लेकर सिर्फ सेवाएँ पर्याप्त नहीं हैं। किंतु लंबे समय के लिए तालीम और टेक्निकल सहायता भी पूरी की हैं। इसके साथ वर्ल्ड बैंक, एशियन डेवलपमेंट बैंक, नाबार्ड, राष्ट्रसंघ और अंतरराष्ट्रीय संगठनों और पेटा संगठनों द्वारा भारत सरकार के साथ रहकर ज्यादा काम कर रही हैं।

भारत की प्रथम पंचवर्षीय योजना (1951–1956) में स्वच्छता और पानी को राष्ट्रीय कार्यसूची में शामिल किया गया और समयानुसार आगे की योजनाओं के निवेश में भी बढ़ोतरी की गई। पीने के पानी के संदर्भ में प्राथमिक जरूरतों की पूर्ति के लिए राज्य और स्थानिक समिति, विभागों की जवाबदारी मानी गई है। केंद्र सरकार भी उसमें रूपये और विविध पंचवर्षीय योजनाओं में भी शमिल किया जाएगा। इसके उपरांत स्वच्छता और पानी के संदर्भ में भारत ने राष्ट्रीय नीति की आठवीं, नवमीं और दसवीं पंचवर्षीय योजनाएँ विस्तृत तौर पर स्वीकारीं। यह स्वीकृति दिल्ली डिक्लेरेशन द्वारा 1990 की राष्ट्र संघ की जनरल एसेंबली द्वारा बनाई गई थी। अन्य नोडल एजेंसी (संस्था) के रूप में राजीव गांधी राष्ट्रीय पेयजल मिशन और शहरी विकास और गरीबी निवारण मंत्रालय तथा अन्य मंत्रालय के द्वारा क्रमशः प्रत्यक्ष और अप्रत्यक्ष भूमिका तय की गई है।

स्वच्छता के आँकड़ों के विश्लेषण से पता चलता है कि आठवीं पंचवर्षीय योजना सक्रिय होते हुए भी गाँवों में सिर्फ 18 से 19 प्रतिशत लोगों के ही पास शौचालय थे, जिसमें 1990 में 10 प्रतिशत बढ़ोतरी हुई, उसी क्रम में भारत के शहरी विस्तार में 75 से 81 प्रतिशत परिवारों के पास शौचालय थे, जिसमे 1990 में वृद्धि हुई और शहरी ग्रामीण स्वच्छता में औसत 64 प्रतिशत की वृद्धि हुई। स्वच्छता के बारे में समग्र राज्यों और शहरों में असमतुला अस्तित्व रखती है। क्योंकि जाहिर स्वच्छता का प्रमाण शहरों में ज्यादा है और घरगथ्थु (घरेलू) शौचालय का अभाव देखा जाता है। प्रथम वर्ग के कहे जा सके, ऐसे 300 (तीन सौ) शहरों में से सिर्फ 70 शहरों में

आंशिक गटर और मलपानी के निकास की सुविधाएँ हैं, और कुल मेट्रोपोलिटन शहरों में से सिर्फ 30 प्रतिशत शहरों में ही दूषित पानी और सीवरेज को 'डिस्पोस्ड' किया जाता है। इससे तालाब, कुओं, पानी के स्रोतों में ऐसे दूषित पानी के मिल जाने की आशंकाएँ बढ़ जाती हैं। इसलिए पिछले वर्षों में देश के लिए दूषित पानी और मल–विसर्जन एक चुनौती रूप प्रश्न बना है।

1 अपैल, 1999 के रोज भूतकाल के अनुभवों को ध्यान में रखकर कमज़ोर स्वच्छता के दृष्टिकोण को विकसाने के लिए उच्च सब्सिडी लागू की गई। घरेलू शौचालयों के अभिगम विकसाने के लिए शौचालय की डिज़ाइन, उसकी खबरें, I.E.C. (इन्फोरमेशन एज्युकेशन एंड कम्युनिकेशन) द्वारा प्रचार–प्रसार, मार्केटिंग, कडियाकाम तालीम, स्वच्छता, सामग्री के साधनों का वितरण भी किया गया। शालाओं में शौचालय बनाने के लिए लोगों को प्रोत्साहन देने का कार्य किया। संपूर्ण स्वच्छता अभियान द्वारा घरेलू शौचालय बनाने के लिए, स्त्रियों के लिए स्वच्छता संकुल खड़े करने, गटर योजना, बाँधकाम इत्यादि जैसे कार्य ग्राम्य विस्तार के लिए किए गए, जिसमें भारत के 27 राज्यों का समावेश किया गया।

(1) यूनाइटेड नेशन डेवलपमेंट अकेशन फ्रेमवर्क 2013–2017

संयुक्त राष्ट्र विकासकार्य फ्रेमवर्क (NUDAF) संयुक्त राष्ट्र संघ के कार्य ने प्रतिबिंबित कर रहा है, जिसका कार्यक्षेत्र भारत में भी है। यह विकास कार्यक्रमों भारत सरकार के साथ नोडल भागीदारी और सरकारी संस्था के रूप में योजना आयोग के साथ कार्य कर रहा है। जिसमें समाज, नागरिक, दाताओं और अन्य महत्त्व के विकासशील भागीदारों का समावेश किया गया है। UNDAF के मूल्यांकन के लिए भागीदारों और राष्ट्रसंघ की संयुक्त समिति बनाई गई है। असरकारक बनाने के लिए योग्य कदम उठाएँगे। ग्यारहवीं पंचवर्षीय योजना के साथ रहकर संवेदनशील और असरकारक बनाने के साथ मिलकर कार्य कर रही है। भारत के मिलेनियम डेवलपमेंट गोल का अहेवाल दिखता है कि कुछ लक्ष्यांक, जैसे कि गरीबी और शिक्षण। मातृ–मृत्यु इत्यादि सीधे और प्रगतिशील चल रहा है, जबकि पानी और स्वच्छता की सेवाएँ धीमी और न पहुँच सकें इस तरह आगे बढ़ रही हैं। इसलिए भारत सरकार के साथ संयुक्त रूप से मिलकर बारहवीं पंचवर्षिय योजना में (2013–2017) पानी और स्वच्छता को प्राधान्य दिया जाता है।

(2) साऊथ एशिया कॉन्फ्रेन्स ऑन सेनिटेशन (SACOSAN)

सम्मान और स्वास्थ्य के लिए स्वच्छता–स्वच्छता पर तीसरा दक्षिण एशिया संवाद।

29 से 31 जनवरी, 2008 के दिन (रोज) स्वच्छता और सफाई पर दक्षिण एशिया में कार्यशाला बांग्लादेश में आयोक्ति की गई। जिसमें स्वच्छता पर पाँच संदेशों को आगे बढ़ाना तय किया गया और अंतरराष्ट्रीय स्वच्छता वर्ष 2008, निमित्त (उपलक्ष्य) में उपयुक्त विषय में आगे बढ़ाने दिल्ली में 16 से 29 नवम्बर, 2008 के दिन साऊथ एशिया कॉन्फ्रेन्स ऑन सेनिटेशन (SACOSAN) का आयोजन किया गया।

यह कार्यालय IRC water aid और bare के संयुक्त उपक्रम की योजना में आया, जिसमें मालदीव, श्रीलंका, अफगाानिस्तान, नेपाल, बांग्लादेश, पाकिस्तान, भूटान, वियतनाम और भारत सरकार तथा गैर सरकारी संस्थाओ ने भी भाग लिया था। जिसमें एक घोषणापत्र तैयार किया गया जिसमें महत्त्व की बातें निम्न रूप से दिखाई देती हैं कि– (a) पानी की स्वच्छता के आधारभूत अधिकार के रूप में स्वीकार करके राष्ट्रीय प्राथमिकता देनी: (b) स्वच्छता के लिए सहस्रांब्दी लक्ष्य को पूर्ण करने के लिए सब भागीदार (हिस्सेदार) देश की समय सीमा में काम पूर्ण करेंगे। (c) ग्रामीण और शहरी विस्तारों में समुदायों के संपूर्ण और टिकाऊ स्वच्छता प्रदान करनी। (d) स्थानीय राष्ट्रीय और देश के स्तर पर स्वच्छता को पूर्ण करने के लिए 24 मुद्दों को केंद्र में रखकर वचनबद्धता निश्चित करनी।

इसके उपरांत सभी देशों के प्रतिनिधियों के द्वारा उनके देशों में निम्न कार्य करने की वचनबद्धता निश्चित की। जो निम्न रूप से यह है– (i) स्वच्छता के लिए नीति गठन, मानव संसाधन सक्रिय करने तथा क्षेत्रिय राष्ट्रीय, उपराष्ट्रीय और स्थानिक समिति की नियमित जागृति करना (ii) स्वच्छता निवारण के लिए स्वैच्छिक संस्था, समुदाय और युवाओं की क्षमता बढ़ाना, (iii) स्वच्छता के कार्यों में जुड़े हुए व्यक्तिओं का स्वास्थ्य, सम्मान और सुरक्षा तय करना, (iv) बच्चों, वृद्धों और विकलांगों के लिए स्वच्छता की प्राथमिकता प्रदान करना। (v) मंत्रालयों, विभागों, संस्थाओं, परिवार, शाला, समुदाय, रेलवे, पर्यटनों इत्यादि जगहों में स्वच्छता बढ़ाने के प्रयत्न करना। (vi) आपत्ति या आपत्ति क्षेत्र के स्थनांतरित लोन, समाज को स्वच्छता की सुविधाएँ प्रदान करना। (vii) संशोधन और विकास, संकलन नए प्रयोगों, अनुभवों और विशिष्टताओं के आदान–प्रदान के लिए अंतरदेशीय कार्यकारी

समूह बनाना और समय–समय पर एक–दूसरे को मिलने का आयोजन करना।

इस प्रकार उपरोक्त मुद्दों के लेकर स्वच्छता के संदर्भ में SACOSAN के सम्मेलन में निर्णय किए गए। इसके उपरांत 2010 में श्रीलंका और 2012 में नेपाल में अंतरदेशीय संवाद तैय किए गए।

(3) राष्ट्रीय शहरी स्वच्छता नीति–2008

2001 की जनसंख्या गिनती के अनुसार 29.8 प्रतिशत और 286 मिलियन भारतीय लोगों के जो 55 मिलियन परिवार शहरों में रह रहे थे, एक अंदाज के मुताबिक 2007 में बढ़कर जनसंख्या 331 मिलियन और 2012 तक 368 मिलियन हो जाएगी। इससे पहले शहरों में 12.04 मिलियन और 7.8 प्रतिशत लोगों के पास शौचालय न थे तथा खुले में शौचालय के लिए जाते थे। 5.48 मिलियन 8.13 प्रतिशत शहरी परिवार सामुदायिक शौचालय का उपयोग करने और 13.4 मिलियन परिवार 19.49 प्रतिशत संयुक्त शौचालयों का उपयोग करते थे। 12.47 मिलियन 18.5 प्रतिशत परिवारों के पास पानी निकालने की व्यवस्था न थी, 26.83 मिलियन 39.8 प्रतिशत परिवार खुल्ली गटर व्यवस्था के साथ जुड़े हुए थे, इस प्रकार शहरों की परिस्थिति बहुत खराब थी। ऐसा कहा जा सकता है। इससे ही भारत सरकार के शहरी विकास मंत्रालय द्वारा 3 अक्त्टुबर, 2008 को राष्ट्रीय स्वास्थ्य नीति स्वीकृति गई, जिससे मिलेनियम डेवलपमेंट गोल के लक्ष्यों को 2015 तक में पूर्ण किया जा सके।

भारतीय शहरी स्वच्छता, दृष्टिकोण है कि 66 सब भारतीय शहर पूर्ण रूप से स्वच्छ, स्वस्थ, और रहने योग्य बनें और सब नागरिकों के लिए सब लोग स्वास्थ्य और पर्यावरणीय परिणाम निश्चित करें तथा शहरी गरीबों और महिलाओं के लिए स्वास्थ्यप्रद और मुनासिब स्वच्छता, सुविधाओं पर विशेष ध्यान दिया जाए।

उपर्युक्त दृष्टिकोण को प्राप्त करना और नीति–विषयक समाधान करने के लिए निम्न, समस्याओं का हल केंद्र में रखा गया, जिसमे (i) सामुदायिक जागृति लाना, (ii) सफाई कर्मचारियों के अधिकारों पर ध्यान देना। (iii) राष्ट्र, राज्य और शहरी संस्थाओं पर संस्था की जिम्मेदारी सोंपना। (iv) वंचितों और गरीबों तक पहुँचना, इस प्रकार उपरोक्त मुद्दों के साथ अन्य दूसरी समस्याओं के निवारण (हल को) केंद्र में रखा गया।

शहरी स्वच्छता का लक्ष्य 'शहरों में रहते समुदायों को पूर्णतः जाग्रत स्वास्थ्य और रहने योग्य शहरों में परिवर्तित करना है।' इससे अन्य विशिष्ट लक्ष्य निम्न रूप में निश्चित किए गए– (i) सामाजिक जागृति का निर्माण और व्यवहार में परिवर्तन, (ii) खुले में शौचालय क्रिया से शहर को मुक्त बनाना और (iii) एकीकृत शहर व्यापी स्वच्छता व्यवस्था करना, इसके उपरांत आवास और शहरी गरीबी निवारण मंत्रालय (HUPA) द्वारा और राज्य सरकार आधारित सब्सिडी जारी की गई, जिसका उद्देश्य छह लाख शौचालय 2010 तक पूर्ण करना था।

इसके उपरांत देश के शहरों में स्वच्छता के प्रोत्साहन के लिए और शहरी विस्तार की गुणवत्ता के लिए भारत सरकार द्वारा शहरों के लिए इनाम योजना हर वर्ष की गई, जिसमें नागरिक और शहरों के लिए स्वच्छता के मानदंड तय किये गये। इस प्रकार स्वच्छता को शहरी कक्षा निवारण करने भारत सरकार द्वारा उपरोर्कुत बातों से राष्ट्रीय शहरी स्वच्छता नीति–2008 अंतर्गत तय की गई।

(4) ओडिशा–स्वच्छता एक प्रश्न

ओडिशा एक ऐसा राज्य है, जहाँ उद्योगों में निवेश और खनन के विकास के अभिमान में है, किंतु राज्य के लोगों के कार्य में असफल है–

'खुले में मलोत्सर्जन करना राज्य के आत्मसम्मान के साथ जाने की तरफ गति करनी चाहिए। WHO के आधारों पर तारणों कारणों से फलित होता है कि राज्य की कुल 96,61,085 जनसंख्या में से 75,35,646 जनसंख्या (78 प्रतिशत) के पास शौचालय नहीं है। ग्रामीण विस्तारों की परिस्थिति उससे ज्यादा भयजनक है कि जहाँ ग्राम्य विस्तार के 85.9 प्रतिशत लोगों के पास शौचालय नहीं और शहरी विस्तारों मे सिर्फ 35 प्रतिशत लोगों के पास शौचालयों का अभाव था। इससे संपूर्ण रूप से शहरी विस्तार से ग्रामीण विस्तार के लोगों में स्वच्छता का जोखिम ज्यादा है।

झारखंड में भी 78 प्रतिशत लोगों के पास शौचालय नहीं हैं और उपर्युक्त दोनों को समान गिनें तो बिहार शौचालयों के अभाववाला दूसरे नंबर का राज्य है। जहाँ 76 प्रतिशत लोगों के पास शौचालय नहीं हैं। ओडिशा की 37 मिलियन जनसंख्या और राज्य की अंदाजन 90 प्रतिशत जनसंख्या खुले मे शौचक्रिया के लिए जाती है। 2011 की जनसंख्या गिनती के अनुसार राज्य के 78 प्रतिशत लोगों के पास शौचालय नहीं हैं। पानी और स्वच्छता पर

कार्य करते सामाजिक कार्यकर्ता रंजन पाण्डे कहते हैं कि 'जिस राज्य मे 78 प्रतिशत लोगों के पास शौचालय नहीं, वह राज्य उद्योगों के पीछे मगन कैसे हो सकता है?'

(5) स्वच्छता और महिला

स्वच्छता और शौचक्रिया की समस्या की महिलाएँ सबसे ज्यादा शिकार बनती हैं। घर के उपयोग की चीज–वस्तुओं से लेकर भारतीय रूढ़िवादी समाज व्यवस्था उनके लिए मुश्किल रूप में है। बैंग्लोर की एक वरिष्ठ पत्रकार ने केस स्टडी किया, उसमें जाना जाता है कि महिलाएँ सबसे ज्यादा शौचक्रिया अँधेरे में या तो शाम–रात को या सुबह जल्दी ही जायें अथवा जाया जाए ऐसा लिंग विचारधारा के आधार पर माना जाता है। बैंग्लोर की विस्थापित परिवारों की महिलाएँ सुबह भूख लगने के बावजूद भोजन नहीं लेतीं क्योकि पाचनक्रिया के बाद उन्हें शौचक्रिया के लिए जाना पड़ेगा। और वहाँ लंबी कतारों मे लज्जाजनक परिस्थिति में खड़ा रहना पड़ेगा। क्योंकि उस स्थलांतरित कैंप मे सिर्फ दो ही शौचालय थे। इससे शौचक्रिया की संख्या को कम करने के लिए वे लोग दिन में एक ही समय भोजन लेती हैं। उस, तरह मुम्बई में काम करती महिलाएँ पूरे दिन में कम पानी पीती हैं, क्योंकि उनके सामने भी ऐसे प्रश्न उपस्थित होते हैं, यानी महिलाएँ स्वच्छता का उपयोग योग्य रूप से नहीं कर सकतीं, तो दिल्ली म्युनिसिपल कॉर्पोरेशन के 10 वार्ड और 3,712 जाहिर शौचालय पुरुषों के लिए है और 2601 शौचालय स्त्रियों के लिए हैं। यानी कि भारत के महानगरों मे स्त्रियों की यह परिस्थिति है तो छोटे शहरों और गाँवों में तो उनसे भी भयंकर स्थिति निर्माण हुई है। स्वच्छता का उपयोग योग्य तरीके से न कर सकने के कारण वर्तमान समय में महिलाएँ अपनी खाने–पीने की आदतों में बदलाव लाती हैं और उसके कारण कब्ज (बदहजमी) और आरोग्य के प्रश्न उपस्थित होते हैं। तबीबी महिला डॉक्टरों का मत है कि शौचालय और स्वच्छता के अभाव में महिलाओं में मूत्राशय के रोगों का ज्यादा प्रमाण देखने को मिलता है।

आधार (प्रमाण) बताते हैं कि सिर्फ गरीबी के कारण नहीं किंतु आगे बढ़ा महिला वर्ग भी अपनी शरीर रचना और सामाजिक रूढ़िगतता के कारण स्वच्छता का जितना चाहिए, उतना उपयोग नहीं कर सकती।

(6) संपूर्ण स्वच्छता अभियान

विकास और आरोग्य स्वच्छता मानव स्वास्थ्य के लिए महत्त्वपूर्ण हैं, और ये लक्षण महत्त्वपूर्ण जीवन जीने का निर्देश करते हैं। हर किसी के जीवन मे प्रभावित करती एक महत्त्व पूर्ण जरूरत है, जिसका असर देश के सामाजिक, सांस्कृतिक और आर्थिक विकास पर पड़ता है, जिसकी कीमत विशेष रूप से बच्चों को चुकानी पड़ती है। आरोग्य स्वच्छता नहीं होने के कारण चालू शिक्षण, बीमारी, कुपोषण और गरीबी में जन्म लेती है। एक अनुमान के अनुसार पाँच वर्ष से छोटे 15 लाख बच्चों के जीवन पर उसका असर पड़ता है। विकासशील देशों के लाखों लोग मलत्याग करने के लिए बाग, बकेट, खेत या सड़क किनारे जाने के लिए मजबूर हैं।

भारतीय संविधान के अनुसार पानी और स्वच्छता की जिम्मेदारी राज्य सरकारों की बनती है। राज्य सरकार द्वारा ग्रामीण स्तर पर पंचायती राज्य संस्थाएँ और शहरी विस्तारों में नगरपालिका की जिम्मेदारी स्वच्छता और पानी के संदर्भ में बनती है। प्रथम पंचवर्षीय योजना में स्वच्छता के संदर्भ में बहुत कम रुपये दिए गए हैं। जबकि 1980 में पानी और स्वच्छता दशक के तर रूप मे अंतरराष्ट्रीय स्तर पर जितने चाहें उतने रूपये दिए गए थे। शहरी विकास मंत्रालय पानी और स्वच्छता के लिए नोडल एजेंसी के रूप में सातवी पंचवर्षीय योजना से शुरू किया गया था। किंतु बाद में ग्रामीण पानी और स्वच्छता के निवारण हेतु ग्राम्य विकास विभाग में स्थानांतर किया गया। 1986 के बाद रुपये का एक हिस्सा ग्रामीण स्वच्छता के लिए इंदिरा आवास योजना, अंतर्गत स्वच्छता के लिए दिया गया है और नवंबर 1986 मे केंद्रीय ग्रामीण स्वच्छता कार्यक्रम (RSP) शुरू किया गया। किंतु पूर्ण ध्यान के अभाव में सिर्फ 1 प्रतिशत को ही स्वच्छता के संदर्भ में बढ़ावा दिया।

2001 की जनसंख्या गिनती से मालूम होता है कि सिर्फ 22 प्रतिशत कुटुंब ही उसके लाभार्थी बने और 9 लाख शौचालय बनाए जिसके पीछे छः अरब से ज्यादा का निवेश हुआ था, 1999 में उपरोक्त सब मर्यादाओं को स्वीकार कर संपूर्ण स्वच्छता अभियान (TSC) शुरू किया गया। संपूर्ण स्वच्छता अभियान के पहले के कार्यक्रमों के मालखागत (शृंखलाबद्ध) व्यवस्था के दृष्टिकोण से अलग तौर पर लोगों के व्यवहार में परिवर्तन लाने के ध्येय के साथ कार्य कर रहा है। तो साथ–साथ विक्षिय नाणाकिय प्रोत्साहन का भी समावेश होता है। ग्राम पंचायत की भूमिका निर्मलग्राम पुरस्कार द्वारा स्थानिक प्रोत्साहन लेने और सामुदायिक स्वच्छता की स्थिति प्राप्त करने में उपयोगी है।

केन्द्रीय ग्राम्य स्वच्छता कार्यक्रम (CRSP) 1986 में शुरू हुआ और 1992 में परंपरागत पुरवठा आधारित जो सबसिडी लक्षित कार्यक्रम था, उसमें सुधार किया गया।

विश्व और स्वच्छता

(1) प्रस्तावना

(2) स्वच्छता के वर्तमान आँकड़े। (2013)

(3) स्वच्छता और वैश्विक फायदा

- (i) Manual on the Right to Water and Sanitation
- (ii) आर्थिक, सामाजिक और सांस्कृतिक अधिकार पर अंतरराष्ट्रीय करार
- (iii) International Health Regulation, 2005
- (iv) World Water Day Sanitation Theme

(4) वैश्विक संगठन और स्वच्छता

- (i) विश्व स्वास्थ्य संगठन (World Health Organisation)
- (II) Joint Monitoring Programme and WHO and UNICEF
- (iii) UN - HABITAT Programme

(1) प्रस्तावना

स्वच्छता अब गंदा शब्द नहीं रहा। सदियों से पानी और स्वच्छता के क्षेत्र में कार्य करती संस्थाएँ और व्यक्तिओं की फरियादों में भी स्वच्छता के संदर्भ में उपेक्षा नहीं रही। राजकीय प्रचार में भी थोड़े मत के लिए शौचालयों को चुनाव का मुद्दा बनाना भूले नहीं और समाज मुख्य स्वच्छता के बगैर रहता और दूसरी तरफ स्वैच्छिक संस्थाएँ कहती हैं कि वे राष्ट्रीय सरकार की प्राथमिकता का पालन कर रही हैं। परिणामस्वरूप (फलतः) वैश्विक आँकड़ों से दिखाई देता है कि विश्व की कुल बस्ती के 2.4 अरब लोग अथवा 40 प्रतिशत संख्या किसी भी प्रकार की स्वच्छता की सुविधाएँ मिलें बिना नई सहशताब्दी यानी कि 21वीं सदी में पहुँच चुकी हैं। एशिया के 1.9 अरब लोग स्वच्छता की सुविधा के बिना रह रहे हैं, यानी कि एशिया के क्षेत्र की आधी जनसंख्या के पास योग्य सुविधाओं का अभाव है। शहरी और ग्राम्य दोनों जगहों में (विस्तारों में) स्वच्छता के अभाव के कारण लंबे समय से नकारात्मक असर विकास पर पड़ रहा है। पिछले थोड़े वर्षों से स्वच्छता

की भूमिका के संदर्भ में सशक्त दलीलें की जाती हैं। गरीबी मिटाने, शिक्षण का स्तर सुधारने, पर्यावरण रक्षण और मानव विकास पर 2002 में टिकाऊ विकास की वर्ल्ड समिट द्वारा संचार माध्यमों ने बहुत ध्यान खींचा है और इसीलिए विश्व शिखर सम्मेलन बैठक के सीधे परिणामस्वरूप एक महत्त्वपूर्ण स्वच्छता लक्षांक को मिलेनियम डवलपमेंट गोल के साथ जोड़ा गया। एम. डी.जी. 7 के लक्ष्य–10 के अंतर्गत सरकार के पास आग्रह रखे गये हैं कि ''2015 तक विश्व के आधे लोगों को सुरक्षित और उपयोगी पानी और स्वच्छता मूलभूत तरीके से देना।'' वर्तमान समय में स्वच्छता विकास के मुद्दो में सबसे ऊपर की प्राथमिकता बन गई है। यह बात मात्र पानी और स्वच्छता के मुद्दों पर काम करते विशेषज्ञों का कहना नहीं किंतु ब्रिटिश जर्नल के एक सर्वेक्षण ने मतदान में भी स्वीकार किया है कि'' पिछले 150 वर्षों का तबीबी आरोग्य क्षेत्र का महत्त्वपूर्ण माइलस्टोन (सीमाचिह्नरूप) समान है।

वर्ष 2004 के दरमियान (दौरान) दुनिया की कुल बस्ती के 59 प्रतिशत लोगों ने सिर्फ स्वच्छता का उपयोग किया था, यानी कि 10 में से 4 व्यक्तिओं तक अभी तक स्वच्छता और सुधार पहुँचे नहीं कि जो लोग गंभीर जोखिमों के साथ खुली अथवा गंदे संसर्गवाले मलत्याग के जोखिम ले रहे हैं। उससे स्वच्छता संदर्भ में रोग हो सकते हैं। विशाल क्षेत्र के संदर्भ में स्वच्छता 1990 में 49 प्रतिशत थी, किंतु MDG–7 के लक्ष्य के आधार पर 75 प्रतिशत की वृद्धि करने के लिए बुनियादी स्तर पर लंबा आयोजन रणनीति व्यूहरचना के साथ आयोजन जरूरी है। यदि MDG को स्वच्छता लक्ष्यांक को प्राप्त करना है तो नया अभिगम विकसाने के लिए समय और नीतियों में कटौती करनी जरूरी है। कई विकसित देश स्वच्छता के आँकड़े छुपाने के प्रयत्न कर रहे हैं। जहाँ स्वच्छता की भयावह परिस्थिति है। एक सामान्य अनुमान के मुताबिक 50 प्रतिशत विकसित देशों में दो व्यक्तिओं में से एक व्यक्ति सामान्य स्वच्छता की बढ़ोतरी हो रही है। स्वच्छता के सबसे कम देशों में सहारा–अफ्रीका के 37 प्रतिशत, दक्षिण एशिया के 38 प्रतिशत, पूर्वीय एशिया के 45 प्रतिशत और पश्चिम एशिया के 84 प्रतिशत देश विकासशील स्वच्छता के विस्तार वाले हैं।

स्वच्छता और पानी, ये जीवन की सबसे बड़े आधारवाली जरूरतें हैं। पिछले 50 से 150 वर्षों में यूरोप, अमेरिका और थोड़े अन्य पूँजीवादी शहरों में स्वच्छता, पानी और मानव द्वारा फेंके गए कचरे को नजर अंदाज नहीं किया जा सकता और मल से बहार दूर के स्थल पर रखकर वास्तविक तौर

पर प्रबंध किया जा रहा है। यह एक चमत्कार भी है कि सामूहिक राजकीय इच्छा, शहरी आयोजन और इजनेरी तेजस्विता और आरोग्य अभियंताओं, आयोजकों और नागरिक संचालकों और राजकारणीयों के लिए एक प्राप्ति–स्थान बना है। किंतु सही तौर पर तो वह हमारी तरफ से अस्वीकार्य है, कारण कि लाखों–करोड़ों मनुष्यों, के लिए पानी का संघर्ष एक रोज बरोज की सच्चाई है। एक अरब लोग रेल की पटरी के आस–पास या उनके घरों के पीछे, झांड़ियों में शौचक्रिया के लिए जाते हैं। स्वच्छता और शुद्ध पानी की प्राप्ति दुनिया के लाखों लोगों के लिए एक स्वप्न है।

विश्व आरोग्य संस्था (WHO) और यूनिसेफ द्वारा जब 2008 में अहेवाल प्रसिद्ध किया गया, तब विश्व की जनसंख्या सिर्फ 6750 करोड़ थी, जिसमें से अंदाजन 2600 करोड़ विश्व के लोग थे, जिसमें विकासशील देशों का समावेश होता है। लेकिन उनके पास प्राथमिक स्वच्छता का अभाव था। विकासशील देशों के अंदाजन 884 मिलियन लोगों के लिए पानी की सुविधाओं में बढ़ोतरी करने की जरूरत है। अंदाजन 1100 मिलियन लोगों के पास स्वच्छता की सुविधाएँ नहीं और वे लोग खुले में शौचक्रिया के लिए जाते हैं।

विकसित देशों और अंतरराष्ट्रीय संघों (यूनाइटेड नेशन एजेसिंज, बहुपक्षीय और द्विपक्षीय एजेसिंयों (संस्था) विकास बैंक और धार्मिक सखावती संस्थाओं) 1880 से स्वच्छता को पहुँचाने के लिए स्वच्छता और पानी विषय पर काम कर रही हैं। जिसमें से पहला अंतरराष्ट्रीय पेयजल और स्वच्छता दाय के (1981 से 1990) बाद सुरक्षित जल 2000 (1991 से 2000) के शीर्षक तले स्वच्छता के साथ काम कर रही हैं और अब मिलेनियम डवलपमेंट गोल के अंतर्गत स्वच्छता और पानी के संदर्भ में 1990 के आधार पर वर्ष 2015 तक लोगों को पानी और स्वच्छता की कम मिलती सुविधाएँ बढ़ाने के प्रयत्न किए जा रहे हैं। ये MDG के लक्ष्य को पूर्ण करके विकसित देशों और अंतरराष्ट्रीय समुदायों की स्वच्छता तथा पानी की तंगी (समस्या) को दूर करने के प्रयत्न किए जा रहे हैं, किंतु उसे 2015 तक पहुँच पाना मुश्किल है और उसके बाद भी मुश्किल है। स्वच्छता और पानी की सुविधा का उपयोग न किया जा सके, वैसे लोगों की संख्या के आँकड़े भी चौंका देने वाले हैं।

(2) स्वच्छता के वर्तमान आँकड़े (2013)

1990 से 2010 तक 1.8 अरब लोगों को स्वच्छता की सुविधा प्राप्त हुई है। 2.5 अरब लोगों को अब भी स्वच्छता सुधार का अभाव है और 1.1 अरब लोग अब भी खुली जगह में शौचक्रिया कर रहे हैं, जो विश्व की 15 प्रतिशत जनसंख्या (बस्ती) है, 2015 तक 2.4 अरब लोगों को स्वच्छता की (तंगी) रहेगी। प्रति 20 सेकंड एक बच्चे की स्वच्छता के अभाव की वजह से मृत्यु होती है। 1990 में 41 प्रतिशत लोगों को स्वच्छता की सुविधा मिली थी, जो 2010 में 63 प्रतिशत तक पहुँची और 2015 तक 67 प्रतिशत लोगों को स्वच्छता की सुविधाएँ मिलेंगी।

(3) स्वच्छता और वैश्विक फायदा

(i) Manual on the right to water and Sanitation

यूनाइटेड नेशन की सामान्य महासभा द्वारा 2008 के वर्ष को स्वच्छता के लिए अंतरराष्ट्रीय वर्ष घोषित किया गया, जिसका लक्ष्य स्वच्छता के बारे में जागृति बढ़ाने और मिलेनियम डवलपमेंट के लक्ष्य को परिपूर्ण (फलीभूत) करने के लिए आगे बढ़ावा देना था। क्योंकि विश्व के आधे से ज्यादा लोग पर्याप्त स्वच्छता और पानी के अभाव में जीते हैं। जो एक महत्त्वपूर्ण चुनौती है। मानव अधिकार के अभिगम के साथ पानी और स्वच्छता पर ध्यान देना, निर्बल (कमजोर) वर्गों को इसकी जानकारी देना जरूरी बन जाता है। इसके उपरांत पानी और स्वच्छता सिर्फ मिलेनियम डवलपमेंट का लक्ष्य नहीं, किंतु विशेष तौर पर मिलेनियम डेवलपमेंट के गोल को प्राप्त और अनुभूति करने का भाग भी है। साथ–साथ आरोग्य, शिक्षण, आर्थिक विकास और पर्यावरण के लिए भी जरूरी है। इसलिए पानी और स्वच्छता मानव अधिकार की एक मार्गदर्शिका तैयार की गई है। जो स्वच्छता में बढ़ोतरी करने के लिए सरकार और नीति बनाने वालों के लिए उपयोगी बन सके, और व्यावहारिक स्थायी और राष्ट्रीय स्तर पर मार्गदर्शिका बन सके, जिससे व्यवहारिक, टिकाऊ, व्यूहरचना, नीतियों और श्रेष्ठ दिशा में पहुँचा जा सके, जो पानी और स्वच्छता के अधिकार का कार्य कर रहे हैं।

(ii) आर्थिक, सामाजिक और सांस्कृतिक अधिकार पर अंतरराष्ट्रीय करार

आर्थिक, सामाजिक और सांस्कृतिक अधिकारों पर अंतराष्ट्रीय करार 16 दिसंबर, 1966 में संयुक्त राष्ट्र संघ महासभा के अंतर्गत दी गई वह बहुसंघी

जो 3 जनवरी, 1976 से सक्रिय थी। जिसमें 7 देश और 160 पक्षों के द्वारा सामाजिक, आर्थिक और सांस्कृतिक, यानी कि श्रम अधिकार, स्वास्थ्य अधिकार, शिक्षण का अधिकार दिया है, जो अंतरराष्ट्रीय मानव अधिकार के बाद की प्रथम और द्वितीय वैकल्पिक नियमों की संधि है।

आर्थिक, सामाजिक और सांस्कृतिक अधिकार पर अंतरराष्ट्रीय करार और विश्व बेंक की लघु पुस्तिका में और राजकीय पक्षों पर भी सामान्य–15 के अंतर्गत हकारात्मक स्वीकार किया गया है। पानी और स्वच्छता पर की मार्गदर्शिका में भी पानी और स्वच्छता को महत्वपूर्ण चुनौती स्वरूप संबोधित किया गया है और आर्थिक, सामाजिक तथा सांस्कृतिक अधिकार की प्रबंध नोध–11 और 12 में भी स्वीकृत हुआ है। इसके उपरांत स्वच्छता के संदर्भ में विशेष प्रभाव के लिए एक महत्त्वपूर्ण कदम जो हाल ही के एक रिपोर्ट में भी महत्त्वपूर्ण घटना के विषय के रूप में मानव अधिकार और मानव अधिकार की जिम्मेदारी के रूप में शुद्ध पानी और स्वच्छता को न्यायसंगत उपयोग करने के लिए संयुक्त राष्ट्र संघ को भी अनुरोध किया है। इस मार्गदर्शिका में वास्तविकता का कार्य कर रहे लोगों के लिए कायदाकीय जिम्मेदारी का उल्लेख किया गया है।

(iii) International Health Regulation 2005

विश्व आरोग्य संस्था के लिए एक केंद्रीय और ऐतिहासिक जिम्मेदारी आई है। वैश्विक शासन व्यवस्थापन के अंतर्गत रोगों के अंतरराष्ट्रीय प्रसारण के नियंत्रण के लिए विश्व आरोग्य संस्था ने 2 (क) और 22 के अंतर्गत विश्व की स्वास्थ्य सभा करने का अधिकार प्रदान किया गया है। जो कि बीमारी को अंतरराष्ट्रीय स्तर पर रोकने के लिए बनाया गया है। जो सभी सहभागी (सम्मलित) देशों के द्वारा अपनाने के बाद निश्चित समय तक पालन करना जरूरी है। अंतरराष्ट्रीय स्वास्थ्य अधिनियम–1969 की सभा में मुख्यत्वे छह महत्त्व के रोगों को कम करने के लिए लक्ष्य बनाए गए थे। जिसमें 1973 और 1981 की सभा में सुधार किया गया था। समय–समय पर देशों के बीच के प्रवास, विमान, जहाज, आहार और स्वास्थ्य को लेकर बहुत सारी (जोगवाई) प्रबंधक व्यवस्थाएँ अमल में आईं। 2003 के सभा द्वारा एक ड्राफ्ट तैयार किया गया था कि जो अंतरराष्ट्रीय स्वास्थ्य का आम सभा की 58वीं सभा में 2005 में अंतरराष्ट्रीय स्वास्थ्य नियमों का स्वीकार किया गया था, जिसका हेतु और उद्देश्य (रुकावट) और रक्षण (रक्षन) करने का था। साथ ही अंतरराष्ट्रीय व्यापार और ट्रैफिक के अति आवश्यक हस्तक्षेप टालने के

लिए तथा जाहिर आरोग्य के जोखमों के प्रतिबंध के लिए बनाया गया। जिसको 'अंतरराष्ट्रीय स्वास्थ्य नियंत्रण कायदे–2005 के दूसरे सुधार के रूप में उल्लेख किया गया है।

(iv) World Water Day Sanitation Theme

यूनिसेफ और WHO के संयुक्त उपक्रम 2008 मे वर्ल्ड वाटर डे का आयोजन किया हुआ था। जिसमें स्वच्छता की सामान्य जाहिर जागृति मे बढ़ोतरी करने और जाहिर अभिप्रायों में सकारात्मक परिवर्तन लाने का प्रयास किया जाएगा और बाद में नीति बनाने में भी प्रभाव उत्पन्न किया जाए। वर्लड वॉटर डे सरकारों, अंर्तराष्ट्रीय समुदायों, नागरिक, समाज और व्यक्त्तिओं का ध्यान खींचने के लिए और स्वच्छता की प्रवृत्ति को वेग (बढ़ावा) देने के लिए अनोखी तकनीक है, जिसमें विश्व की कई संस्थाएँ भाग लेंगी और स्वच्छता के संदर्भ में अपने विचार रखेंगी वे अपने देशों में अपने तरीके से वर्ल्ड की अपेक्षित उजवनी करेंगी वर्ल्ड वॉटर डे के संदर्भ में निम्नलिखित 5 कदमों (मुदद्) निश्चित किए गए हैं। जिसमें–

1. माहिती का एकत्रीकरण और विश्लेषण

उपरोक्त शीर्षक तले स्थानीय माहिती को इकट्ठा किया जाता है, जिसमें सरकारी आँकड़े, आरोग्य सर्वेक्षण, स्वच्छता के लिए भंडोल देने वाली संस्थाएँ, शैक्षणिक अभ्यासों, मीडिया और रोग फैलने पर 'नियंत्रण कदमों और विश्लेषण' में कौन से विस्तार में 50 प्रतिशत से कम स्वच्छता है? कौन से विस्तारों में ज्यादा रोगों के किस्से हैं? कौन से विस्तारों में ज्यादा रोग हैं, इत्यादि मुद्दे (कदम) निश्चित किए गए हैं।

2. स्वच्छता के संदेश का विकास

यूएन की महासभा में ठराव के अनुसार सामाजिक गतिशीलता को मजबूत करने के लिए और वैश्विक तथा राष्ट्रीय स्तर पर संदेशा व्यवहार को बढ़ाने के लिए पाँच संदेशों को बढ़ाया गया। 1. स्वच्छता मानव आरोग्य के लिए महत्त्वपूर्ण है। 2. स्वच्छता से आर्थिक लाभ होता है। 3. स्वच्छता प्रतिष्ठा और सामाजिक विकास में योगदान देती है। 4. स्वच्छता पर्यावरण मे योगदान देती है। 5. स्वच्छता मे बढ़ातरी करना जरूरी है।

3. योजनाएँ और अन्य लोगों का संचालन करना

वर्ल्ड वाटर डे का अभिगम स्थानीय भागीदारों का सहयोग और प्रवृत्तियों को चलाने की रूपरेखा तय करना है, जिसमें स्वच्छता के लिए नीतियाँ, कायदे तथा व्यक्ति और जिम्मेदार सरकार की पहचान करवाना। उच्च स्तर पर ध्यान खींचने के लिए स्वच्छता के लिए जानकारी प्राप्त करना, आकारणी करना और अग्रता के मुद्दों को पहचानना। जोखिमी काम करना हिस्सेदारों में स्वच्छता संबंधी रोगों, आपत्ति अर्थतंत्र पर असर, आरोग्य, मानव अधिकार आदि संदर्भ में जागृति लाना व्यक्तिगत तौर पर ऐसे व्यक्तियों, जिनको समाज, देश स्वीकार्थता हो और सकारात्मक अभिगम वाले व्यक्तिओं को बुलवाना है।

4. मीडिया के साथ काम

संभवतः संदेश देने के लिए मीडिया सबसे असरकारक साधन (माध्यम) है, किंतु मीडिया का उपयोग किस प्रकार हो, इस बात की जानकारी होनी चाहिए। पत्रकार विशेष खबरों में रूचि रखते है, इसलिए वर्ल्ड वॉटर डे के उपलक्ष्य में स्वरूप मीडिया कवरेज मिल सके, वैसी खबरें, कहानियाँ केस स्टडी तैयार की जाए।

5. प्रयत्नों और प्रभावों का मूल्यांकन

वर्ल्ड वाटर डे के उपलक्ष्य में पूरे दिन की घटना, अनुभवों का मूल्यांकन किया जाए, आयोजन समिति के साथ मिलकर सफलता और चुनौतियों की चर्चा की जाए। कार्यक्रम में भागीदारों और अन्य बूथों के बीच चर्चा–संवादों का व्यापक रूप से प्रचार किया जाए।

इस प्रकार विश्व पानी दिन 2008 के उपलक्ष्य में उपरोक्त मुद्दों और कार्यक्रम को पानी व स्वच्छता में बढ़ोतरी करने के लिए विश्व स्तर पर स्वीकार गया है।

(4) वैश्विक संगठन और स्वच्छता

(i) विश्व स्वास्थ्य संगठन (WORLD HEALTH ORGANISATION)

विश्व स्वास्थ्य संगठन संयुक्त राष्ट्र की एक विशिष्ट संस्था है, जो अंतरराष्ट्रीय सार्वजनिक स्वास्थ्य के साथ संबंध रखती है। 1948 के 7 अप्रैल को उसकी स्थापना की गई थी, जिसका वडूमथक स्विट्ज़रलैंड का जिनेवा

शहर है। विश्व स्वास्थ्य संगठन संयुक्त राष्ट्र विकास समूह का स्थल है, जो पहला लीग और नेशन की पुरोगामी संस्था थी।

विश्व स्वास्थ्य संगठन का गठन 24 जुलाई, 1948 में संयुक्त राष्ट्र संघ के सभी 16 देशों के हस्ताक्षर के साथ विश्व स्वास्थ्य सभा की प्रथम बैठक का निर्माण हुआ, तब शीतला नाबुदी के लिए एक महत्त्वपूर्ण भूमिका अदा की थी। वर्तमान समय मे वे बिन संक्रमित रोगों का शमन, यौन और प्रजनन स्वास्थ्य, विकास, वृद्धों, पोषण, स्वस्थ भोजन और खाद्य सुरक्षा, मादक द्रव्यों, पानी तथा स्वच्छता और वैश्विक स्तर पर अंतरराष्ट्रीय स्तर पर संचालित प्रकाशन एवं सर्वेक्षण के कार्य करते हैं। विश्व के 191 सभ्य देशों में स्वास्थ्य प्रणालियों के संदर्भ में ध्यान दिया गया है।

(ii) JOINT MONITERING PROGRAMME : WHO AND UNICEF

1990 से पानी और स्वच्छता की आपूर्ति की वैश्विक स्थिति रिपोर्ट WHO द्वारा सभी देशों के आरोग्य विभाग व मंत्रालय और संस्थाओं के पास से नियमित रूप से मँगवायी जाती है। 1981 से 1990 तक अंतरराष्ट्रीय पानी और स्वच्छता दशक के अंतर्गत संयुक्त रहे संघ और WHO की प्रगति रिपोर्ट बनवाना अनिवार्य था। दशक के अंत तक देशों के स्तर पर स्वच्छता और पानी की प्रगति नियंत्रण और विकास के क्षेत्र को प्रभावपूर्ण बनाने के लिए WHO और यूनिसेफ द्वारा 1990 में पानी की पर्याप्त और स्वच्छता के लिए संयुक्त नियंत्रण के लिए कार्यक्रम JMP का शुभारंभ हुआ।

जोइंट मोनिटरिंग प्रोग्राम का उद्देश्य WHO और यूनिसेफ द्वारा तैयार की गई एक नई रणनीति के रूप में मिलेनियम डवलपमेंट गोल के लक्ष्य को 2015 तक पूर्ण करने के लिए बनाया गया कि जिसमें 2015 को लक्ष्य बनाया और 2025 तक में शुद्ध पानी तथा सार्वभौमिक रूप से पूर्ण किया जा सके। जॉइंट मोनिटरिंग प्रोग्राम का लक्ष्य सरकार, दाता, अंतरराष्ट्रीय संगठनों और नागरिकों को स्वच्छता का टिकाऊ उपयोग के लिए सक्षम बनाने और स्थानीय अंतरराष्ट्रीय वैश्विक स्तर पर विश्वसनीय स्रोतों और आँकडों को एक करना है। JMP वैश्विक स्तर पर अंर्तराष्ट्रीय स्तर पर संगठनों के साथ संकलन करके स्वच्छता के क्षेत्र निर्देशन का कार्य करता है। यह शुरुआत संयुक्त राष्ट्र के पानी का वैश्विक आकारणी (GLASS) और MDG के पानी तथा स्वच्छता कार्यक्रमों के नेतृत्व में कार्य करते हैं।

(iii) UN - HABITAT Programme

संयुक्त राष्ट्र मानव वसाहत कार्यक्रम मानव वसाहतों के लिए संयुक्त राष्ट्र की संस्था है। संयुक्त राष्ट्र की महासभा द्वारा पर्याप्त आश्रय प्रदान करने के लक्ष्य के साथ सामाजिक और पर्यावरणीय दृष्टिकोण से शहरों और नगरों का टिकाऊ विकास का कार्य करती है। शहरों और नगरों का अच्छा और बुरा दोनों तरीकों से सामाजिक, राजनैतिक, सांस्कृतिक और पर्यावरण की प्रवृत्तिओं में अभूतपूर्व बढ़ोतरी हो रही है। 1950 मे दुनिया में एक–तृतीयांश लोग शहरों में रहते थे। जो पिछले पचास वर्ष बाद विश्व के आधे लोग शहरों मे रह रहे थे। और 2050 तक तो दो तृतीयांश अथवा 6 अरब लोगों की शहरों में वृद्धि होगी, जबकि आज शहरों में मानव बस्ती के लिए आधे–अधूरे ही मकान हैं।

शहरों में राष्ट्रीय उत्पादन और वपरांश केंद्र ज्यादा है। आर्थिक और सामाजिक अवसर तथा समृद्धियों का अवसर ज्यादा है। किंतु उन सबके साथ–साथ रोग, अपराध, प्रदूषण, गरीबी और सामाजिक अशांति भी ज्यादा है। बहुत ज्यादा शहरों में और विशेष विकासशील देशों के शहरों मे रहते लोगों में से 50 प्रतिशत लोगों के पास मकान नहीं या, छोटी झोंपड़ियों में रहते थे। पानी और स्वच्छता, शिक्षण और स्वास्थ्य सेवाएँ मिलती नहीं या फिर अपर्याप्त हैं। इससे नीति विषयक राष्ट्रीय विकास के लिए कार्य करते लोगों को इस विषय में समझना जरूरी है कि 21वीं सदी में टिकाऊ शहरीकरण, वैश्विक समुदायों के लिए एक चुनौती है। UN & HABITAT के कार्यक्रमों की दृढ़तर नीति बनाने वाले और स्थानीय समुदायों की वसाहतें शहरीकरण के मुद्दे को (उकेरने) सुलझाने–समझने तथा स्थायी समाधान ढूँढने के लिए सहायक बनता है।

इस संस्था के आदेशों ने मानव वसाहतों के वेनकुंवर घोषणा आवास एजेंडा और मानव बस्ती पर भी इस्तंबुल घोषणा में वर्णन किया गया है। नई सहस्राब्दी शहरों और अन्य मानव बस्तिओं पर के ठहराव का 56,206 में ही भी उल्लेख हुआ है। UN-HABITAT का सीधा कार्य संयुक्त राष्ट्र का सहस्राब्दी घोषणा संबंधित लक्ष्यों के साथ जुड़ा हुआ है, जिसमें MDG–7 और 11 लक्ष्य को लेकर 100 मिलियन झोंपड़–पट्टियों की सुधारणा 2020 तक करेंगे और MDG–7 के अनुसंधान के अनुसार पानी और स्वच्छता की उपयोगिता को बढ़ाने के प्रयत्न भी करेंगे।

संदर्भ सूची

1. चाकले, ए.एम. (2002), चतुर्थ आवृत्ति हेल्थ वर्कर के लिए पाठ्य पुस्तक (प्रथम खण्ड), एन.आर. ब्रदर्स, इंदौर।
2. ओमवेट गेल दलित और प्रजातांत्रिक क्रांति, रावत पब्लिकेशन, जयपुर, (2009)।
3. परीख सूर्यकांत, शौचालय (परिचय पुस्तिका)।
4. सुलभ स्वच्छता आंदोलन, सुलभ इंटरनेशनल सोशल सर्विस ऑर्गेनाइजेशन।
5. ओमवेट गेल, दलित और प्रजातांत्रिक क्रांति, रावत पब्लिकेशन, जयपुर (2009)।
6. शर्मा, रामशरण, 'शूद्रों का प्राचीन इतिहास', राजकमल प्रकाशन, नई दिल्ली (1992)।
7. पटेल अर्जुन (2005), 'गुजरात में दलित अस्मिता', सेंटर फॉर सोशियल स्टडीज, सूरत।
8. मेकवान मार्टिन (2000), 'विश्वभर में विस्तरित दलितों की आवाज', परिवर्तन ट्रस्ट, बड़ौदा।
9. सुलभ स्वच्छता आंदोलन, सुलभ इंटरनेशनल सोशल सर्विस ऑर्गेनाइजेशन, नई दिल्ली।
10. डॉ. बिन्देश्वर पाठक (2013), स्वच्छता का समाजशास्त्र (पर्यावरणीय स्वच्छता, जन स्वास्थ्य और सामाजिक उपेक्षा), सुलभ इंटरनेशनल, सोशल सर्विस ऑर्गेनाइजेशन, नई दिल्ली।

Refrence Books:

1. Pathak, Bindeshwar (1991), Road to Freedom, Xtreme Prem Pvt. Ltd., Delhi.
2. Pathak, Bindeshwar, Sulabh Sanitation Movement, Sulabh International Social Service Organisation.
3. Sulabh International Centre and Sulabh International Social Service Organisation, Sociology of Sanitation.

Journal

1. Sulabh India, November 2012, Issue 11 Volume 24.

Website

1. www.sulabhinternational.org.
2. www.sulabhtoilet museum.org.
3. www.sociologyof sanitation.com
4. www.nasafoundation.org.

5. www.safai vidhyalaya.org.
6. www.harijan sevak sangh.org.
7. www. govt of India.com
8. www.govt of Gujarat.com
9. www.UNDP.org

आभार

Dr Bindeshwar Pathak, Sociologist, Social Reformer and Founder, Sulabh Sanitation Movement , who gave the theory of "Sociology of Sanitation" to be included in the universal domain of Sociology , for teaching and research in the Universities of India , and across the globe. It will not only enlarge the scope of sociology ,but will also be helpful in solving the problems of society in relation to sanitation, social deprivation, water, public health, hygiene, poverty, gender equality, welfare of children and empowering knowledge for sustainable development. This will strengthen sociological quest for knowledge on sanitation.

Dr. Pathak has given his entire life to the cause of sanitation, and in emancipation of scavengers with dignity and mainstreaming them. He has invented "Sulabh Shauchalya " as a tool of social change, which has revolutionised the field of sanitation.

Dr. Pathak has propounded the theory of Sociology of Sanitation, which is as follows:

"Sociology of Sanitation is a scientific study to solve the problems of society in relation to sanitation, social deprivation, water, public health , hygiene , ecology , environment, poverty, gender equality, welfare of children and empowering people for sustainable development and attainment of philosophical and spiritual knowledge."

Truly, he is founder and father of Sociology of Sanitation.

Anil S. Vaghela